동아시아 불교, 근대와의 만남

동·아·시·아
불교연구총서

동아시아 불교, 근대와의 만남

동국대학교 불교문화연구원 엮음

동국대학교출판부

머리말

 이 책은 동아시아의 근대화 과정에서 불교가 어떠한 역할을 하였는가를 규명하는 노력의 산물이다. 동아시아의 근대를 조명하는 연구업적들이 우리 학계에 적지 않게 축적되고 있음에도 불구하고, 동아시아의 전통적 기반을 형성해 온 불교가 근대와 어떻게 만나는가에 대해서는 아는 바가 그리 많지 않다. 한국의 근대 불교는 그래도 십여 년 이상의 연구성과가 축적되어왔지만, 한국을 벗어나기만 하면 여전히 학문적 쇄국이라고 부를 만큼 동아시아의 근대 불교에 대한 연구는 너무나 부족하다.
 이러한 배경에서 본 동국대학교 불교문화연구원은 2005년부터 학술진흥재단의 중점연구소사업 지원을 받아 "동북아 삼국의 근대화와 불교문화의 변용비교"라는 주제로 연구를 진행하고 있다. 이 프로젝트를 통해 '근대'와 '불교'의 만남을 본격적으로 조명하고, 동시에 한국불교의 영역을 뛰어넘는 한・중・일 근대불교에 대한 비교 연구를 수행하고 있는 중이다. 본 〈동아시아불교연구총서 시리즈〉는 이러한 연구작업의 결실들을 모아 동아시아 불교에 있어서 근대의 의미, 근대에 있어서 불교의 역할을 밝히고자 하는 목적에서 기획되었다. 이 책은 그 첫 번째 결실로서 동아시아 불교와 근대의 만남을 그리는데 있어서 가장 기본적인 스케치라고 할 수 있겠다. 주로 프로젝트 1, 2년차의 연구성과로서 한・중・일 근대불교에 대한 본격적인 비교분석의 선행작업이며, 각 국에서 진행된 근대적 상황과 불교의 관계를 이해하는데 도움을 줄 것으로 생각한다.

책의 구성은 다음과 같이 한·중·일의 순서로 근대와 불교의 만남을 조명해 보고자 하였다. 먼저 한국의 경우, 개항과 함께 밀려드는 외세의 압력 속에서 근대불교가 출발하였는데, 이후 일제의 식민통치 하에서 불교계가 전개한 근대화 노력과 친일로 대표되는 그 굴절된 양상 등을 고찰하였다. 또한 사회적으로는 개화사상 속에서의 불교의 위상, 불교계 내적으로는 조선시대부터 이어져온 승려입성 금지의 해제 문제 등이 한국 근대불교의 이해를 위한 선행 주제로 검토되었다.

두 번째로 중국은 근대에 들어오면서 동·서 문화의 충돌을 경험하게 되는데, 이 때 불교는 엘리트 계층에 의해 서구에 대응할 수 있는 중국 전통사상으로 부각된다. 근대불교의 양상과 관련하여 우선, 거사불교를 특징으로 하는 청조 불교와 그 불교정책을 살펴보고, 근대 혁명사상에 미친 불교의 영향을 조명하였다. 그리고 중국불교의 부흥을 매개한 교학 연구와 이와 관련한 논쟁의 성격 등을 통해 중국근대 불교의 독특한 전개를 확인할 수 있다.

마지막으로 일본의 근대불교는 국가신도를 중심으로 한 제국주의의 전개와 급격한 서구문명의 수용을 통한 근대화의 물결 속에서 이루어진다. 불교교단의 물적기반으로서의 단가제도 변화, 메이지 초기 폐불훼석 사건 등을 통과하여, 불교계의 대외 침략전쟁 지원, 한편으로는 전시체제의 강력한 통제와 탄압 속에서 저항하는 불교의 모습 등을 살펴볼 수 있다.

동아시아 근대 불교의 전개는 이처럼 각국의 시대적 상황이 다르기 때문에 매우 다양한 양상으로 나타나고 있음을 확인할 수 있다. 하지만 동아시아의 오랜 전통으로서의 불교가 근대라고 하는 격동기에 자기 정체성을 확립하고, 서구 문명에 대응하기 위해 고심, 분투하는 모습은 모든 나라에서 공통적으로 발견된다. 이러한 과정에서 동아시아 불교는 자국 내에서 뿐만 아니라 다른 나라 불교와의 교류와 마찰 등, 상호작용을 통해 근대적 변용을 지속적으로 이루어 왔던 것이다. 동아시아 불교가 근대를 만나 전개되는 변용과정을 통해 새로운 불교문화 창출의 가능성을 모색하는 출발점이 될 것이라 기대한다.

이 연구서는 그동안 근대불교 연구라는 미개척 분야의 프로젝트에 참여한 연구자들이 땀 흘려 노력한 결실의 하나이다. 이제 막 걸음마를 내딛었고, 앞으로도 나아갈 길이 멀고도 멀지만, 동아시아 근대불교 연구에 더 많은 노력을 기울일 것을 다짐한다. 끝으로 이 성과물들을 총서로 엮어 반듯하게 꾸며준 동국대 출판부 관계자 분들께 감사의 말씀을 드린다.

2008. 8.

연구총괄책임
불교문화연구원장 慧諴 합장

차 례

| 머리말 ——————————————————— 5

제1부 | 한국 근대 불교의 개막과 자주화의 모색 ——— 11

  개화사상의 형성과 근대불교 ————————————— 13

  승려의 입성금지 해제와 근대불교의 전개 ——————— 55

  일제의 불교정책과 친일불교 ————————————— 95

  한국 근대불교의 대중화와 석문의범 ————————— 121

제2부 | 동·서 문화의 충돌과 중국 근대 불교 ——— 143

  청대의 불교정책과 거사불교 ————————————— 145

  중국 근대 혁명사상에 미친 불교의 영향 ——————— 185

  지나내학원과 근대 중국불교학의 부흥 ———————— 219

  동·서학의 매개로서의 유식학 연구와 그 성행 ———— 245

제3부 | 군국주의와 일본 근대불교 ——— 277

단가제도의 성립·정착과정과 근대 일본불교계의 양상 ——— 279

폐불훼석(廢佛毀釋)과 메이지정부 ——— 303

정토진종(淨土眞宗) 교단의 전쟁지원 ——— 333

1930년대 불교사회주의 구상과 세노오 기로(妹尾義郞) ——— 365

쇼와(昭和)시대 전시체제의 종교탄압과 불교계의 저항 ——— 405

| 저자소개 ——— 429

동아시아 불교, 근대와의 만남

제1부

| 한국 근대 불교의 개막과 자주화의 모색

개화사상의 형성과 근대불교 |
승려의 입성금지 해제와 근대불교의 전개 |
일제의 불교정책과 친일불교 |
한국 근대불교의 대중화와 석문의범 |

개화사상의 형성과 근대불교

Ⅰ. 개화사상과 근대불교의 시작

한국불교사에서 근대가 언제부터 시작하는가에 대한 답변은 쉽지 않다. 일반사의 영역에서도 근대사의 기점에 관한 다양한 논의가 제기되고 있지만, 연구의 시각에 따라 많은 가능성과 이견이 제기되고 있다. 불교사의 연구에 있어서 시대구분의 문제는 대단히 중요하다. 그럼에도 불구하고 지금까지 한국불교사의 시대구분론에 대한 연구와 논의는 일천한 수준이다. 무엇보다도 중요한 원인은 통사적 혹은 거시적 연구가 부족한데 있다. 특히 불교가 번성했던 고·중세 시대에 연구의 주제가 편중됨으로써 근·현대불교의 중요성이 간과되기도 하였다. 여기에는 조선시대 억불로 인한 침체와 뒤이은 식민지화의 과정에서 불교의 위상이 약화되었다는 역사적 배경도 작용하였다.

그러나 근래 들어 근대불교에 대한 관심이 증가하고 연구의 시각이 다양화되고 있다. 조선시대 불교의 연구에 있어서도 단순히 침체와 쇠락이라는 부정적 입장에서만 볼 것이 아니라 근·현대불교를 있게 한 동인(動因)을 제공하였다는 긍정적 평가가 제기되었다. 이처럼 다양한 시대에 관한 각양의 연구성과가 축적되어야 시대구분에 관한 심도있는 논의가 가능할 것이다.

   선학들은 대체로 근대불교의 기점을 19세기 후반 일본불교의 활동 또는 1895년 도성출입 금지의 해금에서 찾는다. 근대화의 이념을 체득한 일본불교는 한국 침략의 한 방편으로 포교에 힘을 기울였고, 그 연장선상에서 도성출입 해금을 건의하였다. 이러한 일련의 흐름들이 불교계에 커다란 반향을 불러 일으켰다는 것이다. 그러나 이에 앞서 19세기 중엽부터 태동한 불교계의 새로운 변화에 주목한다면, 근대불교의 시점은 달라질 수 있다. 즉 한국의 근대화를 앞당겼던 개화사상의 형성과 실천에 불교가 중요한 역할을 하였다는 점이다. 개화사상의 비조(鼻祖) 오경석(吳慶錫)과 강위(姜瑋), 유대치(劉大致), 그리고 개화사상의 실천에 앞장선 김옥균(金玉均)과 박영효(朴泳孝), 서광범(徐光範) 등은 불교사상을 바탕으로 근대화에 헌신하였다. 여기에 이동인(李東仁), 탁정식(卓挺埴), 이윤고(李允杲), 차홍식(車弘植) 등은 승려 출신으로서 일찍이 개화사상에 눈을 뜨고 적극적으로 개화운동에 참여하였다. 이들은 개화의 실현이 곧 불교의 근대화를 이룩할 수 있는 지름길이라는 믿음을 지니고 있었을 것이다.

   개화사상가들의 궁극적 실천은 갑신정변이라는 위로부터의 개혁으로 표출되었다. 비록 혁명을 이루지 못하고 정변으로 마감되었으나, 갑신정변은 한국근대사의 서막을 열었다는 평가를 받는다. 따라서 불교사에 있어서도 갑신정변은 중요한 의미를 지니며, 개화사상의 기저를 이루었던 19세기 중엽의 불교는 곧 근대불교의 시작을 의미하는 것이라 생각된다. 이 글에서는 그 구체적인 모습을 알아보기 위해 기왕의 연구를 바탕으로 개화사상의 형성과 실천을 살펴보며, 이 과정에서 불교의 역할이 무엇인가를 이해하고자 한다. 그리고 이를 통해 근대불교의 기점을 모색해 볼 수 있을 것으로 기대한다.

Ⅱ. 19세기 불교의 흐름

1. 조선후기 불교의 중흥

한국근대사에서 개화사상이 본격적으로 형성되기 시작한 것은 1870년 무렵이었다. 오경석을 필두로 유대치, 김옥균 등의 개화당 인사들이 개화사상의 이론적·사상적 기반을 체득한 것이 바로 이 시기이다. 그러므로 1870년을 전후한 19세기 중엽의 불교를 이해하는 것은 개화사상의 이념적 기반을 규명하는데 선행되어야 할 전제이다.

결론부터 말하면 19세기 불교는 억불의 조선사회에서 새로운 활로를 모색한 시기라고 할 수 있다. 건국 초부터 시작한 숭유억불의 정책은 조선후기까지 중단 없이 지속되었다. 조선중기 이후 불교계는 종단마저 상실한 채 기층민중의 서민신앙으로 명맥을 유지하였다.[1] 여기에 국왕과 왕비를 중심으로 한 이른바 왕실불교의 지원도 큰 힘이 되었음은 물론이다.

이러한 서민불교와 왕실불교의 두 상반된 계층의 신앙은 조선 불교를 규정하는 큰 특징이라고 할 수 있다. 서민불교는 어렵고 난해한 교리와 사상 체계를 멀리하고, 현실 구제의 기복신앙을 추구하였다. 조선후기에 다양하게 간행된 다라니와 진언집 등의 유행은 이러한 서민불교의 양상을 잘 말해준다.[2] 왕실불교는 국가적으로 억불정책을 시행하면서도 국왕과 왕실이 개인적 차원에서 사찰의 불사를 지원하기도 하고, 사경과 경전을 간행하는 등의 이중적 모습을 지녔다.

---

1 홍윤식, 「조선후기 불교의 신앙의례와 민중불교」, 『한국불교사의 연구』, 교문사, 1988.
2 남희숙, 『조선후기 불서간행 연구-진언집과 불교의식집을 중심으로-』, 서울대 국사학과 박사학위 논문, 2004.

19세기 불교는 이러한 두 신앙의 흐름을 바탕으로 가람을 중창하고 전각을 건립해 나갔다.³ 이 시기 가람 중창의 대표적인 예는 조계산 송광사이다. 1842년(헌종 8) 큰 화재가 일어 가람이 거의 전소되었는데, 이듬해 곧바로 중수를 시작하여 15년에 걸친 대역사(大役事)를 통해 송광사는 대찰로 거듭나게 되었다. 이러한 장기간의 중창은 왕실의 도움과 전국적인 모금활동이 있었기에 가능하였다. 이밖에도 사찰의 불사에 대한 왕실의 후원은 각별하였다. 1831년(순조 31) 유점사에서는 왕대비 순원왕후(純元王后)의 발원으로 『화엄경합론』 120권, 『법원주림』 100권 등을 사경하였다. 1851년(철종 2)에는 대왕대비가 법주사에 공명첩 5천여 장을 시주하여 전각의 중수에 사용하도록 하였다. 또한 완문(完文)을 내려 승역과 기타 잡역을 면제하고, 유생들의 강압으로 관청과 향교 등에 제공하였던 산과(山果)·산채(山菜) 등의 공납을 근절시켰다.⁴

개화기 근대사의 중심에 서 있었던 대원군 이하응과 고종 즉위 초에 수렴청정을 하였던 조대비 역시 신앙심이 두터웠다. 1864년(고종 1) 보광사의 중창 불사에 시주하였고, 1866년(고종 3)에는 화계사의 중건 불사에 석수와 목공을 지원하였다. 아울러 대원군은 여러 전각의 현판을 직접 쓰기도 하였다. 1881년(고종 18)에는 국왕이 귀주사에 내탕전과 공명첩 등을 하사하여 3백여 칸의 당우를 중수하였다.

이처럼 다양한 사찰의 중건과 불사가 이어지면서 19세기 불교계는 이전과는 다른 활기를 되찾고 있었다. 19세기에 조성, 중수한 주요 사찰의 전각을 꼽으면 1813년(순조 13)의 대흥사 대웅전, 1817년(순조 17)의 해인사 대적광전, 1819년(순조 19)의 숭림사 보광전, 1825년(순조 25)의 불갑사

---

3 『조계종사 고중세편』, 대한불교조계종 교육원, 2004. pp.390~392.
4 1889년(고종 6)에도 또다시 예조에서 승역과 침탈의 근절을 명하는 완문이 내려졌다. 국가의 命이었지만 실제로는 엄격히 지켜지지 않았음을 알 수 있다. 이기영, 「조선왕조 말기의 불교」, 『민족문화연구』 제10호, 고려대학교 민족문화연구소, 1976. pp.42~43.

대웅전, 1835년(헌종 1)의 고운사 대웅전, 1846년(헌종 12)의 김룡사 대웅전, 1847년(헌종 13)의 화엄사 각황전, 1872년(고종 9)의 대승사 극락전, 1897년의 금산사 미륵전 등이다. 사찰의 중건은 곧 승려의 증가를 의미한다. 양반사회의 질곡에 허덕이던 사찰은 승려가 떠나가 폐사되기 일쑤여서 금강산의 대찰이었던 장안사의 경우 1790년(정조 14)에는 불과 4, 5명만이 남아 있었을 뿐이다.[5] 그러나 1894년에는 120명의 승려가 주석하고 동승과 신도들이 북적이는 대찰의 면모를 회복하고 있었다.[6]

2. 19세기 불교의 주역

사찰의 중건은 불교의 외형적 성장을 보여주는 것이지만, 그 내면에는 외적 팽창 못지 않은 중요한 요소가 포함되어 있다. 즉 당대의 관료와 유학자들이 사찰의 중수에 시주자로 참여하거나 직접 관여하여 각종의 중창기문, 사적기 등을 남겼다. 평생 동안 유학을 익히고 현실생활에서 유학적 가치를 추구하던 양반사회의 지배계층이 불교를 신앙으로 받아들였다는 점

---

[5] "사찰의 폐단으로 말하면 절이 퇴락하고 승려의 수가 작기는 어느 곳이나 다 마찬가지입니다. 그 원인을 따져보면 종이감의 배정, 길잡이를 세우는 것, 하인들을 침해하는 것, 견여(肩輿)를 메는 군정, 돌을 다듬고 나무를 조각하는 등 별의별 부역과 이러저러한 갖가지 관청 공납이 번다하고 과중하기 때문이었는데, 재작년에 이미 조정에서 없애고 금지하였습니다. 지금에 와서 바로잡아야 할 폐단은 종이감과 미투리 같은 물건의 상납에 불과하니, 이는 신의 감영에서도 금지할 수 있는 것입니다. 그러나 장안사(長安寺)는 본 도에서 가장 오래된 큰 절인데 태반이 퇴락되고 승려들도 4, 5명에 불과하니, 신의 감영에서 물자와 인력을 내어주고 본 고을을 시켜 돈과 쌀을 좀 도와주어 재목을 모아 공사를 시작하게 해야겠습니다. 이 밖에 승려를 머물러 살게 할 대책과 사찰을 소생시킬 방도에 대해서는 우선 감영과 고을에서 충분히 논의한 뒤에 계문하겠습니다" 『정조실록』권31, 정조 14년 8월 辛未.
[6] "(장안사의) 승려들, 절의 불목하니들, 승려의 길을 걸으려 하는 동승들 사이에 100~120명 가량 되어보이는 비구니들이 있었다. 이 비구니들은 소녀로부터 87세에 이르는 노파까지 모든 연령층을 포함하고 있었다. 이 많은 수의 사람들은 산 아래 있는 사원 토지의 임대료와 생산품들, 그리고 절을 찾는 신도들의 헌금, 그리고 일종의 종교적 수행으로 멀리 서울의 4대문까지 탁발(托鉢)을 다니는 승려들이 모아온 시주쌀로 부양되고 있었다. 얼마 전까지만 해도 승려들이 4대문 안에 들어선다는 것은 곧 죽음을 의미했으나 민비의 포고령에 의해 최근에는 점점 출입이 자유로워지고 있다" 『한국과 그 이웃나라들』, 이사벨라 버드 비숍 지음, 이인화 옮김. 살림, 1994. p.162.

에 주목하게 된다. 1817년 해인사의 중건에 참여한 경상감사 김노경(金魯敬, 1766~1840)과 그의 아들 추사 김정희(金正喜, 1786~1856), 1842년(헌종 8) 장안사의 중건을 지원한 영의정 출신의 조만영(趙萬永, 1776~1846), 1888년(고종 25) 김룡사의 탱화 조성에 참여한 전권대신 민영익(閔泳翊, 1860~1914) 등은 시대를 호령하던 대표적인 관료, 권세가들이었다.[7] 이들의 불교에 대한 신앙은 비록 개인적인 차원에서 비롯된 것이라 할지라도 국가의 정책으로 시행되어 왔던 억불이 이제는 실효성을 상실하고, 사회의 지배계층 전반에 호불(護佛)과 신앙이 보편적으로 자리잡아 가고 있음을 반증한다.

19세기 불교는 외적 성장과 더불어 내적 발전이 심화된 시기이다. 국가와 사회로부터의 지원이 활발해지면서 수행자는 점차 증가하였고, 이에 따라 교학과 수행에 출중한 고승들이 등장하였다.

조선시대의 불교는 청허 휴정(淸虛 休靜, 1520~1604)과 부휴 선수(浮休 善修, 1543~1615)의 양대 법맥이 중심을 이루었다. 특히 청허의 문도들 중에서 대흥사를 중심으로 활동한 고승들은 '13대 종사'와 '13대 강사'라고 부를 만큼 조선후기의 선풍을 정립시켰다. 13대 종사 가운데 한 사람이었던 연담 유일(蓮潭 有一, 1720~1799)은 평생을 교학 연구에 집중하여 많은 저술을 남겼다. 그의 저술 가운데 『화엄현담사기(華嚴玄談私記)』2권은 오늘날에도 화엄경 이해의 지침서로서 또 강원 교육의 필수교과로 채택되고 있다. 화악 지탁(華嶽 知濯, 1750~1839)은 18세기 이후 사상계의 큰 흐름이었던 유학과 불교와의 교류에 크게 공헌하였다. 불교경전 뿐만 아니라 유학의 경서에 능통한 고승들이 유학자들과 교류하면서 불교의 위상을 높

---

[7] 안동(安東) 김씨(金氏) 일가의 불교 지원도 빼놓을 수 없는 부분이다. 순조대 김씨 세도정치의 선조인 김조순(金祖淳, 1765~1832)이 1824년 표훈사 불지암을 중창한 이래 그의 아들인 김유근(金逌根, 1785~1840) 역시 표훈사의 청련암 중창에 참여하였다. 김조순의 아들로 영의정을 지냈던 김좌근(金左根, 1797~1869)과 손자 김병기(金炳冀, 1818~1875)가 대를 이어 지원을 계속하였다. 『조계종사 고중세편』, p.391.

여 나갔다. 화악이 친교했던 유학자로는 영의정을 지냈던 이상황(李相璜, 1763~1841), 안동 김씨 세도정치의 선도자 김조순(金祖淳, 1765~1832), 추사 김정희, 영의정 출신의 이유원(李裕元, 1814~1888) 등 당대의 유명 인사들이었다. 이들과의 사상적·학문적 토론을 통해 유불조화론을 제창하였고 마침내 이들을 불교인으로 이끌었던 것이다. 조선중기 이래 이처럼 유학자이면서 불교에 대한 우호적 태도를 지닌 유학자들을 '외유내불(外儒內佛)'이라 하였다. 한편 승려이면서 높은 유학적 소양을 지닌 인사를 '심유적불(心儒跡佛)' 또는 '흑명유행(黑名儒行)'이라 부르기도 하였다.

이상과 같이 18세기 중엽 영·정조대를 분기점으로 조선후기의 불교는 새로운 기운을 맞았고, 19세기 들어 발전의 기틀을 다져나갔다. 왕실의 지속적인 지원, 서민대중의 생활불교, 그리고 고승들의 활동이 유기적으로 작용하였다. 이러한 바탕에서 한국불교의 최대 논쟁이었던 조선후기의 선 논쟁이 전개되어 가일층 사상과 신앙의 심화를 이룩하기도 하였다.[8]

한편 19세기 중엽에는 거사불교라는 새로운 조류가 등장하였다.[9] 거사불교는 불교계를 통할하는 종단이 존재하지 않는 상황에서 출가자의 지도와 조력이 없이 이루어지는 재가자들의 자발적인 신앙을 말한다. 김정희를 시작으로 『선학입문』을 찬술한 김대현(金大鉉, ?~1870) 등의 신앙과 교리 연구가 이어졌고,[10] 1872년에는 묘련사에서 거사들이 신앙결사를 결성하기도 하였다. 거사불교의 핵심계층은 역관을 중심으로 한 중인들이었다. 이들이 전문적 지식과 개방적 사고를 지니고 개화사상을 형성하면서 근대불교의 지평을 열어 나갔다.

---

8 한기두, 「조선후기 선논쟁과 그 사상적 의의」, 『가산이지관스님화갑기념논총 한국불교문화사상사 (상)』, 가산문고, 1992.
9 이능화는 개화운동의 선구자 유대치를 설명하면서, 그가 양반·중인 등의 많은 거사들과 불도(佛道)를 담론하여 한때 경성에 선풍(禪風)이 성행하였음을 지적하였다. 이것이 곧 거사불교의 유행을 의미한다. 『조선불교통사』 하편, p.899.
10 이영자, 「근대 거사불교사상」, 『숭산박길진박사고희기념 한국종교사상사』, 원광대 출판부, 1984.

Ⅲ. 개화사상가의 활동과 근대불교

1. 개화사상의 형성

1) 실학에서 개화사상으로의 전환

19세기 중엽 조선은 중국과 일본 등 열강의 제국주의적 야욕의 소용돌이에 휩싸였다. 영·정조의 강력한 왕권중심 체제 이후 조선은 세도정치의 혼란이 거듭되면서 쇠락의 길로 치닫고 있었다. 조선왕조를 지탱해 온 양반사회의 계급적 모순이 노정되었고, 급기야는 지배이념 조차 상실한 채 봉건왕조를 지속시키기에 급급하였다. 이러한 중세말기 양반사회의 부정과 유학적 지배이념의 한계를 극복하려는 새로운 움직임으로서 개화사상이 등장하였다.

알다시피 개화사상은 한국근대사의 단초를 연 새로운 사조였다. '개화'라는 용어는 "개물성무(開物成務)[11], 화민성속(化民成俗)" 즉 "사물을 열어서 그 이치를 탐구해 일을 이루고 백성을 교화시켜서 아름다운 풍습을 만든다는 사상"이다. 1873년 이후 일본사회에서 '문명 개화'라는 말이 크게 유행하였는데 이것이 우리나라에 수용된 것이다. 우리말로 번역하면 '자주적 근대화'가 적합할 것이다.[12] 한편 온건개화파였던 김윤식(金允植, 1835~1922)은 개화를 '당세지무(當世之務)' 혹은 '시무(時務)'라고 규정하였다.[13] 이 무렵 중국에서는 '자강', 또는 '양무'라는 용어가 개화의 의미

---

11 『周易』,「繫辭上傳」, 繫辭上11.
12 이광린·신용하, 「대담 : 개화사 인식의 문제」, [특집 / 역사인식과 한국사], 『현상과 인식』 제1권 2호, 한국인문사회과학회. 1977.
13 "此云開發變化者 文飾之辭也 所謂開化者 卽時務之爲也"『續陰晴史』권5, 고종 28년 신묘 2월 16일 宜田(陸用觀) 記述 評語 34則 開化說.

로 널리 사용되었다.

　개화사상의 연원은 실학사상에 그 뿌리를 두고 있다는 연구가 일찍부터 있어 왔다.[14] 실학의 개혁사상은 후기 실학자들 대부분이 지니고 있었다. 일반적으로 실학의 여러 분파, 즉 경세치용학파, 이용후생학파, 실사구시학파 중에서 이용후생학파[北學派]의 사상이 개화사상으로 전환되었다고 이해하였다. 그 대표적 학자가 홍대용(洪大容)·박지원(朴趾源)·이덕무(李德懋)·박제가(朴齊家) 등이었다. 그러나 근래들어 다산학파(茶山學派)의 영향도 적지 않았음이 지적되고 있다.[15] 그 대표적 인물이 천문지리에 능했던 이정(李晸), 농학에 몰두했던 정학연(丁學淵), 강진 백련사의 선승 초의, 갑오경장 내각에 참여하였던 어윤중, 그리고 독립운동가 박은식 등이었다. 이상과 같이 개화사상은 넓은 의미에서 보면 조선후기 실학의 개혁사상에서 비롯되므로 다양한 분야에서 경세치용과 이용후생, 그리고 실사구시를 주장한 많은 실학자들이 포함될 수 있을 것이다.

　여기서는 실학의 개혁사상을 이어받아 개화사상을 형성하였던 초기 개화사상가들을 통해 그 형성과정을 살펴보고, 불교가 어떠한 역할을 하였는가를 이해하고자 한다. 실학과 개화사상을 연결시키는 교량적인 인물이 박규수(朴珪壽, 1807~1877)이다. 조선후기 대표적인 실학자였던 연암 박지원(朴趾源)의 친손자이면서 조부의 사상을 가장 잘 계승 발전시킨 인물이었다. 사신으로 청나라를 왕래하면서 급변하는 국제정세를 직접 몸으로 체험한 후[16] 학문은 더 이상 숭고주의의 좁은 울타리에 머물러 있을 수 없

---

[14] 김영호, 「실학과 개화사상의 관련문제」, 『한국사연구』 8, 1972.
조재복, 「조선말기 개화사상 형성에 관한 연구」 원광대학교 사학과 박사학위 논문, 1989.
이광린, 「개화사상 연구」, 『한국개화사연구』(수訂版), 일조각, 1999.
김명호, 「실학과 개화사상의 관련양상 - 철종시대 박규수의 활동과 연암의 영향」, 『대동문화연구』, 제36집, 성균관대학교 대동문화연구원, 2000.

[15] 김영호, 앞의 글, pp.67~70.

[16] 박규수의 사상이 실학에서 개화사상으로 전환된 시점에 대해서는 연구자에 따라 견해가 다르다. 기왕의 연구는 두 번째로 중국에 다녀온 1872년부터라고 이해하였으나 [이광린, 『한국개화사상연구』, 일조각, 1979, pp.42~43. ; 姜在彦(정창열 역), 『한국의 개화사상』, 비봉출판

음을 제창하였다.[17]

연암은 『열하일기』를 통해 이용후생 사상을 주장하고, 『양반전』과 『허생전』을 통해 평등사상과 중상주의적(重商主義的) 이념을 고취하였다. 박규수는 이를 바탕으로 서구 기술문명의 도입을 적극적으로 피력하였다. 1876년 강화도조약을 체결할 당시 조야가 온통 개항을 반대하였지만 박규수는 개항을 적극적으로 지지하였다. 개항만이 국제사회에서의 고립을 면할 수 있고, 이를 통해 선진기술을 수용해야 하며 국가 간의 교역을 통해 부국을 실현할 수 있다는 믿음이었다.

이러한 박규수의 적극적인 개화사상은 연암의 사상을 토대로 정약용(丁若鏞), 서유구(徐有榘), 홍석주(洪奭周), 김매순(金邁淳) 등과 같은 선배 실학자들에게서 큰 영향을 받았다. 또한 윤종의(尹宗儀), 남병철(南秉哲), 김영작(金永爵), 신석우(申錫雨), 신석희(申錫禧), 김상현(金尙鉉), 서상우(徐相雨) 등의 말기 실학자 내지 초기 개화파들과의 교류를 통해 확고히 형성되었다.[18] 문인 김윤식(金允植)은 스승의 학문에 대해 "크게는 체국경야(體國經野)의 제(制)로부터 작게는 금석·고고·의기(儀器)·잡복 등의 일까지 연구하여 정확하고 실사구시하지 않는 바가 없고, 규모가 굉대하고 종리(綜理)가 미세 정밀하였다"고 하였다.[19] 이와 같이 철저한 실사구시의 정신에서 근대지향적 개화사상이 성립될 수 있었다.

그의 개화사상은 고답적인 학문에 머물지 않고, 뜻을 같이하는 젊은 청년들을 직접 지도하여 실천하였다는데 중요한 의미가 있다. 당시 회하에

사, 1984, p.130) 손형부는 처음으로 중국에 다녀온 1861년 이후라고 하였다.(『박규수의 개화사상연구』, 일조각, 1997, pp.124~126) 박규수는 1860년 이전에 이미 개화사상을 체득한 오경석과 긴밀한 관계를 맺고 1870년 초부터 김옥균, 박영교 등의 젊은 양반들에게 개화사상을 전파하였다. 따라서 그의 개화사상 성립 시기는 1861년 이후 오경석과의 관계를 고려해야 할 것이다.

17 "무릇 이른바 학(學)이라는 것은 모두가 실사(實事)에 근거를 두고 있는 것이니 천하에 실(實)이 없는데, 어찌 학(學)이라고 하는 것이 있겠는가"『환재집(瓛齊集)』권4. 장25뒤.

18 김영호, 앞의 글, pp.64~65.

19 김윤식『환재집』서. 민족문화추진회, 2003.

참여한 인물이 김옥균(金玉均), 박영효(朴泳孝), 박영교(朴泳敎), 홍영식(洪英植), 서광범(徐光範), 유길준(兪吉濬) 등이었다. 모임에 참여하였던 박영효의 증언이 전한다.

> 그러면 당시의 혁명가에게 이러한 신사상이 감량(感梁)되게 된 경로는 어떠한가. 이에 대한 필자의 질문에 춘고(春皐)는 이러케 대답하엿다. "그 신사상은 내 일가 박규수집 사랑에서 나왓소. 김옥균, 홍영식, 서광범, 그리고 내 백형(伯兄, 필자왈 백형이라 함은 영교(泳敎)를 가리침이다)하고 재동 박규수집 사랑에 모엿지오"[20]

김옥균과 박영효 등은 근대사의 분수령을 이루었던 1884년 갑신정변의 주동자였다. 비록 급진적인 개화의 열망만이 앞서 미완의 정변으로 끝나고 말았지만, 갑신정변은 근대사의 개막을 한층 앞당기는 기폭제가 되었다. 이들의 급진적 개화사상의 씨앗이 바로 박규수의 사랑방에서 비롯된 것이다.

초기 개화사상가로서 최근에 주목받는 인물이 강위(姜瑋, 1820~1884)이다.[21] 그는 실사구시 학파의 대표자 김정희의 제자로서 불우했던 스승의 제주도 유배시절 함께 생활하며 고증학적·실증적 학문을 고스란히 익혔다. 그의 가문은 대대로 무반 출신이었으나, 과거에 뜻을 두지 않고 수신(修身)의 학문과 문학에 전념하였다. 민노행(閔魯行, 1782~?)의 문하에서

---

20 이광수, 「갑신정변회고담, 박영효씨를 만난 이야기」, 『동광』 제19호, 1931. 3. p.14.
21 강위에 관한 연구는 다음과 같다.
　이광린, 「강위의 인물과 사상-실학에서 개화사상으로의 전환의 일단면-」, 『동방학지』 제17집, 연세대 동방학연구소, 1976. 『한국개화사상연구』, 일조각, 1979.
　김현기, 「강위(1820~1884)의 개화사상연구」, 『경희사학』 12·13, 경희대학교 사학회, 1986.
　주승택, 「추금 강위의 사상과 문학관」, 『한국학보』 43, 일지사, 1986.
　＿＿＿, 「강위의 개화사상과 외교활동」, 『한국문화』 12, 서울대 한국문화연구소, 1991.
　이헌주, 「강위의 대일개국론과 그 성격 -강화도조약 체결을 중심으로-」, 『한국근현대사연구』 제19호, 한국근현대사학회, 2001.
　＿＿＿, 「병인양요 직전 강위의 禦洋策」, 『한국사연구』 제124집, 2004.

수학하다가 그의 유촉에 따라 김정희를 찾아가 4년 동안 사사한 것이다. 민노행과 김정희는 공통적으로 고증학에 일가를 이룬 인물들이므로 그들에게서 학문을 익힌 강위 역시 고증학을 학문의 바탕에 두고 있었다.

강위가 이름을 떨친 것은 시인으로서가 먼저이다. 추사를 떠난 이후 방랑생활을 하며 많은 시를 남겼고, 그의 문집은 대부분 시문이었을 정도로 그는 당대의 유명한 시인이었다. 그러나 1862년(철종 13)부터 발생한 전국적인 민란을 겪으며 현실사회의 폐단을 자각하기 시작하였고, 방대한 분량의 「의삼정구폐책(擬三政救幣策)」이라는 시무책을 저술하기도 하였다. 이후 1873년과 1874년 두 차례에 걸쳐 중국을 여행한 후 본격적인 개화사상가로 변모하였다. 중국은 이미 서구 열강의 각축장이 되어 있었고, 발달한 과학과 기술로 중국에 진출한 서구의 힘을 직접 목격한 것이다. 이 무렵 개화사상의 선구자 박규수를 만나 뜻을 같이하게 되었다. 그와의 인연으로 1876년 강화도조약이 체결될 때 전권대신 신헌(申櫶)을 막후에서 보좌할 수 있었다. 16일간의 회담 과정에서 강위는 박규수와 긴밀하게 서신을 왕래하며 마침내 조약을 성사시켰다. 시무에 밝았던 강위는 당시의 위기를 타개하기 위해서는 전략적으로 개항 혹은 개화를 해야 된다고 생각했던 것이다. 결국 김정희에게서 실학을 익혔던 강위는 양이(洋夷)의 실체를 파악함으로써 실학을 개화사상으로 승화시켰다.[22] 서구문명을 적극적으로 수용하기 위해서는 메이지유신 이후 문호를 개방하여 근대사회로 나아가고 있었던 일본과의 교류가 일차적으로 필요하다고 생각했던 것 같다.

강위는 김옥균, 서광범과 같은 급진개화파만이 아니라 김윤식, 지석영(池錫永) 같은 온건개화파 및 정건조(鄭健朝), 신헌(申櫶), 신정희(申正熙), 이건창(李建昌), 한장석(韓章錫) 같은 수구파에 속하는 인물들에게까지도

---

[22] 이광린, 앞의 글, p.26.

깊은 영향을 끼쳤다고 한다.[23] 그러나 그의 친교 관계는 매우 제한적이었던 것 같다. 늙은 유생이나 높은 벼슬아치들을 꺼려하였고, 젊은이들과의 만남을 좋아하였다. 그가 남긴 「육교연음집(六橋聯吟集)」에는 청계천 광교 인근에 살던 중인들이 모여 읊은 시가 수록되어 있다. 이들 중 많은 수가 역관이었다.[24] 물론 자신의 신분이 무반의 가문이었기 때문에 양반[文班]보다는 중인 계층과 더욱 친밀할 수 있었겠지만, 단순히 신분상의 제약 때문만은 아니었던 듯하다. 중인 특히 역관은 풍부한 학문적·실무적 전문지식으로 무장하고 대중국의 사행(使行)을 통해 변화하는 국제정세를 누구보다 잘 이해하고 있었다. 따라서 역관과의 교류는 곧 새로운 시대의 조류를 수용하는 지름길이었던 것이다. 스스로 진정한 벗을 4명이라 하였는데, 그 중에 3명이 역관이었음은 이를 잘 말해 준다. 사실 벗이라 칭하였지만 이들은 강위보다 나이가 2, 30년 연하였다. 그럼에도 불구하고 스스럼없이 벗이라 말하는 모습에서 연령이나 신분을 구속하지 않는 높은 인품을 엿볼 수 있다. 강위의 이러한 신념은 한걸음 나아가 양반의 특권을 없애고, 귀천의 차별을 타파해야 한다는 근대적 의미의 평등사상으로까지 발전하였다.[25]

강위의 사상은 제자 변수(邊燧, 1861~1892)에게 이어졌다.[26] 변수는 갑신정변 당시 일본군의 출동을 교섭했던 인물로 정변의 실패 후 김옥균과 함께 일본에 망명하였다. 강위와 김옥균의 만남은 변수를 통해서 이루어진 듯하다. 조선의 근대화를 열망하던 열혈 청년 김옥균에게 강위는 자

---

23 주승택, 「추금 강위의 사상과 문학관」, 『한국학보』 43, 일지사, 1986, p.59.
24 이광린, 앞의 글, pp.16~20.
25 "今之所難者 特以有貴賤之族 貴族之不隸於軍籍久矣 貴族之槩 以無爵而居貴 非盛事也, 而良民慕之以 求附於生貴 則聖王之政 所不許也 無爵而居貴 雖貴族亦皆自知 其無理而亦知 朝廷之命 不敢不從也" 「의삼정구폐책(擬三政救幣策)」, 『강위전집』 상, 한국문헌연구소 편, 아세아문화사, 1978, p.592.
26 변수는 자신의 집에서 5년 동안 강위의 가르침을 받았다. "謀行資於邊燧 邊燧者 不肖嘗館於其家 五年授業之門徒也" 「속동유초(續東游艸)」, 『강위전집』 하, p.923.

신들의 개화 의지를 뒷받침해 줄 스승이었고, 강화도조약 체결 당시 개항을 제창했던 모범적인 선배였던 것이다.

> 오호라! 나는 문지(門地)도 비천하고 자질도 용렬하건만 젊어서 독서로 이름이 났었기 때문에 멀리 있는 사람들에게 그릇 알려지게 되었다. 시독(侍讀) 고우(古愚) 김옥균 대인은 나를 특별히 예로써 대해 주었기 때문에 항상 감격스러운 마음을 품고, 힘닿는 데까지 도움이 되기를 작정하였다. 지난 경진년 여름 시랑 도원(道園) 김굉집(金宏集) 대인이 수신사로 일본에 갈 때, 시독대인은 불초한 나를 힘써 추천하여 서기의 소임으로 일본 동경에 갈 수 있도록 해 주었다.[27]

강위는 자신보다 31세나 연하인 젊은 청년 김옥균에게 각별한 예우를 받았고, 본인도 김옥균에게 공손히 대하였다. 1880년 김홍집의 제1차 수신사 일행에 김옥균의 추천으로 일본행에 참여하였다. 직함은 서기였지만 김홍집의 측근에서 참모겸 비서 역할을 하였다. 김옥균으로서는 일찍이 개화사상을 체득하고 그 보급에 힘을 기울였던 강위를 통해 근대화의 모델로 삼고자 했던 일본의 변화를 명확히 알고자 했던 것이다.

2년 뒤인 1882년 강위는 두 번째로 일본을 방문하는데 이번에는 김옥균을 직접 수행하였다. 약 5개월의 여정을 함께하면서 많은 개화인사를 만나고, 흥아회(興亞會)의 간담회에 참여하는 등 적극적인 외교활동을 펼쳐 나갔다. 시찰을 마치고 귀국하는 도중에 일행은 임오군란의 발발 사실을 전해 들었다. 김옥균과 서광범 등은 긴박하게 돌아가는 국내사정에 대처하기 위해 서둘러 귀국하였고, 강위는 하관(下關)에 잠시 머물다가 중국 천진으로 향했다. 중국에서 그는 양무운동에 헌신하고 있던 소우렴(邵友濂), 정관응(鄭官應), 왕도(王韜) 등의 학자들을 순방하며 조선의 개화를 위한

---

[27] 『강위전집』하, p.921.

▌김옥균

방안을 모색하였다. 그는 약소국인 조선은 열강의 세력균형 아래서만 주권을 유지할 수 있다는 국제정치적 안목까지 구비하고 있었다.[28]

강위는 갑신정변이 일어나기 7개월 전인 1884년 4월로 생을 마감하였다. 그는 학문과 수신에 남다른 열정을 지녔으면서도 무반출신이라는 한계로 인해 일찍이 입신을 포기하고 시문에 몰두하였다. 그러나 봉건왕조의 부패와 무능을 개혁하기 위해 경세치용의 실학을 체득하고 마침내 개화사상의 선구적 지평을 열었다. 조선의 개화를 위해 젊은 개화파 인사를 지도, 교육하는 한편 19세기의 어려운 여건 속에서도 총 5회의 해외 방문을 통해 자주적 근대화의 길을 모색하고자 했던 것이다.

---

28 이광린, 앞의 글, pp.29~31.

2) 개화파의 등장

강위와 함께 개화사상을 탄생시킨 선구자는 오경석(吳慶錫, 1831~1879)이다. 이 둘은 공통적으로 김정희의 문하에서 학문을 익혔고, 무반과 중인이라는 양반사회의 그늘에 가려있던 신분이었다. 중세사회의 신분적 질곡에 갇혀있던 이들에게 근대사회를 지향하는 개화사상은 우선 개인적 신념에 부합하는 것이었고, 나아가 조선사회의 지향점을 제시하는 모범적 사상이 되었던 것이다. 19세기 중엽 중국을 왕래하면서 깨달은 개화의 당연성을 실천하기 위해 강위와 오경석은 다양한 실천방안을 모색하였다. 앞에서 살펴보았듯이 강위의 실천행동은 주로 강화도조약의 체결이나 수신사 참여 등의 외교·정치적 방면으로 나타났다. 오경석 역시 역관의 신분으로 병인양요나 강화도조약 등의 외교활동에 참여하였으나, 그가 역점을 둔 것은 조선의 미래를 담보할 청년 엘리트들을 개화사상으로 교화하는 일이었다. 물론 강위 역시 개화사상의 보급에 큰 역할을 하였다. 그러나 개화사상을 소개하고 전파한 공로를 평할 때 오경석을 일등공신으로 꼽는 데는 이견이 없을 듯하다.

오경석의 개화사상에 관한 연구는 일찍부터 있어 왔다. 그는 대대로 역관을 역임한 중인 가문 출신이다. 자신을 포함해서 7대가 역관을 지냈고, 혼인도 역관을 중심으로 한 중인 신분층 내부에서만 시행하여 친인척까지 포함하면 가히 중인층의 명문가문이라 할 만하다. 오경석은 어려서 이상적(李尙迪)에게 가숙(家塾)하였다. 이상적 역시 역관으로서 시서(詩書)에 이름을 떨친 인물이었다. 16세인 1846년(헌종 12) 역과에 합격하여 이후 13차례에 걸쳐 중국을 왕래하였다. 오경석의 생애에 있어 개화사상가로의 전환점이 된 시기는 처음으로 중국을 찾은 1853년 4월부터 이듬해 3월까지였다.[29] 당시를 회고하면서 중국의 동남지방 학자들과 교류하여 견문을

---

[29] 오경석에 관해서는 신용하의 연구가 큰 도움이 된다. 신용하, 「오경석의 개화사상과 개화활동」, 『한국근대사회사상사연구』, 일지사, 1987. p.55.

더욱 넓혔다고 자술하였다.[30]

어려서부터 스승에게 익힌 금석학과 서화, 그리고 박제가(朴齊家)의 실학을 바탕으로 중국의 소장학자들과 교류하며 개화사상의 기초를 마련하였다. 중국을 왕래하면서 교류한 인사들은 대부분 양무파 개혁사상가들이었다. 이들과 새로운 시대의 사조를 논의하고, 여전히 중세의 봉건적 가치에 머물러 있는 중국과 조선의 앞날을 고민하였다. 이 무렵의 상황을 아들 오세창은 다음과 같이 회고하였다.

> (오경석은) 중국에 잠재중 세계 각국의 각축하는 상황을 견문하고 크게 느낀 바 있었다. 후에 열국의 역사와 각국 흥망사를 연구하여 자국정치의 부패와 세계의 대세에 실각되고 있음을 깨닫고, 앞으로 언젠가는 비극이 일어날 것이라고 하여 크게 개탄하는 바가 있었다. 이로써 중국에서 귀국할 때에 각종의 신서를 지참하였다.[31]

실학에서 개화사상가로 전환하는 계기를 엿볼 수 있는 증언이다. 조선후기 실학자들 중에서 학문과 사상의 실용성을 제창하고 각종 기술과 문명을 궁구(窮究)해야 한다는 주장은 일찍부터 있어 왔다. 그러나 이들의 이론은 학문과 사상으로서만 작용하였을 뿐 이른바 경세치용의 실용 학문으로 승화된 경우는 거의 없었다. 오경석은 명민한 자질과 판단력을 지니고 19세기 중엽의 세계정세와 조선의 앞날을 올바르게 예측하고 있었다. 즉 조선의 비극적 상황을 우려하며 이를 막기 위해 신서를 수입, 보급한 것이다.

오경석은 필요한 서책의 서목을 만들어 중국 인사들에게 부탁하였다. 연경행의 초창기에 입수한 자료들은 대부분 서화와 금석문이었다.[32] 어려서 이상적에게 사사받은 금석학과 고증학의 영향이었다. 이상적은 조선후

---

30 「천축재차록(天竹齋箚錄)」, 『근역서화징(槿域書畵徵)』, pp.251~252.
31 『김옥균전』 상권, 고균기념회 편, 경응출판사, 1944. pp.48~49.
32 「천축재차록」, 『근역서화징』, pp.251~252.

기 고증학의 대가 김정희의 제자였다. 추사는 그 유명한 세한도를 이상적에게 그려 줄 정도로 사제관계가 각별하였다. 이러한 이상적의 학풍을 익힌 오경석에게 있어 금석학은 무엇보다 중요한 학문이었고, 이를 바탕으로 개화사상으로 발전하게 되는 것이다. 중국에서 돌아올 때마다 각종의 신서를 구해 왔는데, 『해국도지』, 『영환지략』, 『박물신편』 등이다. 이 서책들은 세계 각국의 지리와 역사, 문물, 과학기술 등을 포함하고 있어서 이미 자본주의의 성장일로에 있었던 서구의 실체를 이해하는 데 큰 도움이 되었다.[33]

1853년에서 1858년까지 이미 네 차례의 중국 왕래를 통해 오경석은 이러한 서책을 읽으며 개화사상을 확고히 수립하였다. 여기에 머물지 않고 오경석은 신서들을 절친한 친구였던 유대치(劉大致, 1831~?)에게 주어 연구를 권하였다. 유대치 역시 중인출신으로 대대로 역관의 가문이었으나 본인은 의업에 종사하고 있었다. 어려서부터 인연을 맺은 두 사람은 열강의 힘을 인식하고 풍전등화 같은 조선의 앞날을 걱정하였다. 언젠가는 일대혁신을 일으키지 않으면 안된다고 상의하였다.[34]

초기 개화사상의 두 선구자는 이렇게 해서 사상적 동지로 결합하였다. 많은 논의 끝에 조선의 개혁을 위해서는 양반자제들에게 혁신의 기운을 일으켜야 한다는 데 동의하였다. 양반들 중에서도 기성세대가 아니라 젊고 진취적인 인재들이 그 대상이었다. 그러나 중인이라는 신분의 제약에서 개화사상을 양반사회에 진작시키기에는 한계가 있었다. 양반자제를 규합, 교화하는 과제는 박규수의 몫이었다. 앞에서 살펴보았듯이 박규수는 초기 개화사상가의 대표적 인물로서 1861년 이후 개화사상으로 전환하였다. 1870년 무렵 박규수는 자신의 재동 사랑방에서 김옥균, 홍영식, 서광

---

[33] 이광린, 「개화사상 연구」, 『한국개화사연구 (全訂版)』, 일조각, 1999.
[34] 『김옥균전』 상권, p.49.

범, 박영교, 박영효, 김윤식 등 영준(英俊)한 청년들을 모아 조부 연암의 문집을 강의하고 중국에서 전해오는 신사상을 전수하였던 것이다.[35] 이들 젊은 엘리트들을 교육시키는 일은 박규수의 역할이었지만, 오경석은 중국에서 입수한 각종의 신서적을 제공하고 자신이 체득한 국제정세의 현실을 설파하며 개화사상가를 육성하였던 것이다.

오경석은 개화사상의 보급에 힘을 쏟는 한편, 긴박하게 전개되는 외교활동에도 참여하였다. 대원군 정부는 1866년 병인양요 직전 프랑스의 침공을 막기 위해 당시 천진에 있던 극동함대 사령관에게 이른바 주청사(奏請使)를 파견하였다. 오경석이 통역관으로 참여하여 무력 침략을 방지하기 위해 노력하였으나, 프랑스의 집요한 문호개방 요구는 결국 무력도발을 감행 병인양요를 일으켰다. 이 과정에서 오경석은 프랑스군의 약점과 당시 중국의 입장, 침략을 감행했을 시 우리 정부의 대응책 등을 꼼꼼히 보고하였다. 1866년 10월 귀국 후 이때의 자료를 모아 『양요일기(洋擾日記)』라는 책으로 엮었다. 250쪽이 넘는 방대한 분량의 이 일기를 통해 그의 개화사상의 핵심을 이해할 수 있다. 즉 그는 개국의 필요성을 절감하고 있었지만 외국의 침략적 위협과 무력침공에 의한 개국에는 결연히 반대하였다.[36] 오경석에게 있어 개화는 스스로의 힘에 의해 자주적으로 이룩하는 것이며, 이 자주적 개화를 위해 스스로의 힘을 기르는 자강이 반드시 수반되어야 했다.

강화도조약의 체결과정에 오경석은 문정관(問情官)으로 참여하였다. 한어역관이었지만 병인양요 등에서 활동한 그의 능력을 높이 평가한 것이다. 이 과정에서 그는 일본 군함의 일방적인 강화부 입성을 제지하고, 회담 일정과 장소를 우리가 제시할 것이라는 주체적 의지를 피력하였다. 비록

---

35 이광수, 앞의 글, p.14.
36 신용하, 앞의 글, pp.106~112.

군사력이 뒷받침되지 못한 현실에서 실효를 거두지 못하였지만, 조선의 개방과 개화는 자주적 역량으로 이룩해야 한다는 그의 일관된 의지를 살펴볼 수 있다. 개항을 둘러싸고 찬반이 거듭되는 가운데 당시 판중추부사였던 박규수 역시 일본의 무력에 의해 문호를 개방하는 것은 개탄할 일이지만, 개항은 역사적 필연이라는 입장이었다.[37] 오경석과 박규수, 그리고 서기의 직책으로 참여한 강위는 안으로는 대원군 등의 위정척사 세력과 맞서고, 밖으로는 일본군의 무력을 견제하며 자주적 개항을 이룩하기 위해 고군분투하였다.

1850년대 후반 오경석에서 비롯된 개화사상은 박규수, 강위, 유대치 등에게 이어져 초기 개화사상가들을 배출하였다. 조선후기 봉건왕조의 무능과 부패가 극에 달하던 19세기 중엽 열강은 발달한 문명과 과학기술, 군사력을 바탕으로 제국주의적 야욕을 드러내고 있었다. 중국은 이미 열강의 각축장이 되어 있었고 머지않아 그 칼날은 조선을 겨누게 될 상황이었다. 이러한 위기의식을 절감한 오경석 등은 실학의 중세적 이념만으로는 새로운 사회에 대처할 수 없음을 깨달았다. 이로부터 적극적으로 세계정세와 문물, 그리고 과학기술 등의 신학문을 익히기 시작하였고, 조선을 이끌어 갈 젊은 양반들에게 개화의 필요성을 역설하였다. 이렇게 해서 등장한 초기 개화사상가들은 급변하는 정세 속에서 열강의 무력 침탈에 맞서 자주적이고 주체적인 개화를 이룩하기 위해 노력하였다.

2. 개화사상의 실천

1877년(고종 14) 김옥균, 홍영식 등에게 개화사상을 전파하던 박규수가 사망하자 그 역할은 유대치에게 돌아갔다. 유대치는 의관으로서 오경석과

---

[37] 『고종실록』, 고종 13년 병자 정월 20일조.

박규수 등이 외교활동의 전면에서 개화활동을 펼친 반면, 재야에서 개화사상을 선양하는 일을 맡았다. '백의정승'이라는 별명이 말해주듯 그의 활동은 막후에서 개화활동을 지원하는 것이었다. 유대치는 이미 1870년대 초부터 교화활동에 참여하고 있었다. 박규수가 청년들을 이끄는 지도자의 역할이었지만 60이 넘은 고령이었고, 또 우의정 등의 관직을 역임하고 있었음을 감안하면 청년 개화파의 지도에 있어 유대치의 비중을 짐작할 수 있을 것이다. 이능화는 『조선불교통사』에서 유대치가 교류한 인물로 김옥균, 서광범, 박영효, 이종원(李淙遠), 이정환(李鼎煥), 박제경(朴齊絅), 오경석, 오경윤, 균정, 경림 세 형제와 김영한(金永漢), 영문(永汶) 형제, 한세진(韓世鎭), 이희목(李熙穆) 등을 꼽았다. 특히 이수여(李隨如)는 유대치의 호를 따라 자호(自號)를 지을 만큼 각별한 제자였다고 한다.[38]

이와 같이 초기 개화사상의 형성과정에서 유대치의 역할은 대단히 컸다.[39] 그럼에도 불구하고 그에 관해 알고 있는 사실은 많지 않다. 몇 가지의 구전과 오경석, 김옥균 등과의 관계에 대한 단편적인 기록뿐이다. 이를 종합하여 대략적인 성품과 외형을 유추해볼 수 있다. 그는 대대로 역관의 집안에서 태어났으나 의업을 택했다. 불교를 돈독히 신앙하였고, 사학에 조예가 깊었다. 학식과 인격이 모두 고매하였고, 교양이 매우 깊었다. 신체는 장대하고 홍안에 백발로서 항상 생기가 넘쳤다.[40] 초가에 사는 등 검소하게 생활하였으나 자산가였다.[41]

최남선의 다음과 같은 설명이 유대치의 위상을 잘 말해준다.

---

38 『조선불교통사』 하편, pp.898~899.
39 이상일, 「갑신정변의 막후 지도자 유대치」, 『동북아』, 1996. 12, 동북아문화연구원.
40 『김옥균전』 상권, p.52.
41 1877년 부산에 일본 동본원사(東本願寺)의 별원을 건립한 오쿠무라 엔신(奧村圓心)은 유대치를 "자산가(資産家)이면서 학식과 경험이 있고, 대단한 우국지사(憂國之士)"라고 평가하였다. 조동걸, 「奧村의 [朝鮮國布敎日誌]」, 『한국학논총』 7집, 국민대 한국학연구소, 1985. p.286.

일백의(一白衣)로 시정에 은복(隱伏)하야 『해국도지』, 『영환지략』 등으로써 세계의 사정을 복찰(卜察)하면서 뜻을 내정의 국면전환에 두고, 가만히 귀족 중의 영준(英俊)을 규합하여 방략을 가르치고 지기(志氣)를 고무하여준 이가 있으니, 당시 지인의 사이에 백의정승의 이름을 얻은 유대치가 그라. 박영효, 김옥균, 홍영식, 서광범과 귀족 아닌 이로 백춘배, 정병하 등은 다 대치문하의 준모(俊髦)이다. 일본으로서 청을 몰아내고 아라사(俄羅斯)로서 만주를 회수하여 청년중심의 신국(新國)을 건설함이 그 이상의 윤곽이니, 박영효, 김옥균 등이 연래로 일본교섭의 선두에 선 것도 실상 대치의 지획(指劃) 중에서 나온 것이요, 세상이 개화당으로 지목하는 이는 대개 대치의 문인을 이름하였다.[42]

유대치가 개화사상가로 거듭난 계기는 친구 오경석의 권유로 각종 신서를 접하면서부터이다.[43] 중국에서 들여온 신서적을 통해 열강의 야욕과 무력 앞에 머지않아 조선의 장래가 위기에 처할 것을 예단(豫斷)하였다. 조선도 서둘러 일대 혁신해야 하고, 이를 위해 젊은 양반들에게 혁신의 기운을 불러일으킬 것을 다짐하였다. 이후 박규수의 지도하에 젊은 개혁적 인사들이 모여들었고, 유대치는 막후에서 그들을 선도하였던 것이다.

박규수와 유대치의 교육을 받은 김옥균 등은 개화사상을 실천하기 위해 1874년 무렵 개화당을 결성하였다.[44] 박규수의 사랑방에서 시작하여 박영효의 집, 탑골 승방[普門寺], 화계사로 이어진 공부방이 이제 조선의 근대화를 지향하는 어엿한 정치적 당파로 성장한 것이다. 개화당 인사들은 조선의 근대화를 위해 정치와 외교, 교육 등 여러 방면에서 활동하였다.

이 무렵 개화당에 참여한 인원이 얼마나 되는지 정확한 통계는 알려진

---

42 『고사통(古事通)』, 삼중당서점, 1944, p.218.
43 『김옥균전』 상권, pp.49~50.
44 갑신정변에 참여한 궁녀 모씨(某氏)를 설명하면서 10년 전에 우리 당에 들어왔다고 하였다. 이로써 1874년 무렵이 개화당의 시작임을 알 수 있다. 『갑신일록(甲申日錄)』, 12월 1일조, 『김옥균전집』, 아세아문화사, 1979, p.73.

┃ 개화기 인물들

바 없다. 1908년 김윤식과 유길준 등이 강구회(講舊會)를 결성하여 1884년 갑신정변 이후 20년 동안 순국한 애국지사를 추도한 일이 있었다. 이때 개화당 관련 순국자를 38명으로 발표하였다. 그런데 이 중에 박삼룡(朴三龍) 등의 4명이 누락되었다.[45] 여기에 당시 생존해 있었던 박영효·윤치호·김윤식·유길준·이규완 등과 승려로서 개화활동에 공헌한 이동인·탁정식·이윤고·차홍식 등을 포함하면 50명에 달한다.

개화당의 결성 목적은 자주적 근대국가의 성립에 있었다. 주지하듯이 1884년 갑신정변을 일으켜 개화사상을 실천에 옮겼지만, 불과 3일만에 실패하고 말았다. 실패의 직접적 원인은 유대치가 우려했듯이[46] 일본군보다

---

45 이광린, 「숨은 개화사상가 유대치」, 『개화당연구』, 일조각, 1973. pp.90~91.

열배나 많은 청군(淸軍)의 군사력에 있었지만, 보다 근본적인 이유는 개화사상의 미성숙에 있었다. 개화당의 지도자로서 갑신정변을 총지휘한 김옥균의 나이는 당시 34세였고, 홍영식은 30세, 그리고 서광범, 박영효, 윤치호 등은 20대 초반의 젊은이었다.

개화사상을 공부한 지 불과 10년 정도 지나서 국가체제를 뒤바꾸는 혁명을 단행하였던 것이다. 급변하는 정세 속에서 수구세력의 위협이 다가오자 더 이상 지체할 수 없다는 판단이었겠지만, 개화에 찬동하는 온건개화파들에게도 국왕을 인질로 삼는 무모함은 반역행위에 불과하였다. 더구나 이전까지 고종은 개화에 대한 열의를 지니고 있었고, 김옥균을 각별히 신임하기도 하였다. 비록 민씨 일가의 전횡이 자행되었지만, 모든 권력은 엄연히 국왕에게서 나왔고 개화와 근대화를 위해서는 국왕의 동조가 반드시 필요하였다. 잘못된 판단과 허술한 계획, 그리고 지휘체계의 부재로 갑신정변은 3일 천하로 끝나면서 개화사상은 존립기반을 한순간에 잃고 말았다.[47]

갑신정변의 실행 과정에서 유대치의 역할은 전하지 않는다. 정변을 일으키기 18일 전인 11월 16일 그는 병중에 있었고, 문병 온 김옥균과 박영효에게 거사를 종용하였다.[48] 그에 관한 마지막 기록인데, 이후 그의 행적은 찾아볼 수가 없다. 당시 54세의 유대치에게 있어 갑신정변은 평생을 꿈꾸어오던 조선의 개혁과 개화를 실현하는 일대사였을 것이다. 그럼에도 불구하고 정변의 실행과 이후의 도피 과정 등에 전혀 자취가 남아 있지 않

---

46 "大致曰 但吾所慮者 日兵只百名 其節制 雖似强於淸兵 論其人數 大相不同 是甚憂也"「갑신일록」, 11월 16일조. 『김옥균전집』, p.50.
47 갑신정변의 주역이었던 박영효는 개혁의 실패원인을 치밀한 계획의 부재라고 회고하였다. "혁명의 방법에 관하야서는 춘고(春皐)는 '그저 정권을 옴겨 잡는 것이지오-상감을 꼭 붙드는 것이지오. 김옥균이가 어름어름하다가 상감을 놓쳐버려서 고만 실패지오'하고 통분(痛憤)한 표정을 한다. 춘고의 의견에는 갑신정변이 실패된 주되는 책임이 금옥균에게 잇다는 것이다. 그가 약속대로 아니한 것, 모계(謀計)가 소홀한 것 등이 갑신혁명 실패의 중대 원인이라고 춘고는 반복하야 애석히 여긴다"이광수, 앞의 글, p.15.
48 「갑신일록」, 11월 16일조. 『김옥균전집』, pp.49~50.

다. 실패 직후 군졸에 의해 피살되었을 가능성을 제기하기도 한다.[49] 그러나 친구였던 오경석의 가문에 화가 미칠 것을 염려하여 개화당에 함께 참여했던 오세창을 데리고 경기도 광주군 석촌에 피신하였다는 증언도 전한다.[50]

갑신정변의 실패와 함께 개화사상도 몰락하였다. 19세기말 열강의 침탈에 맞서 올바르게 판단하고 주체적으로 대처할 수 있는 인재들이 하루아침에 사라져 버렸다. 더구나 조선의 근대화를 위해서는 개화사상이 더욱 확산되어야 했으나, 정변의 실패는 개화사상을 '금수의 사상'이라는 극단적 부정으로까지 내몰았던 것이다.

오경석과 박규수 등이 개화사상을 성립한 이래 적지 않은 인물들이 조선의 근대화를 위해 외교와 정치, 사상과 교육 등에서 많은 활동을 하였다. 김옥균을 중심으로 개화당을 결성하여 비로소 근대화의 꿈을 이룰 정치적 기반을 다져 나갔다. 그러나 개화사상은 여전히 엘리트만의 진보적 이념에 머물러 있었다. 결국 기층민중의 지지가 결여된 위로부터의 혁명은 좌절되었고, 조선의 근대화는 한동안 유예될 수밖에 없었다. 개화사상은 비록 갑신정변의 실패로 역사의 무대에서 잠시 사라졌지만, 1894년 갑오경장과 함께 근대사회의 여명을 밝히는 단초(端初)로 재등장하였던 것이다.

---

49 이광린, 앞의 글. pp.86~89.
50 신용하, 앞의 글, p.66.

IV. 개화사상과 근대불교의 상관성

1. 초기 개화사상가의 불교신앙

개화사상의 성립배경에는 다양한 학문과 사상, 이념이 포함되어 있다. 특히 이용후생학파의 역할이 컸고, 실사구시를 추구하였던 다산학파의 영향도 적지 않았다. 정치적으로 개화사상은 평등론, 민권론이었고,[51] 경제적으로는 자본주의, 그리고 사회적으로는 자유주의를 추구하였다. 개화사상가들은 일찍부터 유학적 소양을 익히고, 실학이 추구하는 실용성을 학문의 중요한 가치로 인식하고 있었다. 여기에 서구열강의 발달한 과학기술과 문명, 그리고 근대적 민권사상을 수용하면서 마침내 개화사상을 형성하게 된 것이다.

이와 같은 개화사상의 전개 과정에서 개화사상가들에게 나타나는 한 가지 공통된 요소가 바로 불교였다.[52] 초기 개화사상가인 오경석과 강위, 유대치, 그리고 후기의 김옥균과 박영효에 이르기까지 불교는 이들의 사상 형성과 실천 과정에 지속적으로 자리 잡고 있었다. 이들의 불교에 대한 관심은 19세기 중엽 성행을 이룰 만큼 광범위하게 퍼져 있었다.[53]

---

[51] 갑신정변의 주역이었던 박영효는 『연엄집(燕嚴集)』의 귀족을 공격하는 글에서 평등사상을 얻었고, 신사상[개화사상]은 평등론, 민권론(民權論)이라고 하였다. 이광수, 앞의 글, p.14.
[52] 개화사상과 불교에 관한 연구는 다음과 같다.
서경수, 「개화사상가와 불교」, 『숭산박길진박사고희기념 한국종교사상사』, 원광대 출판부, 1984.
김창수, 「한국근대불교계의 개혁운동」, 『효성조명기박사추모 불교사학논문집』, 동국대 출판부, 1988.
노권용, 「근세 개화기 불교의 개혁이념」, 『한국종교사연구』 제5집, 한국종교사학회, 1996.
정광호, 「개화기의 혁신운동과 불교(Ⅰ)」, 『인하사학』 제5집, 인하대 사학과, 1997.
전보삼, 「개화기 승려의 현실구제와 內省·維新의 경향」, 『국민윤리연구』 제36집. 한국국민윤리학회, 1997.

그렇다면 중세의 낡은 틀을 개혁하고 근대의 평등사회를 지향하는 개화사상가들에게 왜 불교가 중요한 가치로 작용하였을까? 흔히 서구의 중세사회를 종교의 시대라고 한다. 기독교가 정치와 사회 등 모든 인간생활을 지배하는 규범으로 작용하면서 신의 소명은 그 무엇보다 앞서는 절대성을 지녔다. 동양사회에서도 사정은 다르지 않았다. 불교적 세계관이 정신세계의 최고 가치였고, 일상과 문화의 기준이었다. 이와 같이 중세사회는 종교로 특징지워지고 근대사회는 바로 종교로부터 벗어나 인본주의를 달성하는 것이었다. 그런데 근대사회를 지향하는 개화사상이 불교를 바탕에 두고 있었다. 다시 말하면 개화사상의 형성에 불교의 사상과 이념이 큰 역할을 하였던 것이다. 여기서 각각의 개화사상가를 통해 개화사상과 불교와의 관계를 살펴보고, 불교의 어떠한 사상이 근대지향적 가치 추구에 부합할 수 있었는가를 이해하고자 한다.

먼저 실학자로서 가장 먼저 개화사상을 체득한 강위의 경우, 선불교를 공부하였다고 한다. 이건창(1852~1898)이 쓴 묘지명에 "곳곳을 유랑하며 선불교와 병법, 음양법 등을 공부하였다"는 단편적인 기록이 전한다.[54] 강위는 김정희의 제자였다. 1846년(헌종 12) 제주에 유배 중인 김정희를 찾아가 3년 동안 그의 가르침을 받았다. 1848년 김정희가 유배에서 해제되어 귀경하자 강위도 함께 서울로 왔다. 그러나 이듬 해 1849년 김정희는 다시 함경도 북청으로 유배되는 비운을 겪었다. 그러자 강위 역시 유배지까지 따라가 1년간을 사사하였다. 강위는 이처럼 스승에 대한 지극한 예와 배움에 대한 열정을 동시에 지니고 있었다.

---

[53] "한때 경성에 선풍(禪風)이 성행한 적이 있었는데, 古愚[金玉均]·韋山[徐光範] 등은 높은 신분에 본래 좋은 가문의 자제로서 고기 먹는 자들이었으나 선도(禪道)에 관해 듣고서 발심을 했다. 그리고는 동쪽 일본으로 건너가서 당시의 세태를 잘 판단하여 혁신할 것을 결의하였다."『조선불교통사』하편, p.899.

[54] "君少從閔金浦魯行 金參判正喜 受古經義 輒有神解中 更浮游 學禪·學兵·學陰陽 諸書又悉棄法 爲詩及他文章."「강고환묘지명(姜古歡[瑋]墓誌銘)」,『명미당집(明美堂集)』권19, 민족문화추진회, 2005, p.278.

주지하듯이 김정희는 불교에 심취하여 여러 고승과 교유하였고, 불교교학에 대한 상당한 입지를 이루고 있었다.[55] 유배지에서 조석을 함께 하는 4년간 강위는 추사의 학문을 고스란히 이어받았다. 북학파의 계보를 잇는 실학과 고증학은 그의 학문적 바탕이 되었고, 불교경전과 교리에 해박한 스승의 가르침은 개화사상의 형성에 큰 도움이 되었을 것이다. 특히 김정희를 떠나 곳곳을 유랑하며 시문에 몰두하던 시절, 사상적 방황 속에서 불교에 대한 믿음은 더욱 깊어져 평생의 신앙으로 남아 있었다.[56]

시문으로 유명했던 그였던 만큼 시를 통해 신앙의 면모를 살펴볼 수 있다. 즉 「망개마산(望蓋馬山)」이라는 오언시에서,

몇 번이나 중되고자 마음을 먹었지만,	幾度欲爲僧
중만 보면 그 생각은 저만치 달아나네.	見僧心復慢
문득 상백봉(常白峯)을 바라보고는	忽瞻常白峯
나한님께 머리 숙이네.[57]	稽首大羅漢

라고 하여 몇 번씩이나 출가를 결심했을 만큼 신앙이 각별하였음을 알 수 있다. 1852년 김정희를 떠난 후 유랑생활을 하던 시절 지은 시라고 생각된다. 짧은 내용이라 자세한 사정은 알 수 없으나 곳곳의 사찰을 순례하면서 출가수행자의 길을 진지하게 고민하였으나, 승도의 현실을 보며 마음을 접은 듯하다. 19세기 중엽 불교계가 처한 현실은 대단히 어려웠다. 각종의 잡역과 수탈로 사찰은 황폐해졌고, 승도는 사찰을 유지하기에 급급하였다.

---

55 이상현, 「추사의 불교관」, 『민족문화』 13집, 민족문화추진회, 1990.
 구사회, 「추사 김정희의 개방적 세계관과 불교 수용 과정」, 『선무학술논집』 제16집, 국제선무학회, 2006.
56 이광린, 「강위의 인물과 사상-실학에서 개화사상으로의 전환의 일단면」, 『동방학지』 제17집, 연세대학교 동방학연구소, 1976, pp.15~16.
57 「망개마산(望蓋馬山)」, 『강위전집』 상, p.39.

이런 모습을 보고 출가의 결심을 포기하였으나 마음속에서 우러나오는 신앙심만은 변치 않았던 것이다.

개화사상과 불교와의 상관관계를 가장 잘 파악할 수 있는 인물이 오경석이다. 오경석의 불교에 대한 이해는 그의 개화사상만큼이나 깊었다. 추사의 사상을 계승한 이상적에게 어려서부터 학문을 배웠으므로 불교적 소양을 일찍부터 지니고 있었을 것이다. 그가 직접적으로 불교에 심취한 것은 만년의 일이었다. 즉 "만년에는 선리를 좋아하여 불경을 많이 갖추고 있어서 불교의 심오한 의미를 깊이 궁리하여 삼계의 화택(火宅)을 버리고 열반의 피안에 올랐다"[58]는 것이다. 오경석에게 있어 개화사상과 불교와의 선후관계는 개화사상이 먼저이다. 그가 개화사상을 체득한 시기가 1860년 이전이었고, 만년은 대략 1870년대를 의미하는 것이므로 개화사상의 바탕위에 불교신앙을 수용한 셈이다. 즉 개화사상을 통해 종교에 대한 자유주의적 사고를 갖게 되어 유교를 탈피하고 결국 불교를 믿게 된 것이라고 한다.[59]

오경석은 평생 6편의 저작을 남겼다.『삼한금석록(三韓金石錄)』,『삼한방비록(三韓訪碑錄)』,『천죽재차록(天竹齋箚錄)』,『수의앙독(隨意快讀)』,『양요기록』, 그리고『초조보리달마대사설』등이다. 여기서 주목하는 것은 마지막의『초조보리달마대사설』이다. 엄밀하게 말하면 그의 저작이 아니라 달마대사의 가르침이라는「혈맥론(血脈論)」과「관심론(觀心論)」 중에서 좋아하는 내용을 선별, 필사한 발췌본이다. 모두 47쪽인데 친필로 정성스럽게 옮겨 쓰고, 표제 밑에 '역매지송(亦梅持誦)'이라 제하여 항상 지니고 염송하였음을 알 수 있다. 16세기말 사명당 휴정(1520~1604)이 편찬한『선문촬요』중에 이「혈맥론」과「관심론」이 각각「달마혈맥론」,「달마

58「오경석묘지명(吳慶錫墓誌銘)」,『해주오씨파보(海州吳氏派譜)』, 오준영 편, 1956.
59 신용하, 앞의 글, p.86.

「관심론」이라는 제목으로 포함되어 있다.[60] 오경석은 아마도 이를 저본으로 필사한 것이라 추정된다. 많은 경전을 소장하고 있으면서도 이 서책에 대해서만 각별한 애착을 보였다. 그러므로 이 『달마대사설』의 내용을 통해 오경석의 불교관을 살펴볼 수 있을 것이다.

『달마대사설』에서 서술하고 있는 「혈맥론」과 「관심론」은 사실 달마의 저술이 아니다. 즉 「혈맥론」은 '달마대사설'이라고 표기하였으나 달마 이후에 편찬된 글이며, 「관심론」도 중국 당대의 선승 신수(神秀, 605~706)의 저술로 추정된다.

먼저 「혈맥론」은 모두 5편으로 구성되어 있다. 각 편목은 ① 심외무불성(心外無佛性) ② 미심만행(迷心萬行) 미면윤회(未免輪廻) ③ 명경소이(明敬所以) ④ 도부재산야(道不在山野) ⑤ 도한역득성도(屠漢亦得成道) 등이다. 편목에서 알 수 있듯이 불성은 마음 밖에 따로 존재하지 않고, 도란 승속을 가리지 않으며 백정도 또한 도를 이룰 수 있다는 내용이다. 첫 번째 편목의 「심외무불성」편에 나오는 다음과 같은 구절이 「혈맥론」의 핵심을 잘 말해준다.

> 먼 옛적부터 분별하고 움직이는 온갖 시간과 온갖 장소가 모두 그대의 본심이며, 모두 그대의 본불이다. 마음 그대로가 곧 부처라 함도 이와 같다. 이 마음을 내놓고 달리 부처를 찾을 수 없으며, 이 마음을 여의고 보리와 열반을 구한다는 것은 옳지 않다. 자성은 진실하여 인(因)도 아니고 과(果)도 아니다. 법 그대로가 마음이니, 자기 마음이 부처이며 자기 마음이 보리이며 자기 마음이 열반이다. 만약 "마음 밖에 부처와 보리가 있어 얻을 수 있다"고 말한다면 옳지 않거늘, 부처와 보리가 모두 어디에 있겠는가.[61]

---

60 경허(鏡虛, 1849~1912)가 1907년과 1908년에 『선문촬요(禪門撮要)』를 상·하의 2권 1책으로 간행하였다. 상권은 1907년에 운문사(雲門寺)에서, 하권은 1908년 범어사에서 각각 개간하였다. 선학(禪學)의 지침서로서 근대불교의 선풍 진작에 중요한 영향을 미쳤다.

즉 부처와 보리는 바로 자신의 마음 속에 있는 것으로 마음을 올바르게 깨우쳐야 한다는 가르침이다.

다음으로 「관심론」은 모두 14단으로 구성되었는데, 제자 혜가(慧可, 487~593)의 질문에 달마대사가 대답하는 형식이다. 마음은 만법의 근원이고 일체제법은 마음으로부터 나온 것이라는 관점에서 관심이라는 하나의 법에 일체의 법이 포섭된다는 것을 밝힌다. 마음에서 일어나는 두 가지의 차별상에 염심(染心)과 정심(淨心)의 두 가지가 있다고 하는데, 이것은 「대승기신론」의 영향을 받은 것으로 보인다. 또한 마음을 관하여 삼독육적(三毒六賊), 삼계육취(三界六趣) 등의 고통을 제거하는 것이 바로 해탈이라고 하였다.

이상과 같이 「혈맥론」과 「관심론」의 중심 사상은 바로 '심'이라 할 수 있다. 마음이 부처임을 깨달아 바른 마음을 관(觀)하는 것이야말로 불도의 정도라고 하였다. 특히 「혈맥론」의 불성은 승속을 구분하지 않으며, 백정도 깨달음을 얻을 수 있다는 구절은 개화사상의 궁극적 목적과 잘 부합하는 것이었다. 양반신분제 사회에서 중인은 학문과 능력에 관계없이 신분의 한계를 안고 있었다. 오경석 역시 중인으로 입신하여 숭록대부 등의 공훈을 받았으나, 자신의 태생적 제약을 극복하는 것은 불가능한 일이었다. 개화파에 참여하였던 중인 출신 대부분은 공통적으로 이러한 울분을 지니고 있었을 것이다. 이들의 사상과 이념 속에는 현실사회의 신분적 모순에 대한 비판 의지가 담겨 있었다. 박영효가 갑신정변의 이념을 평등론, 민권론이라 규정하였음은[62] 개화사상의 개혁 목표가 신분제 타파에 있었음을 말해주는 것이다.[63]

---

61 『선문촬요』, 이철교 역, 민족사, 1999, pp.17~18.
62 "『연암집』에 귀족을 공격하는 글에서 평등사상을 얻었지오. 하고 춘고는 당시 신사상이란 것이 평등론, 민권론이란 것을 말하였다" 이광수, 앞의 글, p.14.
63 최근 갑신정변의 참여자 77명을 분석한 결과에 따르면 양반 10명, 중인 5명, 그리고 이른바 상놈[常漢]이 39명이라고 한다. 여기에 상한(常漢)일 가능성이 높은 미확인자 23명까지 포함

2. 개화사상의 실천과 근대불교

오경석과 함께 개화사상을 형성한 유대치에게도 불교는 신앙으로서, 개화사상의 한 이념으로서 매우 중시되었다. 그의 불교신앙을 알 수 있는 저작이나 직접적인 자료는 남아 있지 않으나 교리에 해박하고 신앙이 돈독하였음은 미루어 짐작할 수 있다.

> 김옥균이 유대치로부터 배운 사상의 감화 외에 특기해야 할 것은 대치의 불교신앙의 일사(一事)이다. 대치는 조선학사들이 의례에는 능하면서도 도념(道念)에는 관심이 적음을 개탄하여, 김옥균에게 권하여 불교를 연구하도록 하였다. …… 김옥균이 다른 사람과 달리 청년시대로부터 불전의 문구와 불설을 자주 이야기한 것은 유대치의 감화에 따른 것이었다.[64]

위의 인용문에서 "조선학사들이 의례에는 능하면서도 도념에는 관심이 적음을 개탄하여"라는 구절은 아마도 당시의 불교계가 의례와 의식에 치우쳐 교리와 사상의 연마를 등한시한다는 지적인 듯하다. 18세기 이후 불교는 서민 대중화의 길에 접어들어 염불과 주술 등의 신앙불교가 주류를 이루었다. 사회의 지도이념으로서 유교가 득세하던 시대에서 경전을 탐구하고 교리를 연구하는 등의 체계적 교학활동은 위축될 수밖에 없었을 것이다. 이능화의 서술대로 19세기말 한양에 일대 선풍이 일어났다는 것도 다른 면에서 보면, 교학을 통하지 않아도 된다는 선불교에 대한 일방적 이해가 가져온 현상으로 생각할 수도 있다.

하면 하층계급이 3분의 2 이상을 차지한다는 설명이다.(박은숙, 『갑신정변 연구』, 역사비평사, 2005) 갑신정변의 핵심 목표 중의 하나가 평등과 민권의 실현에 있음을 보여주는 실증적인 사례이다.
[64] 『김옥균전』 상, p.50.

유대치는 김옥균에게 개화사상을 일깨워 준 스승이었다. 개화당을 결성하고 갑신정변을 실행하기까지 두 사람은 동지적 결속을 맺고 있었다. 김옥균에게 개화사상과 함께 불교사상을 권하였다는 사실은 개화사상의 체계화 내지는 실현에 불교사상이 중요한 역할을 차지하고 있었음을 의미한다. 유대치의 권고로 김옥균은 불교를 연구하였고, 교리에 상당한 이해를 지녔던 것 같다. 개화기 역사의 주인공 가운데 한 사람이었던 박영효가 "김옥균과 나와 먼저 사귀인 것은 불교토론으로요. 김옥균은 불교를 좋아해서 불교 이야기를 했는데 나는 그것이 재미가 나서 김옥균과 친하게 되었소"[65]라고 하였음은 김옥균의 불교에 대한 수준을 짐작하게 한다. 정변의 실패로 일본에 망명한 후, 그는 일본 인사들에게 불교의 우월성을 강조하고 선(禪)을 권하였다.[66] 나아가 1886년 망명자의 어려운 처지에 있을 때는 "세상은 나날이 글러만 가니 차라리 머리 깎고 입산수도의 길을 가는 것이 나을 듯합니다"[67]라고 하여 출가를 생각할 정도였다.

한편 박영효에게도 불교는 중요한 관심이었고, 이를 통해 김옥균과 친하게 되었다는 증언에서 다시 한 번 개화사상가들에게 불교의 위상이 어느 정도였던가를 가늠하게 한다. 이들은 개화사상과 불교를 접목하여 불도를 현실에 구현하는 불교국익관을 내세우고, 나아가 사회개혁론까지 주창할 수 있었던 것이다.[68]

유대치의 불교신앙에 관한 다른 일면은 그의 제자 이종원(?~1911)을 통해 살펴볼 수 있다. 이종원은 개화당의 일원으로 갑오경장 이후 농무국

---

[65] 이광수, 앞의 글, p.15.
[66] 일본의 정치가 犬養 毅의 이야기 중에, "김씨의 학문과 수양의 근저(根柢)는 유교에 있지 않고 불교에 있었다. 즉 씨의 학문은 선학(禪學)으로 그 수양도 선(禪)에 의한 것이었다. 그러므로 씨는 시종 불서를 애독하였으며, 유서(儒書)는 전연 손에 대지 않고 오히려 그것을 싫어하였다" 葛生東介 著, 『金玉均』 附錄 「朝鮮第一의 人物」, 1916. 3. 이광린, 「개화당의 형성」, 『개화당 연구』, 일조각, 1973. p.9에서 재인용.
[67] 韓晳曦, 『日本の朝鮮支配と宗教政策』, 東京: 未來社, 1988. p.25.
[68] 이광린, 「숨은 개화사상가 유대치」, 『개화당연구』, 一潮閣, 1973. pp.73~74.

장, 공주관찰사 등을 지낸 인물이다. 그는 여여(如如) 유대치에게 선의 도리를 배웠는데 "여여를 따라 다닌다"는 의미에서 자호를 수여(隨如)라고 하였다. 이종원은 불도를 깊이 믿었고, 선의 종지를 독실히 좋아하였다. 한 평생을 하나의 공안과 씨름을 하며 지냈다고 한다.[69] 스스로 호를 따라 지을 만큼 이종원에게 유대치는 큰 스승이었고, 그에게 평생 동안 불도를 실천할 수 있는 감화를 주었던 것이다. 정변이 실패한 후 유대치는 미궁속으로 사라졌다. 당시 사람들은 "선생이 평소에 부처님을 숭신하였는데, 이 무렵 오대산중 천하의 명승 백운(白雲)선사가 혹 대치선생의 변생(變生) 불제자가 아니었던가 하고 말하기도 하였다"[70]라고 할 정도로 유대치의 불교신앙은 널리 알려져 있었다.

개화사상과 불교와의 직접적인 관계를 알 수 있는 사례가 이동인과 탁정식, 이윤고, 차홍식, 등이다. 즉 이들은 승려의 신분으로 개화사상의 실천에 직접 참여한 인물들이다. 이동인을 제외하고 나머지 3인은 간단한 활동사항만이 전한다.

이동인은 범어사 출신으로 1879년 김옥균을 만나면서 본격적으로 개화운동에 투신하였다. 당시 개화인사들은 급변하는 외국의 실정을 서적을 통해 이해하고 있었다. 그러나 개화의 방향을 정립하고 제대로 실천하기 위해서는 외국의 현실을 직접 체험해야 한다는 데 공감하고 있었다. 이에 김옥균이 직접 일본 방문을 계획하였으나 여의치 않았고, 그 대체인물을 모색하던 중에 이동인을 만났다.[71]

이동인과 김옥균의 만남은 유대치의 소개로 이루어진 듯하다. 이보다 앞서 유대치는 이동인에게 불전을 배운 일이 있었기 때문이다.[72] 유대치는

---

69 『조선불교통사』 하편, p.899.
70 『김옥균전』 상, p.420.
71 이광린, 앞의 글, p.50.
72 "대치선생은 의자(醫者)로서 불교를 깊이 신앙하였고, 불전의 강학(講學)에 깊이가 있었다. 선생은 세간이목(世間耳目)과 세계소식을 오경석에게서 얻었고, 불전의 강학과 불타의 신앙

▎이동인

초기개화사상가로서 선불교를 중심으로 개화사상의 형성과 전파에 힘을 기울였다. 이 과정에서 이동인을 만났고, 둘은 개화사상과 불교교리를 상보적(相補的)으로 주고받았을 것이라 짐작된다. 1878년 당시 30세 무렵의 이동인은 일본의 신문물과 사상을 접하기 위해 일본 정토진종의 동본원사 부산별원을 찾아갔다.

은 이동인에게 배웠다"『김옥균전』상, p.133.

부산별원이 개원된 다음 해 12월 1일. …… 통도사[梵魚寺가 옳다 - 필자]의 승려라고 칭하는 이동인씨가 은근히 오쿠무라(奧村師) 스님의 지도를 받고 싶다고 별원을 찾아왔다. 품격도 있고 문필에도 능하여 지금까지 오촌이 만난 승려와는 큰 차이가 있었다. 오촌도 매우 정중하게 그를 대하였다. …… 이동인은 오쿠무라의 후의에 감동하여 여러 차례 내방하였고, 때로는 별원에서 며칠씩 머물기도 하였다. 항시 시사를 말하고 국제간의 정세를 설명하면서도 불교에 관해서는 말하려고 하지 않았다. …… 그와 같이 하여 반년의 세월이 경과되었던 것 같다. 1879년 초여름경 서울에 간다고 말하고는 일시 소식이 끊어졌다.[73]

이와 같이 이동인의 관심은 불교가 아니라 시사와 국제정세에 있었다. 부산별원에서 그는 근대사회로 치닫고 있었던 일본의 모습을 통해 개화사상을 확대하고 그 실천방안을 모색하려 하였다. 그해 12월 11일에는 오쿠무라에게 간청하여 정박 중이던 일본 군함 비예함(比叡艦)을 관람한 일이 있었다.[74] 그의 관심은 바로 이러한 근대적 기계문명 등에 있었던 것이다.

1879년(고종 16) 6월 김옥균의 지원으로 일본에 밀항한 이동인은 발전하는 일본의 모습을 관찰하고 국내의 김옥균 등에게 신서적과 근대문물의 실상을 전했다. 1880년 수신사로 동경에 와 있던 김홍집과 만나 외교활동에 참여하였다. 김홍집과의 만남은 이동인의 생애에 전환점이 되었다. 그와 함께 귀국하여 민영익의 휘하에서 국정에 관한 자문을 맡았다. 이동인의 뛰어난 자질과 일본에 대한 해박한 지식은 마침내 국왕을 알현하기에 이르렀고, 두터운 신임을 얻었다. 천민 취급받던 승려의 신분으로 당시의 권세가들에게 개화와 국정을 자문하고 국왕의 믿음을 받았다는 사실은 불교의 위상이 한층 격상되었음을 의미한다. 1880년 10월에는 주일청국공

---

73 『朝鮮開敎五十年誌』, 大谷派本願寺 朝鮮開敎監督部編, 京城: 朝鮮開敎監督部, 1927. p.137.
74 조동걸, 「奧村의 [朝鮮國布敎日誌]」, 『한국학논총』 7집, 국민대 한국학연구소, 1985. p.268.

사 하여장(何如璋)에게 대미수교를 요청하기 위해 탁정식과 함께 일본에 밀파되었다. 한 달간 동경에 체류하면서 흥아회에 참석하여 서구열강에 맞서 조선과 일본이 긴밀하게 협력해야 한다고 주장하였다.[75] 1881년 2월에는 통리기무아문의 참모관에 임명되어 신사유람단의 일원으로 다시 일본에 다녀왔다. 3월 총포와 군함 구입의 임무를 받고 일본에 파견될 예정이었으나 갑자기 행방이 사라졌다. 개화를 저지하려는 수구파의 음모에 의해 살해되었을 것이라 추정한다.

이동인은 3년이라는 짧은 기간 동안 개화기 정치와 외교의 중앙무대에서 활발하게 활동하였다. 유대치와 김옥균을 만나 개화사상을 체득한 그는 당시 개화의 모델이었던 일본을 왕래하면서 일본전문가로서 크게 활동하였다. 30대 초반의 젊은 승려는 조선의 앞날을 위해 유학생의 파견을 기획하고, 아시아의 긴밀한 협력관계를 구축하여 서세동점의 위기를 극복해야 한다는 국제적 안목을 지니고 있었다. 불행히도 수구세력에 의해 사라졌지만, 그가 선두에 선 승려의 개화활동은 탁정식, 이윤고, 차홍식 등에게 이어졌다.

탁정식은 강원도 백담사의 강사 출신으로 자는 몽성(夢聖), 법명은 각지(覺地), 무불(無佛)이었다. 화계사에서 김옥균을 만나 개화사상가로 변신하였다.[76] 박규수의 사후 청년 인재들이 회합한 곳이 박영효의 집, 봉원사, 보문사, 화계사 등지였다. 불교신앙이 각별했던 유대치의 영향으로 여러 사찰이 개화사상의 본거지가 되었던 것이다. 이 무렵 화계사에 머물던 탁정식은 개화사상에 매료되어 적극적인 개화실천가로 변신하였다. 1880년 10월 이동인 등과 함께 한미수교의 알선을 요청하기 위해 정부의 밀명을 띠고 일본으로 건너가 청국공사 하여장을 만났다. 1883년에는 차관 교섭

---

[75] 1880년 4월 일본에서 간행한 『興亞會報告』 제4집에 '東派本願寺 遊學生某'가 쓴 「興亞會 參」이라는 글이 있다. 이광린은 이 글의 주인공이 바로 이동인이라 하였고, 그 내용을 자세히 소개, 분석하였다. 이광린, 「開化僧 李東仁에 관한 새 史料」, 『韓國開化史의 諸問題』, 一潮閣, 1986.
[76] 『조선불교통사』 하편, p.899.

차 일본을 방문하는 김옥균을 수행하였다가 1884년 2월 신호(神戶)에서 병사하고 말았다. 그는 이동인의 사후 개화사상의 실천에 앞장선 승려로써 주목받았으나 아깝게도 결실을 맺지 못하였다.

한편 같은 화계사 출신의 차홍식은 개화운동에 헌신하기 위하여 환속한 인물이다. 갑신정변 당시 무장 행동대로 참여하였다가 처형당했다. 이윤고는 법명이나 출신 사찰조차 알려지지 않는다. 그 역시 김옥균과 일본에 동행하였고, 갑신정변이 실패로 돌아가자 일본으로 망명하였다. 이상과 같이 4인의 승려 개화운동가들은 격변의 시대에서 짧은 생을 마감하였다. 단편적인 행장만 전할 뿐이어서 그들의 신념이나 구체적인 사상은 알 수 없다. 다만 출가수행자의 신분으로 개화에 헌신할 수 있었던 것은 봉건왕조를 청산하고 나라를 근대화하는 길이 곧 불교의 혁신이라는 굳은 믿음이 있었기에 가능한 일이 아니었을까 생각된다.

이상과 같이 개화사상의 형성과 실천 과정에서 불교는 막중한 역할을 하였다.[77] 초기 개화사상가의 신앙과 사상으로서 개화사상의 이론적 뒷받침이 되었고, 마침내 개화운동에 헌신하는 승려들이 출현하기까지 이르렀다. 개화사상가들에게 영향을 주었던 불교사상은 구체적으로 말하면 선사상이었다. 선학들은 개화사상에 내포된 불교사상을 '사민평등사상'[78] 혹은 '불성사상'[79]이라고 지적한다. 모든 중생은 불법 앞에 평등하다는 '일체중생실유불성'의 정신은 불교의 기본이고 핵심이다. 그러므로 이러한 사민평등사상, 불성사상이란 표현을 달리하였을 뿐, 불교의 선사상이라는 대표적 개념으로 포괄할 수 있을 것이다.

한국불교사에서 선사상은 신라하대부터 혁신, 혹은 개혁적 의미로 수용

---

[77] 개화사상에 있어 불교의 역할을 제한적으로 이해하기도 한다. "물론 불교사상이 개화개혁사상에 직접적으로 연결되는 것은 아니지만 유교사상과 비교해 볼 때는 체제의 지양에만 그치는 것이 아니라 현실적으로 실천적인 면에서 국가이익에 통한다고 보았던 것이다" 김창수, 앞의 글, p.309.
[78] 이광린, 「개화당의 형성」, 『개화당 연구』, 일조각, 1973. p.11.
[79] 노권용, 앞의 글, pp.193~201.

되었다. 신라의 지방호족들은 왕족 중심의 귀족불교 대신에 선불교를 적극 수용함으로써 기존의 질서에 저항하였다. 선사상 자체는 혁명적 사상을 내포하고 있지 않다. 그러나 교학불교의 난해하고 방대한 교리가 아니라 직지인심, 견성성불의 직관적 교리는 진보적 개혁가들에게 매력적인 이론으로 받아들여졌다.

조선후기 양반사회의 부패와 무능에 저항하던 개화사상가들은 이러한 현실의 모순은 모두 유교에서 비롯된 것이라고 진단하였다. 건국의 이념으로 채택한 유교적 질서는 철저한 신분제사회를 유지하는 절대적 가치였으나, 후기 이후 서서히 자기모순을 드러내기 시작하였다. 양반사회 내에서도 비판의 목소리가 커졌고, 마침내 박규수에 이르러서는 양반사회의 허상을 철저하게 드러내기까지 하였다. 개화사상가들은 『연암집』을 통해 평등사상을 배우고, 신사상을 접하면서 평등론과 민권사상을 제창하였던 것이다. 여기에 유교를 대신하는 실천이념으로서 불교를 채택하고, 선불교의 개혁적 논리를 개화사상과 접합시켜 나갔다.

개화사상가들의 불교지향성은 추사 김정희에게서 비롯되었을 것이라 생각된다. 추사는 조선후기 거사불교의 대표자라 할만큼 깊이있는 사상과 신앙을 지녔다. 개화사상의 비조(鼻祖)라고 하는 강위와 오경석이 그의 학문과 사상을 익혔다. 강위는 추사의 유배생활을 함께하면서 직접 문하에 있었고, 오경석은 어린 시절에 추사가 아끼던 제자 이상적에게 가학(家學)하였다. 이 둘에게 추사의 불교사상이 계승되었고, 마침내 개화사상의 형성에 불교가 깊숙이 자리잡게 되었던 것이다. 강위와 오경석, 그리고 유대치는 공통적으로 양반사회에서 신분적 한계를 지닌 무반, 중인출신이었다. 일찍이 불교의 평등사상을 체득하고 있던 이들은 신분제사회에 대한 비판의식을 지니고 있었다. 여기에 신문물과 사상을 접하면서 근대적인 평등사상에 매료되었고 마침내 개화사상을 정립하였던 것이다. 이후 김옥균과 박영효 등에게 개화사상을 전파하면서 선사상의 개혁적 정신을 함께 설파하여 개화사상의 형성과 실천에 불교사상이 자리잡게 되었다고 하겠다.

V. 근대불교의 맹아(萌芽)

　19세기 중엽은 우리 역사에서 격동의 시기였다. 열강의 제국주의적 침탈이 본격화되면서 조선왕조는 외부로부터의 위협에 직면하였고, 내부적으로는 반봉건의 기치를 내세운 기층민중의 저항에 부딪혔다. 신왕조의 건국이념이었던 유학은 더 이상 사회의 지도이념이 될 수 없었음에도 불구하고 서구의 신사상과 신문화를 배격하는 방패막이 구실을 하며 국가의 발전을 가로 막았다. 이러한 현실을 극복하기 위한 대안으로서 개화사상이 등장하였다. 열강의 선진 사상과 문물을 적극적으로 수용하여 세계사의 조류에 발맞추어야만 고립을 면하고, 근대화의 발전을 도모할 수 있다는 믿음이었다.

　일찍이 중국을 왕래하며 신사상에 눈을 뜬 오경석과 박규수, 강위 등에게 비롯된 개화사상은 양반 청년과 중인층에게 빠르게 전파되었다. 개화사상을 체득한 김옥균과 박영효 등은 일본을 개화의 모델로 삼아 적극적인 개방정책을 제창하는 한편, 직접 일본에 왕래하며 근대화의 기틀을 다져나갔다. 이 과정에서 이동인과 무불 등의 개화승이 큰 역할을 수행하였다. 억불의 시대 도성출입마저 제한되었던 승려에게 정치활동이란 엄두도 못낼 일이었지만, 이미 19세기의 불교는 내재적 발전의 힘을 회복하고 있었다. 왕실의 불사 지원, 유학자의 불교신앙, 그리고 서민의 생활불교 등 다양한 방면에서 불교는 회생의 싹을 틔우고 있었던 것이다. 특히 김정희에게서 비롯된 거사불교의 흐름은 초기의 개화사상가에게 이어지고 마침내 개화사상과 호흡을 함께하면서 개혁과 변화의 이념적 틀을 제공하였다.

　문벌을 폐지하고 평등과 민권을 제창하는 개화사상의 근대지향성은 불교의 평등사상에서 비롯되었다. 일체중생 실유불성의 불성론을 바탕으로 양반과 승려, 중인과 상인은 신분을 초월하여 개화를 논의하고 근대화를 실천할 수 있었다. 불교는 이제 순전(純全)한 종교적 차원에만 머물지 않고, 사회의 실천이념으로서 근대사회를 지향하는 발전적 역할을 담당하였다.

　이러한 맥락에서 근대불교의 시작을 19세기 중엽의 개화기에서 찾을 수 있지 않을까 한다. 불교사의 흐름에서 중세와 근대를 구분짓는 명확한 계기가 존재하지 않는 이상, 시대구분의 경계는 불교가 지닌 내재적 변화에서 찾는 것도 한 방법이 될 수 있을 것이다. 즉 종단조차 없이 명맥만을 유지하던 은둔의 불교에서 벗어나 개혁과 개화를 고민하고, 적극적으로 실천하는 모습은 이전에는 찾아볼 수 없었던 새로운 현상이었다. 이러한 흐름이 불교계 전반에 확산되기까지는 상당한 시간이 필요하였지만, 여기서 우리는 근대불교의 맹아(萌芽)를 발견할 수 있는 것이다. ▮한상길

승려의 입성금지 해제와 근대불교의 전개

I. 한국 근대불교사의 시작

외세의 강압에 의해 문호를 개방했던 1876년부터 1910년 한일합방 때까지 약 30여 년간은 비록 짧은 기간이지만 20세기 한국사회의 진로를 결정짓는 중차대한 시간이었다. 이 시기는 한국근대불교사의 관점에서 보아도 가장 중요한 시점으로 손꼽을 수 있다. 수백 년간 불교를 억압해 왔던 승니의 도성출입금지령(都城出入禁止令)이 해제되는 역사적 조치가 이 시기에 단행되었기 때문이다. 승려의 입성금지는 유교적 이데올로기로 행해졌던 대표적 불교탄압으로 꼽히고 있음으로 도성해금은 유교적 지배체제의 붕괴와 근대사회의 출현을 예고하는 것이었다. 이 같은 맥락에서 서경수는 승려의 도성해금을 19세기 중엽을 전후하여 불교교단에 가장 큰 충격을 안겨준 사건으로 평가하고, 이 시기를 한국근대불교사의 출발점으로 삼는다.[1] 물론 한국불교사에서 근대의 기점에 대한 논의는 명확한 합의점에 도달하지 못한 것이 사실이다. 예를 들어 김영태는 서구 열강의 강압에 못 이겨 문호를 개방하지 않을 수 없었던 정부가 서구문물에 눈을 뜨면서 국호를 대한제국으로 바꾸고 연호를 광무(光武)로 바꾸었던 1897년부터 1945년 8·15해방까지를 근대불교로 정의한다.[2]

그러나 이것은 어떤 사건을 근대불교의 기점으로 잡을 것이냐 하는 문제일 뿐 불교사적 관점에서 보면 이 시기의 중심에 놓여 있는 것은 도성해금이라는 점에는 변함이 없다.[3] 따라서 승려의 도성출입금지 해제는 억불로 점철된 구시대의 사슬을 끊고 한국불교의 근대사가 시작되는 것을 의미한다. 나아가 이를 계기로 한국불교는 세계사적 흐름에 편입되면서 근대화에 대한 모진 대가를 치러야 하는 시기이기도 했다. 수백 년에 걸친 억압에서 벗어나기 무섭게 불교가 맞닥뜨린 것은 세계사적 격동과 교단의 나약한 현실이었기 때문이다. 이와 같은 역사적 상황은 근대불교사에서 시행착오를 낳는 요인으로 작용하기도 했다.

이 글은 승려의 도성해금을 근대불교의 기점으로 보고 이 조치에 대한 실질적 이행을 확인할 수 있는 1910년까지의 불교사를 중점적으로 고찰할 것이다.[4] 특히 도성해금이 단행된 이후 10여년이 경과되면 근대불교사에서 최초의 도심사찰인 각황사(覺皇寺)가 창건되고, 이곳에 불교중앙포교소가 설치되는데, 이는 도성출입의 실질적 이행과 근대불교의 출발을 명확히 보여주는 대목이다.

---

1 서경수, 「한국불교백년사」, 『성곡논총』 4집, 1973, p.41.
2 김영태, 『한국불교사』, 경서원, 1997, p.334.
3 김경집 역시 이 같은 시대적 구분을 수용하고 있다. (김경집, 『한국근대불교사』, 경서원, 2000, p.18)
4 서경수도 1895년 도성해금에서 1910년 한일합방까지의 시기를 근대불교사 제1기로 분류하고 있다. (서경수, 앞의 글)

Ⅱ. 승니 도성출입 해금의 역사적 전개과정

1. 승니 입성금지의 역사적 과정

1) 입성금지의 추이

고려시대 불교는 치국(治國)의 이념으로 최고의 권위를 자랑했지만 조선의 건국과 함께 화려했던 과거를 상쇄할 만큼 모진 고난의 시간을 맞이하게 된다. 조선왕조는 불교적 가치관을 지니고 있던 구왕조의 세력을 약화시키고 유교적 통치이념을 공고히 하기 위해 국가적 차원에서 불교의 흔적을 지워나갔고, 이 과정에서 불교는 말할 수 없는 박해를 받게 된다. 태종의 척불 6조로부터 시작되는 억불은 조선왕조의 지속적인 정책으로 굳어지면서 교단은 물론 불교의 사회적 세력은 급속하게 약화되어 갔다.[5]

조선의 척불정책은 종단의 통폐합과 같은 정책적 탄압과 승려에 대한 사회적 억압과 천시와 같은 이데올로기적 공세로 대표된다. 태종은 11개에 달하던 종단을 7종으로 축소하였고, 세종은 7종을 다시 선교(禪敎) 양종으로 통폐합했다. 그리고 연산군은 고려시대 이후 지속된 승과(僧科)를 폐지하여 승려가 되는 문호를 원천적으로 차단했다. 나아가 선교 양종의 중심이었던 흥천사와 흥덕사를 폐쇄시키고 선교양종을 청계사로 옮겨가게 했다. 이처럼 불교는 한편으로는 국가권력과 관료들에 의해 정책적 탄압을 받고, 또 한편으로는 유학자들로부터 이단이나 사문난적(邪文亂賊)이라는 이데올로기적 공세를 받으면서 사회적 영향력과 종교적 위세가 급격하게 위축될 수밖에 없었다.

---

5 박희승, 『이제, 승려의 입성을 許함이 어떨는지요』, 들녘, 1999, p.17.

그러나 조선조에 행해진 억불정책을 상징적으로 보여주는 것은 무엇보다 승니의 도성출입금지라고 할 수 있다. 이 정책은 1451년 문종 때 처음 시행된 이후 19세기 말까지 지속적으로 유지되어 왔던 대표적 억불정책이었다. 물론 이 정책은 대략 세 가지 요인에 의해 다소 완화되기도 했다. 첫째는 왕조의 자발적 흥불(興佛)에 의한 완화로 세종 말년과 세조의 흥불시기, 그리고 명종 때 문정대비가 섭정할 시기가 이에 해당한다. 둘째는 불교계가 스스로 만들어낸 성과로 얻어진 자유로, 임진왜란 때 휴정(休靜)과 유정(惟政)을 중심으로 한 의승군이 활약을 펼치면서 한동안 탄압이 완화되었다. 하지만 이 역시 일시적 완화책에 불과하여 인조 원년(1623)에 이르면 도성출입은 다시 금지된다.[6] 셋째는 시대적 상황이 가져다 준 경우로, 순조 때 천주교가 국가적 문제로 대두되면서 자연히 불교에 대한 억압이 완화되고 승려들의 도성출입과 불사가 활기를 띠는 상황이 나타났다. 하지만 이 역시 일시적 호전에 불과했을 뿐 정책적 탄압이라는 일관된 기조가 변한 것은 아니었다.

이처럼 엄격하게 승려의 입성을 금지한 이유는 유교적 통치에 방해되는 불교세력을 밀어내기 위한 정책으로 평가되고 있다.[7] 당시의 집권세력은 고려의 집권세력이었던 권문세족이 믿었던 불교의 확산을 원치 않았다. 이들은 불교탄압을 통해 구세력의 사회적 영향력을 약화시키려는 의도를 가지고 있었기 때문이다. 따라서 입성금지는 단지 승려의 도성출입을 금하는 것에 머물지 않고 도성 내에서 종교의례를 하지 못하도록 하는 제약으로 이어졌다. 이는 1815년(순조 15) 영의정 김재찬이 상계(上啓)한 입성금지에 대한 문서에 잘 나타나 있다. 그는 비구니가 서울 장안을 출입하면서 궁중과 민간에서 세력을 가진 부녀자들과 접촉하여 기도와 제(祭)를 지

---

6 김영태, 『한국불교사』, 경서원, 1997, pp.318~319.
7 정광호, 『근대한일 불교관계사연구』, 인하대학교 출판부, 1994, p.12.

내는 등, 여러 가지 불사를 도모하고 있는데 이를 저지하기 위해서는 승니의 입성을 막아야 한다고 주장했다.[8] 이는 도성출입금지 조치가 권문세력가와 불교의 인적관계를 차단하기 위함이었음을 보여준다. 나아가 성안에서 의례를 행하지 못하게 함으로써 불교교단에 대한 물질적 지원을 차단하여 사찰의 경제력을 억제하기 위한 것이었음을 짐작할 수 있다.

하지만 불자들에게 입성금지는 납득할 수 없는 악법이었기 때문에 이 조치를 시행하기 위해서는 강압적 수단이 동원될 수밖에 없었다.『속대전』의 「형전(刑典)」에 따르면 '승려로서 함부로 도성 안에 들어가는 것'을 금지하며, 이를 어긴 자는 '곤장 1백 대에 처하고 영구히 잔읍 노비에 충당한다'[9]고 되어 있다. 여행가 비숍의 기록에 따르면 당시 금강산 일원의 사찰에는 400명이 넘는 대중들이 머물고 있었는데 그들은 생계를 위해 서울까지 탁발을 나가기도 했다고 한다. 하지만 4대문 안에 들어선다는 것은 곧 죽음을 의미했다. 그러다가 민비의 포고령이 내려진 이후 점차 출입이 자유로워지고 있다고 기록되어 있다.[10] 당시 승려들에게 도성출입은 죽음을 각오해야 할 만큼 무서운 금기사항으로 여겨지고 있었음을 엿볼 수 있다.

2) 입성금지가 초래한 교단의 상황

앞서 고찰한 바와 같이 입성금지는 권문세가와 불교의 인적 고리를 끊기 위한 것이었다. 따라서 이 조치로 지배세력이나 주류집단의 인사들이 불교로 유입되는 경로가 차단될 수밖에 없었다. 또한 지속적인 탄압과 사회적 천시, 출가할 수 있는 기회의 차단은 자연히 승려의 수준을 저하시키는 결과로 나타났다.

비숍의 여행기에 따르면 한국승려들은 무식하고 미신적이며, 불교의 역

---

8 박경훈, 「일제하의 친일불교」, 『근세불교백년』, pp.225~226.
9 정광호, 『일본침략시기의 한·일불교 관계사』, 아름다운 세상, 2001, p.23.
10 비숍, 이인화 역, 『한국과 그 이웃나라들』, 살림, 1994, p.162.

사와 교의, 의식의 취지에 대해 무지한 채 '공덕' 쌓기만을 반복했다고 밝히고 있다. 물론 이것은 이방인의 주관이 투영된 평가라고 볼 수 있지만 만해 스님도 당시 승려들에 대해 "빈천에 시달리지 않으면 미신에 혹한 무리들이어서, 게으른데다가 어리석고 나약해서 흩어진 정신을 집중할 줄 몰라서 처음부터 불교의 진상이 무엇인지 깜깜한 형편"[11]이라며 신랄하게 비판하고 있다. 이런 상황은 자연히 승려에 대한 사회적 평가를 나쁘게 만드는 요인으로 작용했다. 순조 때 김재찬이 올린 상계문에는 "선조(先朝)에서도 무격(巫覡)과 승니의 도성 안 출입을 못하게 하였다. 그런데 근자에 들으니 무당과 비구니가 몰래 출몰한다"고 지적하는 대목이 있다. 이는 승려를 무당과 동격으로 인식하고 있음을 보여주는 대목인데, 조선시대의 무당과 박수는 가장 낮은 천민신분 가운데 하나였다.[12]

나아가 승과의 폐지와 지속적 탄압은 출가자의 급감으로 나타났고, 조선 중기에 이르면 교단 자체가 해체되는 상황으로 이어져 무종산승(無宗山僧) 시대로 접어들게 된다. 그 결과 여말선초에 10만에 달하던 승려의 숫자는 1909년에 이르면 6천 명이 채 안될 만큼 급감하게 된다.[13] 이처럼 승려신분의 하락은 자연히 신행의 쇠락으로 이어졌다. 고원한 정신세계는 사라지고 타력신앙이 지배하면서 종지종풍은 미미해 질 수 밖에 없었다. 경허는 당대의 풍토를 일러 "조종의 말을 보거나 들으면 그것은 성인들의 높은 경계라고 밀쳐 버리고 다만 현실적인 것에만 힘을 쓰는데 혹은 손에 염주를 잡으며 입으로 경을 외우고 혹은 절을 짓고 불상을 조성하거나 공덕만을 바라니 보리와는 틀렸고 도에는 멀어짐이로다"[14]라고 탄식하고 있다.

---

11 한용운, 『조선불교유신론』, 운주사, 1992, p.70.
12 박경훈, 「일제하의 친일불교」, 『근세불교백년』, p.226.
13 〈황성신문〉, 1909년 12월 25일자.
14 경허, 『경허집』, 극락선원, 1990, pp.100~101.

2. 도성해금의 단행과정

조선조의 불교탄압은 국가적 차원에서 행정력과 법률적 조치가 동원된 조직적이고 지속적인 탄압이었다. 따라서 이 같은 강압적 배불정책이 멈추지 않는 한 불교의 회생을 논할 수 없는 것이 사실이었다. 그러나 제행무상(諸行無常)은 역사에도 적용되는 진리여서 철옹성 같던 유교적 지배체제가 흔들리기 시작했고, 그와 함께 배불의 상징이었던 입성금지도 해금되기에 이른다.

도성해금은 1895년에 단행되었지만 공식적인 논의는 이보다 한 해 앞서 시작되었다. 동학농민군의 진압을 명분으로 출군하여 서울에 주둔하고 있던 일본군은 1894년 7월 23일 경복궁을 점령하고 궁성 내외에 배치된 조선군의 무장을 해제했다. 뒤이어 대원군이 일본군의 보호를 받아 정권을 잡음으로써 친일정권이 수립되었다.[15] 당시 정치적 상황은 곳곳에서 농민봉기가 잇따라 발발하면서 개혁에 대한 요구가 폭발하고 있었다. 조정은 한편으로는 분출하는 농민들의 분노를 잠재워야 했고, 또 한편으로는 조선의 내정개혁을 요구하는 일본의 강압에 의해 개혁을 추진해야 했다. 따라서 조정은 같은 해 7월 27일 개혁을 담당할 기구로 군국기무처를 설치하였다. 그해 12월 17일까지 존속한 이 기구는 총 41회의 회의를 개최하여 2백여 건의 제도개혁안과 정책건의안을 의결하였다. 의결된 내용은 정치행정제도 개혁안을 비롯해 사회·경제·사법·군사·교육부분의 제도개혁안과 동학 및 대외관련 의안 등이 주종을 이루었다.[16]

그런데 여기서 마련한 개혁안 가운데에는 승니의 입성금지를 폐지하는 내용도 포함되어 있었다. '오스트리아-헝가리 제국의 외교보고서'(1885

---

15 동학농민혁명기념재단 웹사이트(www.parangsae21.or.kr/history.htm) 참조.
16 최덕수, 「갑신정변과 갑오개혁」, 『한국사』11, 한길사, 1994, pp.140~142.

~1913)에 따르면 즉시 실시해야할 18가지 주요 개선사항 가운데 14번째가 승니의 도성해금에 대한 내용으로 기록되어 있다.[17] 이렇게 입안된 도성해금안은 각의에 상정되면서 역사적 조치가 단행되는 듯 했지만 불행히도 대원군의 반대로 실현되지는 못했다.[18]

결국 도성해금은 1895년(고종 32년) 3월 29일에서야 김홍집 내각에 의해서 성사되었다. 『고종실록』과 『승정원일기』에 따르면 "총리대신 김홍집, 내부대신 박영효가 진언하기를 이제부터 승도의 입성을 금하는 것을 풀어줌이 어떠하올지 주청하였다. 임금이 이를 윤허하였다"[19]라고 기록하고 있다. 이로써 수백 년 동안 지속된 불교탄압의 상징적 조치가 철폐되었다.[20] 그러나 도성해금에 대한 학계의 관심은 이상과 같은 역사적 전개과정 보다 어떤 세력이 어떤 의도로 추진했느냐에 모아지고 있다. 한편에서는 일승 사노가 침략정책의 일환으로 단행했다고 보고 또 한편에서는 한국불교의 자주적 노력의 산물이라고 평가한다. 이 같은 관점의 차이는 도성해금에 대한 역사적 평가를 좌우하는 요인으로 작용한다.

---

17 서울대학교 인문대학 독일학연구소 역, 『한국근대사에 대한 자료』, 신원문화사, 1992, pp.207~209.
18 高橋亨, 『李朝佛敎』, 寶文館, 1929, p.896.
19 『고종순종실록』 중, 탐구당, 1969, p.556. ; 『승정원일기』 고종167, 민족문화추진위원회, 2002, p.324.
20 도성해금이 관보를 통해 공표된 것은 1895년 4월 22일 일승 사노의 건의가 있은 뒤인 4월 24일이다. 이미 한 달 전에 황제의 윤허가 내려졌는데 왜 이때에 가서야 공표되었는지는 검증이 필요해 보인다. 그러나 사노의 건의가 있기 전에 이미 윤허가 내려졌다는 점은 이채롭다. 그렇다고 사노의 역할이 축소되는 것은 아니다. 사노는 고종의 윤허가 내려지기 전에 이미 대원군과 김홍집 등에게 로비를 벌여 내락을 받아놓은 상태였으므로 고종의 윤허는 형식적 절차에 불과했기 때문이다. (이이화, 『역사속의 한국불교』, 역사비평사, 2002, p.368)

Ⅲ. 도성해금에 대한 학계의 기존입장

1. 사노 젠레이(佐野前勵)의 역할론

1) 사노의 건백서가 해금의 동기라는 견해

도성해금에 대한 학계의 기존 입장은 일본불교의 계산된 의도에 의해 타력으로 이뤄진 성과라는 시각이 지배적이다.[21] 이능화는 1918년에 발간된 『조선불교통사』를 통해 "도성해금은 일승 사노가 1895년 김홍집 총리대신에게 상서(上書)한 것을 김홍집이 고종에게 상주(上奏)하여 허가받아 이루어졌다"고 기록하고 있다.[22] 또 일본학자 다카하시 토오루(高橋亨)는 1929년에 발간된 『이조불교』에서 "사노는 조선불교의 생기가 이미 다하여 승려에게 종승(宗乘)도 없고 종지(宗旨)의 신조도 없음을 간파하였다. 그는 그들을 일본불교의 종지로 개종케 하고, 일련종으로써 조선불교계를 통일하는 것은 어려운 일이 아니라고 믿었다. 이때에 조선 승려를 위한 파천황(破天荒)의 은혜를 베풀어 이로써 저들을 일본불교로 유인하는 계기를 삼고자 꾀하였다. 그리하여 기재(奇才) 사노가 붙든 것은 바로 조선 승려에 대한 입성해금의 수행이었다"[23]라고 기록하고 있다. 다카하시는 사노의 건의에 의해 해금이 이뤄졌다는 것을 전제로 하고 해금의 목적을 쇠락한 조선불교를 일본불교로 흡수하기 위한 유인책이라고 분석한다.

---

21 대표적으로 1918년에 간행된 이능화의 『조선불교통사』(경희출판사, 1968), 1929년에 간행된 高橋亨의 『李朝佛敎』(寶文館, 1929)를 필두로 김영태의 『한국불교사』(경서원, 1997), 서경수의 「한국불교백년사」, (『성곡논총』4집, 1973), 강석주·박경훈의 『불교근세백년』(민족사, 2002) 등을 꼽을 수 있다.
22 이능화, 『조선불교통사』 하, 경희출판사, 1968, p.927.
23 高橋亨, 『李朝佛敎』, 1929, p.893.

▍사노젠레이

　이상 두 학자들의 기록은 도성해금에 대한 모범답안으로 정착했다고 해도 과언이 아니다. 이후 발표된 대부분의 연구논문은 위의 내용을 모본으로 삼았기 때문이다. 따라서 현재 학계의 주류도 이 같은 맥락에서 벗어나지 않고 있다. 예를 들어 김영태는 "고종 32년(1895) 4월에 드디어 승려입성의 금령이 해제되기에 이르렀다. 여기에는 일본 승려의 힘이 컸었다. 그때 우리나라 승려는 성내 출입이 금지되어 있었으나, 일본 승려는 성내에 출입이 가능하였고, 또 그들은 서울 안에 포교소를 꾸미고 살았었다. 그 당시 우리나라에 와 있던 일본 일련종의 승려 사노가 이러한 모순을 보고, 우리나라 승려도 성안 출입을 허락해 줄 것을 총리대신 김홍집에게 상서하였다. 이에 의하여 김홍집이 국왕에게 상주(上奏)하여 비로소 승려의 성내 출입이 허가된 것이었다"[24]고 기술하고 있다. 김영태의 진술을 통해서 이능화와 다카하시의 견해가 종합되고 있음을 발견할 수 있다.

서경수 역시 도성해금은 "악습을 타파한 갑오개혁의 여파도 적지 않게 작용하겠지만, 승니의 도성출입완화가 실현된 이면에는 일본 승려의 활약이 컸다"[25]라며 사노의 역할에 비중을 두고 있다. 따라서 박경훈은 도성해금에 대해 "한국불교의 힘에 의해서 자율적으로 얻어진 것이 아니고, 이 땅에 대한 종교적 침략을 획책하는 일본 승려의 상서와 일본정부의 우리 조정에 대한 막후교섭 및 압력에 의해서 타율적으로 이루어진 사실을 주목해야 한다"[26]고 지적한다.

이처럼 도성해금이 일제에 의해 단행되었다는 평가는 "한국 승려로 하여금 친일불교에 경도하게 하는 계기가 되고, 그로 인해서 근대불교사의 성격 형성과 전개과정에 영향을 미치게 되었다"[27]는 평가로 이어진다. 억불정책으로 빚어진 불교의 쇠락과 천민으로 전락된 승려의 사회적 신분을 회복시켜 준 것이 일제였기 때문에 한국불교는 일제에 대한 환상을 갖게 되었다는 것이다. 따라서 도성해금은 조선을 침략하기 위한 일제의 간교에 불과하며 이 조치로 불교계가 친일로 경도되었다는 부정적 평가가 뒤따르게 된다.[28] 결국 도성해금이라는 측면에서 보면 사노의 역할이 크게 작용했지만 불교의 민족적 정체성에서 보면 오히려 악영향을 미쳤다는 분석이 지배적이다.

2) 사노의 건의와 해금의 과정

김홍집 내각에 도성해금을 건의한 사노 젠레이(佐野前勵)는 청일전쟁에서 일본이 승리하자 일련종을 해외에 널리 홍포해야겠다는 야심을 품게

---

24 김영태, 『한국불교사』, 경서원, 1997, pp.318~319.
25 서경수, 앞의 글, p.71.
26 박경훈, 「근대불교사의 성격과 전개」, 『불교근세백년』, p.216.
27 박경훈, 앞의 글.
28 박경훈, 「일제하의 친일불교」, 『불교근세백년』, p.227.

된다. 그는 일련종 간부를 찾아가 자신의 포부를 알리고 조선으로 건너 와 덕양방(德陽坊) 계산동에 일련종교무소를 열고 포교활동을 시작했다. 이후 사노는 일본공사관의 알선으로 『법화경』과 『안국론』 등의 책과 향로를 궁내부에 헌상하고, 대신 이제면(李載冕)과 면담을 추진하는 등 다각적인 활동을 펼치기 시작했다. 또한 북한산 중흥사(中興寺)를 방문해 일련종 교리를 설명하고 일련종에 가입할 것을 약속받는 등 조선포교에 대단한 열성을 보였다.

이 때 사노는 외국인인 자신은 궁내부까지 출입할 수 있는데 반해 조선 승려들은 도성 안 출입이 금지되어 있다는 사실을 발견한다. 일본에서 승려는 대단한 사회적 신분을 보장받고 있었기 때문에 이 같은 현상은 그의 표현을 빌자면 "놀라움과 슬픔"으로 다가왔다. 이에 사노는 1895년 4월 22일 승려의 도성출입을 허락해 줄 것을 요청하는 건백서를 김홍집 내각에 제출했다. 건백서의 내용은 승니의 도성출입 금지에 대해 유감을 밝히고 문명국가에서는 신앙의 자유와 모든 종교의 자유가 보장되어야 한다는 것이 골자였다.[29] 수백 년간 억불정책의 기저를 이루던 입성금지는 사노가 건백서를 올린 후 불과 이틀 뒤인 4월 24일 관보(官報)를 통해 해제가 발표되었다. 사실 도성해금에 관한 내용은 이미 1894년 군국기무처에 의해 각의에까지 제출되었지만 대원군의 반대로 보류된 바 있던 사안이었다.[30] 따라서 단순히 외형적 전개만 놓고 볼 때 도성해금에서 사노의 역할은 결정적이었음을 알 수 있다.

뒤이어 1896년 5월 5일[31] 사노는 불교의 중흥유신의 대업을 축원하면

---

29 高橋亨, 『李朝佛敎』, p.898.
30 서경수, 앞의 글, p.75.
31 도성해금을 환영하는 무차법회와 관련해서 몇 가지 혼란이 있는 듯하다. 법회 개최 일자에 대해 이능화는 도성해금이 단행된 해를 기점으로 '翌年丙申秋七月'(이능화, 『조선불교통사』 하, p.937)이란 표현을 사용하여 1896년 7월임을 짐작케 한다. 하지만 高橋亨은 도성해금 설명 다음에 곧바로 무차법회에 대한 내용을 기술하면서 '韓曆四月十一日ハ五月五日'(高橋亨, 『李朝佛敎』)이라고 기술하고 있어서 무차법회가 마치 1895년 5월 5일에 개최된 것처럼 오해

서, 도성출입을 허가해 준 황은에 보답한다는 명분으로 한일승려 합동 무차대법회를 열었다. 이 기도회에는 수백여 명의 스님들이 참석한 것은 물론, 외부·학부·농상공부 대신과 총리대신의 대리 등 20여 명의 조정 고관이 참석하고, 1만 5천여 명의 대중이 모이는 대성황을 이루었다.[32] 혹자는 이에 대해 일제의 마각을 생각한다면 가증스러운 일이라고 평가했다. 그러나 조선불교의 중흥을 도모하겠다는 목표, 억불정책의 해소와 승려의 사회적 지위향상이라는 측면에서 본다면 해금자체가 평가절하 될 이유는 없다. 그리고 스님들이 환영하는 것은 당연한 것이며, 고관들이 법회에 참석한 것은 달라진 시대상과 변화된 불교의 위상을 보여주는 것으로 평가할 대목이다.

3) 도성해금을 단행한 일본불교의 저의

조선불교의 입장에서 볼 때 사노는 불교의 발전을 위해 나름대로 중요한 역할을 한 것이 사실이다. 그러나 사노의 정치적 배경을 둘러싸고 그에 대한 평가는 엇갈린다. 사노의 행보는 침략을 위한 정치적 목적이 전제된 것이라는 평가가 그것이다. 즉 조선승려들을 일본불교로 개종시키고 일련종이 조선불교를 지배하기 위해 해금이라는 파천황의 은혜를 베풀어 미끼로 삼았다는 것이다. 그리고 사노는 이 일을 추진하기 위해 극비리에 일본의 조야와 일련종의 실력자를 만나 교섭하고 사전에 계획을 승인받았다는 것이다.[33]

하기 쉽다. 이런 이유로 인해 박경훈은 1895년 5월에 무차법회가 개최되었다고 주장하고(강석주·박경훈,『불교근세백년』), 정광호는 1895년 5월 5일과 1896년 7월에 각각 법회가 개최된 것으로 기술하고 있다.(정광호,『한국불교최근백년사편년』, 인하대출판부, 1999) 하지만 이능화와 다카하시가 기술하고 있는 내용은 날짜에 대한 오해의 소지는 있지만 기술내용은 대체로 일치하고 있어 같은 사건에 대한 설명으로 보인다. 특히 법회개최 일자에 대해 최병헌은 이능화가『조선불교통사』에서 밝힌 '丙申秋七月'은 을미년 5월 5일의 착오라고 바로 잡고 있다.(최병헌,「일제의 침략과 불교」,『한국사연구』114, 2001, p.96)

32 高橋亨,『李朝佛敎』, pp.900~901.
33 박경훈,「근대불교의 승직제도」,『불교근세백년』, p.241.

실제로 1877년 일본의 내무대신 오쿠보 도시미치(大久保利通)와 외무대신 데라지마 무네모리(寺島家則)는 진종(眞宗) 본원사 관장 겐뇨(嚴如)에게 한국 개교를 종용하는 서한을 보낸 바 있다. 고위층으로부터 조선개교를 요청받은 겐뇨는 그해 8월 오쿠무라 엔싱(奧村圓心)[34] 등을 조선에 파견하고 부산에 별원을 세우게 했다.[35] 이는 조선포교 자체가 일본 정치권에서 계획한 정치적 행보였음을 보여주는 대목으로 평가된다. 또 귀족원 의장 고노에가 본원사 대곡파 법주에게 보낸 서한에서도 조선이 가지고 있는 일본에 대한 나쁜 감정을 부드럽게 하여 '순치보거(脣齒輔車)'의 교린을 이룰 수 있기 위해서는 종교와 교육의 힘이 필요하다고 밝혔다.[36] 결국 조선 인민들의 대일감정을 순화하는 것이 조선포교의 목적이라는 의도를 읽을 수 있다. 이상과 같은 근거로 일본불교의 조선포교는 정치적·군사적 침략에 앞선 정신적 침략이라는 분석이 가능하다. 이를 위해 일본불교는 '추락된 한승(韓僧)의 지위향상'이라는 주제를 채택하고, 이것을 가장 효과적으로 실현하기 위해 억불의 상징이었던 도성해금을 단행하기로 했다는 것이다.[37]

4) 사노의 역할론에 대한 평가

도성해금은 일본의 영향력으로 복권된 박영효를 비롯한 개화파 인사들이 집권하고 있을 때 단행되었다는 점을 고려한다면 일제를 등에 업고 있던 사노의 역할은 결코 무시할 수 없는 것만은 분명하다. 하지만 사노의 건백서로 인해 도성해금이 단행되었다는 것과 도성해금은 일제의 정치적 목적을 위한 회유책이었다는 평가에 대해서는 다음과 같은 몇 가지 반문이

---

[34] 오쿠무라 엔싱은 3백여 년 전 임진왜란 때인 1585년 부산에 고덕사(高德寺)를 세운 오쿠무라의 후예이기도 했다. (박경훈, 「근세불교의 연구」, 『근대한국불교사론』, p.23)
[35] 大谷派本願寺開敎監督部, 『朝鮮開敎五十年誌』, 1927, pp.18~19.
[36] 강석주·박경훈, 앞의 책, p.29.
[37] 정광호, 「일제의 종교정책과 식민지불교」, 『근대한국불교사론』, 1988, 민족사, p.76.

뒤따른다.

첫째, 시대적 맥락을 간과하고 한 개인의 돌발적 행위를 통해 역사적 흐름을 설명하고 있다는 점이다. 사노의 건백서에 의해 도성해금이 단행됐다는 시각은 최근 대두된 반론처럼 당시 역사적 상황을 간과한 측면이 크다. 왜냐하면 사노의 노력이 없었더라도 근대사회로 급속하게 이행되어가던 당시 정황을 감안하면 해금은 이미 예고된 수순으로 볼 수 있기 때문이다. 따라서 사노에 의해 해금이 단행되었다는 것은 당시의 역사적 맥락을 무시하고 개인의 행위에 국집함으로써 오히려 전체적 맥락을 왜곡했다는 반론을 피할 수 없다.

둘째, 도성해금에 대한 일본불교의 정치적 저의에 지나치게 집착함으로써 도성해금 자체를 부정적으로 평가했다는 점이다.[38] 사노의 해금건의가 침략을 위한 정치적 행위였다는 평면적 평가는 결국 해금 자체를 반민족적 범죄라는 뉘앙스를 강하게 심어준다. 유교정권에 의해 강행된 승려의 입성금지 조치는 비이성적 악법이며, 국가권력에 의한 구시대적 횡포에 불과했다. 설사 이것이 수백 년 된 전통이라 할지라도 추호도 옹호할 가치가 없는 악습이었다. 그럼에도 사노의 정치적 의도만을 부각시킴으로써 도성해금 자체가 갖는 역사적 의미, 불교사적 가치를 부정하고 말았다. 설사 사노가 정치적 의도를 가지고 도성해금을 건의했더라도 해금이 갖는 교단사적 의미는 결코 과소평가될 수 없다.

셋째, 종교인 사노에 대한 이해를 무시한 채 모든 행위를 정치적 행위로만 분석하고 있다는 점이다. 물론 일본불교가 내셔널리즘의 성격이 농후하고 이에 따라 사노는 정치적 목적으로 조선포교에 헌신했을 가능성을 부정할 수는 없다. 그러나 그의 신분이 승려였다는 점을 고려한다면 포교

---

[38] 이 같은 입장을 대표하는 것은 석주스님과 공동으로 『불교근세백년』을 펴낸 박경훈을 꼽을 수 있다.

행위 자체를 정치적 의도로 해석하고 부정적으로만 평가할 수는 없다. 사노의 행보는 일련종 포교에 주된 관심을 보이고 있었던 점을 감안한다면 한 사람의 종교인으로서의 사노에 대한 평가도 요구된다.

2. 자주적 노력으로 해금이 단행되었다는 입장

앞서 고찰한 바와 같이 도성해금에 대한 학계의 일반적인 평가는 일본에 의해 해제되었다는 것이다. 이 같은 시각은 수백 년에 걸친 억압의 족쇄가 풀리는 사건이었음에도 불구하고 부정적인 평가가 뒤따른다. 그러나 최근 이에 대한 새로운 평가가 시도되기 시작했다. 즉 도성해금은 사노의 건의가 있기 전에 이미 불자들이 주축이 된 개화파에 의해 추진되었으며, 당시의 역사적 상황을 고려할 때 사노의 건의가 없었어도 해금될 수밖에 없었다는 것이다.[39] 이런 평가는 도성해금이 한국불교의 자주적 역량으로 달성되었다는 결론으로 이어진다. 따라서 사노의 역할은 미미해지는 것은 물론 역사의 필연적 변화를 교묘하게 가로채어 자신의 공로로 내세웠다는 비판이 가해진다.[40] 도성해금에 대한 이 같은 시각의 변화는 해금의 의미를 새롭게 평가할 수 있는 여지를 넓혀주고 있다.

---

[39] 이 같은 주장을 대표하는 것은 『이제, 승려의 입성을 허함이 어떨는지요』(들녘, 1999)를 펴낸 박희승이다. 이후 김경집도 사노의 노력이 아니었어도 도성해금은 해제될 상황이었음을 지적했고(『한국근대불교사』, 경서원, 2000), 최병헌도 "입성해금의 문제는 그 조건이 성숙되어 있었던 것인데, 佐野는 그 기회를 포착하고 일본공사관을 배경으로 하여 민첩하게 움직여 김홍집 등 정부 고위관리와 대원군 등과 교섭하여 고종의 해제 윤허를 받게 하였던 것"으로 평가했다.(최병헌, 「일제의 침략과 불교」,『한국사연구』114, 2001) 이이화 역시 "사노가 주선하지 않아도 실현을 보게 되어 있었지만 그가 선수를 친 것이다. 김홍집도 종교 자유를 보장하는 개혁의 일환으로 해제하려 하였고 더욱이 박영효가 내무대신 등 내각의 일원으로 참여하면서 이를 풀어주려 힘썼던 것"이라고 평가했다. (『역사속의 한국불교』, 역사비평사, 2002)
[40] 박희승, 앞의 책, p.147.

1) 개화파의 사상적 배경이 된 불교

1876년 개항이후 유입되기 시작한 서양의 문물과 사상은 조선사회의 봉건적 성향과 폐쇄적인 신분질서를 붕괴시키면서 새로운 시대의식을 형성시키는 원동력으로 작용했다. 그러한 변화 가운데 가장 두드러진 현상은 유교를 중심으로 한 지배체제가 와해되기 시작한 것이다.[41] 기독교를 앞세운 서구 제국주의 세력의 유입과 이에 맞서야 할 유교적 치국이념의 와해는 상대적으로 소외받고 있던 불교가 새롭게 인식되는 계기로 작용했다. 따라서 지금까지 배불정책으로 소외되었던 불교가 개혁의 사상적 근거로 인식되기 시작했다.[42] 이 같은 시대적 변화에 대응해서 개혁의 주도세력으로 등장한 것이 바로 개화파들이다. 이동인 스님, 탁몽성 스님, 이윤고 스님, 유대치 등을 주축으로 하는 불교계는 당시의 사회변혁운동에 깊숙이 참여하면서 새로운 정치세력으로 등장하고 있었다.

개화파 청년들에게 불교적 사유를 제공한 인물은 유대치였다. 그는 광교 근처에 약방을 차려놓고 많은 청년들을 모아 불교 강의와 개화사상을 고취시켰다.[43] 유대치는 조선의 선비들이 예의에는 뛰어나지만 도(道)에 대한 이해가 부족함을 한탄하고 개화를 지향하는 청년들에게 불교 공부를 권장했다. 이런 영향으로 김옥균, 박영효, 오경석을 비롯해 개화당 인사들 대부분이 불교에 입문하게 되었다. 대표적 개화파 인사로 꼽히는 김옥균과 박영효가 친교를 맺게 된 것도 불교를 통해서였다. 박영효는 "김옥균이 나와 먼저 사귄 것은 불교 토론으로요. 김옥균은 불교를 좋아해서 불교 이야기를 했는데, 나는 그것이 재미가 나서 김옥균과 친하게 되었다"[44]고 말했다. 개화파에서 불교의 영향은 불자에게 한정된 것만은 아니었다. 독립

---

41 김경집, 『한국근대불교사』, 경서원, 2000, p.18.
42 김경집, 앞의 책, p.19.
43 이이화, 『역사속의 한국불교』, 역사비평사, 2002, p.356.
44 이광수, 「박영효 씨를 만난 이야기」, 『이광수 전집』 17, p.400.

신문을 창간했던 서재필조차도 김옥균을 따라 새 절(신촌 봉원사)로 가서 이동인을 만났고, 여기서 『만국사기』같은 책과 성냥 등의 신문물을 접하면서 개화사상에 눈뜨게 되었다. 그래서 서재필은 새 절을 개화파의 온상이라고 회고했다.[45]

유대치는 특히 선(禪)에 심취해 있었기 때문에 김옥균, 서광범, 박영효, 오경석 등 많은 사람들이 수행을 하게 되었고, 이에 따라 당시 경성에는 선풍(禪風)이 일기까지 했다. 중요한 것은 개화파 인사들은 불교를 공부하고 참선 수행하는 것에 머물지 않고 국제정세를 파악하고 조선사회의 개혁을 주창하며 갑신정변(甲申政變)과 같은 사회적 실천을 보여주었다는 점이다. 그들에게 불교는 개인적 신앙에 그치지 않고 불법의 이치를 익혀서 사회에 응용하고자 했음을 보여주었다.[46] 이렇게 볼 때 당시 불교는 쇠락해가는 유교를 대신해 새로운 사상적 대안으로 인정받기 시작했음을 보여주고 있다.

2) 개화파에 의한 자주적 해금

개화파 인사들은 불교사상을 토론하고 개혁을 모색했던 만큼 이들이 실권을 잡았을 때 친불교적 정책을 추진했으리라 짐작하는 것은 무리가 아니다. 그런 행보를 보인 대표적 인물이 박영효였다. 박영효는 갑신정변이 실패하면서 일본으로 망명했지만 1894년 10월 고종이 내각개편을 단행할 때 일본의 후원으로 복권되었다. 이 때 박영효는 내무대신에, 서광범은 법무대신에 각각 기용되었고, 이들 밑에는 유대치에게 참선지도를 받았던 여러 명이 보조하고 있었다. 이처럼 불자로 구성된 개화파가 실권을 잡았을 때 승려입성금지가 해제되었다.

---

45 김도태, 『서재필 박사 자서전』, 을유문화사, 1972, pp.80~85.
46 "蓋以其所學之佛理 直欲應用於世法.", 이능화, 『조선불교통사』 하, p.899.

특히 내부에는 사찰관리를 담당하는 사사국(寺祠局)이 속해있기 때문에 불교관련 정책에서 박영효의 영향력은 절대적이었다.[47] 따라서 도성해금은 사찰을 관리하는 주무부서인 내부의 건의에 따라 내각회의에서 논의되고, 총리대신과 내부대신이 고종을 알현한 자리에서 허락받게 된다. 이렇게 보면 도성해금은 불교사상에 입각해 개혁을 추진했던 개화파의 자발적 의지로 단행되었다고 평가할 수 있다. 따라서 사노가 도성해금을 이루었다는 주장은 사노의 역할을 영웅적으로 기술한 식민주의 역사가 다카하시의 주장을 검증 없이 수용하면서 생긴 사실왜곡이라는 비판을 받는다.[48]

사노의 역할로 도성해금이 철폐된 것이 아니라는 또 다른 반증은 1895년 사노의 건백서가 제출되기 전에 이미 해금정책이 입안되었다는 점과 사노의 건백서 이후에도 입성금지와 해금이 반복됐다는 점이다. 앞서 고찰한 바와 같이 1894년 군국기무처가 추진한 광범위한 국정개혁 사안 가운데에는 이미 도성해금이 포함되어 있었다. 뿐만 아니라 해금이 단행된 이듬해인 1896년에도 금족령이 내려진 바 있고, 1898년에도 금지령이 내려졌다. 승려의 도성출입이 완전히 자유로워진 시점에 대해 이능화는 단발이 보편화되면서 승려와 일반인들의 구별이 모호해진 이후라고 밝히고 있다.[49]

이상과 같은 사실을 종합해 볼 때 1895년 이후에도 도성출입이 자유롭지 못했음을 알 수 있다. 이런 맥락에서 1895년의 조치는 완전한 철폐가 아니라 '완화'시킨 수준으로 평가한 서경수의 견해는 주목할 만하다.[50] 이렇게 볼 때 사노의 건의를 역사적 사실로 인정한다 하더라도 그로 인해 실질적 해금이 달성되지 못했음은 분명해 보인다. 한 예로 1897년의 신문보

---

47 도원상공기념사업회, 『개화기의 김총리』, 아세아문화사, 1978, p.200.
48 박희승, 앞의 책, p.147.
49 이능화, 『조선불교통사』 하, p.927.
50 서경수, 앞의 글, p.71.

도에 따르면 "각처 중들이 서울에 들어오면 그 어느 절에 있으며, 무슨 일로 어디에 다니는지 취탐하여 그 중이 실상 볼일이 있어서 온 것 같으면, 장안에 들어오게 하고 만일 일 없이 장안에 들어와서 이리저리 한가로이 다니며 황잡한 일을 하는 자는 엄히 금단하라고 경무청에서 근일에 신칙이 대단하더라"[51]라는 내용이 이를 반증한다.

또 1899년 2월 18일자 독립신문에는 경상도 문경의 무대신광이라는 스님이 승려입성금지의 부당함을 지적하고 출입의 자유를 청원하는 글을 기고한 것도 주목된다. 이 역시 도성출입이 자유롭지 못함을 반증하는 것이다. 결국 사노의 해금건의로 김홍집 내각에 의해 해금이 단행된 것은 분명한 사실이지만 이 조치로 인해 실질적인 출입의 자유가 보장된 것은 아니었다.

3) 자주적 해금론에 대한 평가

도성해금이 한국불자들의 자주적 노력으로 단행되었다는 시각은 도성해금의 의미를 새롭게 평가할 수 있는 단초를 제공했다. 그러나 이 주장에도 몇 가지 반문을 제기할 수 있다.

첫째, 복잡한 국내외 정세를 간과하고 개화파와 박영효에게 너무 많은 비중을 부여하고 있다는 점이다. 이는 마치 사노의 건의로 도성해금이 단행됐다는 것과 같은 위험이 따른다. 비록 박영효와 같은 개화파 인사들이 적극적으로 기여했다고 하더라도 군국기무처에서 제시한 해금안이 기각된 사례에서 볼 수 있듯이 수백 년의 악습을 끊는 것이 쉬운 일만은 아니었다. 사노의 노력만으로 해금이 된 것도 아니지만 반대로 개화파의 노력만으로 해금이 되었다고 보는 것에도 무리가 따른다. 따라서 도성해금은 사노로 대표되는 국제정세, 불교를 주목하기 시작한 조정의 태도, 개화파를

---

51 〈독립신문〉, 1897년 10월 15일자.

비롯한 불교계의 노력, 동학농민전쟁 등에서 분출된 민권인식 등 복합적인 정세가 응집된 연기적 산물로 보아야 할 것이다.

둘째, 김홍집 내각과 일본불교를 '자주'와 '외세'라는 구도로 이원화시키는 것이 가능한가이다. 주지하다시피 김홍집과 박영효는 일본의 후원을 받고 있었으며, 이들을 내각으로 조각한 것도 결국 일본의 의도가 반영된 것이었다. 뿐만 아니라 김홍집은 일본과 깊은 인연을 맺고 있었고, 박영효가 내부대신으로 복권된 것도 일본의 입김이 작용했다. 따라서 이들이 일본불교의 요구에 민감했으리라는 것은 자명하다. 결국 도성해금에서 개화파나 박영효의 역할을 높이 평가하면 자연히 그들의 정치적 배경이 되었던 일본의 역할도 인정하지 않을 수 없다. 이 같은 역학관계는 결국 조선불교계의 자주적 달성이라는 취지를 반감시킨다.

셋째, 불자들로 구성된 개화파 관리들에 의해 해금이 단행되었기 때문에 해금은 불교의 자주적 노력의 산물이라는 견해도 반문이 따른다. 왜냐

▍각황사

하면 개화파 인사들이 불교신도라는 것은 개인적 이력일 뿐이고 그들의 정치적 신분이나 소속은 국가이다. 따라서 그들은 불교교단을 대표하는 것이 아니라 국가를 대표하며, 그들의 행위는 종교적 행위가 아니라 정치적 행위라고 할 수 있다. 따라서 국가권력에 의해 결정된 것을 자주적 역량으로 달성되었다는 것은 교단적 관점에서 볼 때 무리가 따른다. 조선정부의 결정을 일본과 대비한다면 자주적 선택이라고 할 수 있지만 교단적 관점에 보면 오히려 세속권력에 의해 종속적으로 추진되었다는 본질이 드러나기 때문이다.

Ⅳ. 사노와 일본불교의 조선포교에 대한 재음미

도성해금을 비롯해 조선불교에 대해 일본불교계가 보인 우호적 태도는 결과론적으로 보면 침략을 위한 회유책임이 분명하다. 이런 맥락에서 "일제는 무력적 침략과 병행하여 한국민의 민족정신을 마비시켜 한일합방의 당위성을 고취하려는 책략을 1870년대부터 꾸미고, 오쿠무라(奧村)같은 일인 승려를 앞잡이로 내세워 실천에 옮기고 있었다"[52]는 평가를 면할 수 없다. 실제로 가장 국수주의적 성격을 띠고 있던 일련종계의 신흥종파인 국주회(國柱會)의 다나카 치가쿠(田中智學)는 조선 침략에 대한 일본의 정책에 적극 호응했다. 그는 "동양평화를 수립하기 위해서는 한국을 정복해야 한다. 일본에는 정복할 이유가 있고, 한국에는 정복될 인과가 있다"[53]는

---

52 서경수, 「일제의 불교정책」, 『근대한국불교사론』, 민족사, p.105.
53 中濃敎篤, 「朝鮮皇民化政策と宗敎」, 『現代』, 岩波書店刊, 1972, p.186. (서경수 글에서 재인용)

망발을 내뱉기도 했다.

　제국주의는 정치적 침략에 앞서 외교적 보호 또는 협력이라는 미명하에 종교가 먼저 침투한다. 종교는 민심을 사로잡는 중요한 수단이므로 종교를 통해 민중적 호응을 유도한 다음 정치적 행위를 본격화하는 것이 일반적 관례이기 때문이다.[54] 사노가 도성해금을 건의한 것도 이 같은 맥락에서 정치적 의도가 숨어 있다는 평가를 받는다. 그러나 제국주의 침략시기 종교의 일반적 역할이 이렇다 할지라도 모든 종교인을 침략의 첨병으로 평가하고, 그들이 행한 모든 행위를 사악한 것으로 평가하는 것은 지나친 단견이 아닐 수 없다. 이런 태도는 종교적 보편성과 진실성을 간과하고 정치성만 부각시켜 사실을 왜곡할 수 있기 때문이다.

　따라서 근대불교사를 총체적으로 조명하기 위해서는 친일과 항일이라는 이분법적 잣대에서 벗어나 일본불교에 대한 객관적 평가도 필요하다. 이는 제국주의적 입장에서 영토분할과 이권쟁탈을 위해 이 땅에 들어왔던 서구세력과 기독교에 대한 평가를 고려한다면 더욱 그렇다. 기독교에 대한 평가는 근대적 교육에 기여하고, 병원과 같은 사회사업을 통해 복지향상을 가져왔다는 평가를 받는다. 하지만 그런 기독교 역시 제국주의 침략시기에 보인 본질은 일본불교와 조금도 다를 바 없었다. 따라서 한국근대사에서 기독교의 역할을 인정한다면 같은 시기 일본불교의 역할도 객관적으로 평가해야 할 것이다. 예를 들어 쇠락한 불교를 개선하여 승려의 사회적 신분을 향상시키고, 불교의 중흥유신을 도모해야 한다는 사노의 주장은 정치적 의도를 떠나 종교인으로서 지극히 자연스러운 태도로 평가할 수 있다. 비록 침략이라는 정치적 목적이 배경을 이루고 있다할지라도 사노의 역할은 봉건적 족쇄에 포박된 불교를 해방시키는데 일정정도 기여한 것은 분명하기 때문이다. 따라서 같은 불교국가로서 서로 협력하고, 일불

---

54 유병덕, 「일제시대의 불교」, 『근대한국불교사론』, 민족사, 1988년, p.144.

제자(一佛弟子)의 연대의식이라는 종교적 동기를 이해하는 것은 도성해금의 진실을 입체적으로 이해하는 방안이 될 수 있다.

1) 아시아 연대론과 일본불교의 논리

산업혁명을 통해 생산성이 향상된 유럽 국가들은 늘어난 상품을 소비할 시장이 필요했고, 이에 따라 새로운 시장과 값싼 원료공급처를 확보하기 위해 아시아를 침략했다. 19세기로 접어들면서 동남아 대분의 국가들이 식민지나 반식민지로 전락되자 이들의 관심은 동북아로 확대되었다. 한반도에서도 제국주의 열강들은 철도부설권, 광산채굴권, 전기와 수도 시설권 등 각종 이권을 챙겨가기에 급급했다.[55] 이 같은 국제적 정세를 자각한 동북아의 지식인들은 위기의식에 빠져들었고, 이에 맞서기 위한 방안으로 아시아 연대론이 대두되었다. 한·중·일이 힘을 합쳐 유럽의 침략을 막아내자는 것이었다.[56]

따라서 아시아 연대론은 서구 열강의 위협으로부터 아시아의 독립을 보전하고 동양의 평화와 질서를 아시아인 스스로 확립하자는 것이며, 동아시아 민족들이 누릴 수 있는 공영의 생활권을 설정하고 운영하자는 주장이었다.[57] 이 맥락의 연대론을 가장 먼저 주창한 것은 서구 제국주의 열강에 의해 한반도에서 입지가 좁아져 가던 일본지식인들이었다. 1880년 3월 동경에서 결성된 흥아회(興亞會)는 이런 입장을 내세우는 대표적 단체에 속한다. 그리고 1881년 자유당이 결성되자 이 당 소속의 좌파인사들을 중심으로 아시아 연대론이 제창되었다. 이들은 막말(幕末)에 제기되었던 정한론(征韓論)과는 성격을 달리했다. 정한론이 아시아 정복을 통해 구미열강에 맞서자는 것이었다면 아시아 연대론은 아시아 제국과의 연대를 통해

---

55 김정기,「자본주의열강의 이권침탈 연구」,『역사비평』, 1990년 겨울, pp.83~84.
56 이광린,『개화파와 개화사상 연구』, 일조각, 1989, p.138.
57 한상일,「동아시아 공동체론: 실체인가 환상인가?」,『동양정치사상사』 4호, 2005, p.9.

서구 열강에 대응하자는 입장이었다.[58]

흥미로운 것은 사노를 비롯한 일본불교계를 통해서도 아시아 연대론과 동일한 인식을 엿볼 수 있다는 점이다. 예를 들어 귀족원 의장 고노에가 한국개교를 독려하기 위해 오타니 본원사 대곡파 법주에게 보낸 서한에는 "동방의 여러 나라가 서로 순치보거(脣齒輔車)의 교린을 이루기 위해서는 당국자 한 사람의 진력만으로는 어렵다. 이러한 경우에는 종교와 교육의 힘을 비는 것이 필요하다"[59]고 밝히고 있다. 한국과 일본을 입술과 치아의 관계로 설정하면서 상호협력을 강조하는 대목이 눈길을 끈다. 그런데 여기서 말하는 '순치보거'는 '순망치한(脣亡齒寒) 보거상의(輔車相依)'의 준말로 '입술이 없으면 이가 시리고, 위턱과 아래턱이 서로 도와야 한다는' 뜻을 담고 있다. 이는 동아시아 3국 중 한 나라가 망하면 다른 나라의 존립도 위태롭기 때문에 서양에 맞서 한중일의 독립을 보전하기 위해서는 이와 입술, 위턱과 아래턱처럼 서로 의지하고 도와야 한다는 것으로 아시아 연대론의 논리를 압축하고 있는 말이다.[60]

조선포교의 이념이 아시아 연대론에 근거하고 있다는 사실은 오쿠무라의 광주개교보고서에 더욱 명료하게 나타나 있다. 그는 "나라와 법이 떨어질 수 없듯이 일본과 조선은 입술과 이[脣齒輔車]와 같이 서로 불가분의 관계에 있다. 생각건대 동방의 형세는 날로 악화되고 바야흐로 조선의 상태는 말하기 어려운 지경에 놓여 있다. 이때를 당하여 왕법위본 충군애국(王法爲本 忠君愛國)의 우리 교로써 조선 국민을 유도 개발함은 실로 우리 교의 본지이다. …… 하물며 우리나라의 문물풍교가 오늘의 성황을 가져옴은 옛날 조선의 유도와 계발에 의한 것임에랴! 어찌 조선의 어려운 때를 좌시할 수 있겠는가. 당연히 조선에 포교를 해야 한다"[61]고 말했다.

---

58 旗田巍氏, 이기동 역, 『日本人의 한국관』, 일조각, 1983, p.22.
59 강석주·박경훈, 앞의 책, p.29.
60 한상일, 앞의 글, p.10.

오쿠무라는 이동인을 동본원사에 소개한 인물이기도 하다. 이동인은 이곳에 머물면서 흥아회와 인연이 닿아 여러 차례 모임에 참석했던 점을 미뤄볼 때 일본 불교계 역시 아시아 연대론과 밀접하게 교감하고 있었음을 엿볼 수 있다. 여기서 오쿠무라는 동방의 형세가 악화되어 한국이 위기에 처해 있다고 전제하고, 한국은 일본의 문물과 풍교를 전해준 은혜의 나라이기 때문에 그 은혜를 갚기 위해 조선포교에 나서야 한다고 주장한다. 물론 이 같은 논리에는 일본불교의 국가주의적 성격이 담겨 있는 것도 사실이지만 한편으로는 위기에 처한 불교국가를 도와야 한다는 종교적 의무감과 아시아의 연대라는 탈 민족적 동기가 깔려있는 것도 사실이다.

2) 아시아 연대론에 대한 한국지식인과 불교의 태도

중요한 것은 흥아회와 아시아 연대론은 당시 한국사회에도 깊은 영향을 미치고 있다는 점이다. 아시아의 연대를 주창하는 흥아회가 한국과 관계를 맺게 된 것은 이 단체가 창립되었던 1880년 김홍집을 비롯한 수신사 일행이 일본을 방문했을 때이다. 당시 흥아회 회장은 회칙과 회원록을 첨부한 서한을 김홍집에게 보내 참석을 권유했다. 김홍집은 중국 공사도 참여한다는 소리를 듣고 일행 중에 세 사람을 참석케 했다.[62] 이 자리에는 개화파의 대표적 인물 가운데 한 사람인 이동인도 동석했는데, 그는 오쿠무라의 알선으로 1879년부터 일본에 출입하면서 이미 수차에 걸쳐 흥아회에 참석한 상태였다. 당시 이동인의 배후에는 유대치 · 박영효 · 김옥균 등 개화파 요인들이 있었기 때문에 이동인을 매개로 흥아회는 한국지식인들과 사상적 공감을 넓혀갔음을 짐작할 수 있다.[63]

---

61 조선개교감독부 편, 『朝鮮開敎五十年誌』(한국근현대불교자료전집 권62, 민족사 1996, pp.309~310)
62 이광린, 앞의 책, p.140.
63 奧村圓心, 「朝鮮國布敎日誌」, 『한국학논총』 7, 국민대학교한국학연구소, 1985, pp.270~271.

김홍집은 귀국 후 국왕에게 흥아회 건을 보고하면서 '한중일이 마음을 같이 하고 힘을 합치면 유럽으로부터 받은 모욕을 없애버릴 수 있을 것'이라고 했다. 이런 영향으로 1881년에 파견된 신사유람단 수행원도 흥아회에 참석하였으며, 1882년 봄, 김옥균·서광범·유길준 일행을 비롯해 일본을 방문하는 많은 한국인들이 이 모임에 참석했다. 게다가 신사유람단 소속의 김용원은 '아시아가 합종하고 뭉쳐 부강에 힘쓰면 외국의 모욕(侮辱)을 막을 수 있으니 서로 힘쓰자'는 내용의 글을 흥아회에 보내기도 했다.[64] 이 같은 정황으로 미뤄볼 때 아시아 연대론은 개화파 인사들과 한국 불교계에도 공감대를 넓혀가고 있었음을 엿볼 수 있다.

한국지식인들에게 아시아 연대론은 1890년대에도 중요한 가치관으로 자리 잡고 있었다. 한국이 비록 약소국이지만 아시아 제국이 연대할 수 있다면 나라의 명맥을 유지할 수 있을 것이라는 믿음 때문이었다. 그래서 일본에 망명 중이던 김옥균은 아시아 삼국이 합종(合縱)하지 않으면 서이(西夷)의 침략을 막을 수 없으므로 한·중·일이 힘을 합쳐 구미세력의 동점을 막아야 한다는 삼화주의(三和主義)를 주창했다. 김옥균은 자신의 지론을 실천에 옮기기 위해 1894년 3월 상해로 건너가 이홍장을 만나 삼국연대를 제안하기도 했다. 이 밖에 1900년 일본잡지 『일본인』에 게재된 안경수의 「일청한 동맹론」 역시 한국인의 아시아 연대론을 보여주는 사례로 꼽힌다. 그는 이 글에서 삼국이 동맹하여 서구세력의 동점을 막아야 한다고 주장했다.[65] 이 같은 정서는 1904년 러일전쟁이 발발하면서 황색인종인 동양 삼국이 단결해야 한다는 논리로 이어졌다. 당시 황성신문은 한 나라만을 생각하면 동양이 무너진다는 이유를 들어 일본의 승리를 지지했다. 그러나 한국인의 이 같은 염원에도 불구하고 전쟁에서 승리한 일본은 서

---

64 이광린, 앞의 책, p.143.
65 이광린, 앞의 책, p.147.

구세력으로부터 한국의 지배를 승인받게 된다.

개화파 인사들 역시 동양위기의 실체는 서구열강이라고 생각했기 때문에 삼국연대를 통해 이를 저지해야 한다고 생각하고 있었다. 이런 인식은 개화파에 국한된 것만은 아니었다. 안중근 의사도 법정에서 "나의 목적은 한국의 독립·동양평화의 유지에 있기 때문에 이토(伊藤)를 죽인 것은 결코 개인적 원한으로 죽인 것이 아니고 동양평화를 위한 것"[66]이라고 밝혔다. 그 역시 동양인이 단결해서 서양을 막아야 한다고 믿었다.[67] 이렇게 볼 때 당시 서구세력에 맞서기 위해 아시아가 연대해야 한다는 논리는 폭넓게 지지받고 있었음을 알 수 있다.

한국불교계 역시 이 같은 연대론의 영향 하에 있었던 것은 분명하다. 당시 이동인은 일본 동본원사에 유학생 신분으로 있으면서 여러 차례 흥아회에 참석하고, 김홍집 일행이 도일하면 그들을 대동하고 월례 모임에 참석했기 때문이다. 이를 미뤄 볼 때 이동인을 통해 한국불교계에도 아시아 연대론이 소개됐음을 짐작할 수 있다. 특히 한국과 일본은 불교라는 종교적 공통성을 지니고 있었기 때문에 연대론은 더욱 설득력을 얻었을 것으로 짐작된다. 따라서 도성해금에 대한 사노의 입장도 이 같은 논리적 연장선상에서 분석해 볼 수 있다.

이 같은 흐름을 이해한다면 도성해금을 반기며 사노에게 감사했던 당시 조선불교계의 입장도 다소나마 이해할 수 있다. 그들은 일본의 침략을 수용하겠다는 것이 아니라 아시아의 연대를 공고히 하고, 불교국가가 힘을 합쳐 서구열강과 기독교에 맞서야 한다고 생각했을 수도 있기 때문이다. 당시 용주사 승려 상순(尙順)은 사노에게 올린 감사의 글에서 "대존사 각하께서 이 만리타국에 오시어 널리 자비의 은혜를 베푸시니 본국의 승도로 하

---

66 『한국독립운동사』 권1, 국사편찬위원회, 1965, p.435.
67 이광린, 앞의 책, p.152.

여금 5백년래의 억울함을 쾌히 풀게 하셨습니다"[68]라며 고마움을 표했다. 이런 정서는 상순에게 국한된 것이 아니라 각지의 승려들이 보여준 모습이었다.[69] 물론 상순은 개인자격에 불과할 뿐 조선불교를 대변하지 못한다는 평가도 있지만 그가 조선후기 도총섭(都摠攝)을 지낸 인물임을 감안한다면 그렇게 볼 수만은 없다. 결론적으로 말해 도성해금을 전후해 아시아에는 서구열강에 맞서고자 하는 연대론이 대두되었고, 이런 영향으로 한·일 불교계에서도 일종의 연대의식이 형성되어 있었음을 짐작할 수 있다.

3) 일본불교의 조선포교에 대한 재음미

아시아 연대론과 한일 불교계의 인식으로 볼 때 일본불교계의 조선포교가 그동안의 평가처럼 침략을 위한 간교가 전부였다고만 평가할 수는 없어 보인다. 동아시아 불교삼국의 연대에 대한 감성적 배경을 깔고 종교적 포교에 우선순위를 두었을 가능성이 높기 때문이다. 다카하시는 사노의 의도에 대해 조선불교를 일련종으로 흡수 통일시키고자 했다고 분석했지만 그것이 정치적 침략을 위한 것으로 평가하지는 않았다.[70] 사노의 본심은 조선불교를 일련종에 통합시키려는 종교적 목적이 우선이었다는 것이다.

일본불교의 적극적인 조선포교의 배경에는 기독교의 급속한 팽창에 대응하기 위한 종교적 동기가 크게 작용하고 있었다는 사실도 간과할 수 없다. 개항 이후 조선왕조는 외세와 함께 들어온 개신교의 선교를 허용하고 있었다. 프랑스는 1886년 6월에 체결된 조불수호통상조약에서 조선에 거주하는 자국인들이 원하는 종교를 믿을 수 있다는 조항을 삽입하여 천주교 포교의 자유를 확보해 나갔다.[71] 또 개신교는 1885년 미국인 선교사 언

---

68 高橋亨, 『李朝佛敎』, 東京: 寶文館, 1929, p.898.
69 강석주·박경훈, 앞의 책, p.21.
70 高橋亨, 앞의 책, p.893.
71 柳洪烈, 「개항과 신교의 자유문제」, 『한국종교』, 원광대, 1976, pp.7~15.

더우드와 아펜젤러가 입국하여 선교활동을 펼쳤고, 1887년에 새문안교회가 설립됨으로써 조선왕조로부터 선교활동을 인정받고 있었다.[72] 이 같은 일련의 상황 속에서 일련종의 가등문교(加藤文敎)는 조선기독교의 팽창을 심각하게 우려하고 있었다. 즉, "근래 불교의 쇠퇴와 함께 기독교의 침입은 날로 번성하여 국내 추요지지(樞要之地)에는 의례 교회당이 설치되어 있고, 신도수도 54만을 확보하고 있다. …… 이런 식으로 10년만 지난다면 한국 종교가 기독교로 화해버릴 것은 필연적 추세이다. 이것은 비단 불교를 위해 통탄스러운 일일 뿐만 아니라, 한국의 독립과 안위(安危)·소장(消長)에 더욱 깊은 관계가 있는 일이다. …… 우리 종교가들이 비록 국가 외교에 관해 운위할 필요 없다 하나 …… 한국의 독립을 공고히 함이 어찌 반드시 정치가들만의 본령이겠는가?"[73]라며 불안한 심경을 토로하고 있다.

요컨대 그는 기독교의 맹렬한 침입으로 인해 조만간 조선이 기독교 국가로 변해버릴 위기에 처해 있다고 경고하고 만약 일본 불교계에서 이를 좌시한다면 '한국의 안위와 독립'에 지대한 악영향을 미칠 것이라고 분석하고 있다.[74] 일본불교의 관점에서 볼 때 입술에 해당하는 조선을 무너뜨리는 것은 기독교로 인식되고 있음을 보여준다. 이 같은 위기의식은 조선불교도 예외는 아니었다. 국내외의 정세에 밝았던 한용운은 "지금 다른 종교의 대포가 무서운 소리로 땅을 진동하고, 다른 종교의 형세가 도도하여 하늘에 닿았고, 다른 종교의 물이 점점 높아져 이마까지 넘칠 지경이니, 조선불교에서는 어찌할꼬!"라며 탄식했다.[75] 실제로 1873년 대원군이 물러나고 천주교에 대한 박해가 사라지자 천주교는 서구열강을 등에 업고 교세를 확장해 갔으며, 1884년을 기점으로 한국을 거쳐 간 개신교 선교사만

---

72 김순석, 『일제시대 조선총독부의 불교정책과 불교계의 대응』, 경인문화사, 2003, p.17.
73 加藤文敎, 『朝鮮開敎論』, 1900, pp.20~21.
74 정광호, 「일제의 종교정책과 식민지불교」, 『근대한국불교사론』, 1988, 민족사, p.72.
75 한용운, 『조선불교유신론』, 운주사, 1992, p.69.

1,529명에 달했다. 이에 따라 당시 조선불교계에서는 기독교에 대한 경계심이 고조되어 있었다.[76]

　이 같은 상황을 종합할 때 서구세력과 종교에 대한 한·일 불교계의 위기의식은 깊은 공감대를 형성하고 있었을 것으로 추정된다. 주목할 것은 기독교의 팽창을 '침입'으로 규정하고 조선독립과 결부시키고 있는 대목이다. 이것은 기독교의 팽창이 곧바로 외세의 침입으로 이어진다는 인식을 보여준다. 이런 인식은 자연히 불교를 매개로 아시아의 연대를 모색하고 서구세력을 대변하는 기독교의 팽창에 맞서야 한다는 논리로 이어질 개연성이 높다. 아시아 연대론의 논리 속에는 황인종과 백인종, 불교와 기독교, 동양과 서양을 대립적 구도로 바라보고 있기 때문이다. 따라서 이런 구도는 자연히 동양과 서양, 기독교와 불교라는 대립각 속에서 연대론이 탄력 받을 수밖에 없다. 여기서 가등문교는 다음과 같이 아시아의 연대를 제기한다. "대체 일·한·청은 순연한 일대 독립국가로서 영원한 동양평화를 유지하여 안위존망(安危存亡) 그 운명을 같이하지 아니할 수 없다. 황차 동일한 불교국 한국을 위해 포교한다는 것이 어찌 일본 불교도의 보은적 의무가 아니겠는가. 정청군(征淸軍)의 목적으로 보나, 장래 한일간의 관계로 보나, 이것은 최대의 급무이다"[77]

　이런 맥락에서 보면 사노가 한국불교의 위상을 높여야 한다는 대목, 그리고 이에 대한 한국불교도들의 환영은 침략자 일본과 이를 멋모르고 반기는 조선불교로 단순하게 도식화할 수 없음을 보여준다. 한·일 불교계의 연대는 서구세력과 기독교의 팽창에 맞서는 것이라는 인식이 공유되어 있었기 때문이다. 따라서 사노나 일련종이 조선포교에 열성을 보인 이면에는 조선이 기독교국으로 변해버릴지도 모른다는 종교적 위기의식이 밑

76　서재영, 「1910년 전후의 시대상과 조선불교유신론의 의의」, 『의상만해연구』 제1집, 2002, pp.254~264.
77　加藤文敎, 앞의 책, p.23.

바탕에 깔려 있었음을 확인할 수 있다. 이는 일본불교계의 조선포교가 정치적 목적뿐만 아니라 서구세력과 기독교에 맞서기 위한 종교적 연대감에서 촉발되었을 가능성도 배제할 수 없음을 뜻한다.

김경집 역시 사노의 건의에 대해 "일련종이 조선에서 활동하는데 용이하게 하고자 하는 의도와 함께 조선포교의 우세를 점하고자 한 정책"[78]이라고 평가한다. 그 예증으로 1895년을 전후로 일련종은 조선포교에 전념하고 있었음을 지적한다. 실제로 1881년 부산에 일종회당(日宗會堂)을 세운 것을 필두로 1882년에는 원산에 정묘사가 세워졌고, 사노가 조선에 건너왔던 1895년에는 인천에 묘각사가 창건되어 조선포교의 발판이 마련되었으며, 뒤이어 서울에 호국사와 경왕사, 진남포에 최승사, 군산에 안국사, 함흥에 일련사 등을 건립하면서 조선포교에 심혈을 기울이고 있었다.[79]

한일 간의 문제는 가해자와 피해자라는 역사적 아픔으로 인해 불법을 믿어도 일본불교는 나쁘고 우리불교는 좋다는 시각이 당연하게 여겨져 왔다. 도성해금이 부정적으로 평가되는 것도 이 같은 이유에서다. 하지만 도성해금을 아시아 연대론과 결부시켜 보면 불교가 국가주의나 민족주의의 틀을 벗어나고자 했던 일말의 단초를 발견할 수 있다. 다만 아쉬운 것은 한일 불교계가 좀 더 적극적인 자세를 갖고 보편적 불교주의를 실현해 내지 못했다는 점이다. 만약 양국의 불교계가 자비와 평등이라는 불교적 관점에 입각하여 일본의 침략적 속성에 대항했다면 이에 대한 역사적 평가는 달라졌을 것이다.

분명한 것은 민족과 국가의 틀을 넘어서서 상호 연대를 꿈꾸던 아시아 연대론은 일본의 침략적 야욕으로 인해 꽃피우지 못하고 실패하고 말았다는 점이다. 일본의 아시아 연대론자들은 아시아 제국과 동등한 차원에서

---

[78] 김경집, 『한국근대불교사』, p.126.
[79] 유병덕, 「일제시대의 불교」, 『근대한국불교사론』, 민족사, 1992, p.155.

자유와 평등을 누려보겠다는 의지가 부족했다. 그들은 아시아 연대를 주장하면서도 이웃나라를 지도해야 한다고 생각했고, 심지어 조선침략을 정당화하기도 했다. 따라서 그들의 발상은 구미열강에 비해 열세였던 자신들의 취약성을 아시아의 연대를 통해 보완하고자 한 것에 불과하다는 평가를 면할 수 없다.[80] 결과론적으로 볼 때 아시아 연대론의 이념은 동아시아의 선린과 협력을 표방했지만 현실에서는 대륙진출을 위장하기 위한 이데올로기로 변용되고 말았다.

하지만 아시아 연대의 이념은 불교와 결부되면 서구세력과 기독교에 대항하는 종교적 연대라는 또 다른 속성이 드러난다. 이 같은 종교적 연대감은 한일 불교계에서 그 어떤 정치적 명분보다 강력한 상호협력의 동기가 되었을 가능성이 높다. 순치보거(脣齒輔車)의 논리를 떠받치는 근거 가운데 하나가 동종동문(同種同文), 즉 불교와 유교, 한자로 이어지는 동일한 문명권과 인종적 뿌리가 같다는 것이기 때문이다.[81] 따라서 도성해금을 단행하고 불교에 우호적이었던 일본불교의 저의는 조선침략이라는 정치적 저의도 있었겠지만, 한편으로 보면 종교적 연대라는 동기도 강하게 작용했음을 엿볼 수 있다.

V. 도성해금 이후 근대불교의 전개

1. 도심포교의 새장을 열다

도성출입금지가 세도가로부터 불교를 격리시키고, 성내에서 의례진행

---

80 이광린, 앞의 책, pp.139~140.
81 한상일, 앞의 글, p.11.

을 막아 사찰의 재정적 수입원을 차단하는 것이었다면 도성해금은 단절된 중앙무대와 불교가 다시 연결됨을 의미한다. 이에 따라 불교의 사회적 지위도 다시 상승되었으며, 불사도 재개되었다. 이런 맥락에서 도성해금은 한국불교가 근대불교로 발돋움할 수 있는 사회적 토대를 마련해 주는 계기가 되었다고 평가할 수 있다. 해금 이후 불교는 도성 안에서 대규모 불사를 개최하는가 하면 근대적 교육기관을 설립하고 와해된 교단을 통할할 수 있는 종단을 건설해 나갔다. 그리고 1910년 마침내 도성 안에 각황사(覺皇寺)를 창건함으로써 입성금지는 완전히 막을 내리게 된다.

해금 직후 불교발전을 위한 움직임은 주로 국가적 차원에서 진행되었다. 1901년 고종은 동대문 밖에 원흥사(元興寺)를 창건토록하고 전국의 사찰과 승려를 관리하게 했다. 서울에 큰 절을 짓고 본격적으로 불교를 관리하겠다는 의지의 표현이었다. 하지만 원흥사는 도성 안에 자리 잡지 못하

| 원흥사

고 현재의 창신 초등학교 자리인 동대문 밖으로 정해졌다. 뒤이어 1902년 1월 4일 원흥사 개원법회가 성대히 봉행되었고, 이 자리에는 일본 정토종 한국대표와 중추원 의관을 비롯해 800여 명의 사부대중이 동참하여 성황을 이루었다.[82]

원흥사가 가람의 위용을 갖추자 고종은 1902년 4월 관제를 개혁하면서 궁내부 산하에 국내 살림, 성보(城堡), 사찰에 관한 일체 사무를 조사 구검할 관리서를 설치하는 조치를 취했다.[83] 그리고 그해 7월 관리서는 '국내 사찰 현행 세칙'을 제정해 전국 사찰에 배포했다. 36개조로 구성된 이 세칙에는 사찰과 승려에 대한 체계적인 관리방안이 담겨 있었다. 당시 관리서 책임자인 권종석이 쓴 「국내 사찰 현행 세칙 연의」에 따르면 제2조에 "정법(正法)을 수순하여 오역죄(五逆罪)를 짓지 않고 부처님의 말씀을 종칙(宗則)으로 삼아 일반인을 교화(敎化)하고 제접할 일"[84]이라고 밝히고, 제3조에는 "매월 3재일에 무차법회를 열고, 사부대중을 소집하여 지성으로 받들어 모신 다음 밝은 가르침과 높은 진리를 널리 연설하여 포교전도(布敎傳道)의 종지를 확장할 일"[85]이라고 명시했다. 이는 종지의 확장과 포교를 위해 국가적 차원에서 법령을 제정하고 불교발전을 제도적으로 도모했음을 의미한다.

교단적으로 볼 때 도성해금은 묶여있던 승려의 발을 풀어주는 것이므로 자유로운 홍법활동의 길이 열렸고, 자연히 서울을 중심으로 도심포교를 펼칠 수 있는 기회가 찾아왔다.[86] 원흥사의 창건과 사사관리서의 설치와 같은 정책은 수백 년 동안 은둔했던 조선불교계에 대중화와 도시화라는 새장을 여는 계기가 되었다. 당시 신문보도에 따르면 "동문 밖 원흥사에서

---

82 광안진수, 「정토진종한국개교지」, 『한국근현대불교자료집』 62권, p.65.
83 국사편찬위원회, 『고종시대사』 5권, 탐구당, 1971, p.522.
84 『한국근현대불교자료전집』 65, 민족사, 1996, p.412.
85 한상일, 앞의 글.
86 김영태, 『한국불교사』, 경서원, 1997, p.320.

황상 폐하 위축전각(位祝殿閣)과 명성황후 원당과 법당을 새로 지어 준공한지라 서울 인근 모든 절의 승려가 재를 설하여 연일 재계(齋戒)하고 설법과 독경을 하는데 구경하는 선비와 부녀자가 구름 같다"[87]고 보도했다. 도성해금은 산중불교에서 도심불교로 교세를 확장하는 계기가 되었음을 보여준다.

2. 근대적 교육체계와 종단의 설립

도성출입이 자유로워지고 개화바람과 함께 승려들의 견문이 넓어지자 신학문에 대한 수요도 급증하기 시작했다. 급변하는 국제정세에 발맞추기 위해서는 전통적 강원교육보다는 신식교육이 요구될 수밖에 없었다. 이에 따라 불교연구회 인사들을 중심으로 원흥사에 근대적인 학문을 가르칠 수 있는 보통학교 설립을 추진한 끝에 1906년 5월 8일 동국대학교의 전신인 명진학교를 개교했다. 교육기관의 설립은 승려 개개인의 입장에서 보면 신학문에 대한 지적 갈망을 해소하는 것이었지만 교단사적 관점에서 본다면 도첩제 폐지 이후 고갈되어 가던 인재를 다시 보충하는 것을 의미한다. 따라서 명진학교의 설립은 도성해금으로 촉발된 한국불교의 근대화를 재촉하는 인적 인프라를 구축하는 불사로 평가할 수 있다.

그러나 실질적 발전을 도모하기 위해서는 교단을 통할할 수 있는 종단 설립이 급선무였다. 이에 따라 1908년 3월 6일 전국 승려 대표자 52명이 원흥사에 모여 원종 종무원의 설립에 합의했다.[88] 원종은 '조선불교가 선(禪) 또는 교(敎)에 치우치지 않고 참선·간경·염불·주력까지 두루 닦는다'[89]는 원융무애한 통불교의 전통을 계승한다는 취지를 담은 것이다. 엄

---

[87] 〈황성신문〉 1903년 9월 17일자.
[88] 『조선불교통사』 하, p.937. ; 『李朝佛敎』, p.920.
[89] 김영수, 『한국불교문화사』, 원광대학교 출판국, p.107.

밀한 의미에서 원종은 명확한 종지를 천명하지는 못했지만 조선불교의 원융적 전통을 근간으로 하는 최초의 근대적 종단이라는 의미를 부여할 수 있다.[90]

종단이 설립되자 불교계는 그 힘을 바탕으로 실질적인 도성해금의 상징성을 보여줄 필요성이 제기되었고, 원종은 도성 안 사찰 건립에 박차를 가했다.[91] 이에 따라 1910년 전국 사찰에 모연운동을 전개하고, 현재 조계사 인근인 중부 전동에 있던 동녕 궁터를 매입하여 각황사(覺皇寺)를 창건했다.[92] 이는 연산군 때 훼철된 사찰이 수백 년 만에 복원되는 것이었으므로 억불정책의 사슬이 해제됐음을 알리는 상징적 불사였다. 이후 각황사는 조선불교중앙회무소 겸 중앙포교소로 활용되면서 도심포교의 사명을 부여받았다.[93] 이처럼 각황사가 도심포교의 상징이 되자 기독교와 같이 일요일마다 설교와 강연을 개최하기 시작했고[94] 이는 신도를 대상으로 의례를 시설하고, 자유롭게 설법할 수 있는 명실상부한 근대적 자유가 찾아왔음을 보여준다.

VI. 입성금지 해제에 대한 새로운 이해

이 글은 한국근대불교의 기점이 된 승니의 입성금지 해제의 전개과정과 그 의미를 중심으로 살펴보았다. 그동안 입성금지 해제에 대한 평가는 일

---

90 박희승, 앞의 책, p.246.
91 《불교》 제24호, "僧尼入城의 標識로 京城 中央에 寺院을 건축하자는 衆意를 因하여 覺皇寺를 창건…"
92 강석주·박경훈, 앞의 책, p.46.
93 김영태, 앞의 책, p.352.
94 『조선불교통사』 상, p.620.

본 승려에 의한 타력적 결과라는 것이 주류를 이루어 왔다. 따라서 입성금지 해제는 불순한 의도가 숨겨진 일제의 간계로 평가되었으며, 자유를 기뻐하는 조선승려들의 환영은 몰지각한 처사로 낙인찍혀 왔다. 입성금지 해제에 대한 이 같은 이해는 자연히 해금자체를 부정적으로 평가하는 것은 물론 해금의 역사적 의미마저 부인하게 만들었다. 하지만 최근 들어 입성금지 해제는 불자들로 구성된 개화파의 노력으로 조선정부가 자주적으로 내린 결정이라는 주장이 제기되었다. 이 같은 관점은 입성금지 해제가 갖는 역사적 의미를 긍정적으로 평가할 수 있는 여지를 제공해주었다.

이 글은 이상과 같은 두 가지 관점을 종합적으로 검토하고 보다 포괄적이고 연기적 관점에서 입성금지 해제를 이해하고자 시도했다. 나아가 사노의 행보에 대해 침략적 의도라는 평가에서 한 발 더 나아가 아시아 연대론과 결부하여 새로운 이해를 시도해 보았다. 물론 이것은 일본불교의 침략적 본성을 부정하거나 옹호하기 위함이 아니라 조선불교에 호의적이었던 일본불교의 의도를 입체적으로 조명하기 위한 시도였다. 역사적 현상을 연기적 관계의 산물로 본다면 승니의 입성금지 해제 역시 다양한 요인들이 복잡하게 얽혀 있는 종합적 결과가 아닐 수 없다. 따라서 해금은 사노의 건의나 개화파의 결정으로 단행된 것이 아니라 당시 역사적 상황의 변화, 개화파와 연결된 불교계의 자각, 기독교의 팽창에 대한 한·일 불교계의 위기의식, 유교적 정치이념의 쇠퇴, 외세에 맞서 불교를 신장시키고자 했던 조정의 의지, 민권의식의 향상 등과 같은 복잡한 인과관계와 맞물려 있는 것이 사실이다. 따라서 입성금지 해제의 실체적 진실을 이해하기 위해서는 폭넓은 접근과 다양한 해석이 필요하다.

물론 일본의 초기 종교정책이 '외국인 선교사와의 타협, 불교·기독교·천도교에 대한 회유를 기본으로 한 것'[95]이었음을 감안할 때 입성금지

---

[95] 정재정, 「일제의 한국강점의 역사적 성격」, 『한국사연구』 114, 2001, p.16.

해제는 침략을 위한 유인책임이 분명하다. 그러나 아시아 연대론과 결부시켜 보면 당시 일본불교의 논리와 이에 대한 조선불교계의 인식에 대한 새로운 이해가 열린다. 입성금지 해제라는 표면적 의미를 그대로 받아들이면 그것은 파천황의 은혜가 되지만 일본의 정치적 의도와 접목시키면 해금은 침략을 위한 간교로 해석된다. 그러나 시야를 넓혀 제국주의의 각축(角逐)이라는 국제정세와 기독교의 팽창이라는 종교적 관점에서 바라보면 도성해금은 한·일 불교계의 종교적 연대라는 또 다른 의미를 읽어낼 수 있다. 그리고 그 같은 연대의 논리는 아시아 연대론과 맥락을 같이한다. 그런 점에서 입성금지 해제를 둘러싼 한·일 불교계 인사들의 인식 속에는 불교적 보편주의가 자리 잡고 있었음을 엿 볼 수 있다. 다시 말해 조선 승려의 지위향상이나 불교의 중흥유신이라는 명분으로 단행된 해금은 침략의 계교라는 정치사적 평가 외에도 종교적 연대라는 의미를 보탤 수 있다.

한국근대사회에서 가장 영향력 있는 가치기준은 민족이나 국가를 중심으로 설정되어 왔음을 부정할 수 없다. 이것은 이민족의 침탈과 동족상잔이라는 불행한 과거사에서 비롯된 트라우마(trauma)일 것이다. 그러나 진정 불교가 불교다운 종교가 되려면 민족과 국가라는 세속적 범주에서 벗어나 인류 보편적 가치를 위해 헌신해야 할 것이다. 이런 맥락에서 본다면 비록 일제의 침략으로 허망한 꿈이 되고 말았지만 아시아의 연대를 고민하고, 조선불교계의 발전을 도모한다는 명분으로 도성해금을 추진한 것은 흥미로운 사실이 아닐 수 없다.

불교는 중도(中道)와 동체대비(同體大悲)를 지향하지만 현실은 갈등과 반목을 되풀이 하고 있는 것이 사실이다. 지금도 전 세계는 민족과 국가, 종교와 이데올로기를 앞세우며 갈등과 반목을 계속하고 있다. 중국의 동북공정이 그렇고, 독도를 둘러싼 일본과의 갈등도 그렇다. 여기서 불교조차 이 같은 범주 속에서 사유하고 행동한다면 불교 역시 갈등을 조장하고 분노를 증폭하는 역할에서 벗어나지 못할 것이다. 따라서 불교가 인류의 보편적 종교로 제 역할을 다하기 위해서는 민족과 국가를 초월한 불교적 보편주의의 확립이 요구된다. 그러기 위해서는 세속적 가치를 뛰어넘어 불교적 원리와 관점에서 민족과 국가를 초월한 연대가 필요하다. 그런 점에서 입성금지 해제를 둘러싸고 아시아의 연대와 한·일 불교의 협력이 논의되었다는 것은 그것이 가진 분명한 한계에도 불구하고 흥미로운 탐구 대상이 아닐 수 없다. ▮ 서재영

일제의 불교정책과 친일불교

I. 근대 한국불교의 식민지성

한국근대불교사는 근대국가로의 발전과정에서 가장 중요한 원동력으로 작용했던 근대화와 민족주의가 서로 상반된 가치로서 충돌해야만 했던 식민지 사회의 역사적 모순을 보다 첨예하게 드러내 보여준다. 제국주의, 식민주의, 민족주의, 근대성이라는 서로 모순된 개념 틀로써 풀어야 하는 식민지 시기 한국 근대의 성격을 둘러싼 학계의 논쟁을 압축해 보면, 1980년대까지 주류를 이루었던 민족주의적 논리에 기반을 둔 식민지 수탈론 및 내재적 발전론에 대해, 1990년대에 들어 식민지 근대화론이 제기되어 자못 치열한 논쟁이 전개되다가, 최근에는 근대성 자체에 대한 반성과 비판적 인식이 '식민지 근대성'으로 수렴되어 가는 과정으로 정리될 듯하다.

근대시기 한국불교에 대한 연구는 1990년대에 들어 본격적으로 시작되어 그동안 적지 않은 연구의 결과물들이 축적되었고, 최근에 들어서는 이에 대한 정리와 평가, 더불어 한국불교의 근대를 해석하는 기존의 관점에 대한 반성이 시도되고 있다.[1] 김광식은 임혜봉의 『친일불교론』이 발간된

1993년을 기점으로 그 이전을 근대불교 연구의 개척기로, 그 이후를 연구의 심화기로 구분하고, '항일/친일, 일제의 불교정책/종단설립, 전통불교의 수호/불교대중화'라는 세 쌍의 해석틀을 통해 기존 연구들을 분석·정리하고 있다. 또한 그는 '왜색불교, 친일불교라는 과도한 수식어'를 예로 들어, 학술적 접근 이전에 존재하는 '과도한 이해'가 근대불교 연구의 객관적이고 학술적인 접근에 장애물로 작용한다고 지적하였다. 그는 '항일/친일'을 근대불교의 성격을 가늠하는 핵심적 초점으로 보고, 친일문제에 대한 이해에 있어 현재적 관점이 장애물로 작용하는 것을 경계하면서 친일의 논리와 범위에 대한 설정과 정리의 필요성을 제기하고 있다.[2] 최혜경은 일제의 불교정책을 중심으로 시기별, 주제별로 구분하고 연구현황을 정리·평가하고 일제의 불교정책과 친일불교의 연관성에 대한 보다 구체적인 규명을 과제로 제시하고 있다.[3] 조성택은 한국불교사에서 '근대성'의 개념 자체에 대한 근본적 반성을 제기하면서 '근대시기의 불교'와 '근대불교'를 구분하고, '근대불교'는 '근대성'을 내용으로 해야만 하며, 근대라는 새로운 공간에 대한 의식적인 자각의 여부를 근대불교에 대한 최소한의 기준이라고 보았다. 또한 그는 항일-친일의 이분법적 연구 패러다임과 민족주의적 관점에서만 식민지 불교를 해석하는 것은 지나친 단순화의 오류이며 목적론적인 역사해석이라고 비판하였다.[4]

이러한 논의들은 식민지 시기의 한국근대불교사에 대한 해석의 관점에 있어 반성과 변화가 요구된다는 점에서 인식을 공유하는 것으로 보인다.

---

[1] 최근 이루어진 한국근대불교사 연구에 대한 정리와 반성들은 다음과 같다.
김광식, 「근대 불교사 연구의 성찰 – 회고와 전망」, 『민족문화연구』 45, 2006.
조성택, 「근대불교학과 한국 근대불교」, 『민족문화연구』 45, 2006.
최혜경, 「일제의 불교정책에 관한 연구 성과와 과제」, 『선문화연구』 창간호, 2006.12.
임혜봉, 「친일불교에 관한 연구성과의 동향과 과제」, 『선문화연구』 창간호, 2006.12.
[2] 김광식, 앞의 책 참조.
[3] 최혜경, 앞의 책 참조.
[4] 조성택, 앞의 책 참조.

위의 논자들이 지적한대로 '과도한 이해'의 장애물로 인한 이분법적 시각과 편향된 민족주의적 관점은 분명히 지양되어야 한다. 그럼에도 불구하고 한국불교의 근대는 어떤 식으로든 식민지성을 떠나 생각될 수 없으며, 따라서 제국주의와 친일의 문제는 단지 덮어버리거나 외면하는 것으로 무화될 수 없다. 지난 몇 년간 친일인사 명단 발표와 '일제강점하 친일반민족행위 진상규명에 관한 특별법안'이 제정되는 등 일제의 식민지 잔재 청산이 정치·사회적 문제로 대두되면서 불교계에서도 친일 행적에 대한 논란이 계속되었다. 해방 이후 50년이 넘었음에도 우리 사회는 아직도 '친일'의 문제로부터 자유롭지 못하다. '친일'은 우리의 시각을 바꾼다고 해서 사라지는 것이 아니며, 실정적으로 현존하는 개념이다. 감성적인 민족주의에 기초한 제국주의와 식민지성의 반민족성에 대한 비판을 지양한다 해도 그것의 반인륜성과 비진리성을 용인할 수는 없으며, 특히 종교로서의 불교의 영역에서는 더욱 그러하다.

조선왕조 동안 정책적 차원에서 억압당했던 역사적 특수성으로 인하여 일본제국주의의 국권침탈을 도리어 불교 중흥의 계기로 받아들이는 것이 당시 조선불교의 전반적인 현실 인식이었고, 이는 일제하 친일불교의 인식론적 기반이 되었다. 일제의 불교정책과 이에 영합한 친일불교는 한국불교의 근대화를 왜곡시키고 민족불교 형성을 억압하였다. 그리고 그 영향력은 해방 이후 현재까지도 한국불교가 근대를 넘어서지 못하는 주요한 장애요인으로 작용하고 있는 것이다. 이 글은 일본 제국주의의 불교정책과 친일불교의 전개 과정을 고찰함으로써 한국근대불교사에 대한 반성적 인식의 계기로 삼고자 한다.

Ⅱ. 일본불교의 침투와 조선불교의 친일화

일본은 전통적으로 불교와 신도(神道)가 융합된 신불습합(神佛習合)의 종교적 양상을 유지해왔으나, 메이지 유신(明治維新)을 통해 천황제 국가체제를 수립한 이후 일본 정부는 메이지 원년(1868)에 '신불판연령(神佛判然令)'을 공포함으로써 신도(神道)를 불교로부터 분리하여 국교화 하고 도쿠가와 막부(德川幕府)와 유착관계에 있던 불교에 대해 이른바 '폐불훼석(廢佛毁釋)'의 종교적 탄압 정책을 시행하였다.[5] 일본의 불교계는 이러한 위기에 대처하여 교단의 체제 정비와 교육기관의 설립, 서양의 근대적 종교제도와 학문적 연구방법론의 도입 등 체제혁신과 근대화를 추구해나가면서, 정부의 정책에 대해서도 적극적으로 협력하고자 하였다. 이러한 태도는 불교의 종교적 교리와 사회적 역할을 천황 국가의 통치권에 자발적으로 예속시키려는 국가주의적 호국불교론으로 전개되었고, 일본 불교계는 종파를 초월하여 '왕법불법불리지론(王法佛法不離之論)'과 '존황봉불(尊皇奉佛)', '근왕호법(勤王護法)' 등의 이념을 전면에 내세우게 되었다.[6] 일본 정부 측에서도 신불분리 정책을 통해 신도를 보급해가는 과정에서 사상적 기반과 민중적 지지도에 있어서 신도의 한계를 인식하게 되었다. 또한 제국주의 팽창과 식민지 개척에 있어서 동아시아의 보편 종교인 불교가 지닌 문화적 잠재력에 대한 정치적 유용성을 무시할 수 없었다.

이처럼 일본이 천황제를 기반으로 하여 군국주의 국가로 나아가는 과정에서 일본의 불교계는 탄압과 회유를 극복하지 못하고 정치권력에 영합함

---

[5] 메이지 정부의 신불분리(神佛分離) 정책의 성격과 전개 과정에 대해서는, 윤기엽, 「廢佛毁釋과 메이지정부(明治政府)」, 『불교학보』 45집, 2006.8. pp.133~156. 참조.
[6] 정광호, 『일본침략시기의 한·일 불교 관계사』, 2001. p.67.

으로써 종교의 사회적 역할을 왜곡시킨 국가주의적 어용 불교로 변모하게 되었다.[7] 1877년 일본의 내무경(內務卿) 오쿠보 도시미치(大久保利通)와 외무경 테라지마 무네노리(寺島宗則)는 중국과 조선에 대한 본격적인 식민화를 대비한 종교적·문화적 침투 정책의 일환으로 진종 본원사(本願寺)의 겐뇨(嚴如)에게 중국과 조선에 일본 불교를 전파시킬 것을 사주하였다.

> 우리 본원사(本願寺)는 '종교는 정치와 서로 상부상조하며 국운의 진전발양(進展發揚)을 도모해야 한다'는 것을 신조로 삼아왔다. 메이지 정부가 유신(維新)의 대업을 완성한 뒤로부터 점차 중국과 조선을 향하여 발전을 도모함에 따라, 우리 본원사도 또한 홋카이도(北海島)의 개척을 비롯하여 중국과 조선의 개교(開敎)를 계획하였다. 메이지 10년(1877) 내무경(內務卿) 오쿠보(大久保)씨는 외무경 테라지마(寺島)씨와 함께 본원사 관장 곤뇨상인(嚴如上人)에게 조선 개교에 관한 일을 종용, 의뢰하였다. 이에 본원사는 곧바로 제1차 개교에 공로가 있는 오쿠무라 엔싱(奧村圓心)과 히라노 게이스이(平野惠粹) 두 사람을 발탁하여 부산에 별원(別院)을 설치할 것을 명하였다.[8]

이에 따라 1876년 강화도조약 이후 진종 대곡파(眞宗大谷派)와 일련종(日蓮宗)을 필두로 일본불교의 주요 종파들이 적극적인 조선 침투에 앞장서게 되었다. 본원사는 그해 8월에 오쿠무라 엔싱(奧村圓心)과 히라노 게

---

[7] 일본의 국가주의 불교의 형성과정에 대해서는 아래 문헌 참조.
- 정광호,『일본침략시기의 한·일 불교 관계사』,「제3장 메이지불교의 내셔널리즘과 조선 침략 (1)」, 도서출판 아름다운세상, 2001. pp.43~72.
- 吉田久一,『日本近代佛敎史硏究』, 川島書店, 1992.
- 조승미,「근대 일본불교의 전쟁지원, -정토진종의 역할을 중심으로-」,『불교학보』46집, 2007.2. pp.183~207.
- 원영상,「日蓮主義의 불법호국론과 國體論, -타나카 치가쿠(田中智學)의 논리를 중심으로-」,『불교학보』47집, 2007.8. pp.255~282.

[8] 大谷派本願寺 朝鮮開敎監督府,『朝鮮開敎五十年誌』, 1927. pp.18~19;『韓國近現代佛敎資料全集』vol.62, 민족사, 1996, pp.188~189.

이스이(平野惠粹)를 조선에 파견하여 부산에 별원(別院)을 세우고 포교 활동을 펼침으로써 본격적인 조선 침략에 앞서 일본에 대한 적대감을 무마시키고자 하는 일제의 식민화 전략에 일익을 담당하게 되었다.

한편 일련종에서는 1881년 와타나베 이치웅(渡邊日蓮)이 부산에 일종회당(日宗會堂)을 세우고 조선 포교를 개시하였으며, 이후 정토종(淨土宗) · 조동종(曹洞宗) · 임제종(臨濟宗) · 진언종(眞言宗) 등이 가세하였다. 1911년 일제의 사찰령이 공포될 때까지 조선에 진출한 일본의 불교는 모두 6개 종단 11개 종파로서 일본의 주요 종단 거의 모두가 경쟁적으로 조선 포교에 나서게 된다.

이와 같은 일본 불교의 조선 침투가 지닌 정략적 의도는 오쿠무라가 조선 진출 20주년이 되던 1898년 대곡파 본원사 본산(本山)에 제출한 「광주개교(光州開敎)에 관한 보고서」에 명백하게 드러난다.

> 국가와 법은 피부와 털과 같고 일본과 조선은 입술과 이처럼 서로 불가분의 관계에 있다. 생각건대, 동방의 형세가 날로 악화되고 한국은 형언하기도 어려운 상태에 놓여 있다. 이러한 시기에 우리의 왕법위본(王法爲本)과 충군애국(忠君愛國)의 가르침으로 저 나라의 국민들을 유도(誘導)하고 계발(啓發)시키는 것이 실로 우리 교단의 본지(本旨)이니, 이로써 국가에 보답하고 법(法)을 수호하고자 함이다.[9]

오쿠무라는 여기서, 불교의 종교적 법(dharma)은 제국의 정치적 법을 떠나 존재할 수 없으며 그것에 적극 협력하고 봉사해야만 한다는 '왕법불법불리론(王法佛法不離論)'을 제국주의적 이데올로기로 확장시키고, 나아가 식민지 국민들을 그들의 국가주의적 불교에 동화시키는 것이 소속 종파의 책무라고 역설하고 있다.

---

[9] 앞의 책, p.75; 『韓國近現代佛敎資料全集』 vol.62, pp.245~247.

일련종의 조선포교에 앞장섰던 가토 분쿄(加藤文敎)는 『조선개교론(朝鮮開敎論)』에서 동양 평화의 유지라는 명분을 내세워 일본식 국가주의적 불교의 확장·보급의 당위성을 다음과 같이 주장하였다.

> 대체로 일본·조선·청 삼국은 온전한 일대 독립국가로서 영원한 동양평화를 유지하고 안위(安危)와 존망(存亡)에 있어 그 운명을 함께 하지 않을 수 없는 것인데, 하물며 동일한 불교국인 조선을 위해 포교하는 것이 일본 불교도의 보은적(報恩的) 의무가 어찌 아니겠는가. 정청군(征淸軍)[10]의 목적으로 보나, 장래 일조(日朝)간의 관계로 보나 이것이 최대의 급선무이다.[11]

이와 같은 가토의 주장을 다른 관점에서 해석해보면, 이는 청일전쟁 당시의 정치적 격변기를 틈타 조선의 독립과 동양 평화를 유지한다는 명목을 내걸고 일본 제국주의의 식민지 침탈을 불교라는 문화적 위무 수단으로 위장하려는 논지로 볼 수 있다. 그는 또한 조선에 기독교가 급격히 팽창하여 머지않아 기독교화 될 우려가 있다는 점을 내세워 이를 조선의 정치적 위기론으로 탈바꿈시킴으로써 조선에 대한 적극적인 포교를 정당화시키고 있다.

> 근래 불교의 쇠퇴와 함께 기독교의 침입이 날로 번성하여 국내의 요지에는 어김없이 교회당이 설치되어 …… 회당수가 3백여 개소이고 신도수도 54만을 확보하고 있는 실정이다. …… 이렇게 10년만 지난다면 한국 종교가 기독교로 변해버릴 것이 필연적 추세이다. 이것은 비단 불교를 위해 통탄스러운 일일 뿐 아니라 한국의 독립과 안위(安危), 소장(消長)에 더욱 깊은 관계가 있는 일이다. …… 우리 종교가들이 비록 국가외교에 관한 일을 언급할 필요가 없다 하나, …… 한국의 독립을 공고히

---

10 청일전쟁(1894~95) 당시 종군했던 일본 군대를 말함.
11 加藤文敎, 『韓國開敎論』, 1900, p.23.

함이 어찌 정치가들만의 본령(本領)이겠는가.[12]

일본불교의 주요 종파들이 조선 포교를 시작하게 된 것은 앞서 살펴 본 바와 같이 정치적인 계기가 주된 요인이었다. 개항 초기에 조선에 진출했던 일본 불교는 '좌담, 물질공여, 교유, 후대' 등과 같은 포교활동의 방법을 통하여 한국의 불교인들을 포섭하고자 하였다.[13] 대곡파 본원사의 오쿠무라는 1898년 다음과 같은 포교 방법을 본산에 상신하였다.[14]

① 각종 기술, 예컨대 제면(製麵)·제지(製紙)·양잠(養蠶) 등을 가르쳐 물질적인 편의를 준다.
② 승·속(僧俗)을 불문하고 저명인사들에게 일본 시찰을 알선하여 호감을 갖게 한다.
③ 한국인 교사를 채용하는 학교를 설립하여 청년들을 계발한다.

한편 일련종의 가토가 제시한 조선에 대한 포교의 방법은 다음과 같다.[15]

① 학교를 설치하여 포교사를 양성할 것.
② 한국 내에 30여 개소의 교회지부를 설치할 것.
③ 일·한 간에 서로 유학생을 파견시킬 것.
④ 경성에 대규모 회당을 지을 수 있도록 할 것.
⑤ 출판 사업을 일으킬 것.

---

12 加藤文敎, 앞의 책, pp.20~21.
13 『朝鮮開敎五十年誌』, p.31.
14 앞의 책, pp.71~73. (정광호, 『일본침략시기의 한·일 불교 관계사』, 2001, p.79에서 재인용.)
15 加藤文敎, 앞의 책, p.29

⑥ 의식(儀式)에 대한 규정을 조직할 것.

오쿠무라와 카토가 내세운 포교의 방법은 일면 조선불교의 근대화를 위한 것으로 볼 수 있으나, 이들이 목표하는 근대화의 본질적 속성은 한국을 '야만미개(野蠻未開)의 나라'[16]로 보는 제국주의적 인식에 기반을 둔 식민지 근대화라는 근본적 한계를 벗어날 수 없는 것이다. 또한 일련종에서는 '저락(低落)된 한국 승려의 지위를 향상시켜야 한다'는 것을 주요한 포교 방법으로 채택하였는데, 이러한 포교 전략의 가장 대표적인 사례가 조선왕조의 대표적인 억불정책이었던 승려의 도성출입금지를 해제하는 것이었다. 1895년 일본 일련종의 승려인 사노 젠레이(佐野前勵)는 승려들의 '도성해금'을 요청하는 건백서(建白書)를 김홍집 내각에 제출하였고, 김홍집이 이를 고종에게 주청함으로써 '승니의 입성금지를 완화하라'는 칙령을 내리게 된 것이다.[17] 다카하시 토오루(高橋亨)[18]는 『이조불교(李朝佛敎)』에서 사노가 건백서를 제출하게 된 경위를 다음과 같이 서술하고 있다.

승려 사노(佐野)는 경성에 머문 지 얼마 되지 않아 조선불교가 이미 생기를 잃고 승려들에게 종승(宗乘)도 없고 종지(宗旨)의 신조도 없음을 간파하고 방편만 잘 쓴다면 그들을 일본불교 종지로 개종시키고 나아가 일련종으로써 조선불교계를 통일하는 것도 그다지 어려운 일이 아니라고 생각했다. 이에 사노는 조선 승려를 위해 파천황(破天荒)의 은혜를 베풀어 주고, 또 그렇게 함으로써 그들을 일련종으로 끌어들이는 계기를 만들고자 하였다. 그리하여 기재(奇才) 사노가 착안한 것이 바로

---

16 加藤文敎, 앞의 책, p.33, p.498.
17 『日省錄』, 고종 32년 을미 3월 29일 경자조.
　승려의 도성출입 해금의 과정과 근대 한국불교사에서의 그 역사적 의미에 대해서는, 서재영, 「승려의 입성금지 해제와 근대불교의 전개」, 이 책, 앞의 글 참조.
18 다카하시 토오루(高橋亨, 1877~1966)는 1902년에 동경대 한학과(漢學科)를 졸업하고, 1904년에 대한제국정부 초빙으로 한국에 건너와 조선총독부 촉탁위원 등을 역임한 후 1926년부터 경성제국대학 교수로 재직하면서 불교를 중심으로 한국 사상 전반에 관해 연구하였다.

조선승려의 입성해금 문제 그것이었다.[19]

최취허(崔就虛)가 해금 직후에 사노에게 '존사(尊師)께서 5백 년래의 억울한 사정을 해결해 주시었다'[20]는 내용의 감사의 편지를 보냈던 사례에서 볼 수 있듯이, 일본불교를 억압으로부터 해방시켜준 은인으로 여기는 당시 조선불교계의 정서는 을사늑약 이후 친일불교의 전개 과정에 있어 중요한 요소로 작용한다.

'도성해금' 이후 대한제국 정부는 전국의 사찰을 총괄할 기관으로 1902년 원흥사 내에 궁내부 소속의 사사관리서(寺社管理署)를 설치하고, '국내사찰현행세칙' 36조를 공포하여 원흥사(元興寺)를 대법산(大法山)인 수사찰(首寺刹)로서 총종무소로 삼고, 각 도에 중법산(中法山) 16개소를 두어 사찰 사무를 관장하게 함으로써 자율권을 부여하였다.[21] 대한제국의 불교정책은 조선왕조 기간 지속되었던 억불정책에서 벗어나 승가에 자율권을 부여함으로써 자체적인 발전이 가능할 수 있는 길을 터주었으나 이는 일제의 국권침탈로 말미암아 실현되지 못하였다.

Ⅲ. 일제강점 초기의 불교정책과 친일불교의 고착화

1905년 한반도를 둘러싸고 벌어졌던 러일전쟁에서 승리한 일본은 같은 해 11월 17일 2차 한일협상조약을 강제로 체결하고 이토 히로부미를 초대

---

19 高橋亨, 『李朝佛教』, pp.894~896.
20 高橋亨, 앞의 책, 1929, p.838.
21 삼보학회, 『한국근세불교백년사』 제4권 '각종법령', 민족사, pp.2~9.

통감으로 세운 통감부를 설치함으로써 대한 제국의 주권을 침탈하고 실질적인 식민 통치를 시작하였다. 이를 기점으로 정부의 요청과 후원 하에 민간의 주도로 이루어진 포교의 성격을 지녔던 일본 불교의 침투는, 이제 일제의 식민지 지배 권력이 뚜렷한 목적의식 하에 불교 정책을 입안하고 이에 의거하여 직접적으로 한국의 불교계를 통제·관리하는 양상으로 전환된다.

통감부가 1906년 11월에 발령, 12월부터 시행한 '종교의 선포에 관한 규칙' 6개조[22]는 명목상으로 모든 종교 단체의 포교 활동에 관한 법령이지만, 실질적으로는 일본불교의 포교 활동에 관한 사항들로 구성되어 있다.

이 규칙의 제1조는 "제국의 신도 불교 기타종교에 관한 교·종파로서 포교에 종사하고자 할 때는 해당 관장 또는 그에 준하는 자가 한국의 관리자를 선정하고 …… 통감의 인가를 받아야한다"는 것이며, 제4조는 "교·종파의 관리자 또는 제2조의 포교자 또는 기타 제국 신민으로서 한국 사원의 관리의 위촉에 응하고자 할 때는 필요한 서류를 첨부하고 그 사원 소재지의 관할 이사관을 경유하여 통감의 인가를 받아야한다"는 것이다.

통감부가 이 규칙을 제정한 의도는 일본불교의 한국 내 활동 전반에 대한 법적인 근거를 보장해주는 동시에 다양한 종파들이 각자의 이익에 따라 개별적으로 활동함으로써 발생하는 혼란과 분열을 방지하고, 일제의 식민지 정책이 지향하는 목표에 부합하도록 일본 불교의 포교 활동을 통제·관리하려는 것이었다. 이 규칙이 발령되자 일본불교의 여러 종파들은 제4조에 근거, 경쟁적으로 한국 사원에 대한 관리 신청을 통감부에 제출하였다. 일본 조동종의 승려 다케다(武田範之)는 당시 상황을 다음과 같이 보고하고 있다.

---

[22] 「宗敎의 宣布에 관한 規則」, 明治39年 11월 17일 統監府令 第45號.

지난번 통감부 초기에 종교선포령을 발령하였는데, 그 조목 중에 '일본 승려가 한국의 사찰을 관리하기 위해서는 양측이 연서(連署)한 신청서를 올려 통감부의 허락을 받아야 한다'고 하였다. 이에 일본의 각 종파에서 파견한 포교승들이 모두가 다투어 그 관리권을 획득하려고 하였는데, 그들은 (한국 승려들의) 우매함을 이용하여 몰래 사사로이 계약을 맺음으로써 자신들의 이익만을 챙겼다. 그때 나는 경성에 있었는데 우리 일본 승려들의 비루함을 한탄하였다. '우리 포교승들이 조선민족을 불쌍히 여겨 조선에 왔는가 아니면 조선의 가람을 약탈하고자 노리고 온 것인가!'[23]

이 과정에서 한국의 불교인들이 자발적으로 일본의 불교종파와 연합하여 그 말사(末寺)로 가입하기를 원하는 '관리청원(管理請願)'이 잇달아 오히려 통감부에서 이를 규제할 정도였다. 진종 대곡파 본원사가 신청하여 인가를 얻은 것만 해도 15개 사찰이며, 한일 합병 이후 사찰령이 시행되는 1911년까지 약 120여 개의 사찰이 이른바 관리청원을 신청하게 되었다.[24] 다카하시 토오루는 한국 사찰의 자발적인 관리청원의 배경을 다음과 같이 설명하고 있다.

① 조선 승려들은 천시받던 환경에서 벗어나고, 관가나 선비들의 학대를 모면하기 위해서는 일본 사원의 보호를 받는 것이 최선의 방편이라고 생각하였다.
② 당시 사방에서 봉기한 의병(義兵)들 때문에 산중에 위치한 조선의 사원은 적지 않은 피해를 입고 있었기에 유력한 일본 사원의 말사가 되면 일본 군대의 보호를 받을 수 있다고 생각하였다.
③ 그리하여 조선 사찰의 승려들은 일본 각 종파에 청원하여 그 말사의 증문(證

---
23 정광호, 앞의 책, p.85의 원문 번역을 수정하여 재인용하였음.
24 김광식, 『한국근대불교사 연구』, 민족사, 1996, p.29.

文)을 얻어 '일본 모사 별원(日本 某寺 別院)' 또는 '말사(末寺)'라고 쓴 간판을 사찰 문에 달았다.[25]

통감부에 관리청원을 신청하여 승인을 받은 사찰로는 경북 김천 직지사(直指寺), 강원 철원 사신암(四神庵), 평북 박천 심원사(深源寺), 경기 과천 연주암(戀主庵) 등이 있었고, 관리청원을 하였으나 승인을 받지 못한 사찰 중에는 평남 안주 대불사(大佛寺)·법흥사(法興寺), 평북 영변 보현사(普賢寺), 충북 영동 영국사(寧國寺), 전북 고산 화암사(花巖寺), 경남 합천 해인사(海印寺), 동소문 밖 화계사(華溪寺), 동래 범어사(梵魚寺), 구례 화엄사(華嚴寺), 하동 쌍계사(雙磎寺), 등의 대찰들도 있었다.[26]

한국불교계의 친일 양상은 식민지 시기 초기부터 나타나고 있었다. 1911년 홍월초(洪月初)·김포응(金抱應) 등이 승려 30명과 함께 일본의 진종(眞宗) 본원사에 귀의하였고, 이보다 앞서 1910년 10월 당시 원종(圓宗)의 대종정이었던 이회광(李晦光)은 일본 조동종과 연합을 시도하였으나, 박한영·진진응·한용운과 같은 민족주의 계열의 승려들이 임제종 설립운동을 전개함으로써 좌절되었다. 이회광은 1920년에도 또 한 차례 일본 임제종에 조선불교를 연합시키려는 책동을 벌이기도 하였다.

1910년 한일합병 이후 일제는 식민통치의 목적에 부합할 수 있도록 한국의 불교계를 재편성하는 불교정책을 펴나가기 시작하였다. 일제의 불교정책이 지향하는 목표는 다음과 같은 총독부 당국자들의 발언을 통해 드러난다.[27]

---

25 高橋亨, 『李朝佛敎』, p.919.
26 大谷派本願寺 朝鮮開敎監督府, 『朝鮮開敎五十年誌』, 1927. pp.18~19; 『韓國近現代佛敎資料全集』 vol.62, 민족사, 1996, pp.188~189.
27 이하 인용문은 정광호, 앞의 책, pp.250~251에서 재인용.

주지는 사찰을 대표하는 자이니 법령을 준봉하여 사찰을 보관하고 승려들을 지도하여 ……, 불교의 진리를 일반 국민에게 보급하여 순량한 인족(人族)을 화성(化成)토록 함으로써 정부로 하여금 인민에 대한 근로를 제감하고 형조(刑措)[28]의 풍속을 행하게 함을 바라노라.[29]

신년을 맞아 본 총독은 …… 30본산 주지들이 불교를 진흥시킴에 마음을 다하며 아무쪼록 인민을 교화함으로써 정치상의 원조가 있게 하기를 희망하노라.[30]

생각건대 장래 세계의 대세에 비추어 조선불교가 제국(帝國)을 위하고 동양을 위하여 대대적으로 분투 노력치 아니치 못할 지로다. 실로 제위의 책임이 중차대하도다.[31]

소위 호법자치(護法自治)를 궁극의 도달점으로 삼자면 국체(國體)의 본의(本義)에 입각하여 항상 시세와 시운에 순응한 교화를 보급함에 노력치 아니치 못할 지로다.[32]

이와 같이 일제는 식민통치에 순응하도록 조선인들을 순량한 인민으로 교화하는 역할을 한국불교에 부여함으로써 일본불교와 같은 국가주의적인 어용불교로 변화시키고자 하였고, 이를 위하여 한국불교계를 통제·장악하는 수단으로서 '사찰령(寺刹令)'을 비롯한 '사찰령시행규칙(寺刹令施行規則)'과 각 본·말사의 사법(寺法), '포교규칙' 등의 불교관계 법령들을 제정했던 것이다.

일제는 1911년 6월 3일 '사찰령'과 7월 8일 '사찰령시행규칙'을 공포하여 전국의 사찰을 30본사 체제로 재편성하고 불교계를 장악해 나갔다. 30본사 체제는 1924년 11월 20일자로 사찰령시행규칙 2조를 개정하여 전남

---

[28] 형벌제도를 말함.
[29] 1912년 1월 4일 각 본산 주지들에게 행한 총독의 훈유.『朝鮮佛敎月報』제2호(1912).
[30] 1916년 각 본산 주지들에게 행한 총독의 신년인사.『朝鮮佛敎界』제1호(1916).
[31] 1919년 30본산 주지회의에서 행한 내무국장의 훈유.『朝鮮佛敎總報』제14호 (1919).
[32] 1920년 30본산 주의회의에서 행한 학무국장의 연설.『朝鮮佛敎總報』제19호 (1920).

구례 화엄사를 본사로 승격시킴으로써 이후는 31본사 체제가 되었다. 조선총독부는 사찰령을 통하여 조선불교의 괴멸을 구할 수 있었으며,[33] 사찰의 재산을 보호할 수 있다고 주장하였다.

사찰령시행규칙은 30본사의 주지를 선출하는 방법과 임기 그리고 30본사 주지의 취임은 조선총독의 인가를 받아야 하며, 말사 주지는 지방장관의 인가를 받을 것을 명시하는 등 사찰령을 시행하는 구체적인 세칙들로 구성되어 있다. 그러나 대한제국 조선불교계에서 수사찰로 지정하였던 원흥사를 부정하였고, 경성에는 본사를 두지 않았다. 또한 총독부에서 지정한 30본사는 조선의 전통 사격(寺格)을 무시함으로써 이후 본·말사 지정 및 주지 임명을 둘러싸고 쌍계사 대 해인사, 선암사 등 화엄사 등 사찰 간의 분쟁이 끊이지 않았다. 사찰령의 주요한 내용은 30본사의 주지 임면권을 총독이 행사한다는 것과 재산을 매각할 때 조선총독의 승인을 받아야 한다는 것이다. 이로써 조선불교의 인사권과 재정권은 총독부가 장악하게 되었다. 본말사 체제는 중앙에서 각 본사들을 통괄할 수 있는 불교계 자체의 중앙기관을 갖지 못하였으므로 각기 분할되어 오직 총독부만이 본사들을 통제할 수 있었다. 각 본사의 주지들을 비롯한 지도층 승려들은 자신들의 권력과 지위를 보장받는 대가로 일제의 식민 정책에 적극적인 협조를 제공해야만 했으며, 조선불교의 대중화와 근대화 역시 친일불교적 노선을 통해서만이 가능하다는 왜곡된 역사의식으로 기울 수밖에 없었다.

1919년 3·1운동에서 천도교·기독교·불교 등 종교단체가 대중 결집의 중요 매체로서 역할을 하였고, 이후에도 여전히 커다란 잠재력을 가지고 있다고 판단한 일제는 이들 종교단체의 분열과 재편성을 통한 어용화를 종교정책의 기조로 삼게 된다. 이로써 1922년 불교청년회와 불교유신회의 활동을 배경으로 조직된 자주적·민족적 성향의 조선불교총무원이

---

[33] 朝鮮總督府, 『施政三十年史』, 1940, p.84.

▎이회광

일제의 분열정책에 의하여 와해되고, 뒤늦게 출발하여 조선총독부의 적극적인 후원을 받은 친일적 성향의 조선불교교무원이 총무원 세력을 흡수·통합하여 1924년 4월에 재단법인 조선불교중앙교무원으로 성립하게 되었다.[34]

당시 청년 승려들이 중심이 되어 관권과 결탁된 일부 주지계층의 권위적인 행태를 시정하고, 불교계가 당면한 현실을 자주적·민주적·민족적인 관점에서 개혁하려는 움직임이 나타나고 있었다. 이러한 움직임은 불교청년회와 불교유신회의 조직으로 나타났다. 중앙학림 학생들이 중심이 된 불교청년회는 6월 6일 중앙학림에서 전국불교청년회 발기인총회를 개최하여, 청년조직에 대하여 협의한 후 임시실행위원을 구성함으로써 시작되었다.[35] 불

---

34 《東亞日報》, 1924. 4. 3. 「통일적 중앙기관」.

교유신회는 1922년 4월과 1923년 1월, 1926년 5월에 걸쳐 사찰령 폐지와 정(政)·교(敎) 분리를 요구하는 건백서를 조선총독부에 제출하였다.

총독부 학무국의 개입하여 해인사 주지 이회광, 용주사 주지 강대련, 위봉사 주지 곽법경, 유점사 주지 김일운, 대흥사 주지 신경허 등 5명의 친일 승려들이 중심이 된 조선불교중앙교무원은 '조선불교의 발전을 도모하기 위해서 종교 및 교육사업을 시행하고, 조선 사찰 각 본말사의 연합을 도모한다'는 목적으로 출범하였으나, 30본산 모두가 참여한 것은 아니었다. 그러나 총무원은 총독부의 압력과 천도교 측으로부터 인수한 보성고등보통학교의 운영난 등 중첩된 압박감에서 벗어나지 못하자 1924년 4월 3일 교무원과 타협하고 이로써 30본산이 조선불교중앙교무원으로 통합된다. 이로써 불교계의 개혁과 유신을 목적으로 출범했던 총무원은 2년 3개월 만에 폐쇄되고 만다.

Ⅳ. 심전개발(心田開發)정책과 불교계의 대응

제국주의 국가가 자국의 정치·경제적 이익을 확보하기 위한 목적으로 채택하는 이데올로기 정책은 체제 순응적인 인민들을 양성함으로써 저항과 반발을 무마하고, 필요에 따라 식민지 대중을 동원할 수 있도록 심리적 토대를 구축하는 중요한 수단이다. 이러한 이데올로기 정책의 영향력은 단기적인 기대 효과보다는 대중의 집단무의식(collective unconscious)에 훈습(薰習)됨으로써 지속적으로 잔존하게 된다. 그렇기에 일제가 1930년

---

35 《東亞日報》, 1920. 5. 24. 「불교계의 서광」.

┃ 우가키 가즈시케

대에 들어 군국주의를 강화하고 극단적인 파시즘으로 치달으면서 '황민화(皇民化)'와 '내선일체(內鮮一體)'의 구호를 내걸고 추진했던 정책들이 대중의 의식과 문화 형성에 미친 영향은 한국의 근·현대사에 대한 해석에서 중요한 요소로 고려되어야 할 것이다.

식민지 시기 한반도 민중들의 절대 다수를 차지했던 농민 계급을 주요 대상으로 정신교화(精神敎化)를 추구했던 일제의 이데올로기 정책은 1930년대 침략전쟁을 준비하는 과정에서 본격적으로 시작되었다. 중일전쟁 이후 전시체제로 돌입하면서 조선에서 추진된 '황민화정책'은, 넓게는 정치·경제·사회·문화 등 모든 분야에 걸쳐 일제가 침략전쟁에 조선 민중을 동원하기 위해 실시한 정책의 총체적 표현이며, 좁게는 '민족말살'을 위한 폭력적 이데올로기 정책을 지칭한다.[36] 이러한 폭력적 이데올로기 정책을 본격 추진하기에 앞서 종교, 사상 및 교육 분야에서 입안되었던 것이 이른

---

36 한긍희, 「1935~37년 일제의 심전개발 정책과 그 성격」, 『한국사론』35, 1996, p.134.

바 '심전개발(心田開發)'³⁷ 운동이었다.

1931년 7월 조선의 제6대 총독으로 부임한 우가키 가즈시게(宇垣一成)는 1934년 3월에 31본사 주지들로 구성된 조선불교중앙교무원 평의원회의 구성원들에게 다음과 같은 훈시를 했던 것으로 기록되어 있다.

> 반도민중의 정신작흥 즉 심전인 젖을 수 있도록 당국이 의도하는 것을 양해하시고 일심으로 협력하여 주시기 바랍니다. 특히 조선불교를 부흥시켜 정신계를 진전시키는 데 공헌해 줄 것을 바라마지 않습니다.³⁸

이후 1935년 1월 10일에 총독부 국장회의에서 우카키는 심전개발 정책을 제기하였고, 곧이은 각도참여관회의(各道參與官會議)에서 '신앙 및 의례에 관한 건'을 협의함으로써 본격적으로 정책의 입안에 들어갔다.³⁹ '신

---

37 '心田'의 의미와 어원에 관해서 김태흡은(『心田開發並時局에관한 巡廻講演集』 제1호, 춘천: 1938, pp.2~6) "心田이란 말은 佛經에서 나온 것"으로 "『雜阿含經』 제4권에 '心田耕作'이라는 言句가 있다"고 하면서, '信心爲種子 苦行爲時雨 智慧爲時軛 慚愧心爲轅'(믿음은 씨앗 / 고행은 때맞춰 내리는 단비 / 지혜는 쟁기를 끄는 멍에 / 부끄러워하는 마음 끌채가 되네)라는 게송을 들어, "心田開發이란 즉 信心을 일으키고자 함"이며 "비단 佛教뿐만 아니라 儒教에서도 信心을 爲主한다"라고 설명하고 있다. 김태흡이 인용한 『잡아함경』 제4권의 제98경(『大正藏』 vol.2, no.99, p.27, a10~b28)에는 부처님이 경전바라두바자(耕田婆羅豆婆遮, Kasibhāradvājas) 바라문(婆羅門)에게 깨달음과 수행을 농사[耕田]에 비유하여 설하신 법문이 실려 있는데, 여기에 '心田'이라는 용어로 직접 표현되지는 않았지만, 김태흡은 '耕田'을 '耕作心田'으로 해석한 것이다. 물론 '心田'은 불교 문헌에서 많은 용례가 있지만 한역(漢譯) 『아함경』에는 보이지 않는다.
  안용백(安龍伯)은 양(梁) 간문제(簡文帝)가 태자 시절 양 무제(武帝)에게 올린 「상대법송표(上大法頌表)」 중 '澤雨無偏 心田受潤'와, 당(唐) 백거이(白居易)의 시 「狂吟七言十四韻」 중 '性海澄渟平少浪 心田灑掃淨無塵'을 예로 들어 심전을 설명하고 있는데(「心田開發指導原理의 再吟味」, 《朝鮮》 제254호, 1936.7.1, pp.86~87), 「상대법송표」는 당의 승려 도선(道宣)이 편찬한 『광홍명집(廣弘明集)』 권20(『大正藏』 vol.52, no.2103, p.240, a4~19)에 실려 있고, 백거이 역시 불교 사상에 기반한 시를 많이 남겼다.
  평소 종교와 신앙에 대해 깊은 관심을 갖고 있던 우가키 가즈시게(宇垣一成) 총독이 '心田'이라는 말에 착안한 것은 그것이 불교적 사유에 바탕한 것이긴 하나 마음을 밭에 비유하는 것이 모든 종교·사상에서 보편적일 수 있기 때문인 것으로 보인다.
38 宇垣一成, 「精神界のために貢獻せよ」, 《朝鮮佛教》 99호, pp.2~3. (김순석, 『일제시대조선총독부의 불교정책과 불교계의 대응』, 2003, p.161에서 재인용.)
39 宇垣一成, 『宇垣一成日記』, 1935.1.16일자. (한긍희, 앞의 책, p.151에서 재인용)

앙심을 배양하자', '종교를 부흥하자'는 등의 초기의 구호에서 보이듯이 초기의 심전개발 정책은 종교·신앙의 문제에 주안점을 두었으나 당시 일본에서 일어난 '국체명징(國體明徵)운동'에 부응하여 총체적 이데올로기의 의미로 확대된 것이다. 1936년 1월 총독부는 「심전개발 시설(施設)에 관한 건」이라는 실행안을 마련하여, ① 국체관념의 명징, ② 경신숭조(敬神崇祖)의 사상 및 신앙심을 함양, ③ 보은(報恩)·감사·자립정신의 양성이라는 심전개발의 3가지 목표를 제시하였다.[40]

일본이 중국대륙 진출을 눈앞에 둔 시점에서 조선인들을 천황에게 순종하는 신민으로 만들기 위한 심전개발운동은 불교·유교뿐만 아니라 기독교까지도 포함한 종교계를 주요 선전기관으로 활용하여 전개되었다. 총독부는 특히 불교를 중흥시켜 활용하려는 계획을 수립하고 있었다. 총독부가 심전개발운동에서 불교가 중심이 되어야 한다고 판단했던 근거는 다음과 같다.[41]

첫째, 불교는 오랜 전통을 가지고 있음에도 불구하고 조선시대를 거치면서 국가로부터 가혹한 탄압을 받아 피폐되어 있는 상황이었지만 부녀자층을 비롯해서 많은 신도들을 가지고 있는 잠재력이 큰 종교이다.

둘째로 조선 승려들의 자질이 저하되어 있었기 때문에 승려들의 지위를 상승시켜 주고, 정책적으로 불교의 부흥운동을 지원해 준다면 심전개발운동에서 지향하고 있는 목적을 달성하는 데 가장 무난한 종교이다.

셋째로 불교는 일본에서 명치유신 이전에 가장 유력한 종교였으며, 조선에서 궁극적으로 전파하고자 하는 신도(神道)와 모순 없이 수용될 수 있는 종교이다.

---

40 「心田開發施設に關ける件」, 『朝鮮總督府官報』, 1936.1.30일자 政務總監通牒.
41 김순석, 『일제시대조선총독부의 불교정책과 불교계의 대응』, 2003, pp.162~163.
오오니시 료게이(大西良慶), 「心田開發と佛敎」, 『心田開發に關する講演集』, 朝鮮總督府中樞院, 1936.2, p.100 참조.

넷째, 일본이 장차 점령하고자 하는 중국을 비롯한 동양에서 불교는 거부감을 최소화 할 수 있다.

한편, 총독부 중추원(中樞院)에서는 심전개발운동을 이론적으로 뒷받침하기 위해 학계와 종교계의 권위자들을 위촉하여 『심전개발에 관한 강연집(心田開發に關する講演集)』을 간행하였다.[42] 이 강연집을 편찬한 중추원 서기관장 우시지마 쇼조(牛島省三)는 간행사에서 우가키 총독이 1935년 4월 중추원회의에서 "반도의 현 상황에 비추어 민중에게 안심입명(安心立命)을 줄 수 있는 가장 적당한 신앙심의 부흥책이 무엇인가"를 자문하였기에 중추원에 각계의 전문가들로 구성된 '신앙심사위원회'를 설치하고 의견을 구하였다고 한다.

총독부는 심전개발정책을 민간차원의 운동으로 전개하고자 하였으며, 불교계는 자발적이며 적극적으로 이에 참여하였다. 당시 한국의 불교계가 일제 식민정권에 영합하려는 태도는 김태흡(金泰洽)이 창간한 《불교시보(佛敎時報)》의 다음과 같은 논설에서 단적으로 나타난다.

> 조선불교에 대해서 볼지라도 총독정치와 불교와는 미묘한 관계에 있는지라 우

---

[42] 朝鮮總督府中樞院, 『心田開發に關する講演集』, 1936.2.
이 강연집에는 조선사편수위원 최남선과 이능화, 조선총독부촉탁 무라야마 지준(村山智順), 경성제국대학교수 아키바 다카시(秋葉隆)・사토 타이슌(佐藤泰舜)・아카마쓰 지조(赤松智城)・다카하시 토오루(高橋亨)・시라이 세이인(白井成允) 등 민속・종교・사상 분야에서 당대 최고의 지식인들과, 불교계에서 오대산 상원사 주지 방한암(方漢巖), 묘심사별원(妙心寺別院) 주지 하나야마 타이기(華山大義), 춘무산 박문사(春畝山博文寺) 주지 우에노 슌에이(上野舜穎), 기독교에서 중앙기독교청년회 회장 윤치호(尹致昊)와 조선기독교장로회 총무 정인과(鄭仁果), 유교(儒敎)에서 경학원 대제학(經學院大提學) 정만조(鄭萬朝)와 부제학 정봉시(鄭鳳時), 신도(神道)에서 조선신궁 궁사(朝鮮神宮宮司) 아치와 야스히코(阿知和安彦) 등이 참여하였다. 방한암의 경우에는 중추원의 신앙심사위원 일행이 직접 오대산 상원사에 방문하여 청강했던 강연을 수록하였다고 한다.
이 강연집은 학계와 불교・유교・개신교・천주교・신도 등 모든 종교를 포괄하고 있으나 주로 조선의 전통신앙과 불교에 초점을 두었으며, 일본 학자들의 저술에서 조선의 고유신앙과 일본의 신도를, 불교를 매개로 하여 동화시키려는 경향이 보이는 점이 주목된다. 이와 같이 총독부는 심전개발의 학문적・이념적 기반을 조성하기 위해 상당한 노력을 기울였던 것 같다.

리 불교도로서는 총독이 경질할 때마다 관심을 갖지 아니할 수가 없는 것이다. 오래도록 이조학정에 눌려 있던 조선불교는 역대총독의 비호 하에 이만큼 향상과 발전을 보게 된 것이다. 조선불교에 관하여는 어떤 총독시대에 더 나아지고 못함을 논할 바가 아니다. 그러나 전(前) 총독 우원(宇垣) 총독각하 시대에는 더욱 조선불교에 끼쳐준 영향이 적지 않았다.[43]

《불교시보》의 논조만으로 당시 한국 불교계 전체를 판단하는 것은 무리이지만, 일제 식민지 정권과 유착관계에 있었던 불교 지도부의 친일성향이 이를 통해 단적으로 드러나고 있다. 김태흡은 《불교시보》의 창간사에서 "심전개발 운동의 팔다리가 되어 적극 참여"할 것을 선언하였다. 이처럼 당시 유일한 불교계의 신문이었던 《불교시보》는 심전개발운동의 선전지를 자처하고 나섰다. 1935년 말에 이르러 총독부는 심전개발 정책에서 불교가 차지하는 비중을 축소시키려는 경향을 보이는데, 이는 일제의 황민화 정책이 가속화 되면서 일본의 신도(神道)가 보다 중심적 위치로 자리잡게 되는 상황에 따른 것이었다. 당시 《조선일보》는 '불교 중심의 심전개발(心田開發)은 낙제'이며 '신도(神道) 중심의 경신(敬神)사상 주입에 심전개발의 초점이 놓이게 될 것'이라고 보도하였다.[44]

그러나 오히려 이 시기부터 조선 불교계는 식민 정부의 압력이나 권유에 의해서가 아니라 자체적으로 심전개발 운동을 활발히 전개해 나갔고, 권상로, 김태흡, 이능화를 비롯하여 수십 명의 불교계의 지도자들이 전국을 순회하며 심전개발운동을 적극 권장하는 강연을 개최하였다. 1935년에서 1937년간 전국에 걸친 심전개발 공개 강연의 횟수는 572회였고, 동원된 청중 수는 149,787명에 달한다.[45]

---

43 《佛教時報》 제15호, 1936. 10. 1. 사설.
44 《朝鮮日報》 1935. 12. 8일자 기사.
45 김순석, 앞의 책, p.176.

비록 심전개발운동이 총독부가 조선인들을 황국신민으로 육성하려는 의도로 기획된 이데올로기 정책으로 시발된 것이었으나 조선불교계는 이를 불교의 중흥과 대중화의 계기로 삼고자 하였다. 이처럼 불교계가 심전개발운동을 매개로 삼아 포교에 노력을 기울인 결과, 1932년 말에 10만에 못 미쳤던 조선의 불교신도 수는 꾸준한 증가세를 보여 1935년 말에는 13만, 1937년 말에는 17만 명을 넘어서게 되었다.[46]

1937년 중일전쟁 이후 전시체제로 들어가자 총독부가 심전개발운동의 차원을 넘어 적극적인 황민화 이념에 입각한 '국민정신총동원운동'으로 전환하였음에도, 불교계에서는 1940년까지도 심전개발운동을 포기하지 않았다. 1938년 3월 4일에 조선인 지원병제도를 뒷받침하기 위해서 칙령 제103호로 공포된 제3차 조선교육령이 공포된 이후에 조선총독부에서 실시하였던 황민화 정책의 본질은 전쟁지원사업이었다. 1941년 12월에 태평양전쟁의 발발 후 지원병제와 징병제가 실시되자 조선불교계에서는 이를 환영하는 성명을 발표하였으며, 권상로는 청년승려들의 지원병 참여를 격려하였다.[47] 또한 승려들은 탁발을 통해서도 국방헌금을 납부하기도 하였다.[48] 1941년 11월 17일 총본사 태고사(太古寺) 대웅전에서 개최된 중앙종회에서는 군용기 헌납을 결의하였고, 1944년에도 태고사가 중심이 되어 국내의 사찰에서 모금한 8만원을 7월 20일 총본사 종무총장 이하 4명의 부장들이 경성부 주재 해군 무관부를 방문하여 헌납하였다.[49] 이외에 해인사, 통도사, 보현사에서 각기 독자적으로 1대씩 군용기를 헌납함으로써 조선불교계는 5대의 전투기를 일본제국주의의 전쟁무기로 헌납하였다.[50]

---

[46] 朝鮮總督府 警務局, 『最近に於ける朝鮮治安狀況』, 1933, 1936, 1938년판. (한긍희, 앞의 책, p.182에서 재인용)
[47] 권상로, 『臨戰의 朝鮮佛敎』, 만상회, 1943, p.85.
[48] 《佛敎時報》 제51호, 1939. 10. 1, 「흥남불교포교당의 탁발국방헌금」.
[49] 《佛敎》 신제64호, 1944. 9. 1, 합본 『朝鮮佛敎曹溪宗報』 제32호, '愛國機獻納運動ニ關スル件' p.5.
[50] 《佛敎》 신제60호, 1944. 5. 1, 합본 『朝鮮佛敎曹溪宗報』, 「愛國機獻納運動ニ關スル件」, p.5.

조선 불교계는 심전개발운동에 적극적으로 참여함으로써 불교의 대중화와 교세의 확장이라는 측면에서는 자체적인 성과를 거두었으나, 그것은 곧 전시체제하에서 전쟁이데올로기를 대변하는 황도불교(皇道佛敎)로의 변질을 담보로 한 것이었으며 일제의 군국주의를 위해 종교적 진리를 희생시킨 결과였다.

V. 맺음말

조선왕조라는 국가권력에 대한 불교계의 인식은 기본적으로 적대적인 정서에 기반을 두었고 이에 따라 제국주의의 본질에 대한 몰이해와 민족의식으로부터 이탈이 합리화 될 수 있는 조건을 내재하고 있었다. 바로 이러한 조건이 식민지 시기의 한국 불교가 친일적 성향을 탈피하지 못한 주요 요인으로 작용하였다. 그러나 물론 불교계 전체가 그와 같은 제약을 숙명적인 것으로 받아들인 것은 아니었다. 한용운이나 백용성처럼 식민지 정권의 근대화 논리가 지닌 근본적 한계를 파악한 이들은 현실적으로 불가능해 보이기만 했던 민족불교 정립과 불교 근대화라는 모순의 종합을 끊임없이 모색하고 투쟁하였다.

친일불교는 단지 일본불교의 풍습을 따른 불교를 지칭하는 것이 아니라 일본의 국가주의적 불교에 동화된 불교, 제국주의 권력에 영합하여 불교의 본래 면목을 상실한 식민지 이데올로기를 지칭하며, 여전히 현재적 의미를 갖는 것이다. 권력은 사라지지 않는다. 여러 가지 형태로 분산되고 이동할 뿐 여전히 살아 숨쉬고 있다. 권력 그 자체의 본성은 선도 악도 아닌 무기(無記)의 것이지만 시대와 상황에 따라 선으로도 악으로도 전변(轉變)된다. 종교의 사회적 역할은 그러한 권력이 악으로 행사되지 않도록 경계하는 데 있다.

불교의 궁극적 본질은 근대성이라는 역사적 한정을 초월하며 민족의식의 한계를 넘어선 세계만민주의(cosmopolitanism)를 지향한다. 식민지 치하의 근대화 과정에서 떠안은 친일불교라는 역사적 질곡을 진지한 반성 속에서 풀어냄으로써 한국불교의 정체성을 명확하게 인식할 때 그러한 넘어섬이 가능할 수 있을 것이다. ▮류승주

4 한국 근대불교의 대중화와 석문의범

Ⅰ. 불교의례집의 편찬과 대중화

안진호(安震湖, 1880~1965)의 『석문의범(釋門儀範)』은 한국불교 의례의 결집서이다. 조선시대에 편찬된 각종 의례서와 의식집을 망라하여 한국불교 의례를 일목요연하게 정리하였다. 1935년 만상회(卍商會)에서 간행한 이 책은 이후 한국불교 의례의 교과서라고 할 정도로 매우 중요한 위치를 지니게 되었다. 당시 한국불교는 사찰령체제하에서 전통불교의 근간이 위축되고 있었다. 일제는 사찰과 불교계를 식민통치의 수단으로 삼기 위해 전통불교를 변질·왜곡시켰다. 그러나 전통과 자주성을 수호하려는 노력 또한 꾸준히 전개되었고, 이 과정에서 갈등과 마찰이 빈번히 야기되었다.

이러한 혼란의 시대에서 『석문의범』의 등장은 한국불교의 정체성을 확인하고, 계승하는 중요한 계기가 되었다. 한국불교의 왜곡 과정에서 영산재를 비롯한 많은 불교의례와 의식 등이 사라지는 현실에서, 고유의 신앙과 의례에 관한 의식문을 집성하는 노력은 다름아닌 전통불교의 회복과 계승의 산물이었다. 19세기말 개항과 함께 상륙한 일본불교의 여러 종파는 불법을 전파한다는 미명으로 일본불교를 이식하는 데 앞을 다투었다. 철저하게 어용화된 일본의 각 종파는 식민지 경영의 첨병을 자처하였고, 포교의 차원이 아닌 정략적인 행위도 서슴지 않았다. 이에 따라 일본의 불교의식과 의례는 급속히 퍼져나갔고, 한국 전통불교의 수행풍토와 의례문화는 설 자리가 점차 좁아지고 있었다.

한편 근대화의 물결과 함께 새로운 사상과 문명이 범람하는 1910년대 이후 불교의 반성과 개혁을 촉구하는 다양한 개혁 주장도 불교의례의 입지를 위축시켰다. 만해를 시작으로 이영재, 권상로, 백용성 등의 불교개혁론들은 직접, 간접으로 불교의례의 개혁을 제창하였다. 이와 같이 전통불교 의례는 안팎의 도전에 직면하였고, 바로 이 시기에 『석문의범』이 간행되었던 것이다.

▎안진호의 만년 모습

이 글에서는 이처럼 일본불교의 침투와 한국불교의 개혁론이 팽배한 시기에 간행된 『석문의범』의 역사적 의미를 고찰할 것이다. 특히 근대불교의 대중화 과정에서 『석문의범』이 지니는 가치와 그 지향점은 무엇인지, 그리고 이로써 한국 근대불교에서 의례가 차지하는 위상은 어떠한지에 대해 아울러 생각해 볼 것이다.

Ⅱ. 석문의범의 간행 배경

1. 조선후기 의례집의 성행

조선은 왕조 건국의 이념을 성리학으로 내세우면서 건국 초부터 억불시책을 단행하였다. 불교 배척은 조선왕조 전 기간에 걸쳐 지속적으로 전개되었다. 수많은 사찰과 승도는 통폐합되거나 환속당했고, 그나마 존속하였던 사찰과 승도는 양반관료제 사회 하에서 온갖 수탈을 겪어야만 했다. 조선 중기 명종대 문정왕후의 노력으로 불교는 일시적으로 부흥의 기운을 맞았으나 오래 지속되지 못하였고, 조선후기의 불교는 더 이상의 억불시책이 필요없을 정도로 피폐화되었다. 사찰은 이제 깊은 산중으로 밀려들어가 이른바 산간불교, 산중불교[1]라는 이름으로 불려졌다. 한편 이러한 조선후기 불교를 규정하는 또 다른 특징은 신앙불교이다.[2] 오랫동안의 억불의 결과, 19세기는 교단과 사상 등 불교 제반이 침체에 빠져

---

1 김영태, 『한국불교사개설』, 경서원, 1986.
2 홍윤식, 「조선후기 불교의 신앙의례와 민중불교」, 『한국불교사의 연구』, 교문사, 1988.

있던 시기였다. 불법을 유지하는 데 필수적인 종단과 사찰, 그리고 승가 등의 기본 여건은 국가적으로 용인되지 않았다. 이같이 어려운 상황에서도 불교는 명맥을 유지해나갔고, 그 원동력은 신앙불교의 흐름에서 찾을 수 있다.[3]

신앙불교는 경전에 의거한 체계적 사상이 아니라 염불과 기도 등을 통한 기원적(祈願的) 신행활동을 말한다. 교리와 사상을 선도할 출가자가 부족하고 또 원천적으로 출가의 길이 막혀있는 현실에서 대중은 결사공동체로서 미타신앙이나 관음신앙 등의 신행결사를 추진하였다. 또한 기층민의 문화로서 뿌리박힌 상례와 제례에 적극적으로 참여함으로써 49재의례, 영혼천도의례, 영산재, 수륙재 등의 다양한 신앙불교를 전개시켰다. 여기에 의례와 염불의식을 뒷받침하는 각종의 의례집, 진언집, 다라니의 간행이 뒤따랐다. 교학과 사상이 뒷받침되지 못하는 신앙 중심의 불교는 구원적 기능만을 강조할 위험이 있었지만, 이러한 신앙불교의 흐름은 조선후기 불교의 보편적 경향이었다.

신앙불교의 흐름에 따라 조선후기에는 많은 의례집·진언집이 간행되었다.[4] 조선말기까지 간행된 의례집, 염불집은 대략 70여 종에 이른다.『석문가례초(釋門家禮抄)』(1660),『석문상의초(釋門喪儀抄)』(1705),『범음집(梵音集)』(1713),『작법귀감(作法龜鑑)』(1826),『다비작법(茶毘作法)』(1882) 등 조선후기 전기간에 걸쳐 의례집의 간행은 꾸준히 이어졌다.[5] 현존하는 판본을 조사한 결과, 진언집류를 제외하고 가장 많이 남아 있는 의례집은

---

[3] 『조계종사 근현대편』, 대한불교조계종 교육원 불학연구소, 2001. pp.21~23.
[4] 홍윤식,「조선시대 진언집의 간행과 의식의 밀교화」, 앞의 책, pp.277~310.
남희숙,『조선후기 불서간행 연구-진언집과 불교의식집을 中心으로-』, 서울대 박사학위논문, 2004.
[5] 한국의 불교의례 자료를 망라한『한국불교의례자료총서』(박세민 편, 1993)에는 모두 74편의 의례집을 담고 있는데, 편찬 시기별로 보면 1400년대가 4편, 1500년대는 7편, 1600년대는 11편, 1700년대는 12편, 1800년대는 11편, 1900년대가 9편이고, 나머지 20편은 연대 미상이라고 한다. 박종민,「한국 불교의례집의 간행과 분류-『한국불교의례자료총서』와『석문의범』을 중심으로」,『역사민속학』제12호, 한국역사민속학회, 2001, p.116.

『수륙무차평등재의촬요(水陸無遮平等齋儀撮要)』, 『예념미타도량작법(禮念彌陁道場懺法)』, 『예수시왕생칠재의찬요(豫修十王生七齋儀纂要)』, 그리고 『천지명양수륙재의찬요(天地冥陽水陸齋儀纂要)』 등이다.[6] 이상과 같이 많은 의례집의 간행은 조선시대 신앙불교, 혹은 의식불교의 다양성을 보여주는 실증적 사례이다. 많은 불교의식집이 간행되었던 것은 불교의식의 종류가 워낙 많았고, 그 절차에 따라 염불이나 의식이 다양한 모습을 지니고 있었기 때문이었다.

　이러한 많은 의례를 집전하는 일은 전문적인 의식승(儀式僧)이라 하더라도 쉬운 일이 아니었다. 의식에 따라 적게는 몇 권, 많게는 십여 권을 소지해야 하니, 그 불편함은 이루 말할 수 없을 지경이었다. 또한 의식의 절차나 염불문 등은 지역에 따라, 혹은 사찰에 따라, 때로는 스님마다 각양각색으로 달랐다. 더구나 당시는 유통되고 있는 목판본 서적도 극소수에 불과했기 때문에 염불을 배우고자 하는 사람들은 직접 손으로 베껴서 사용할 수밖에 없었다. 그러다 보니 발음도 와전되기 일쑤여서 원본과는 다른 발음이 재차, 삼차 필사, 유포되는 일도 있었다. 심지어는 경상도 스님과 전라도 스님이 같이 의식을 집전할 경우 발음이 맞지 않아서 함께 염불할 수 없을 정도였다.[7] 대규모의 천도재라도 있으면 관음시식용, 수륙재용 등 여러 권의 염불집을 가지고 다녀야했으므로 의례를 주관하고 의식절차에 따른 다양한 예불과 염불을 진행해야 하는 승가의 입장에서는 곤란한 점이 한 두 가지가 아니었을 것이다.

　『석문의범』을 편찬한 일차적인 목적은 바로 이러한 어려움을 해소하는데 있었다. 먼저 조선시대 70여 종에 달하는 많은 의식집에서 당시에 널리 시행하는 의례만을 간추렸다. 각 의식집의 가사와 발음 등을 통일하여 원

6　『불교민속문헌해제』, 국립문화재연구소, 2005.
7　윤창화, 「근현대 한국불교를 움직인 명저 50선 ⑥ 안진호의 석문의범」, 《법보신문》, 2004년 8월 10일자.

문과 한글을 병용함으로써 불교의식의 통일을 기하였다.

2. 근대불교 개혁론과 의례

1910년 만해 한용운은 『조선불교유신론』을 저술하여 불교개혁을 제창하였다. 만해는 불교의 모든 분야에 걸친 비종교적·비시대적·비사회적인 인습을 타파, 혁신하여 불교 본연의 자세로 복귀하고, 시대의 발전에 따라 새로운 진로를 개척할 것을 주장하였다.[8] 총 17장에 걸쳐 승려교육, 참선, 염불당 폐지, 포교의 강화, 불교의식의 간소화, 승려의 권익을 찾는 길, 승려의 혼인문제, 주지의 선거, 승려의 단결, 사원의 통괄 등 불교의 전부라고 할 만한 방대한 사안에 관하여 구체적인 개혁 방안을 제시하였다.

만해의 개혁론 가운데 불교의식의 개혁은 「논불가숭배지소회(論佛家崇拜之塑繪)」, 「논불가지각양의식(論佛家之各樣儀式)」의 두 항목에 집중되어 있다. 특히 「논불가지각양의식」에서 불교의식을 '도깨비의 연극'이라고 무시할 정도로 의식의 개혁에 강력한 의지를 표명하였다.

> 조선 불가의 백 가지 법도가 신통치 않아서 하나도 볼 것이 없거니와, 그 중에서도 재공양의 의식[梵唄四勿·作法禮懺 등]이라든지 제사 때의 예절 따위의 일[對靈·施食 등]에 이르러서는 매우 번잡 혼란하여 질서가 없고 비열·잡박(雜駁)해서 끝이 없는 상태이다. 이것을 모두어 도깨비의 연극이라고나 이름 붙이면 거의 사실에 가까울 듯하니, 지금은 말하는 것도 부끄러운 까닭에 가리어 논하지는 않으련다. 그리고 기타의 평시의 예식[巳時佛供·朝夕禮佛·念誦·誦呪 등]도 혼란해 진실성을 잃고 있는 터인즉, 대소의 어떤 예식을 막론하고 일체를 소탕한 다음에 하나

---

[8] 만해에 관한 연구는 불교학·문학·역사학 등 다방면에 걸쳐 많은 성과가 축적되었다. 다양한 분야의 연구성과를 종합한 최근의 연구는 강미자의 『한용운의 불교개혁운동과 민족주의운동』(경성대 박사학위논문, 2007)이다.

의 간결한 예식을 정해 시행하면 될 것이다. 각 사찰에서는 예불을 매일 한 번씩 행하되, 집회 때가 되어 집례(執禮)가 운집종을 다섯 번 때리면 승려와 신도는 옷깃을 가다듬고 일제히 불당으로 나아가 향을 사르고 삼정례(三頂禮)를 행한 다음 같이 찬불가를 한 번 부르고 물러나면 된다.[9]

앞서 살펴보았듯이 조선시대 불교는 서민대중의 기층신앙에 의지하여 의례불교, 의식불교로 유지하였다. 국가의 철저한 억불시책에 맞서 불교가 살아남을 수 있는 유일한 방편이었기 때문이다. 이러한 전통과 역사를 도외시하고 만해는 재공양과 제사의례, 영혼천도의례 등을 비열하고, 장황한 도깨비 연극이라 폄하하였다. 더욱이 사시불공과 조석예불 등의 일상의례 조차도 모두 소탕하고 하나의 간결한 예식으로 대치할 것을 주장하였다. 이러한 과격한 논리는 '개혁은 철저한 파괴로부터'라는『조선불교유신론』의 기본 명제에 바탕을 두고 있었고, 허례허식에 치우치는 당시 불가의 폐단을 지적한 것이다.

무릇 예는 번잡하면 어지러워지게 마련인 바 어지러우면 공경하지 않게 되고, 공경하지 않으면 예의 본의가 없어지고 마는 것이다. 예에 있어서는 근본에 중점을 두는 까닭에 상례는 슬픔을 주로 하고 제사는 공경을 주로 해서, 기타의 자질구레한 절차에 있어서는 들고 남이 있어도 무방한 것이니, 번잡하면서 공경하지 않는 것과 간소하면서 공경하는 것은 어느 쪽이 나으며, 친숙하여 엄숙함이 없는 것과 뜸하면서도 공경함이 있는 것은 어느 쪽이 예에 합치되겠는가.
또 부처님에 대한 공양은 법공(法供)이라야 의의가 있고, 반공(飯供)은 의미가 없다. 그럼에도 불구하고 매일 반공을 일삼는다면 부처님을 모독하는 것이 될 뿐이니, 이를 폐기한다 하여 무슨 잘못이 있겠는가. 다만 특별한 때(불탄신·성도일·열

---

9 『한용운전집』 제2권, 불교문화연구원, 2006. p.76.

반일・시천지류(時薦之類))에 진귀하고 깨끗한 음식을 바쳐 중생으로서의 작은 정성을 표하는 것은 용납될 수도 있는 문제겠다.

즉 의례는 공경하기 위해 하는 것이므로 공경의 진심을 표현한다면 절차와 행위는 간결하거나 생략해도 무방하다는 논리였다.

조선 말기까지 불교는 국가의 법적, 제도적 틀 속에 포함되지 못했다. 사찰과 승려는 생활의 자구책을 모색해야 할 만큼 어려운 지경이었고, 이러한 현실에서 교리와 사상, 신앙의 발전은 생각하기 어려운 현실이었다. 이후 서구 열강의 도래와 함께 기독교가 침투하고, 개항 이후 일본불교가 상륙하면서 불교계는 정체성을 찾지 못하고 표류하고 있었다. 더욱이 이들 외래의 종교는 체계적인 교리와 신앙, 그리고 의식을 구비하고 근대화된 포교방식으로 급속히 한국사회에 파급되고 있었다. 이러한 현실에서 만해는 여전히 구태의연한 기원적 염불과 번잡한 의례만을 답습하고 있는 불교를 새 시대에 맞도록 철저히 개혁할 것을 제창하였던 것이다. 만해는 미신적 요소와 기복적 요소가 결합된 예능적・무속적・비불교적 작법들을 폐지하고 불교의례 본래의 경건성과 순수성을 회복하고자 하였다.[10]

그러나 만해의 주장은 기존의 불교 현실에 큰 영향을 미치지는 못했던 듯하다. 물론 개혁의 이론은 적지 않은 반향을 불러 일으켰지만, 오랫동안 행해지고 있던 관습과 전통은 쉽게 변화되지 않았다. 대부분의 사찰과 승가는 의례불교의 모습을 그대로 유지하고 있었던 듯하다. 1927년 재공의식을 혁파해야 한다는 주장이 석왕사 승 박승주(朴勝周)에 의해 다시 제기되었다.

> 재공의식이란 것은 현금 조선사찰에서 거행되는 일종의 예식입니다. 그런데 그 예식의 절차가 하나도 법다운 것이 없으며, 또 예식을 집행하는 행동이 심히 난잡비

---

[10] 송현주, 「근대한국불교 개혁운동에서의 의례의 문제-한용운, 이능화, 백용성, 권상로를 중심으로」, 『종교와 문화』 제6호, 서울대 종교문화연구소, pp.168~169.

루하여 조금이라도 양심을 가진 사람으로는 차마 눈으로 볼 수 없는 예식입니다. 말하자면 무당의 푸닥거리나 도깨비 연극이라 하였으면 썩 적합할 듯합니다. …… 원래 재공의식이란 시자(施者)의 복을 지어주는 동시에 수자(受者)도 또한 복을 지어 시자 수자의 동종선근(同種善根)이 근본 목적이었습니다. 그러나 금일에 유행되는 의식 같아서는 선근을 지음은 그만두고 도리어 뜻하지 아니한 죄만 지을까 염려입니다. 아닌 게 아니라 이따위 의식으로는 죄를 지어도 여간한 죄를 짓지 않을 것입니다. 이 어떻게 불행한 일입니까? 그 동기는 어떠한 동기에 인함임을 물론하고 시자의 근본희망은 복을 지으려 하는 것이었는데 만일 복이 변하여 죄가 된다하면 세상에 이렇게도 불행한 일이 어데 있으리까? 이따위 예식은 하루바삐 없애지 않으면 안 될 것입니다.[11]

　재공의식을 '무당의 푸닥거리'라거나 '도깨비 연극'이라고 비난하는 어조는 만해의 입장과 일치한다.『조선불교유신론』이후 17년이나 지났지만 이러한 의례불교의 흐름은 전혀 달라지지 않았음을 알 수 있다. 박승주의 지적대로 이러한 재공의식은 "배불리 먹지 못하고, 따뜻이 입을 수 없어 난잡한 의식으로 축원을 올리고 화청을 친다고 하여 시자의 전곡(錢穀)을 탈취하는 흉계"이기도 했다. 그러나 이미 대중의 의식과 문화로 깊게 자리 잡은 현실을 무시한 개혁론은 공허한 주장에 불과하였다.[12]
　만해는『조선불교유신론』이후 평생을 불교의 개혁과 민족의 독립을 위해 일제에 항거하였다. 끊임없이 한국불교의 개혁 방안을 고민하였고, 불

11　박승주,「齋供儀式에 對하야」,《불교》제35호, 불교사, 1927. 5. pp.31~35.
12　박승주는 쟁(錚), 바라(鈸羅), 장고(長鼓) 등 난잡한 기구와 예설(穢褻)한 무도식(巫徒式) 행동을 없애자는 것이고, 범음(梵音)은 절대로 반대하지 않는다고 하였다. (박승주, 앞의 글 pp.33~34) 이러한 입장은 만해에게서도 확인된다. 1932년「寺法改正에 대하여」라는 글에서 만해는 사찰령을 대신하여 독자적인 사법(寺法) 개정안을 제정하자며 그 안을 제시하였다. 총 16장에 걸쳐 사격, 주지, 직제, 법식, 법계, 교육, 포교 등 각 방면에 걸친 구체적인 법규를 마련하였다. 이 가운데 법식의 마지막 조에 "법식(法式)에는 격고(擊鼓)・명라(鳴羅)・도무(蹈舞) 등을 폐금(廢禁)함"이라 하였다.《불교》제91호, 불교사, 1932. 1. p.8

교의 주체성을 회복하기 위해 분투하였다. 1931년에 발표한 「조선불교의 개혁안」,[13]도 이러한 의지의 표명이었다. 모두 6개의 항목에 걸쳐 불교의 개혁 방안을 제시하였다. '통일기관의 설치', '사찰의 폐합', '교도의 생활 보장', '경론의 번역', '대중불교의 건설', '선교의 진흥' 등이다. 그런데 여기서 주목하는 것은 개혁안 중에 의례에 관한 언급이 전혀 없다는 점이다. 1910년 『조선불교유신론』을 통해 불교개혁안을 제창할 당시 의례에 대한 개혁은 두 개의 항목을 설정할 만큼 큰 비중을 차지하고 있었다. 그러나 21년이 지나 불교개혁안을 제시하면서 의례의 문제는 일체 포함시키지 않았다. 그렇다면 세월이 지나면서 만해는 의례에 관한 생각에 어떠한 변화가 생겼다고 추정할 수 있다.

안진호는 『석문의범』을 편찬하기에 앞서 1931년에 『불자필람(佛子必覽)』을 편찬하였다. 이 책 역시 전래하는 각종 의례, 의식문을 발췌한 의례의 결집서이다. 발간 직후 불교계의 환영을 받았지만, 2년을 못 넘기고 품절되었다. 이를 대폭 증보, 수정한 것이 바로 『석문의범』이었다. 『불자필람』은 당시 예천포교당의 포교사였던 최취허(崔就墟)[14]의 제안으로 안진호가 편찬하고 연방사(蓮邦社)에서 출판하였다. 그런데 이 책의 편찬에 만해가 참여하고 있었다. 최취허가 쓴 「발간의 취지」에 따르면 권상로(權相老)와 김대은(金大隱)이 교정하고, 만해가 후원하였다고 한다.[15] 지극한 경

---

13 《불교》 제88호. 불교사, 1931. 10. pp.2~10.
14 최취허(崔就墟, 1852?~?)는 경북 예천 출신으로 자호를 연방두타(蓮邦頭陀)라고 하였다. 자세한 행장은 전하지 않으나 주로 경상도의 금룡사, 동화사 등의 포교당에서 포교사, 설교사로 활동하였다. 특히 대중포교에 관심을 가져 각종의 결사에 참여하고 대중설법에 활발한 활동을 하였다. 1912년 《조선불교월보(朝鮮佛教月報)》 등에 친일 성향의 글을 게재하였고(「法類兄弟에게 顯하옴」, 《조선불교월보》, 제2호, pp.38~39. 1912. 2) 친일인사로서 정치강연회 등에도 여러 차례 참여하였다. 1916년 1월에는 금룡사 화엄회(華嚴會)에서 『법화경』을 강설하였고, 1925년 12월에는 예천불교진흥회를 창립하여 포교사로 활동하였다. 1926년에는 능인학원장(能仁學園長)이 되었다. 1935년에는 안동포교당에서 개최한 心田開發 강연회에서 강연하였다.(《매일신보》, 1935. 10. 21. 4면)
15 「發刊의 趣旨」, 『佛子必覽』, 蓮邦社, 1931.

배의 대상인 소회(塑繪)조차 파괴할 것을 제창하고, 각종의 의례, 의식을 모두 철폐할 것을 주장했던 만해가 오히려 전통불교의 의례집을 간행하는 데 깊이 후원하였다는 사실에 주목하게 된다.

만해의 의례에 대한 입장 변화는 불교의 대중화라는 대전제를 염두에 두었기 때문이 아닐까 짐작된다. 다음과 같은 주장에서 불교대중화에 대한 강한 의지를 엿볼 수 있다. "재래의 조선불교는 역사적 변천과 사회적 정세에 의하여 다만 사찰의 불교, 승려의 불교로만 되어 있었다. 이것은 불교의 역사적 쇠퇴의 일시적 현상에 지나지 않는 것이니 어찌 이것을 불교의 교의(敎義)라 하리요. 불교는 마땅히 이러한 현상에 대하여 단연 타파하지 않으면 안 될 것이니 '산간에서 가두로', '승려로서 대중에'가 현금 조선불교의 슬로건이 되지 않으면 안 될 것이다"[16]라고 하였다. 승려가 산간에서 가두로 나와 적극적으로 대중에게 다가가는 방법 중의 하나가 염불을 위시한 각종의 의례, 의식이 될 수 있다는 생각을 했던 것 같다. 따라서 재래의 불교의례, 의식집을 집성하는데 이처럼 적극 후원하였던 것이다.

III. 석문의범의 체재와 내용

1. 『불자필람(佛子必覽)』의 구성

『석문의범』은 1935년 11월경에 간행되었다.[17] 『석문의범』의 전신인

---

16 《불교》 제88호, 불교사, 1931. 10. pp.8~9.
17 『석문의범』의 판권에는 발행 시기를 1935년 4월 8일이라고 하였다. 그러나 이 때는 책이 발간되기 전이었다. 즉 1935년 10월 《금강산(金剛山)》지에 발간 지연에 대한 광고를 게재하였

『불자필람』은 4년 앞선 1931년 12월에 간행되었다. 앞서 언급하였듯이 『불자필람』은 최취허가 처음 발의하여 안진호가 전래의 의례문을 집성하고, 권상로와 김태흡이 교정을 맡았다. 1931년 봄, 안진호는 사찰의 역사 자료를 수집하기 위해 남부지방을 유력하였고, 6월에 경북 예천의 용봉교당에서 최취허를 만났다. 그로부터 불문의 초입자들이 지송할 수 있는 의례문의 편찬을 의뢰받은 안진호는 불과 한 달 만인 7월에 초고를 완성하였다. 원고를 받은 최취허는 권상로와 김태흡의 교정을 거쳐 그해 12월에 자신의 거처인 연방사의 이름으로 발간하기에 이른다. 발간 즉시 신문에 광고를 게재하는 등 적극적으로 홍보하였다.[18]

이 책은 발간되자마자 인기리에 널리 보급되었다. 당시까지 사찰에서 사용하는 의례집은 조선시대 이래의 목판본이 전부였고, 이것도 쉽게 구할 수 있는 것이 아니어서 대부분 직접 쓴 필사본이었다. 깔끔하게 정리된 활자본 의례집은 큰 인기를 끌었고, 더구나 한글이 병기되어 있어 누구라도 쉽게 볼 수 있었다. 정확한 발간 부수는 알려져 있지 않지만, 2년을 못 넘겨 품절되기까지 적지 않은 책이 유통되었다. 품절된 이후에도 국내는 물론 일본과 만주에서도 주문이 몰려들어 답장쓰기에도 바쁠 지경이었다고 한다.[19]

당시『불자필람』의 가치를 청담(靑潭, 1902~1971)스님의 회고록을 통해 엿볼 수 있다.

다.(《금강산》제2호, 금강산사, 1935. 10. 끝면) 당시 인쇄소의 사정으로 지연되고 있어서 늦어도 음력 9월 하순경에는 완료한다고 하였다. 즉 정확한 발행 시기는 1935년 11월경이 된다. 따라서 판권의 날짜는 편자가 원고를 탈고한 시기라고 생각된다.

18 "本書는 佛敎儀式에 精髓이며 日用行事에 指南이라. 우리 敎人의 修行上 導師良友되기에 부끄럽지 않고 福田心粮되기에 不足함이 업사온바 各位께서 一部式 備置하시와 座右에 銘과 靜案에 鏡을 삼으시기 爲하야 玆에 普告하오니 絶品되기 前에 爭先購讀하심을 바라나이다" 『불자필람』 하편, p.139.

19 『석문의범』 간행 예고, 《금강산》 창간호, 금강산사, 1935. 9. 끝면.

언젠가 나는 육당과 춘원을 만난 자리에서 그전과는 달리 솔선하여 불교의 의식을 해설한 책자인『불자필람』을 번역해 주기를 부탁했더니 육당은 능력이 없다고 거절하였고, 춘원은 즉석에서 쾌락(快諾)하였다. 그러나 한 해 두 해 미루어 오다가 끝내 그 뜻을 이루지 못하고 납북이라는 불행한 사태를 만나고 말았다. 애석한 일이 아닐 수 없었다.[20]

청담스님은 30대 무렵[21]『불자필람』을 통해 불교의례를 익히고, 책의 가치와 중요성을 이해한 듯하다. 나아가 의례의 대중화를 위해 당대의 최고 문필가였던 육당 최남선과 춘원 이광수에게 이 책을 쉽게 번역할 것을 청하였던 것이다.[22]

이상과 같은『불자필람』은『석문의범』간행의 계기가 되었다. 편자 스스로 '『불자필람』의 후신(後身)'[23]이라고 규정했듯이『석문의범』은『불자필람』의 체재와 내용을 계승, 확대하였다. 그러므로『석문의범』의 체재를 이해하기 위해『불자필람』을 살펴보는 것이 순서이다.『불자필람』은 상하 2편과 부록으로 편성되었다. 상편은 조석종성(朝夕鍾頌)을 시작으로 비구니팔경법에 이르기까지 27개 항목, 하편은 제불통청, 신중단작법 등 33개 항목의 의례문을 수록하였다. 부록은 전래의 의례문이 아니라 포교방식, 설교의식, 강연의식, 화혼의식 등 대중포교를 위한 각종의 현대적 의식을 구성, 제시하였다. 의례집의 발의부터 출간까지 불과 6개월의 짧은 기간이었지만, 이 책은 당시 사찰에서 상용하는 의례, 의식 대부분을 망라하였다.

---

20 「견성과 파계의 사이」,『마음속에 부처가 있다』청담큰스님 탄생 100주년 기념 말씀모음집, 화남출판사, 2002, p.370.
21 『불자필람』이 간행된 이후『석문의범』이 출간되기 이전의 시기이므로 1932년에서 1935년 사이의 일이다.
22 주지하듯이『불자필람』은 2단으로 나누어 목차부터 본문에 이르기까지 한문과 한글을 상·하단으로 배치하였다. 즉 이미 한글이 있어 굳이 번역이 필요 없었다. 따라서 여기서의 번역이라는 의미는 단순한 한글 발음을 나열하는 차원이 아니라, 한문 원문의 내용을 알기 쉽도록 우리말로 풀어쓴다는 것이라 생각된다.
23 앞의 주19)와 동일.

또한 현대적 포교, 설법 방식 등을 제시하여 이전에 볼 수 없었던 새로운 불교서가 되었다.

2. 『석문의범』의 구성과 내용

『석문의범』은 『불자필람』의 체제와 내용을 그대로 계승하였다. 간행의 직접적인 취지가 『불자필람』의 품절에 있었고, 이를 세 배 가량 증보하였기 때문에 두 책의 체재는 별다른 차이가 없다.

안진호는 『불자필람』 간행 이후 4년 만에 『석문의범』을 발간하였다. 『불자필람』은 원래 최취허의 위탁을 받아 수행한 작업이었고, 전체 6개월의 발간 기간 중에서 실제 의례문을 집성한 기간은 1개월 밖에 되지 않았다.[24] 짧은 기간에 이루어진 책이라 부족함을 깨닫고 있었던 것 같다. 더욱이 책이 많은 호응을 받아 2년이 못되어 품절되자, 증보 발간할 필요가 대두되었다. 1935년 9월 『석문의범』 원고를 인쇄소에 넘기고, 책의 간행을 알리는 광고를 《금강산》지에 게재하였다.

> 『석문의범』 간행예고(불자필람 후신)
> 본인이 연전(年前)에 경북 예천 포교사 최취허화상의 위탁을 받아 불자필람을 간행하게 되었는데, 겨우 2년을 못가서 품절되었습니다. 그 후로 전선(全鮮)은 물론 내지(內地) 또는 만주 등 각 방면에서 주문이 답지되어 서면 취급에 눈썹 펼 겨를이 없었습니다.(중략) 본인은 교운(敎運)의 발흥을 경찬하여 다시 서적의 불비(不備)를 애석하게 여기고 이전에 누락된 것을 일일이 수집하여 우리 불교의 의식 진행에 집대성을 계획하였더니, 그 양이 전의 불자필람보다 약 세 배 가량은 증보되었습니다.

---

24 안진호는 의례문의 집성을 마치고 최취허에게 초고를 보내면서 「序」를 썼다. 이 때가 1931년 7월인데, 「序」에서 최취허를 만난 때를 1931년 6월 상순경이라 하였다. 즉 1개월 만에 『불자필람』의 원고를 완성한 것이다.

명칭이 내용에 부합하기 위하여 석문의범이라 개제(改題)하고 이를 인쇄에 맡겼습니다. 그 목록만을 다음과 같이 예고하고 끝으로 주의 몇가지를 덧붙여 각지 제씨의 감회만일(感懷萬一)에 봉부(奉副)하고자 하오니, 여러분께는 서둘러 주문하셔서 품절의 후회가 없으시길 바랍니다.[25]

이와 같이 간행 예고의 광고를 게재할 정도로 안진호는 『석문의범』에 자긍심을 지니고 있었던 것 같다. 그런데 인쇄소의 사정으로 책이 약정 기일에 발간되지 못하였다. 다시 지연의 광고를 게재하고 음력 9월까지는 반드시 발행할 것이며, 이미 선주문한 구입자에게는 정가 2원 60전에서 50전을 감해준다고 하였다.[26] 또한 책의 면수가 너무 두텁다고 하면, 두 책으

| 석문의범

---

25 『석문의범』 간행 예고, 《금강산》 창간호, 금강산사, 1935. 9. 끝면.
26 "광고 : 본인이 석문의범이라는 책자를 인쇄에 부(付)한지가 벌써 5개월이 가까웠고, 예고를 낸 지도 3개월 이상인 듯합니다. 참으로 미안천만입니다. 인쇄소에 고장이 발생하여 금일까지 연기되었사오나, 늦어도 음력 9월 하순경에는 완료발행하게 됩니다. 이전에 주문하신 첨

로 분리해서 제책해준다는 친절한 안내도 있었다. 사찰의 일상생활에서 쉽게 지니고, 독송할 수 있는 책을 만든다는 편의성을 염두에 둔 배려이다.

『석문의범』은 상하 2편과 부록으로 구성되었다. 상편은 예경(禮敬)·축원(祝願)·송주(誦呪)·재공(齋供)·각소(各疏) 5장이고, 하편은 각청(各請)·시식(施食)·배송(拜送)·점안(點眼)·이운(移運)·수계(受戒)·다비(茶毘)·제반(諸般)·방생(放生)·지송(持誦)·간례(簡禮)·가곡(歌曲)·신비(神秘) 등 13장이다. 그리고 부록은 조선사찰일람표이다.

그런데 앞의 간행 예고에서 제시한 목차와 실제 간행된 목차와는 약간의 차이가 있다. 즉 간행 예고에서는 전부 7백여 면으로 (부록)에 「길흉잡록십여종(吉凶雜錄十餘種)」과 「조선사찰일람표」, 그리고 「최근오백년역사표」의 세 가지 항목을 포함한다고 하였다. 실제 간행본은 650면이었고, 부록에 「길흉잡록십여종」과 「최근오백년역사표」의 두 항목은 수록하지 않았다. 원고는 집필하였으나, 인쇄, 교열과정에서 제외된 듯하다. 그 이유는 7백여 면의 분량이 너무 많아 두 책으로 분책해달라는 독자들의 요구도 있었고, 일상에서 늘 수지독송하기에는 부담스럽다는 편찬자의 판단 때문이라고 생각한다.

책의 출판은 만상회에서 맡았다. 만상회는 사실 안진호가 설립한 불교출판사였고, 출판과 서적판매, 나아가 불구용품, 범종 등도 판매한 일종의 불교서적상, 혹은 불교백화점이었다.[27] 설립 시기는 정확하지 않으나 『석

원(痴員)은 많이 용서하시고, 그때까지 고대하심을 바랍니다. 다만 책값과 우편요금 포함 2원 60전을 정하고 발행전에 선주문(先注文)하신 분께는 50전을 할인하였는데, 그 규정은 변치 않고 발행 그 날부터 元 정가대로 실행하겠습니다. 또 한 가지는 구독자들이 페이지수가 많다며 상하권으로 묶어달라는 요구가 적지 않습니다. 이에 따라 단권(單券) 상하권 2종으로 제책하겠으니 주문자의 희망에 따라 각각 보내드리기로 하오니, 下諒하시고 소용에 따라 나는 단권책자로, 나는 상하권책자로 발부하라는 엽서 1장씩 미리 통지하여 주십시오. 단 상하권은 제책요금 10여 전을 추가로 받습니다." 『금강산』 제2호, 금강산사, 1935. 10. 끝면. 이와 같이 『석문의범』은 1935년 10월 당시까지는 발행전이었고, 늦어도 음력 9월 하순경에는 완료한다고 하였다. 즉 정확한 발행 시기는 1935년 11월경이 된다.

27 김광식, 「일제하의 불교출판」, 『대각사상』 제9집, 대각사상연구원, 2006. pp.23~27.

문의범』을 간행하면서 창업한 것으로 보이는데, 『서장』과 『도서』, 『금강경』 등 1957년까지 58종의 책을 발간하였다.[28] 대부분 안진호 자신의 주해, 번역서였다. 불교대중화를 위해 경전을 번역하고 유통시키는 그의 노력은 당시 많은 칭송을 받았다.[29] 이 만상회의 첫 간행물이 『석문의범』이었다. 아마도 『불자필람』의 판매 호조가 자극이 되어 직접 출판사를 설립한 듯하다. 결국 만상회는 『석문의범』 하나로 인하여 출판의 발판을 다졌고, 적지 않은 재산을 형성할 수 있었다.[30]

Ⅳ. 근대불교 대중화와 석문의범 간행의 의미

한국 근대불교의 대중화 과정에서 『석문의범』은 중요한 위치를 차지한다. 오늘날 쉽게 접할 수 있는 다양한 '불자독송집' 등의 의례서가 간행된 것은 불과 십여 년 전부터이다. 사실 이러한 서책들도 대부분 『석문의범』을 모본으로 재편한 것이다. 그 이전까지 『석문의범』은 한국불교 의례의 유일한 교과서로서 승가의 필수서적이었다. 당시 이 책을 통해 의례를 배

---

[28] 「佛經의 大家 安氏의 呼訴, 女人에게 1億財物 騙取 當했다고」, 《朝鮮日報》 1957년 8월 2일자.
[29] 김광식, 앞의 글, pp.25~26. 안진호는 스스로를 '卍商會主, 卍商會 會主'라고 칭할 만큼 만상회에 대한 자긍심을 갖고 있었던 것 같다.
[30] 안진호는 70여 종의 번역, 저술서를 모두 만상회에서 발간하였는데, 이를 통해 상당한 재산을 축적하였다. 78세 때인 1957년 이말록(女, 50)이라는 점쟁이에게 1억여만 환을 사기당했다는 고소장을 제출하였다. 30년 동안 번역, 편찬하였던 팔만대장경 58권의 紙型과 자기의 아들 世民 소유의 가옥을 이씨에게 강제로 사취당했다는 취지였다. 이씨는 안진호가 喪妻하자 문하생을 빙자하여 접근하였고, 마침내 일종의 약점을 잡아 공갈협박, 감금구타 등을 가하면서 도장을 빼앗아 범행을 저질렀다고 한다.(「佛經의 大家 安氏의 呼訴, 女人에게 1億財物 騙取 當했다고」, 《朝鮮日報》 1957. 8. 2) 이 사건은 결국 1960년 1월 이말록의 범죄를 기소하면서 종결되었다.(「老僧 등친 女詐欺師를 起訴, 結婚 假裝코 家屋까지 빼앗아」, 《朝鮮日報》 1960. 1. 18)

운 조계종정 법전(法傳)스님의 회고에서 그 위상을 확인할 수 있다.

> 묵담스님 밑에서 행자 생활을 하는 동안 나는 『초발심자경문』을 배웠고, 『석문의범』, 『불자필람』 등을 모두 외웠다. 무엇이든 집어넣으면 소화가 되던 어린 시절, 배우는 책들은 줄줄 외웠고, 염불소리 또한 점점 힘이 실려 갔다.[31]

이후 1960년대에도 『석문의범』은 여전히 수행자가 접할 수 있는 유일한 염불집이었다.[32] 『석문의범』은 창작물이 아닌 전래의 의례문을 편집한, 말하자면 2차 자료이다. 물론 전래의 의례문을 그대로 전재하지 않고, 원문의 착오나 잘못된 점을 수정하였다.[33] 또한 자신이 직접 작사한 찬불가를 수록하고, 불교식 혼인의례 등의 불교대중화를 위한 현대적 의례를 제안하는 등 저술로서의 면모도 포함되어 있다. 즉 이 책은 자료집으로서의 의미와 저술로서의 의미 두 가지를 모두 지니고 있다.

이러한 『석문의범』이 오랫동안 한국 불교의례의 전범(典範)으로서 자리매김할 수 있었던 것은 전통불교의 회복과 근대불교 대중화라는 시대의식을 여실히 반영하였기 때문이었다. 즉 주권상실기하에서 전통불교의 주체성을 바로 세우고, 이를 토대로 근대불교로 나아가려는 불교계의 의지와 지향을 포함하고 있었다고 생각한다.

---

31 「엄한 스님 아래에서 승려 노릇을 배우다」 조계종정·해인총림 방장 법전스님 법문. 《월간 海印》 제261호. 2003. 11.
32 "필자가 절에서 염불을 익히던 1960년대만 하더라도 월정사에는 염불집이라곤 오직 이 『석문의범』 한 권 밖에 없었다. 이것을 돌려가며 노트에 베껴서 염불을 익혔던 시절을 생각하면 몇 십년 전의 일들이 향수로 다가온다" 윤창화, 앞의 글.
33 안진호는 12개 항목의 「凡例」를 제시하였다. 이 가운데 전래의 의례문 중에서 착오된 사항과 자신의 견해대로 원문을 수정한다는 5개 항목의 범례를 밝혀 놓았다. - 본서는 진언에 대하여 재래의 난삽한 한문자를 拔去하고 但鮮文字로 全用處도 있음 - 「欲建曼拏羅先誦」 7자가 해석문구이고, 진언명이 아니기에 본서는 이것으로 괄호하여 正文이 아닌 것을 명시함 - 재래로 神衆歌詠에 불타를 찬덕한 卽佛身普遍諸大會 운운 등 妄發句節을 삭제하고 乾鳳寺故 寶雲老德의 新製인 「欲色諸天聖衆」 운운 등의 句語를 기입함 - 願往生 願往生 운운 등의 초2절이 재래로 倒置되었기에 본서는 이를 正誤함.

김태흡이 쓴 「머리말」을 통해 이러한 취지를 엿볼 수 있다.

> 큰 도는 법이 없으면 세울 수 없고, 참된 가르침은 의식(儀式)이 없으면 베풀 수 없다. 필경 이 도는 면벽관심(面壁觀心)으로 충분하고 죄업을 참회하는 데는 마음의 이치를 깨달으면 그만이다. 무슨 법이 필요하며, 무슨 의식을 배울 것이 있겠는가. 그러나 이것은 상근인의 견지요, 중류(中流) 이하는 달을 보는데 손가락이 필요하고 방향을 아는데 지남철을 필요로 한다. 손가락이 없으면 달을 보는 연(緣)이 끊기게 되고 지남철이 없으면 남북을 가리키는데 옹색하게 되기 때문이다. 따라서 큰 조화는 크고 넓어 한 티끌의 먼지도 꺼리지 않으며 참된 자비는 두루 널리 퍼져 한 물건도 버리지 않는다. 우리 부처께서 미혹한 중생들을 연민하여 무량한 방편을 세우시니, 이른바 격외향상문(格外向上門)이요, 또 불교수행문이요, 또 비밀총지문(秘密摠持門)이요, 또 염불왕생문 등이다.(중략) 이 석문의범은 참선과 염불에 있어 방편문의 방편문〔方便門之方便門〕이니 보리를 이룰 것을 기약한 자에게는 이것이 얼마나 귀하리오. 그러나 석문의범이라는 방편문이 없으면 염불에 길이 없고, 참선에도 의지할 바 없으니, 어찌 그 뜻을 이룰 날을 기약하리요. 따라서 이 책 한 권은 진실로 교해(敎海)의 지남(指南)이요, 선림(禪林)의 보감(寶鑑)이라 말할 수 있으리라.[34]

이와 같이 『석문의범』은 상근인, 즉 방편이 필요 없는 상근기인을 위한 책이 아니라 중류 이하의 근기가 낮은 사람을 위한 책이라고 하였다. 근기가 낮은 대중들은 '달을 가리키는 손가락'과 나침반과 같은 구체적인 방편이 있어야 방향을 제대로 찾을 수 있다는 말이다. 따라서 『석문의범』은 염불과 참선 수행을 위한 방편문이라는 것이다.

이러한 『석문의범』이 지니는 의미를 몇 가지로 요약하면 다음과 같다.

---

[34] 「머리말」, 『신편증주(新編增註) 석문의범』, 한정섭 주(註), 법륜사, 1982. p.2.

첫째, 『석문의범』 편찬의 가장 중요한 목적은 불교의 대중화에 있었다. 어려운 한자의 의례문을 쉬운 한글로 병기하는 서술의 형식에서 대중화의 의지를 쉽게 확인할 수 있지만, 안진호는 의례문의 선별 과정에서도 이 목적을 준수하였다. 즉 『석문의범』에는 승가의 일상의례보다는 각종의 재의식에 역점을 두었다. 이러한 편찬 태도에서 불교의 대중화에 대한 의지를 확인할 수 있다. 사찰안에서 행하는 출가자의 일상적인 의례와 의식은 재가자 즉 신도들과는 동떨어진 채로 이루어진다. 그러나 영산재와 수륙재 등의 재의식은 반드시 재가자가 참여한 가운데 승가의 집전으로 이루어진다. 따라서 승가와 재가가 한데 어우러지는 의례는 불교의 포교, 대중화에 무엇보다 중요한 역할을 수행할 수 있다는 믿음을 지니고 있었던 것이라 생각된다.

둘째, 『석문의범』은 새로운 시대에 맞는 현대적 의례와 의식의 변화를 적극 권장하였다.

안진호는 조선시대 이래 전래하는 의례, 의식문을 집성하여 전통불교의 의궤를 중시하면서도, 시대에 맞는 새로운 의식과 의례의 변화를 위해 옛 것만을 고집하지 않았다. 장례의식을 간소화하고, 무주고혼을 천도하는 추도의식을 새롭게 바꿀 것을 주장하였다. 그의 의례와 포교에 대한 열린 생각은 불전에서의 혼례식을 제안하기도 하였다.[35] 새로운 부부의 출발점인 혼례를 사찰에서 치룸으로써 평생의 불자가 될 수 있고, 그 2세들 또한 불자가 된다는 생각이었다. 그밖에 성가, 즉 찬불가를 보급하여 포교에 도움이 되도록 하였다. 이러한 취지에서 참선곡·회심곡·백발가·몽환가·권왕가·원적가·왕생가·신년가·신불가·찬불가·경축가·성탄가

---

35 불교식 화혼식은 이미 이능화가 제안하여 1920~1930년대에 보급되어 있었다.(「擬定佛敎式花婚法」, 《朝鮮佛敎叢報》 제4호, 1917. p.1. 및 「佛敎普及은 精神이 形式이 並行然後」, 《朝鮮佛敎叢報》 제3호, 1917. 5. pp.1~2. 『조선불교통사』 하편, 1918, pp.981~983) 안진호의 「花婚儀式」은 이능화의 화혼식에 약간을 가감하여 그대로 수용한 것이다.(송현주, 앞의 글, pp.171~173.

·성도가·오도가·열반가·월인가·목련가·권면가 등의 곡에 직접 가사를 쓰거나 기존의 가사를 소개하기도 하였다.

  셋째, 이 책은 근대불교의 대중화에 크게 기여하였다는 점을 꼽을 수 있다. 『석문의범』이 등장하기 이전까지 대중을 위한 불교서적은 전무하다시피 하였다. 불교대중화를 취지로 적지않은 잡지가 창간되었으나, 대부분은 교리 설명과 소개로 일관하여 대중문화로서의 불교를 이룩하는 데는 한계가 있었다. 이 책이 간행된 지 불과 2년이 못되어 매진되었다는 사실은 대중들의 의례, 의식에 관한, 즉 불교문화에 대한 욕구가 얼마나 컸던가를 짐작하게 한다. 의례집에 대한 수요가 높았다는 것은 당시의 불교계에 각종의 의례와 의식이 성행하고 있었다는 사실을 말해주지만, 책의 보급을 통해 불교의례와 문화가 발전할 수 있는 기회가 되었다는 점이 더욱 중요하다고 생각된다.

Ⅴ. 석문의범의 위상

  19세기말 열강의 외침이 이어지면서 한국은 많은 혼란과 좌절을 겪었다. 근대사회를 위한 제반 준비가 미흡한 현실에서 발달한 과학문명과 사조(思潮)는 중세적 사고와 질서를 흔들어 놓았다. 서구문명은 기독교를 첨병으로 내세워 이권 침탈의 야욕을 노골화하였고, 일본은 같은 불교문화권이라는 친밀성을 바탕으로 기층사회에 일본불교를 전파시켰다. 이들은 종교의 보편적 이념을 표방하면서 선진화된 포교방식으로 단기간에 많은 사찰과 포교당을 건립하였다. 이 무렵 한국불교는 오랜 억불의 그늘을 벗어나 겨우 종교적 권리를 회복하는, 초보적 단계에 머물러 있었다. 따라서 급속히 팽창하는 기독교의 교세와 일본의 종파불교에 어깨를 견주기에는 모든 것이 미미한 상황이었다. 더구나 주권을 상실하면서 불교계는 사찰령이라는 일제의 악법에 발이 묶여 민족불교의 주체성마저 위태로울 지경에 처했다.

이 무렵 『석문의범』이 등장하였다. 이 책은 전래의 한국불교 의례·의식문을 집성하여 일상생활에서 누구나 쉽게 염불하고, 참선하며 기도할 수 있도록 한다는, 비교적 간단한 목적이었다. 그러나 간행 이후 이 책은 큰 반향을 일으키며 불교의례의 교과서라고 할 만큼 중요한 위상을 지니게 되었다. 이러한 배경에는 전통불교의 주체성을 지키려는 근대불교의식과 대중화라는 두 가지 중요한 요소가 자리잡고 있었다고 생각된다. 즉 조선시대의 많은 의례, 의식집을 결집하여 계승한다는 취지는 일본불교의 성행 속에서도 민족불교의 고유성을 지키려는 노력이었다. 여기에 머물지 않고, 불교의 대중화를 위해 각종의 찬불가를 작곡하고, 불교식 화혼식을 정리하는 등 일상의례로서의 생활불교를 제창하였다.

무엇보다 중요한 것은 이러한 저자의 노력에 당시 불교계가 크게 호응하였다는 사실이다. 국내는 물론, 일본과 만주에서도 주문이 이어졌고, 출판사인 만상회는 이로써 불교출판의 기반을 다질 수 있었다. 1930년대 불교계는 각종 경전을 번역하고, 잡지를 발간하는 등 불교서적 출판을 통한 불서보급에 힘을 기울였다. 이러한 불교대중화의 한 가운데에 『석문의범』이 있었고, 편자 안진호와 교열자 권상로·김태흡은 그 선각자였다고 하겠다. ┃ 한상길

동아시아 불교, 근대와의 만남

제2부

| 동·서 문화의 충돌과 중국 근대 불교

청대의 불교정책과 거사불교 |
중국 근대 혁명사상에 미친 불교의 영향 |
지나내학원과 근대 중국불교학의 부흥 |
동·서학의 매개로서의 유식학 연구와 그 성행 |

청대의 불교정책과 거사불교

I. 청대 불교의 특징과 거사불교

여진족은 산해관(山海關)을 넘어 명조의 수도인 북경에 들어오는 소위 입관(入關) 전부터 이미 티베트불교와 접촉하고 있었다. 청 태조 누르하치는 라마교를 우대하였고, 태종 홍타이지도 라마교를 신봉하고 있는 몽골인을 통제하기 위해 달라이 라마가 파견한 사신을 우대하였다. 더 나아가 라마교를 국교로 삼아 한민족 이외의 변강의 민족을 회유하는 정책을 실시하였다. 국호를 청(淸)으로 칭한 순치제(1644~1661)가 북경에 입성하면서 실질적으로 한족을 통치하게 되자 회유와 공포라고 하는 상반된 두 정책을 교묘히 구사하였다.[1] 그리고 이민족 왕조였던 청조는 유교의 권위를 빌려 사회의 풍교를 바로잡고 한민족의 민심을 지배자의 뜻대로 제어하려고 하였다.[2] 서민 교화를 위해 유교 도덕의 보급을 꾀한 것이었다.

---

[1] 蔣維喬, 『中國佛敎史』(團結出版社, 2005) ; 牟鍾鑒・張踐, 『中國宗敎通史』 하 (社會科學文獻出版社, 2003) ; 王永會, 『中國佛敎僧團發展及其管理硏究』(巴蜀書社, 2003) ; 于本源, 『淸王朝的宗敎政策』(中國社會科學出版社, 1999) 참조.

[2] 中村元・笠元一男・金岡秀友 감수・편집 『アジア佛敎史』 중국편 Ⅱ, 民衆의 佛敎-宋から現

청조는 유교국가체제를 유지하는 한편, 명조의 불교 통제정책을 계승하였다. 청조의 황제들은 만주족의 라마교를 존경하고 신뢰하였음에도 불구하고 전통불교에 대해서는 비난하고 있어, 사찰과 승니를 민중으로부터 격리시키는 정책을 펼쳤다. 다시 말하면 유교의 세계관·인생관을 가지고 정치하는 황제와 관료라는 구조 속에서 불교는 지식인 사회로부터 배척받았던 것이다. 그들은 불교를 '우민(愚民)'이라고 칭한 무지한 서민사회의 저속한 방편적인 종교라고 간주하여 승니와 사찰을 사회로부터 유리 고립시켰다. 츠카모토 젠류(塚本善隆)같은 불교학자는 건륭제(1736~1796)의 도첩제 실시에 의한 불교·도교의 숙정정책을 통해 궁극적으로는 '유교주의 중화황제(儒敎主義 中華皇帝)'를 지향한 불교관을 황제가 가졌다고 정의하였다.[3] 그 결과가 승니를 무용지물의 존재로 인식하여 엄격히 단속하는 것으로 표출되었던 것이다. 그러나 내면을 들여다보면 청조의 황제들은 불교에 높은 관심을 가지고 있었다. 그 대표적인 황제로 옹정제(1723~1735)를 들 수 있다. 그는 스스로를 원명거사(圓明居士)라고 칭할 정도였다.

전반적으로 이야기 할 수 있는 것은 청대 불교는 명대보다 침체하였다는 점이다. 청대에는 명 말의 운서주굉(雲棲袾宏)·감산덕청(憨山德淸)·우익지욱(藕益智旭)·자백진가(紫柏眞可)와 같은 고명한 승려는 출현하지 않았다. 반면 유·불·도 3교 합일의 움직임은 더욱 강해졌다. 민간사회에서는 불교가 유·도를 포함하고 있는 것인지, 유·도에 불교가 포함되었던 것인지 알 수 없을 정도로 융합이 진행되고 있었다.

청대 불교의 또 다른 특징은 건륭연간 이후 황제가 불교를 멀리하자 출가자에 의한 신앙보다는 재가거사에 의해 발전을 보게 된다는 점이다. 이후 불교에 대한 관심과 연구는 유자에 의해 유지되어 갔다. 이는 유·불일

代まで-(佼成出版社, 1976)
3 塚本善隆,「明淸政治の佛敎去勢-特に乾隆帝の政策-」,『中國近世佛敎史の硏究』제7, 大東出版社, 1975.

치를 의미하는 것으로 청대 불교를 거사불교[4] 즉 재가불교라 칭하게 된 까닭이다.[5] 주지하다시피 거사란 사회적으로 상당한 지위와 교양을 지닌 우바새(優婆塞), 즉 불교의 심의(深義)에 통하고 경전에 대해서도 전문적인 교양과 이해를 가지며, 불교교단의 호지(護持)에도 노력하는 돈독하고 신실한 자를 가리킨다.[6] 거사불교는 송대부터 점차적으로 발달하여 명·청시대에 성황을 이루었다.[7] 중국 불교사상에 있어 그 세력이 가장 쇠미했던 시대는 청대라고 할 수 있다. 그럼에도 불구하고 도리어 불교를 매개로 지식인이자 유력한 관직을 가지고 있던 자들이 불교를 새롭게 인식하였다. 승려가 아니면서도 승려 이상으로 이론에 통달하고 학해신행(學解信行)면에서 뛰어난 소위 거사에 의해 불교가 움직여지는 거사불교의 성립을 본 것은 주목할 만한 현상이었다.

청대를 연구하는 학자들의 주된 관심은 원대에 성립된 백련교와 명대 중기에 성립된 라교(羅敎) 등 민중종교의 문제였다.[8] 곽붕(郭朋)은 청조의 불교정책을 간략히 개술하고 각 종파에 대해 개관하였으며[9], 상건화(常建華)는 건륭제가 도첩제도를 실시하여 20여 년간 지속적으로 승도[10]를 통제하였다는 점을 명확히 하였다.[11] 츠카모토 젠류(塚本善隆)는 명조를 계승한

---

4 거사는 사회적인 지위와 교양을 지닌 자로 불교의 심오한 뜻에 통하고 경전에 대해서도 전문적인 지식과 이해를 가지거나, 불교교단의 보호에 노력하는 인사를 일컫는다.
5 장원규, 『중국불교사』, 고려원, 1983.
6 불교신봉의 여자는 선여인(善女人)이라고 부른다. 일반적으로 중국에서는 사관(仕官)의 뜻을 버리고 방외(方外)의 경(境)에서 유유자적하는 사대부계급의 독서인사를 거사로 부르나, 근대 중국의 거사는 불교신봉의 유식자를 가리킨다. 牧田諦亮, 「居士佛敎に於ける彭際淸の地位」, 『中國近世佛敎史硏究』, 平樂寺書店, 1957, pp.231~251.
7 小川貫弌, 「居士佛敎の近世的發展」, 『龍谷大學論集』 1950, p.339
8 松靑, 『明淸白蓮敎硏究』 四川人民出版社, 1987. ; 淺井紀, 『明淸時代民間宗敎結社の硏究』, 硏文出版, 1990. ; 鈴木中正 編, 『千年王國的民衆運動の硏究』, 東京大學出版會, 1982. ; 澤田瑞穗, 『中國の民間信仰』, 工作舍, 1982.
9 郭朋, 『明淸佛敎』, 福建人民出版社, 1982.
10 승도는 불교의 승니와 도교의 도사를 가리키는 용어로 청조 불교 정책을 논하는 사료에는 거의 승도가 같이 나오고 있다. 본고에서는 혼란을 방지하기 위해 승도라는 사료를 일단 도교의 부분은 생략하고 불교의 승니를 중심으로 논을 전개하기로 한다.
11 건륭제의 불교정책의 특징을 '관엄상제(寬嚴相濟)'라 지적하였다.(常建華, 「乾隆前期治理僧

청조도 명조의 유교국가체제를 계승하여 강화하였다고 서술하였다. 그는 명·청의 유교주의 정치는 불교를 우민의 종교로, 그 위에 사회로부터 유리시킨 고립의 교단으로 몰아세웠고, 불교의 사회적 교화력을 거세하여 사회에 대한 활동력을 형해화하게 한 유력한 원인이었다고 지적하였다.[12]

마키다 다이료(牧田諦亮)는 건륭제의 『대장경』 출판, 거사불교의 융성, 불서의 출판, 불교단체의 설립 등에 대해 간략하게 서술하였으며[13], 오가와 칸이치(小川貫弌)는 건륭제가 불교교단을 사회로부터 격리시키는 방침을 취하자 청 말의 불교는 재가거사들의 손으로 넘어가 거사불교가 융성하게 되는 요인이었다는 점을 지적하였다.[14] 장유교(蔣維喬)는 거사의 배출에 공헌한 것은 장강유역을 중심으로 하는 선종제가의 종풍숙정 행의엄정(宗風肅正, 行儀嚴正)이었다고 서술하였고[15], 마키다 다이료(牧田諦亮)는 거사불교의 대표적 존재인 팽소승(彭紹升: 際淸, 1740~1796)이 자행화타(自行化他), 염불행(念佛行)에 그 생애를 바쳐 원왕생인(願往生人)의 숙망을 달성한 일은 전대에 유례를 볼 수 없는 일로 전수정토(專修淨土)의 발전을 위해 중국 거사불교사상에 부동의 족적을 남겼다고 평가하였다.[16] 진계동(陳繼東)은 근대불교의 계몽자라 일컬어지는 양문회(楊文會: 1837~1911)의 사상과 활동에 초점을 두고 흔들리는 청말 불교의 역사적 해명을 시도하였다.[17]

이처럼 청 중기 이후 거사불교의 시작과 그 내용에 대해서는 일정 부분 연구가 진행되어 그 윤곽의 대략을 알 수 있다. 그러나 청조 불교제도 전반

道問題初探」『淸史論叢』, 2002)
12 塚本善隆, 『中國近世佛敎史の諸問題』, 大同出版社, 1975.
13 牧田諦亮, 『中國近世佛敎史硏究』, 平樂寺書店, 1957.
14 小川貫弌, 「居士佛敎の近世的發展」, 『龍谷大學論集』 339, 1950.
15 蔣維喬, 앞의 책, pp.320~325 참조.
16 牧田諦亮, 「居士佛敎に於ける彭際淸の地位」, 『中國近世佛敎史硏究』, 平樂寺書店, 1957. pp. 231~251 참조.
17 陳繼東, 『淸末佛敎の硏究-楊文會を中心として-』, 山喜房佛書林, 2003.

이나 그 추이와 전개에 대해서는 아직 전모가 드러나고 있지 않은 상태이다. 『청실록(淸實錄)』이나 『대청회전(大淸會典)』 등 청대의 사료를 보면 옹정 연간 이후의 불교제도의 추이를 추측할 수 있는 사료가 보이지 않는다. 이에 이 글에서는 청대 불교정책의 전반을 이해하기 위해 청대 황제들의 불교에 대한 인식, 도첩제도의 운용, 사찰조영에 통제과정 등을 분석한 후, 중기 이후 거사불교의 융성 과정을 거사불교의 대표적 존재인 팽소승과 양문회라는 인물을 통해 집중적으로 조명한다. 그 위에 후한시대부터 청 건륭연간까지 저명한 거사 200여 명의 전기를 편집한 팽소승의 『거사전(居士傳)』에 등장하는 청조의 인물과 팽소승의 교유관계를 통해 당시의 성행한 거사불교의 일면을 살펴보도록 한다. 그리고 건륭시대에 거사불교가 움트게 된 역사적 배경 등에 대해서도 고찰하도록 한다. 다만 거사불교를 연구하는데 있어 중요한 과제인 거사불교의 교리·사상적인 측면으로부터의 접근은 필자의 능력 밖의 부분이라 생략하기로 한다.

Ⅱ. 청 황실의 불교관

태조 누르하치는 "선불(仙佛)은 선(善), 귀매(鬼魅)는 악이라고 하는 것이 세상의 규정이지만 결국 이 둘 모두 인간의 도덕적인 힘에 이길 수는 없다. 선불(仙佛)은 커다란 행복을 다수 사람들에게 줄 수 없다"[18]라고 하여 유교를 중시하는 입장을 표명하였다.

북경에서 즉위한 순치제(1644~1661)는 선학에 대한 지식이 상당히 깊

---

18 『十朝聖訓』 태조 天命3년(1618).

었고 명각선사 금감박총(今憨璞聰)에게서 법을 구하고 청 일대의 고승이라고 칭송받은 통수(通琇) 및 그 제자 행삼(行森)을 궁정에 불러들여 가르침을 받았다. 순치제는 불교에 미연(迷戀)하였지만 승니에 대해서는 비교적 관대하였다. 단, 제도상에 있어서는 통제적인 방침을 취하였다.[19] 동 2년 4월 초8일이 되자 예부는 구례에 이날에는 욕불(浴佛)을 하였다고 상주하였고 황제는 욕불할 것을 허락하였다. 이에 다라군왕(多羅郡王) 이하가 제사를 지냈다.[20]

순치제는 천명을 받아 만방을 위무한다는 인식 하에 명 융경제(1567~1572)의 수리처(受釐處)로 도성 남쪽에 위치한 해회사(海會寺)를 중수하였다. 이 사찰이 세월이 흘러 피폐해져 도성의 인사들이 개수하려고 하자 순치제는 사찰의 승에게 강회(江淮)로 갈 것을 명하였다. 황제는 금감박총에게 이 사찰의 주지를 맡아 제종선(諸宗禪)을 창건해 줄 것을 청하였고 그 결과 종풍을 크게 떨치게 되었다. 다음해 황제가 남원에서 수렵할 때 사찰에 행차하여 금감을 인견하였으며 누차 궁정에 불러들여 불법의 대의를 물었다. 황제는 승 도민(道忞)에게 "나는 처음에 불교를 숭상하였다고는 하지만 아직 종문의 연령이 있고 명망이 있는 자를 알지 못하였는데, 금감으로부터 비로소 알게 되었다"고 할 정도로 금감을 총애하였다.[21] 그런데 이 금감과의 만남은 순치제 스스로가 선종과 접촉하기 시작한 것을 의미한다. 동 15년(1658)과 17년 두 차례에 걸쳐 임제의 명승 옥림통수(玉林通琇)를 북경으로 불러들여 내정에서 도에 대해 묻고 그에게 대각보제선사(大覺普濟禪師)라는 호를 하사하였다.[22]

---

19 常建華, 앞의 논문, p.118 참조.
20 『東華錄』 순치 4년.
21 승(僧) 도민(道忞)의 찬수비에 기록되어 있다. (광서 『순천부지』 경사지17, 寺觀2 「郭外寺觀」) 종통편년(宗統編年)에도 같은 기록이 보임. 임제종의 명승 목진 도민(木陳道忞)이 입경하자 홍각선사(弘覺禪師)라는 호(號)를 사여하였다.
22 『五燈全書』 권68, 「玉林通琇禪師」.

경사 선무문(善武門) 서쪽에 있는 선과사(善果寺)는 명 천순 8년(1464) 환관 도영(陶榮)이 중건한 사찰로 순치 17년(1660) 황제가 이곳에 행차하여 경사 제1의 승지라고 감탄하고 진암월선사(振庵月禪師)를 이 사찰에 주석시켰다.[23] 『지북우담(池北偶談)』 권상, 「세조어서(世祖御書)」에,

> 서산 신법해사(新法海寺)는 앞으로 열백호(裂帛湖)를 마주대하고 있다. 황제의 군대가 이곳에 주차하였다. 호수의 빛을 조망하고 있어 그 연유로 지금의 이름을 하사하였다. 전(殿)에는 거대한 비가 있는데 '경불(敬佛)' 두 자를 새겼는데 붓의 움직임이 나는 것과 같이 힘찼다. 세조의 어서이다.

라고 하여, 세조가 불교를 신봉하였음을 단적으로 나타내고 있다.

순치제는 불사를 참배하고 승려를 예로써 대우하였다. 동 22년 오대산을 순행할 당시 태황태후의 유시를 받들어 여러 사찰에 예배하였다.[24] 이듬해 남순 시에는 양주(揚州)의 천녕사(千寧寺)·평산사(平山寺)에 참배하여 천녕은 '소한(蕭閑)', 평산은 '이정(怡情)'이라고 제사(題詞)하였다. 금산에 이르러서는 칙으로 중건케 하였고, 친히 문장을 만들어 돌에 새겨 넣기도 하였다. 이 외에도 강남 명찰에 강희제의 제사가 많으며, 명 말 산림에 은거하고 있던 고승을 경사에 불러들였다.[25]

만주인과 한인을 공평하게 다루려고 노력했던 강희제는 불교가 중국 고래에 시작되어 지금까지 전해져 내려왔으니 불교를 금혁할 필요는 없다고

---

23 강희 11년에 중수하였다.(광서 『순천부지』 경사지16, 寺觀1 「外城寺觀」) 강희 11년에 중수하였지만 광서연간이 되면 소위 각이라고 하는 것은 남아 있지 않았다. 단지 평대(平臺) 1개가 있는데, 단월(檀越)의 사반(舍飯)을 위한 곳으로 사용되었다. 대전(大殿) 앞 위랑(圍廊)에 나한당을 설치하였는데 그 안에 명 태감 요훈(姚訓)의 상(像)이 있었다. 이전에 소상이 있었다. 요훈이 왕진처럼 간횡(奸橫)을 일삼지는 않았으나 그 상이 훼손된 것은 마땅히 그렇게 될 일이라 여겼다.
24 『동화록』 강희32.
25 장유교, 앞의 책, pp.326~327 참조. 강희제는 6번에 걸쳐 남순을 행하였는데 名山과 大寺에 이르면 종종 편액을 하사하였다.(賴永海 主編, 『中國佛敎百科全書』, 상해고적출판사, 2000)

▎순치제가 쓴 '경불(敬佛)'

보았고 승니는 성규를 지키면 된다고 인식하고 있었다.[26] 강희제는 주자학을 추숭하는 동시에 특별히 불교를 보호하였다. 황제는 황태후의 성수(聖壽)를 축하하기 위해 황자에게 예물을 준비하여 삼존불에게 공손히 진헌토록 하였으나,[27] 동 16년(1677)에는 경성 내의 사묘에서 승니가 백성들을 모아 설교하는 일을 금지하였다. 또한 남녀가 혼거하고 부녀자가 사묘를 참배하는 것을 금지하였다. 만약 이를 어기거나 방조하는 경우에는 이를 허락한 사묘와 그 가족을 처벌한다는 규정을 만들었다. 청조가 사묘에 백성이 모이는 것을 금지한 이유는 이들이 풍기를 문란케 하는 요인으로 작용하였을 뿐만 아니라 이들이 도적이 되어 국가에 반란을 일으킬지도 모를 우려에서였다. 명대에도 승려들이 산림에 모여 불궤를 꾀하거나 요언

---

26 『康熙起居注』 제3책, 중화서국, 1984.
27 『동화록』 강희66. 강희 39년의 일이다.

을 지어 인심을 현혹시킬 것을 우려하여 천하를 유식(遊食)하는 것을 금지시켰던 적이 있다.

청조의 대표적인 독재군주 옹정제는 즉위 후 선조인 강희제가 풍속을 바르게 하고 백성을 교화하여 통치 질서를 공고히 하기 위해 '육유(六論)'를 확대한 '성유십육조(聖諭十六條)'에 매 조항마다 친히 설명을 붙이고 그 의의를 해설한 『성유광훈(聖諭廣訓)』을 지어 전국에 반포하였다. 그 7조에 '이단을 물리치고 오로지 정학을 받들어라'라는 항목이 있다. 불교는 한 명이 출가하면 구족이 하늘에 올라간다고 하는 망설을 내뱉어 지옥·윤회·응보 등의 허담을 설하여 사람들을 혹하게 하고, 용화회(龍華會)·우란분회(盂蘭分會)·구고회(救孤會) 등을 만들어 남녀혼효(男女混淆), 주야를 불문하고 강경·설법으로 이익을 도모하며, 심할 경우에는 당을 만들어 맹(盟)을 결성하고 대의명분에 반하여 세상을 혹하게 하며 백성을 무고하게 만든다고 극언하였다.[28] 옹정제는 강남·절강지역의 부녀들이 산을 유람하다 사찰에 들어가는 것을 금지하였다. 부녀들이 사찰에 가서 진향하는 행동을 풍속을 해치는 행위로 간주하였기 때문이다.

그러나 불교에 대해 이렇듯이 부정적인 인식을 노정하고 있던 옹정제의 일면에는 불교에 깊은 조예도 있었다. 황제가 되기 이전부터 이미 티베트 불교의 고승과 접촉하여 경전을 연구하고 학습하는데 노력하였다. 후에는 한족의 선승과 광범위하게 접촉하였다. 문각선사(文覺禪師)를 신임하여 좌우에 두고 그의 정치적 의견을 받아들였다. 옹정제는 선의 이치를 연구하는 것을 즐겨하였다. 특히 정토를 제창하였으며 선문의 공동의 폐해를 귀감삼아 이를 교정하려고 하였다.[29] 옹정제는 선종의 종장임을 자처하였다. 스스로 원명거사라고 칭하고 불교 관련 저술을 편찬하였다. 제위에 오

---

[28] 『옹정전(雍正傳)』, 인민출판사, 1985. pp.442~456 참조.
[29] 장유교, 앞의 책, pp.328~329 참조.

른 후『간마변이록(揀魔辨異錄)』을 저술하여 당시 임제종 내부의 선 논쟁에 직접 참여하였으며『어선어록(御選御錄)』19권을 편찬하여 역대 선종 종장들의 어록을 정리하였다.[30]

황제는 역대불천(歷代佛天)을 경례하지만 승도를 존경함에 있어서는 도덕의 고하를 판단의 기준으로 삼았다.[31] 옹정제는 효도하고 부모를 사모하는 마음이 돈독하여 성조 인황후를 추모하기 위해 은우사(恩佑寺)를 창건하고 직접 사찰에 가서 예를 올리기도 하였다.[32]

소위 십전노인(十全老人)이라 칭해졌던 건륭제는 즉위하자마자 궁정에 출입하는 승려 목진민(木陳忞)이 저술한『북유집(北游集)』, 옥림수(玉林秀)의 제자인 골엄행봉(骨嚴行峰)의 저술인『시향기략(侍香紀略)』과 부친 옹정제가 하사한 물건 등을 조사하여 훼손하였다.[33] 건륭제는 불교를 적극 보호하고 장려하지는 않았다. 동 원년에는 출가연령을 규정하여 남자는 고아 및 16세 미만인 자, 여자는 40세 미만인 자를 출가 금지시켰다. 제자를 양성함에 있어서도 40세에 달하는 자만이 한 사람을 두는 것만을 허락하였다. 건륭 4년 6월의 군기대신에게 내린 유시에는,

> 이전에 제왕이 천하를 다스리는데 매번 승도를 사태(沙汰)하는 영이 있었다. …… 천하에 한 명의 승도가 많아지면 힘써 일하는 한 명의 농민이 적어진다. 이러한 무리들이 경작하지 않고 먹고, 베를 짜지 않고 입는다. 그 위에 맛있는 음식과 아름다운 옷을 입는데 공연히 자신들이 당연히 얻은 것이라 하여 창피한지를 모른다.

---

30 김영진,「淸代 淨土四經의 성립과 魏源의 불교사상」,『한국불교학』46, 2006.『어선어록(御選語錄)』권19에는 위로는 승조(僧肇)로부터 밑으로는 옥림 통수(玉林通琇)에 이르는 역대 종사의 어록, 화두를 포괄하였다.
31 『어선어록』에는 선문 고승의 논저만이 아니라 북송 도교 자양진인(紫陽眞人)의 저작도 싣고 있는데, 이는 옹정제가 도교의 정신수양인 불사불로의 법이라고 하는 근본이념이 선종과 상통하는 것으로 인식하였다.(牟鍾鑒 · 張踐, 앞의 책, p.886 참조)
32 『동화록』옹정6.
33 『청 고종실록』권2, 옹정 13년 10월 신사조.

상농부(上農夫) 2·3명이 옷을 걷어 부치고 경작해도 승도 1인의 사용에 부족하다. 이미 백성의 재물을 소모하고 다시 민속을 어지럽힌다. 국가에 있어서는 유민이 되고 불교 도교에 있어서는 패류가 된다.

라고 하여, 승도는 국가의 입장에서 보면 유민이요, 불교의 입장에서 보면 패류 즉 소행이 나쁜 자였다. 이러한 황제의 인식이 승려의 도첩제를 엄격히 시행케 하는 요인으로 작용하였다. 즉 승도 수를 줄이는 정책으로 나아갔던 것이다. 승도가 많으면 호구가 적은 것은 자연의 세(勢)다. 그들은 경작하지 않고 활동하지 않으면서 민들에게 의식을 의존하고 있다. 사묘를 창건하여 민의 재(財)를 소모하고 몰래 머리를 깎고 출가하면 호구를 헛되게 하는 것을 용서할(허락할) 수 없다. 승도는 시사(市肆)에서 경을 외고 탁발하기도 하고 인과를 이야기하여 금전을 모으는 일을 해서는 안 되는 것이었다.

동 8년(1743) 건륭제는 어사 심정방(沈廷芳)의 주청을 받아들여 지화사(智化寺)에 있는 명대의 환관 왕진(王振)의 소상(塑像)과 천순제가 사여한 비를 훼손하였다. 지화사는 명 정통연간 환관 왕진이 세운 사찰로 사찰 내에 정충사(旌忠祠)를 세워 왕진을 제사지냈다.[34] 잘 알다시피 명 중기에 권력을 한 손에 쥐고 있던 환관 왕진은 몽골족인 오이라트의 에센이 쳐들어오자 자신의 공명을 내세우고자 정통제에게 친정을 권유하여 소위 토목보의 변이라는 사태를 불러일으킨 장본인이다. 황제는 포로가 되고 50여 만의 군사가 궤멸당하는 참담한 패배를 당하게 된 요인을 제공한 인물이었다. 국가를 위험에 처하게 만든 인물을 제사지낸다고 하는 것에 대한 반발과 환관 등용에 신중할 것을 제안한 조치였다.

건륭제도 제도적으로는 옹정제처럼 불교를 통제하는 정책을 폈으나 자

---

34 광서『순천부지』경사지16, 寺觀1「內城寺觀」.

신은 불법을 숭경하고 신심이 굳고 근신함을 깊이 한 황제였다. 참선하여 오도(悟道)하는 것을 절실히 해야 한다고 할 정도로 불교를 대단히 신봉하고 있었다.[35] 그래서 대장경 및 국어장경 등을 조각하고 번역하는데도 진력하였다. 특히 만주어로도 대장경을 번역하였다.[36] 옹정 연간부터 시작하여 건륭연간에 완성한 한문대장경의 조각을 용장(龍藏) 혹은 청장(淸藏)이라 일컫는다. 동 13년 장경관(藏經館)을 열고 대장경 조각 준비를 하여 4년여의 시간을 들여 건륭 3년(1738)에 완성하였다. 이 대장경은 명조의 북장(北藏)을 기초로 약간의 명승의 찬술과 어록을 증각하였는데 합계 1,672부, 7,247권이었다. 그리고 동 38년(1773)에는 한문대장경을 만어(滿文)로 번역하는 작업을 실시하여 18년 만에 699부, 2,466권을 완성하였다.

동 11년 승니 조주(照株)가 원통암(圓通庵)을 중수하였다. 승니의 분수처(焚修處)인데 조주가 왕유돈(汪由敦)에게 비문을 기록해줄 것을 청하자 불교가 나라를 다스리는데 도움을 주는 것이 적지 않다는 점을 이유로 응하였던 것이다. 그 비문에,

> 불교가 중국에 유포된 지가 3,000여 년이 된다. 지금 세상에 불교의 사찰, 도교의 사원이 천하에 빛나는데 경사가 가장 성하다. 위로는 성천자(聖天子)의 축리(祝釐)의 장소로, 밑으로는 만백성이 기복(祈福)하는 곳이 된다. …… 무릇 복선화음(福善禍淫)은 하늘의 상도이지만 사람을 복되게 하고 선하지 않은 사람을 복되게 하지 않는다. 의자(意者)는 부처에 귀의하여 오면 오로지 청결을 마음에 두며 선을 행하는 근원은 믿음이 가고 업행은 지극하다. 즉 선을 행하는 가지와 잎사귀는 이 궁행에 모인다. 복리는 모이니 이는 사람이 호흡하는 동안에 저절로 느끼고 저절로 감응하는 지극한 이치이다. 그리고 불법의 원통(圓通) 광대한 묘기이다. 성치(聖治)에 도

---

35 『청 고종실록』권2, 옹정 13년 9월 23일.
36 만력17년에 간행한 대장경은 6,771권을, 건륭 3년에는 勅으로 1,672부 7,247권을 저술하였다.(장유교, 앞의 책, pp.330~331 참조)

움 되는 바가 적지 않다.

라고 하여, 청조에 들어서도 불교가 위로는 황제로부터 밑으로 일반 백성들에게 이르기까지 널리 믿어지고 있었다는 사실을 확인할 수 있다.

그런데 청조의 운세가 쇠미해져가는 가경 연간(1796~1820) 이후 불교는 현저히 쇠퇴하는 반면에 그 자리를 민중종교가 차지하게 대두된다. 이 밝혀지지 않은 시기의 불교 상황에 대해서는 금후 부단한 노력 하에 사료작업이 진행되어야 할 것이다. 다만 단편적이나마 제시할 수 있는 것은 가경제의 불교관이 "석도이씨 상불가신 황서양교아(釋道二氏, 尙不可信, 況西洋敎耶)"라고 하여 불교를 믿을 수 없는 존재로 인식하고 있다는 점뿐이다.

이 시기가 되면 유교 학자는 한유(韓愈)의 벽불(辟佛)의 견해를 지키고 전력으로 불교를 배격하였다. 당시 승니의 유품은 이미 난잡해졌고, 사묘는 유민들이 의탁하는 곳으로 변해 버렸다. 그 주요한 요인이 된 것은 태평천국의 배불과 거사의 발흥이었다. 홍수전은 이교를 배척하였다. 불사·도관은 물론 민간의 사묘는 홍수전의 군대가 이르는 곳마다 불태우거나 훼손하였다. 우상숭배 배격이라는 입장에서 '묘로 불태워지지 않은 것이 없고, 상(像)으로 훼손되지 않은 것이 없다'고 할 정도로 불교는 대타격을 입었다.

동치 연간(1862~1874) 이후 불교의 구규(舊規)를 엄정히 하여 동남지역의 불법은 부흥하였으나, 청 말부터 민국 초에 걸쳐 승니의 자질 저하와 불사의 황폐는 사묘의 재산으로 초등교육의 진흥을 꾀하는 '묘산흥학(廟産興學)' 운동에 의해 결정타를 먹게 된다.[37]

---

[37] 中村元·笠元一男·金岡秀友, 앞의 책, p.158.; 木田諦亮, 「淸末以後於廟産興學佛敎敎團」, 『東亞硏究』, 1942. p.64.

Ⅲ. 승록사의 편성과 도첩제

1. 승록사의 편성

일반적으로 청조의 불교제도는 명조의 정책을 계승하였다고 일컬어진다. 일찍이 태종 천총 6년(1632)에 승록사를 설치하여 승니를 총괄하였다.[38] 강희 13년(1674)에 편성된 승관제도는 다음과 같다.

승록사(僧錄司)

경사			지방		
좌우 선세(善世)	2인	정6품	부(府) 승강(僧綱)	1인	미입류(未入流)
천교(闡敎)	2인	종6품	주(州) 승정(僧正)	1인	미입류(未入流)
강경(講經)	2인	정8품	현(縣) 승회(僧會)	1인	미입류(未入流)
각의(覺義)	2인	종8품			

청조의 승관제도는 명 태조 홍무 14년(1381)에 정해진 승록사 제도를 그대로 계승하였다. 관직이나 관품, 승관의 인원수는 명대와 차이가 없으나, 다만 명대는 부의 도강(都綱)이 종9품인데 반해 청대는 미입류(未入流)라는 점이 약간 다르다.

청조는 승려 중에서 수계를 지키며 정진하는 자는 특은으로 국사·선사의 호를 사여하였다.[39] 승관의 임명과정을 살펴보면 먼저 승관은 예부에서

---

38 흠정 『대청회전사례』 권501, 예부 방기 「승도」.
39 『皇朝通考』 권88.

선발하고 이부에 보내 보임 제수하였다. 만약 승관 후보자가 없을 경우에는 승록사에 문서를 보내 재경(즉 북경) 승려를 선발하여 예부에 보내 고시를 치러 경전에 뛰어나고 인품이 단아하고 정결한 자 10명 혹은 12명을 선발한다. 그리고는 이부에 이들의 성명을 통고하면 순차대로 보임하는데 봉급은 지급하지 않았다.[40]

부의 승강사, 주의 승정사, 현의 승회사는 지방의 독무(督撫)가 예부에 자문을 보내고 재차 이부에 자문을 보내 승관직을 제수하였다.[41] 이러한 과정을 걸쳐 발탁된 내외의 승관은 천하의 승려들이 계율을 지키고 청규(淸規)의 생활을 잘 하는가를 관리 감독하였다. 그러나 실제적으로는 승관에게는 독립적인 권력이 없었고, 단지 세속정권을 행사하는 임무만 있었을 뿐이다.

2. 도첩제의 시행

청조는 민가에서 출가하여 승려가 되려고 하는 자가 있으면 수령을 두어 엄격하게 통제하게 하였다. 사사로이 머리를 깎고 승려가 되는 것을 금지하였다. 일찍이 천총 6년 승록사를 편성할 때 경의에 통달하고 밝은 자에게 도첩을 지급한다는 규정을 두었다. 순치 2년에는 내외 승려에게 균등히 도첩을 지급토록 하였는데 간위(奸僞)를 방지하기 위해서였다. 입관 전이나 입관 초기에는 납은(納銀)에 의한 도첩 발급 즉 매첩제를 시행하여 재정의 손실을 보충하였다. 숭덕 5년(1632) 은을 납부한 승려에게 도장을 찍은 도첩을 지급하고 승강사로 하여금 각 지역에 나누어 보내도록 하였다. 이 때 수령한 은은 호부가 조사하여 거두어들였다. 그런데 순치 2년이

---

40 『今例由管理內務府大臣選補』「送部給箚」, 『청대불교사료집고』, 新文豊出版公司, 2000. p.162.
41 『今例由部給箚補選』「年終彙報吏部」, 『청대불교사료집고』, p.163.

되자 내외 승도에게 균등히 도첩을 발급토록 하였는데, 이는 간위를 방지하기 위해 납은의 사례를 정지시켰기 때문이다. 약간의 사찰과 암자, 승려는 주지들이 이들의 적관(籍貫)을 상세히 조사하여 보증한 후 서류를 승관에게 보냈다. 그러면 승관은 각지의 보증서를 모아 총괄하여 보증하는데 경성 내외에 있는 자는 예부에 보고하였다. 직성(直省)에 있는 자는 소재지의 지방관이 모아 무안(撫按)에게 보고한 후 예부에 보내도록 하였다. 내외의 승려가 청규를 지키지 않거나 범인이 승려가 되는 경우에는 주지가 들추어 알려야 한다. 만약 은닉하면 모두 죄로 다스렸다. 그리고 이름을 바꾸어 도첩을 발급받는 행위도 엄격하게 처벌하였다.

동 6년에 반드시 도첩을 소지한 승려에게만 분수(焚修) 즉 향을 피우고 업을 닦는 행위를 허락하였다. 게다가 예부는 도첩을 간각(刊刻)하여 도장을 찍어 각 포정사와 순천부에 보내 분수를 담당하는 자 중, 조사하여 범죄를 저지르지 않은 자에게 은 4냥을 납부케 하여 도첩 1지를 지급토록 하였다.[42] 그런데 2년 후에는 '승도에게 은을 납부하여 도첩을 지급하는 것은 사소한 것으로 예가 아니다. 이후 영원히 은의 납부를 면제한다'고 영을 내렸다. 도첩 발급을 원하는 자는 주·현에서 조사하여 부에 보고하고, 부는 예부에 정문(呈文)하여 수를 살펴 발급토록 하였다.[43] 그런데 재미있는 사실은 직성의 승니로 이미 한자로 된 도첩을 받은 자는 모두 도첩을 예부에 제출하여 청한자(淸漢字)의 도첩으로 바꿔 주었다는 점이다. 이후 강희제 때 재차 도첩발급을 중지하였는데, 이는 아직 승려의 수가 그리 많지 않았기 때문이었다.[44]

---

42 흠정『대청회전사례』권501, 예부 방기「승도」. 각 주·현은 연 말에 승록사에 보고하면 승록사는 자료를 모아 호부에 보고한다. 호부는 예부에 보고하면 조사하여 이전처럼 도첩을 발급하는 시스템이었다.
43 순치 17년에 재차 승려의 도첩은 納銀을 면제시켰다. 독무가 年貌와 籍貫과 焚修하는 사찰을 기재한 淸冊을 편조하한 후 도첩을 발급하게 되었다. (광서『대청회전사례』권501, 예부 방기「승도」및『동화록』순치16)
44『청 고종실록』권2, 옹정 13년 9월 23일.

청조는 출가자의 신분과 조건을 명확히 규정하여 통제하였다. 일반 백성이 출가하는 경우에는 관에서 도첩을 발급하여 임의로 출가할 수 없게 하였다. 승니로 도첩을 발급받지 않고 출가하는 자는 장(杖) 80에 처하였다. 만약 가장이 있는 경우에는 가장도 죄로 다스렸고, 사관의 주지나 업사(業師)의 사도(私度)를 받는 자도 함께 처벌하였다.[45] 범죄자가 머리를 깎고 승려가 되거나 이름을 속여 도첩을 발급받은 자는 중죄로 다스렸다.[46] 만약 승관이나 주지가 이 사실을 알고도 알리지 않는 경우에는 직을 파하고 환속시켰다.

민간의 자제로 호내(戶內)에 3정이 없거나 연령이 16세 이상인 자가 출가하는 경우는 모두 처벌하였다. 다만 연령이 40세 이상인 자는 초도(招徒) 즉 제자 1명을 받아들이는 것을 허가하였다. 만약 40세에 못 미치는 경우에는 즉시 초수(招受)를 행하거나 초수가 1명에 그치지 않는 자는 똑같이 율(律)을 어긴 죄로 논하였다. 청대에는 도첩을 스승이 제자에게 전하는 제도가 시행되었는데, 도첩을 소유한 승려가 40세가 넘으면 생도 1인을 불러들이는 것을 허락한 것이다. 지방관은 제자의 연령·모습·적관(籍貫) 및 체도(剃度) 연월을 주기(注記)하여 스승이 죽으면 이에 근거하여 도첩을 발급하였다.

옹정제는 불교 개혁의견을 제시하였고 동 11년에는 각 성의 승려를 시험하여 덕이 높은 자에게는 사호(師號)를 사여하고 이를 공표하였다. 건륭제는 즉위하자 곧바로 도승(度僧)의 제도를 엄격히 규정하였다. 옹정 13년 9월 23일에,

> 국초에 승도도 그리 많지 않았고 게다가 옥림국사나 공계선사와 같은 상당한 인물이 불교계를 지도하여 승풍을 진작하였으며, 모두 유규(遺規)를 알아 도첩을 발

---

45 『大淸律例』 권8, 戶律戶役 「私創庵院及私度僧道」.
46 『癸巳存稿』 권13, 「度牒寺廟」.

급하지 않아도 역시 행해졌다. …… 그러나 최근에는 승도가 대단히 많아졌다. 여러 종류의 사람이 서로 섞여 각 성 승려의 무리 중에 진심으로 출가 수도하는 자는 100명 중 1명에 지나지 않는다. 어리석은 무뢰도들이 놀며 모여 식사한다. 그 위에 죄를 짓고 도망하여 몸을 숨기고 있는 자가 있다. 이로 인해 불문의 사람은 날로 늘어나나 불법은 날로 쇠퇴하고 있다. …… 해부(예부)에서 도첩을 지급하고, 재경 및 각 성의 승강사 등에서 발급하여, 출가를 희망하는 자에게 도첩을 지급하여 비로소 머리를 깎게 한다. 그리고 부·주·현 등의 아문에 칙을 내려 승관·서리를 조사하여 어떠한 단서를 빌미로 강제로 요구케 하지 마라.

라고 하여, 예부에서 엄격히 도첩을 발급할 것을 유시하고 있다.[47] 도첩만이 아니라 사사로이 사찰을 건립하는 것을 금지하였는데도 많은 문제점이 노출되자 점차적으로 궁정과 불교의 공식적인 관계를 차단하려는 방침을 제시하였다.[48] 같은 해 12월 건륭제는 예부에게 도첩에 관한 사항이 허문이 많고 실제가 적다면 재차 논의할 것을 유시하였다.

승도 중에는 응부(應付)와 대처(帶妻)한 도교의 화거(火居) 두 종류가 있는데 많은 백성들이 이들의 이름을 빌어 간악을 행하고 법률을 어겨 기탄없이 행동하니 도첩지급 방법을 다시 논의토록 한 것이다.[49] 당시 응부승이라 칭하는 자는 가족을 분리하여 대대로 전택을 지키며 술을 마시고 고기를 먹는데 거리낌이 없었으며 심지어는 처자가 있는 자도 있었다. 이에 황제는 직성 독무로 하여금 주·현에 신칙하여 호적을 살펴 조사하는데, 명산 고찰의 십방총림(十方叢林) 혹은 성시(城市)에 있으나 도첩을 지급받고 계율을 준수하는 자, 폐호(閉戶)로 행동이 깨끗한 자는 불문하지

---

47 『청 고종실록』 권2, 옹정 13년 9월 기미조.
48 위승(僞僧)으로 불교에 또 사회에도 폐를 끼치는 승려를 숙정하고 무뢰도가 불교교단에 잠입하지 않도록 하였다.(옹정 13년 12월 경진조 및 건륭 원년 2월 기축조)
49 『동화록』건륭 2. 옹정 13년 12월. 옹정제는 무뢰도가 승려 속에 포함되는 점을 우려하였다.

만, 그 밖의 응부승은 조사하여 환속을 원하는 자는 허가토록 조치하였다.[50] 그러나 황제의 뜻이 잘못 전달되어 많은 폐단이 속출하자 건륭제는 이 조치가 승려를 보호하려는 것이지 승려에게 고통을 주려는 것이 아니라는 뜻을 밝혔다. 이에 예부는 다음과 같이 결정하였다. 첫째, 도첩 발급은 순천부, 봉천부, 직성 독무에게 문서를 보내 당해 지방관에게 신칙하여 각 승려의 연모(年貌)・적관・분수처에 대한 청책(淸冊)을 편조하고 보증서를 구비하여 도장을 찍어 해당 독무에 보고한 후 예부에 알리도록 하였다. 둘째, 응부승을 청사(淸査)케 하였다. 응부승은 당해 지방관이 조사하여 신심(信心)으로 출가하여 수계를 받으려는 자에게만 도첩을 지급토록 하였다. 만약 수계를 원치 않는 자가 있으면 환속시켜 보갑에 편입시켜 민으로 삼았다. 셋째, 승니의 관리방법이다. 승니는 승도의 예에 따르는데 환속을 원하는 자는 허락하고 원치 않는 자는 잠시 도첩은 지급하지만 제자를 받아들이지 못하게 하였다. 부녀로 40세가 되지 않은 상태에서 출가하려는 자는 지방관이 엄격히 금지케 하였다. 넷째, 사관의 재산을 청사하는 것을 금지하였다. 이러한 과정을 거쳐 건륭 원년에 도첩을 발급하는 제주(題奏)제도를 제정하였다. 동 2년부터는 독무가 상주 보고하는 제도가 개시되었다.[51]

동 5년에는 독무가 연말에 감소된 승려의 실수를 상주할 것을 요구하였다. 그 결과 다음해부터는 황책을 갖추어 상주하게 하면서 청책을 구비하여 예부에 보고하게 되었다. 그러나 동 7년이 되자 5년마다 정(丁)을 조사하여 예부에 보고하는 것을 정지하였고, 동 19년에는 독무가 연말에 승려의 감소된 실수를 주문하는 것을 정지하였다. 동 22년 보갑제를 시행하면서 승강사가 승려를 담당케 되었다.

---

50 『청 고종실록』 권6, 옹정 13년 11월 신축조.
51 『청 고종실록』 권23, 건륭 원년 7월 기유조.

청조의 부단한 승려 감소책에도 불구하고 각 성에서 보고하는 책적은 승니의 다과가 같지 않았다. 지방관은 단지 감소시킨 승려의 수만을 기록하고 증가한 승려의 수는 기록하지 않았던 것이다.[52] 동 18년에는 민중을 모아 비적이 되는 무리의 대부분이 간사한 승려의 주모자로 평시에는 어리석은 백성을 현혹하고 점차적으로 커다란 사건을 만드니 황제는 지방 문무관에게 건륭 원년의 승도의 예에 따라 도첩제를 실시할 것을 유시하였다. 그러나 동 19년(1754)에 '승도의 도첩은 본래 중요하지 않은 일에 속한다. …… 이를 기록으로 남겨 영원히 정지토록 하라'[53]고 하여 당대 이후 시행되어 온 도첩제가 이 시기에 이르러 폐지되게 된 것이다. 그러나 이 제도가 완전히 이행된 것 같지는 않다. 왜냐하면 동 39년에 도첩 발급을 중지하면서 예부는 "건륭 4년 이후 아직 도첩을 발급하지 못한 승려는 지방관이 조사하여 발급하고 승강사 등의 승관의 선발에 대비하십시오"라는 제안이 보이기 때문이다.[54]

강희 6년(1667)의 통계에 의하면 승려 수는 110,792명, 니(尼)는 8,615명으로 합계 119,407명이었다.[55] 건륭 3년 이후 승려 감축 정책이 상주되었지만, 건륭 원년부터 4년 사이에 순천부·봉천부·직예 각 성에 지급한 도첩은 이미 34만 112장에 달하였다.[56] 여기에 초수생도 1인과 사도(師徒)를 합치면 60여 만에 이른다. 명대의 승도 수는 6만 명 정도였으나, 중기 이후 몽골 에센의 침입으로 인한 변방의 군비조달과 구황정책 등의 요인으로 인해 재정부족을 보충하기 위해 매첩제를 실시하면서 도첩이나 이름을 기재하지 않은 공명도첩을 발급하여 승도의 수가 50만 명에 달하였다.

---

52 『청 고종실록』 권241, 건륭 10년 6월 을축조.
53 흠정 『대청회전사례』 권501, 예부 방기 「승도」.
54 흠정 『대청회전사례』 권501, 예부 방기 「승도」.
55 흠정 대청회전사례』 권501, 예부 방기 「승도」. 당시 도사는 21,286명으로 승(僧)과 도(道)의 비율은 약 5:1이다. 근대 고승 太虛의 『整理僧伽制度論』에는 청 말의 승니 수를 80만 명으로 보고 있다.
56 흠정 『대청회전사례』 권501, 예부 방기 「승도」.

청조에 들어서 순치제가 은의 납부에 의한 도첩발급을 금지하였지만 산서 도어사 과원(戈源)이 "건륭 원년부터 4년까지 승도 중 도첩이 없는 자는 이미 34만 명입니다. 그 결과 동 41년에는 각 성의 매년 편조하여 발송하는 승도사주청책(僧道四柱淸冊)은 정지되었습니다"라고 하는 상주[57]를 통해 건륭 전기의 승도를 청리(淸理)하는 주요 조치가 방기되어 이후 승도의 숫자가 정확히 파악되지 않고 있었음을 짐작할 수 있다. 상건화의 논증에 의하면, 건륭연간 도첩을 소유한 승도에 생도를 더하면 68여 만명에 달하였고, 도첩이 없는 자들까지 포함하면 70만 명 이상에 달하였을 것이라는 것이다.[58] 그런데 과원은 "건륭 4년부터 지금(건륭 39년)까지 사사로이 머리를 깎은 자는 수백만 명 밑으로 내려가지 않는다"라고 하는 상주에서 청 중기 이후 승도의 수가 명대와 비교할 수 없을 정도로 대단히 증가하였다는 사실을 짐작할 수 있겠다.

청조가 승려에게 도첩발급을 엄격히 제한한 것은 이들에게는 차역의 의무가 없었기 때문이다. 한대에 불교가 전래된 이후 청말까지 승려는 '역역면제(力役免除)·조세불면제(租稅不免除)'가 원칙이었다.[59] 『십조성훈(十朝聖訓)』 세종 옹정 13년(1735)년 조에,

> 사민 중에 농부가 가장 힘들게 식량을 만든다. 또 공인이 없으면 곤란하다. 학자도 필요하다. 상인은 사리사욕에 현혹되어 멋대로 일을 하지만 이들을 사용할 용도가 있어 제왕은 관리로 하여금 이들을 통제하고 있다. 승려는 완전히 무용지물이다. 응부승과 같은 무위도식의 무리가 많다. 1인의 승니가 도식(徒食)하기 위해서는 3,4인의 농부가 비 오듯이 땀을 흘리지 않으면 안 된다. 지방관은 사원의 내용을 잘 조사하

---

57 승도사주청책은 건륭 13년 황제의 허가를 맡고 만들어지게 되었다.(흠정 『대청회전사례』 권 501, 예부 방기 「승도」 및 『청 고종실록』 권960, 건륭 39년 6월 계사조)
58 상건화, 앞의 논문, p.108 참조.
59 諸戶立雄, 전게서, 제3장 3절 「唐代における僧侶の租稅負擔について」, 平河出版社, 1990 참조.

여 환속시키든가, 도첩을 확실히 지급하든가, 제자를 육성시키지 말든가 하라.

라고 하여, 승려의 무위도식을 규탄하였다. 이 점은 명대의 황제들도 승려가 요역과 세금을 면제받는 조치를 극렬히 비난하였던 사실과 일맥상통한다.[60]

일반적으로 승려가 많아지면 호구가 감소하여 세금이 줄어드는 문제가 나타난다. 명대의 사대부들이 지적하는 것처럼 청대에도 승려는 경작하지 않고 일에 종사하지 않는 존재, 식량을 백성들에게 의지한다는 존재로 인식하였다. 또한 사찰을 창건함에 있어서도 백성들의 재정을 소모하는 문제가 있기 때문에 통제한다는 논리이다.[61] 그러나 강희 말년에 인두세가 폐지되고 단지 지묘세만 거두자 농민들은 더 이상 출가하여 세금을 회피할 이유가 없어져 그동안 누려오던 승도의 경제적 우월성도 사라졌다고 할 수 있다.

Ⅳ. 사찰 건립의 통제

명대는 사찰의 중건과 수리를 철저히 통제하였다. 청조의 사(寺)·관(觀)·암(庵)·원(院)에 대한 규정을 보면

"이전에 설치된 사·관·암·원을 제외하고, 사사로운 창건·증치를 불허한다. 이를 어기는 자는 장 100에 처한다. 승려는 환속시켜 변원(邊遠)에 보내 충군시킨다. 승니·여관은 관에 들여보내 노(奴)로 삼는다"라고 하여 엄격히 사찰 창설 및 증치를 금지하였다. 게다가 사찰터와 재료는 관으로 들여보내고, 민간에서 사관을

---

60 서인범, 「명 중기의 매첩제 연구」, 『동양사학연구』 85, 2003.
61 『대청률』, 戶律戶役 「輯註」.

창건하려는 자가 있으면 반드시 독무에게 주문을 갖추어 보고하여 황제의 지를 받든 후 비로소 영건(營建)을 허락하였다.[62] 사찰만이 아니라 불상의 조영도 엄격하게 금지하였다. 순치 2년에 경성 내외에서 멋대로 사찰의 불상을 조영하는 것을 금지하였다. 불상을 조영하는 경우에는 반드시 예부에 보고해야 했다. 물론 현재 사찰에 안치되어 있는 불상을 훼손해서도 안 되었다.

일찍이 순치 11년(1654)에 사묘의 창건을 금지하였다.[63] 그러나 실제적으로 보면 순치제는 사찰을 조영하고 수리하기도 하였다. 예를 들어보자. 자도사(慈度寺)는 쌍황사(雙黃寺)와 함께 라마가 거주하는 곳으로, 이 사찰 북쪽에 후흑사(後黑寺)가 있는데 순치 2년(1645) 찰한라마(察罕喇嘛)가 성경(盛京)으로부터 오자 정황기 교장 북쪽 터에 모화(募化) 창건하였다. 동황사(東黃寺)는 달랄라마(達剌喇嘛)가 제번(諸藩)을 이끌고 순치연간에 내조하자 칙을 받들어 보정선림(普靜禪林)을 건립하여 주석케 하였다.

강희제도 사찰을 중건하고 어제비문을 세우거나 편액을 하사하였다. 강희제가 탕금을 내어 수운사(岫雲寺)를 짓게 하고 이름을 하사하자 일시에 많은 승려가 운집하였다. 부노(父老)들이 못을 파 연꽃을 심어 연지대회(蓮池大會)라고 하였다. 대자관음사(大慈觀音寺) 북쪽에 있는 옥하향관음사(玉河鄕觀音寺)는 강희제 초년에 승 악수(樂修)가 거듭 이를 새롭게 조영하였고, 동 25년(1686) 봄에 황제가 이곳에 행차하여 사찰 누각에 '기흥고원(寄興高遠)'이라는 4자의 제액을 걸어주었다.[64] 염화선사(拈花禪寺)는 숭문문(崇文門) 밖에 있고 임구(臨胊) 풍부(馮溥)의 별장이다. 원대 염희헌(廉希憲)의 만류당(萬柳堂)을 사모하여 본떠서 이름을 붙였다. 강희제 시대에

---

62 『大淸律例』 권8, 戶律戶役 「私創庵院及私度僧道」.
63 무너지고 붕괴된 사찰을 수리하는 경우에는 그 편리에 따르도록 하였다. 단 넓고 크게 건축하는 것은 불허하였다.(흠정『대청회전사례』 권501, 예부 방기「승도」)
64 광서『순천부지』 경사지17, 寺觀2 「郭外寺觀」.

박학홍사과를 열어 대조자(待詔者)들이 이곳에 항상 모여들었다. 금(金)대의 사찰인 서류촌사(西劉村寺)를 명 천순(1457~1464) 초에 승 보혜(普惠)가 중수하고 상의감 태감 요병(廖屛)이 상주하여 굉자광제사(宏慈廣濟寺)라고 사액 받았다. 만력 11년(1583)에 외척인 팽성백(彭城伯) 장수충(張守忠), 혜안백(惠安伯) 장원선(張元善)이 중수하였고, 재차 강희 38년(1699)에 중수하자 사찰에 금으로 된 석가・관음・보현상을 사여하였다. 또 사찰 내에 금불상이 있는데 강희 9년에 고형(高珩)이 중수하였다. 그가 쓴 중수불상기(重修佛像記)에 의하면 병화(兵火)이래 모양을 분별할 수 없을 정도로 훼손되자 공부상서 순무 기보(畿輔) 첩헌왕공(捷軒王公) 태부인(太夫人) 유씨(劉氏)가 자금을 보조하여 새롭게 만들었다고 한다.[65] 강희 43년에 연희궁이 황제를 따라 이곳을 지나다 사찰이 무너진 것을 보고 선사에게 이 사찰에 주석토록 하고 다시 재건하도록 명하였다. 동 51년에 중건되자 광통사라는 사액을 하사받았다.[66] 명대에 건립된 용화사(龍華寺)는 강희 52년 칙명에 의해 서응사(瑞應寺)로 개칭되었는데 이부시랑 탕우증(湯右曾)의 비문에 의하면 이해 3월 18일은 황제의 탄생일이었다. 서응사는 좌도어사 규공(揆公)의 축리처(祝釐處)였다. 용화사 옛 터에 공이 새롭게 만들어 황제에게 보고하자 강희제는 이에 가명(嘉名)을 하사하였던 것이다.[67]

강희제는 홍경(興京)・성경(盛京)과 경사 사찰의 승도는 황제의 지(旨)로 설치하는 외에 전대에 칙으로 세운 사묘는 각각 승도 10명을, 사적으로 건설한 대사묘(大寺廟)는 각각 8명을, 그 보다 작은 사묘는 6명을, 소사묘(小寺廟)는 4명을, 아주 작은 사묘는 2명을 두도록 하였다.[68] 동 6년의 통계에 의하면 직성의 황제의 칙으로 건립한 대사묘는 6,073곳, 소사묘는 6,409

---

65 광서『순천부지』경사지16, 寺觀1「內城寺觀」.
66 광서『순천부지』경사지17, 寺觀2「郭外寺觀」.
67 광서『순천부지』경사지16, 寺觀1「內城寺觀」.
68 흠정『대청회전사례』권501, 예부 방기「승도」.

곳, 사적으로 건립한 대사묘는 8,458곳, 소사묘는 58,682곳으로 합계 79,622곳이다.[69] 동 50년(1711)에 강희제는 "직성의 창건한 사묘가 백성의 토지와 집을 점거하였다. 사묘가 완성되면 우민이 승도의 일용을 위해 은전을 모으고 토지를 구매하여 (사묘에) 주어 백성의 토지가 점차적으로 감소하게 된다. 게다가 유민을 승도에 충당하고 도망하거나 범죄자를 은닉하여 불법을 행사하여 지방을 소란케 한다"라고 유시하여 사묘 건립의 폐단을 지적하였다.[70] 그러나 사찰의 창건을 금지하였음에도 불구하고 강희제 재위 중 사묘의 편액을 기록한 숫자만도 1,000여 개에 달하였다고 한다.[71]

불교를 옹호했던 옹정제도 강희제가 건립한 옥하향 관음사에 탕금을 내어 중수하고 어제비문을 사찰 내에 세웠다. 동 11년 또 탕금을 내어 광통사를 중수하고 황제의 비문을 세웠다.[72] 원명원 근처에 있는 혜복사(慧福寺)는 원래 청방암(淸芳菴)이었는데 혜복이라고 사액 받았다.

건륭제도 강희제가 성감(聖感)이라고 하사한 사찰에 탕금을 내어 수리케 하였고 어제비문을 지었다. 이듬해 대학사 충용공 부긍(傅恆)이 금천(金川)의 공적으로 황제의 명을 받아 옛 사찰을 새롭게 하고 실승(實勝)이라 불렀다. 이 해 황제는 실승사를 건립할 때 남은 재목으로 범음사(梵音寺)를 새롭게 건립토록 하였다. 부성문(阜成門) 밖 3리에 있는 원각선사(圓覺禪寺)는 건륭 16년에 중수하였는데 본래 이 사찰은 옹정 8년 지진이 발생하여 점차 폐허가 되었다. 주지 제장(際長)은 천하에서 선신(善信)을 두루 모집하였고 황제로부터 백금 500냥을 하사받아 1년간에 걸쳐 수리하였다. 동 27년에 건립을 시작하여 6년에 걸쳐 완성한 보상사(寶相寺)는 동

---

69 흠정『대청회전사례』권501, 예부 방기「승도」.
70 『청 성조실록』권248, 강희 50년 12월 정묘조 및 흠정『대청회전사례』권501, 예부 방기「승도」. 강희제는 통제를 한 것이지 금지를 한 것은 아니다.
71 『淸鑒綱目』권2,「成祖仁皇帝記」. 이 해 직예 각성은 지방관에게 사묘를 창건하지 못하도록 조치하였다.
72 광서『순천부지』경사지17, 寺觀2「郭外寺觀」.

26년에 성모의 축리(祝釐)를 위해 황제가 오대산(五臺山)에 행차하고 수상사(殊相寺)에 참예하였다. 황제가 궁정에 돌아 온 후 수상사의 문수상을 본뜨게 하였고, 사찰을 지어 이 상을 그 곳에 보관케 하였다.

청 말의 사찰 건립 상황에 대해서는 밝혀야 할 부분이 많지만 사찰 건립 기사나 중수 기사가 대단히 적다. 단지 광서『순천부지』에는 도광 11년(1831)에 유리창(琉璃廠)에 있는 홍승사(興勝寺)를 중수하였다라든가, 좌안문(左安門) 밖에 있는 화엄사는 명대 이후 무너졌는데 광서 2년(1876)에 한 승려가 먼지를 닦아내고 전우(殿宇)를 다시 세웠다든가 하는 정도의 기사만을 추출해 낼 수 있을 정도이다.[73]

V. 거사불교의 발흥

본 장에서는 거사불교의 대표자인 소주·장주출신인 팽소승과 그의 교유관계, 그리고 금릉각경처(金陵閣經處)의 창설자로 중국근세불교사상에 특필할 만한 호법활동을 펼친 양문회(1836~1910)를 중심으로 살펴보기로 하다. 또한 팽소승의『거사전』에 등장하는 인물들의 출신지역과 사상을 통해 거사불교 성격의 일단을 규명하고자 한다.

1. 팽소승과 불교 신앙

팽소승은 강남 사대부 계급의 전형적 가계 출신이다.[74] 이름이 제청(際

---

73 광서『순천부지』경사지16, 寺觀1「外城寺觀」.

▍팽소승

淸), 자는 윤초(允初), 혹은 척목(尺木)이라 한다. 양계(梁谿)의 고충헌(高忠憲)과 여산의 유유민(劉遺民)의 인물됨을 사모하여 호를 이림(二林)이라고 하였다.[75] 어려서 총명하였고 16세에 제생(諸生)이 되었다. 이듬해 향시에 합격하였으며 건륭 22년(1757) 진사가 되었다. 처음에는 불(佛)을 믿지 않았고 세간의 문자를 좋아하여 뜻을 이제(利濟)에 두었다. 문득 자성하여 자신의 마음이 어떠한지를 명확히 하지 못하자 도가의 수련법을 익혔다. 3년간 공부해도 효과를 얻지 못하자 불서를 읽고 마음이 상쾌하여 도가 돌아갈 곳은 불이라고 단언하였다. 이에 비로소 불을 믿고 숭상하게 된다.[76] 그의 성품은 순수하고 효도하여 모친상을 당해서는 3년간 빈소에

74　牧田諦亮, 앞의 책, p.236 참조. 『淸史列傳』 권72에 그의 열전이 기재되어 있다.
75　고충헌과 유유민의 수학지가 동림이기도 하였다.(彭希涑,『淨土聖賢錄續編』권2,「팽소승」)

서 거주하였으며 부친상 때는 염불도량(念佛道場)을 세웠다. 평일에는 부친의 왕생정토를 위해 『화엄경』 10부, 『미타경』 1,000부, 『금강경』 1,000부, 염불 1,000만을 암송하였다. 술과 고기와 오신(五辛)을 금하였으며 연사(蓮社)를 형성하여 염불을 하고 방생회 등의 불교행사를 행하였다.

그런데 팽소승이 직접적으로 불교를 받아들이는 계기를 만든 이는 설가삼(薛家三 : 起鳳)이었다. 그는 장주 출신으로 어려서 부모를 잃고 외할아버지 밑에서 자랐다. 학문을 하면서 중간 중간에 외할버지와 불법을 논하였으며, 곧바로 깨달았다고 한다. 팽소승이 이 가삼에 대해 서술하는 부분 중에,

> 나는 처음에 불(佛)을 알지 못하였다. 가삼은 자주 나에게 불(佛)에 대해 이야기하였다. 내가 웃으면서 말하기를 '나와 그대는 유방(游方)의 내자(內者)이다. 어찌 불(佛)을 섬기는가?' 가삼이 말하기를 '그대는 스스로는 불(佛) 밖에 있으려 하면서 불(佛)의 밖이 없음을 알지 못하는가? 그대는 어찌하여 안이라 하는가?' 라고 하였다.

팽소승은 윤회의 설을 믿어도 되는 문제에 대해 설가삼에게 묻고 그에 대한 대답을 듣고 불교를 숭상하는 마음이 이로부터 시작되었다고 서술하였다.[77]

중국에서 유·불이 서로 다투는 것은 오래되었는데 송대 이후 유학을 도(道)하는 자가 더욱 벽불(闢佛)에 기뻐하였다. 명대 왕양명이 양지의 학문을 주창하면서부터 불교에 입문하는 자는 수를 셀 수 없을 정도였다. 그런데 근 100여 년간 양명학이 쇠퇴하면서 정주의 학을 도(道)하는 자가 나타나 문호를 세워 성부(城府)의 구멍을 뚫자 유불의 경계는 거듭 형극을 만들어냈다. 이러한 상황 하에서 팽소승은 친우 왕진(汪縉)과 함께 고인의 서

---

76 彭希涑, 『淨土聖賢錄續編』 권2, 「팽소승」.
77 『湖海文集』 권60, 行狀 「薛家三述」.

를 읽고 동이(同異)를 변별하여 주자학과 양명학을 말하였다.[78] 팽소승은 자신이 배웠던 것을 모두 버리고 오로지 불교의 가르침에 마음을 쏟았다. 양명학의 발전이 거사불교 발흥의 하나의 요인으로 작용하였던 것이다.

그는 양명학을 연구하는 동시에 불교를 연구하고 보살계를 받아 엄숙한 계율생활을 하였다. 유학은 단지 공명(功名)의 학에 지나지 않는다고 인식하였다. 그가 불교에 귀의하게 된 것은 자백대사 진가(眞可)의 문집을 읽은 것이 인연이 되었다. 그는 방산(方山)과 영명(永明)의 서(書)를 좋아하였고, 더욱 명말 4대사의 한 사람인 운서(蓮池大師 袾宏), 감산대사 덕청을 정토의 전도라고 추거하였다.[79] 재가불교 발흥의 또 하나의 요인이 명 말에 출현한 4대사의 영향이 컸다는 것을 알 수 있다. 특히 운서주굉의 사상적 배경은 화엄종으로 「참구염불(參究念佛)」을 극력 주장한다. 명 말의 거사들은 염불을 주요 수행방법으로 삼았다.[80]

청조는 사회의 위계질서와 화합을 중시하는 유교윤리를 농촌과 도시의 민간에서 주입시켜 사회질서를 유지하고 사상을 통제하여 황권을 유지하고자 하였다. 거사불교가 싹트기 시작한 강희연간에 황제는 많은 학자를 동원하여 도서 편찬을 하였을 때는 지식인을 우대하였으나, 일찍이 변발 강제 등 지배 핵심에 저촉되는 경우에는 가혹한 조치를 게을리 하지 않았다. 강희 2년 절강 부호 장정롱(莊廷鑨)이 『명사고(明史稿)』를 입수하여 여기에 숭정조를 보충하여 『명사집략(明史輯略)』을 편집하였는데 글 중에 청조를 꺼리는 기사가 있자 고발을 당하여 74명이 사죄를 받았다. 또 동 55년에는 대명세(戴名世)가 명대의 고사를 연구하여 그의 저서 『남산집(南山集)』에서 명조 멸망 후의 영력의 연호를 사용하여 일족이 사형을 당하였다. 소위 청조의 문자의 옥의 시작인데 이러한 지식인의 사상 통제가

---

78 왕진, 『汪子文錄』 권10, 「傳二墓志哀詞講義偈頌附錄」 및 『湖海文集』 권60, 行狀 『汪大紳述』.
79 『一行居集』 권6, 「四大師傳」 및 彭希涑, 『淨土聖賢錄續編』 권2, 「팽소승」.
80 석성암, 앞의 글, p.9 참조.

거사불교를 발흥하게 하는 하나의 요인으로 작용하였을 것이다.

팽소승은 소주 영엄산에 거주하고 있던 문학선사에게 불교를 배우고 보살우바새계(菩薩優婆塞戒)를 받고 정토교의 신앙에 빠져들게 되었다. 그는 계율을 엄수하고 조의조식(粗衣粗食)의 생활을 하였다. 호법의 정신이 두터워 송·원의 유자가 불교를 공격한데 대해 『일승결의론(一乘決疑論)』을 저술하여 유자의 몽매함을 깨우치고 유·불의 조화를 주장하였다. 이 외에도 그는 도교를 연구하여 유·불·도의 3교 조화운동을 제창하고 불교의 흥륭에 크게 공헌하였다. 그는 부친의 죽음 이후 문성각에 거주하며 오로지 저술과 칭명염불(稱名念佛)에 정진하였다.

그의 불학연구는 저술만이 아니라 실천면에 있어서도 방생(放生)·석자(惜字)·휼리(恤嫠)·반승(飯僧)·각경(刻經)·시의(施衣) 등 여러 부분에서 선행을 하였다. 이들 사업 자금을 마련하기 위해 850무의 토지를 출연하였으며,[81] 염불의 실천만이 아니라 생류애호(生類愛護), 빈민구제, 반승공양(飯僧供養), 경전인각(經典印刻) 등 여러 분야에서 선행을 행하였다. 그의 종제(從弟)인 팽희속(彭希涑)도 그에게 감화를 받아 정토염불의 신앙으로 살아간 거사로, 『정토성현록(淨土聖賢錄)』 9권을 저술하였다. 또한 팽소승과 팽희속의 사상적 영향을 받은 호연(胡延)은 『정토성현록속편(淨土聖賢錄續編)』 4권을 저술하였다. 이들 거사들은 선과 염불을 표리일체로서 실천하고 있는 점에 특색이 있다. 팽소승과 시대가 거의 같고 불교를 신앙한 나유고(羅有高:臺山), 왕진(大紳, 1725~1792)이 있는데, 장지동(張之洞)은

> 3인은 모두 이학(理學)이지만 석전(釋典)도 아울러 통하였다. 이들은 국조 이학의 별파(別派)가 되었다.

---

[81] 그를 오랫동안 수행한 從子 彭祝華가 『一行居集』의 발문에서 지적하고 있다.

라고 하여, 유교적 흐름을 같이 하고 있으면서도 불교를 신봉하고 있었다.[82] 팽소승의 편저에 공헌을 끼친 이는 염불행자였던 왕진으로 정·주·육·왕학에 정통하고 불교·도교·유교의 일치를 설파하였다. 왕진도 팽소승이나 나유고와 교류하였으며, 건륭 40년 진사가 되어 소주부 교수가 된 유창언(俞昌言)은 팽소승과 함께 선학을 하였다.[83] 또한 팽소승은 서금 출신으로 진지한 염불행자였던 나유고와도 깊은 교유 관계를 맺었다. 양계초(梁啓超)는 『청대학술개론』에서 "건륭시기에 이르러 팽소승과 나유고가 불교에 독실하고 뜻을 두어 신앙하였다"고 서술하였다. 그러나 정통파의 입장에서 보면 팽소승과 나유고 등의 거사는 음란하고 편벽하였다.[84]

양계초에 의하면 공자진은 불교학을 팽소승에게 배웠고 만년에는 보살계를 받았다. 위원(魏源)도 마찬가지로 이 두 사람이 금문학가로부터 추대받았기 때문에 금문학가는 대체적으로 불교학을 함께 연구하였다.

2. 양문회의 교육활동

양문회는 안휘출신으로 자는 인산(仁山), 혹은 심류대사라고도 불려진다. 증국번이나 이홍장 등이 그를 관계에 추천하였으나 끝내 응하지 않고 평생을 각경(刻經)에 종사한 인물이다. 그는 『기신론(起信論)』을 읽고 불교를 이해하고 재차 『금강경』·『능엄경』 등을 통독한 후 불교에 귀의하였다. 그의 신앙은 『기신론』을 근거로 하고 있고 『법화경』·『화엄경』·『유식론』을 더하여 최후에는 정토로 귀결하였다. 그는 광서 23년(1897)에 남경에 금릉각경처를 설립하고 불전의 간행과 보급에 공헌하였다. 그는 근세불교의 중흥조일 뿐만 아니라 강유위·양계초·담사동·장병린 등에게

---

82 장지동, 『書問答目』 集部 「理學家」. 이들은 古文家이기도 하였다.
83 가경 『직예태창주지』 권37, 「인물」.
84 牧田諦亮, 앞의 책, pp.242~243 참조.

커다란 영향을 끼쳤다.[85] 그는 홍수전(洪秀全)에 의해 파괴된 중국 불교 부흥의 단서를 연 인물로 불전의 출판 사업에 전념하였다. 그는 불교가 부흥하기 위해서는 불전의 수가 자유롭지 않으면 불교 연구가 가능하지 않다고 보고 금릉각경처를 설립하여 불서 간행사업에 종사하였다. 당시 홍수전에 의해 폐불이 결행되고 있어 불서를 손에 넣는 일이 거의 불가능하였다. 저본을 획득하는 일도 어려웠다. 마침 그가 제2회 유럽 유학 중에 일본의 난죠분유(南條文雄)와의 교제를 맺은 것을 계기로 일본으로부터 불서를 수입할 것을 약속하고 인쇄사업을 추진하게 되었다. 이렇게 불서 출판에 심혈을 기울이면서, 화엄·열반 외에 일체의 대승·소승 경전이나 중국 선술(選述)의 불서 2천 수백 권을 출판하였다. 그는 널리 불교 제경전(諸經典)에 정통하고 제종통일(諸宗統一) 사상을 주장하였지만 신앙은 미타염불을 취지로 삼고 정토신앙을 강조하였다. 그는 단순히 출판 사업에 전념하였을 뿐만 아니라 많은 저술 활동을 통해 불교 선양에 노력하였다. 왕매적(王梅寂)·조혜보(趙惠甫) 등과 함께 불교의 홍통(弘通)을 행하고 많은 문제(門弟)를 육성하는데도 힘을 쏟았다. 그의 금릉각경처 사업은 많은 그의 문제(門弟)들이 중심이 되어 간행한 것으로 현재 중국의 불서는 대부분 이 각경처에서 출판된 것이다.

불교 학교의 개설이나 불교연구회의 설립을 통해 불교에 관계하는 많은 인재를 육성하였을 뿐만 아니라 동란의 시대에 사회의 변혁을 꿈꾸는 자들도 참가하였다. 예를 들면 정치유신운동에 목숨을 바친 청 말 사상계에 커다란 충격을 준 '인학(仁學)'의 저자 담사동(譚嗣同)도 양문회의 활동에 참가한 한 사람이었다.

양문회의 불교 사상의 성립과정을 보면,

---

85 진계동, 앞의 책, pp.29~50 참조.

┃ 강유위

약관으로부터 지금까지 불교의 학문으로 마음을 다스리고 도교의 도로 세상을 대하였으며, 사람들과 사귀었을 때 겸양을 먼저 하였다.

라고 하여 불교와 도교로 세상을 살아갔던 것이다.[86] 또한 위원이 편찬한 『정토사경(淨土四經)』을 재간하기 위해 양문회에 위해 쓰인 「중간정토사경발(重刊淨土四經跋)」에,

내가 처음으로 불법을 들었을 때 단지 선종을 숭상하였다. 정토의 경론을 보아도 바로 개의하지 않았다. 생각해보니 저상장엄(著相莊嚴)이 요의(了義)의 설이 아니기 때문이다. 운서의 제서(諸書)로 심오한 지를 선양하는 것을 보고 정토 1문이 널리 군기를 받아 널리 말법의 시대에 유전하는데 실로 고해의 주항(舟航)이고 입도

---

[86] 『等不等觀雜錄』권5, 「與陳南陔采蘭書」.

(入道)의 사다리임을 처음으로 알았다.

라고 하여, 양문회는 처음에 선을 받들고 정토를 경시하였으나 나중에는 정토를 불교의 귀착지로 간주하였다. 그는 교승(敎乘)에 박람하여 불에 열심이었고 경서의 유통을 자신의 임무라고 생각하였다.[87]

양문회는 자신이 처음으로 불법을 배웠을 때 연지(蓮池)·감산(憨山)에 사숙하고 거슬러 올라가 당대의 법장과 징관(澄觀), 더 올라가면 마명(馬鳴)·용수(龍樹)에 귀의하였다고 한다. 그러면서,

> 이 두 보살은 석가의 유교에 있어서 대도사(大導師)이고 인도·중국의 교율선정(敎律禪淨)이 모두 귀의하는 곳이다. 그 규범에 따라 학생을 가르치면 결코 사람을 그르치지 않는다.

라고 단언하였다.[88] 그는 중국 불교를 진흥하는 방법으로 단지 석씨학당을 개설하지 않으면 안된다고 생각하였다.[89]

Ⅵ. 『거사전』의 분석

거사명	출신	관직	비고
최응괴(崔應魁)	북경 영평(永平)	의인(醫人)	강희 27년 졸(卒)

---

87 『戊戌政變記』권6, 「殉難六列士傳譚士同傳」.
88 『等不等觀雜錄』권6, 「與某君書」.
89 진계동, 앞의 책, p.456 참조. 1907년 양문회는 석씨학당의 초안을 작성하였다. 이듬해 10월 기원정사를 정식으로 개설하였다.

장호신(蔣虎臣)	강소 진강부 금단현(金壇縣)	한림원 수찬	독순천학정(督順天學政)
이생(李生)	강서(江西)	·	불지기명자(不知其名字)
엄중각(嚴仲慤)	희흥(喜興)	·	법명:대참(大參) 자호 : 역도인(轢道人)
송문삼(宋文森)	강소 소주부 장주(長洲)	·	이름: 세륭(世隆). 강희41년 비질(脾疾)
필자람(畢紫嵐)	강남 흡현(歙縣)	·	명 : 기(奇). 강희47년 졸(卒)
주안사(周安士)	강소 소주부 곤산(昆山)	제생(諸生)	명 : 몽안(夢顔). 일명:사인(思仁) 강희38년 남순(南巡)
지귀자(知歸子)	·	·	불전기성명(不傳其姓名)

※ 출전 : 팽소승,『거사전』권53~56.

『거사전』에 등장하는 인물들의 대부분은 강남 출신으로 팽소승이 지역으로 인접하였던 인물들을 주로 등재하였다.『거사전』에 실려 있는 명대의 거사 78명 중 강소가 31명, 절강이 17명을 차지하고 있는 점에서 이 두 곳은 중국 문화중심지대였고, 또한 중국 불교의 무대이기도 하였다.[90] 숫자는 적지만 청대의 거사가 강남지역이 대부분이라는 것은 명대의 거사출신이 강남이라는 점과 무관하지 않을 것이다. 또한 거사들은 유교의 지식을 몸에 지닌 제생이나 한림원 수찬 등 지식인이었다. 그리고 이들이 살았던 시기도 대개가 강희연간인데 이는 팽소승이 건륭 연간에 활동한 탓으로 그 이전의 인물들에 초점이 맞추어졌기 때문이다.

그러면『거사전』에 실려 있는 청조의 인물들에 대해 간략히 알아보자. 먼저 최응괴는 어렸을 때 의사였는데 질병이 든 자가 치료를 청하자 비용을 논하지 않고 치료해 주었다. 만년에 불법을 배웠고 미질(微疾)이 있자 왕래하던 사람들에게 결별할 시기가 되었다고 말하였다. 중생들이 모여들

---

[90] 釋聖嚴,「明末的居士佛敎」,『華岡佛學學報』5, 1981.

어 그를 둘러싸고 평일처럼 똑같이 담소를 나누었다. 그는 웃으면서 말하기를 "만사는 무상이고 백년은 유한이다. 나를 의지하여 행하면 결코 서로 그르침이 없을 것이다"라고 하는 게송을 던지고는 세상을 떠났다.

장호신은 이름이 초금(超金)으로 순치 4년 진사가 되어 한림원 수찬이 되었다. 청조 과거제도의 규정을 보면 진사시의 우수한 합격자만이 한림원에 들어가고 곧바로 수찬이라는 직을 제수 받게 되는데 이로 보면 대단히 우수한 인물로 문장에도 뛰어났던 것 같다. 성품은 관대하고 후하여 베푸는 것을 좋아하고 항상 덕으로써 원한을 갚았다. 호신은 어렸을 때 누차 비구가 되는 꿈을 꾸었다. 경사에 있을 때는 대박화상(大博和尙)을 참예하였고 아미산의 복호사(伏虎寺)에 거주하기도 하였으며 유사(有司)가 아미지(峨眉志)를 고쳐줄 것을 그에게 청하기도 하였다. 성도(成都)에 이르자 질병이 들어 죽음을 맞이한다.

이생은 강서 출신으로 그 이름과 자(字)를 알지 못한다. 강희연간의 인물로 강한(江漢)간을 30여 년간 왕래하였다.[91] 부승(府丞)이라는 관직에 있는 자가 이생을 기이하다고 보고 관사에 맞아들였다. 이생이 수일간 묵고 길을 떠나게 되자 부승은 그에게 갈의를 주었으며 꽃을 머리에 가득 꽂았다. 거리를 거닐다 시장을 지나가게 되자 시장의 아이들이 다투어 빼앗으려 하였으나 그는 즉시 머리를 돌려 피하였다. 갈창(葛敞)은 실같이 가늘고 길었지만 풍설 중에도 스스로 태연자약하였다. 모두가 이생의 죽음에 대해서는 알지 못한다.

엄중각은 법명은 대참, 스스로 호를 역도인(轣道人)이라고 하였다. 법을 천동비은화상(天童費隱和尙)으로부터 받았다.

송문삼(1711~1802)은 장주 출신으로 부친이 문수보살이 아들을 품고 그에게 주는 꿈을 꾼 뒤 태어났다. 그래서 이름이 문(文)이었다. 4살 때 부

---

91 강희 중에 안모제(安毛際)라는 인물과 한상(漢上)에서 만났다는 기록이 보인다.

친에게 금강경을 읽을 것을 청하고는 바로 4구의 게송을 암송하였다. 장성하자 제생에 보(補)하였고 50여 세에 가족이 모두 죽자 마음이 울적해져 병이 들었다. 우연히 『화엄경』의 '무착무전(無着無縛)'이라는 해탈구를 보고 장재(長齋)를 하고 욕심을 끊고 매일 『금강경』을 암송하여 한 달여 만에 병에서 일어났다. 중추 저녁날 당 앞의 등불의 빛이 투탈(透脫)하지 않고 감개(感慨)를 깨닫지 못하자 조용히 앉아 참구(參究)하여 깨닫게 되었다. 송문삼은 주로 선 수행을 하였다.

필자람(?~1708)은 이름이 기(奇)로 강남 흡현 출신이다. 어려서 난을 피해 항주로 갔다 우연히 승사에 거주하여 『금강경』·『반야경』을 읽고 처음으로 불교를 믿고 신봉하게 되었다. 그는 계속해서 조사의 어록을 읽고 항상 승사에서 거주하면서 불계를 지키고 종일 명상하였다. 스스로 호를 나암(懶庵)이라 하였다. 밤에 누워도 꿈을 꾸지 않은 것이 20년이었고 처가 방문해 와도 곧바로 피하였으며 아들이 죽어도 곡하지 않았다. 소주 지형산 덕운암(德雲庵)에 가장 오랫동안 머물렀고 강희 47년 이 암자에서 생을 마쳤다. 필파도 주로 참선을 하였는데 마수산 성우(醒愚)에게 참선을 배웠다.

주안사(周安士 : 1656~1739)는 이름이 몽안, 일명 사인이라 하며 곤산 출신의 제생이다. 경장(經藏)에 널리 통하였고 깊이 인과를 믿었다. 안사는 신사(神祠)를 지낼 때마다 반드시 한마음으로 항상 아미타불을 생각하고 정토에 태어나기를 축원하였다. 강희 38년 황제가 남순하였을 때 황제를 양주 구룡교에서 맞이하여서는 소주·송강 지역의 쓸데없는 부세를 감면해 줄 것을 청하였다. 이 일은 시행되지는 않았지만 백성을 사랑하는 안사의 마음을 읽어낼 수 있는 부분이다.

지귀자(知歸子)는 그 성명이 전해지지 않는다. 평생을 희희낙락하게 살아 사람들이 그에 대해 알지 못한다. 팽소승이 보살계를 받고 부인을 다시는 가까이 하지 않고 있을 때 거사였던 지귀자는 스스로 "뜻은 서방에 두고 행동은 법강(法網)에 있다"라고 말하였다.[92] 나대산은 지귀자와 유구(游舊)라고 하였다. 주안사는 정토신앙을 하였으며 『서귀직지(西歸直指)』 등의 저술을 남겼다.

명 말의 중국 불교는 선과 정토가 주류를 이루고 있었다. 그리고 그들이 읽은 경은 『금강경』・『능엄경』・『법화경』・『아미타경』 등으로 이 중에서도 보편적으로 『금강경』과 『능엄경』을 중시하였다.[93] 청대 거사들도 명대의 거사처럼 대체적으로 『금강경』이나 『아미타경』, 그리고 『화엄경』을 읽었던 것으로 보인다.

Ⅶ. 청대 거사불교의 특징과 의의

청대의 황제들도 명대의 황제들처럼 표면적으로는 승록사라는 불교교단를 통해 불교를 통제하였다. 그 위에 도첩제를 엄격히 시행하여 일반 백성들이 승니가 되는 것을 금지하였다. 사찰에 요역을 회피하는 일반 백성들이나 도적들 그리고 무뢰배들이 몰려드는 것을 우려하여 사찰을 건립하거나 중수하는 것도 금지하였다. 그러나 명대의 황제들이 그랬던 것처럼 청조의 황제들도 내면적으로는 불교를 신봉하고 돈독하게 믿었다. 그 결과 강희 연간에만 사묘에 편액을 하사한 것이 1,000여 개에 달할 정도로 사찰 건립은 흥성하였다.

---

92 彭希涑, 『淨土聖賢錄續編』 권2, 「팽소승」.
93 석성엄, 앞의 글, pp.21~22 참조.

하지만 사찰이 대단히 많이 건립되었다고 해서 반드시 불교가 흥기하였다고는 말하기 어렵다. 청조는 사회의 위계질서와 화합을 중시하는 유교윤리를 농촌과 도시의 민간에서 주입시켜 사회질서를 유지하고 사상을 통제하여 황권을 유지하고자 하였다. 거사불교가 싹트기 시작한 강희연간에 황제는 많은 학자를 동원하여 도서의 편찬 작업을 시행하였을 때는 지식인 특히 강남출신을 우대하였으나, 변발의 강제 등 지배 핵심에 접촉되는 경우에는 가혹한 조치를 게을리 하지 않았다.

거사불교가 강희연간 이후 발흥하게 된 요인은 문자의 옥을 생각해 볼 수 있겠다. 지식인의 사상 통제가 거사불교를 발흥하게 하는 하나의 요인이었다. 왜냐하면 팽소승의『거사전』에 등장하는 인물들의 대부분은 강남출신이었다는 점이 당시 만주족 출신인 황제들이 정치적으로 한족지식인들을 억압하고 회유하려던 사회 분위기 속에서 태동하였다고 보기 때문이다. 이 외의 또 다른 요인은 양명학의 영향이라 할 수 있겠다. 명 중기 이후 왕양명이 양지의 학문을 주창하고서부터 불교에 입문하는 자가 수를 셀 수 없을 정도로 증가하면서 거사불교를 태동하게 하는 결과를 가져왔다.

거사불교의 특징은 학술사상과 교육활동에 있다. 이들은 문헌을 수집하고, 자신들의 정치적·경제적 우세를 이용하여 경서를 인쇄하고 법회를 조직하였다. 불학 교육기구를 개설하고 불교 간행물을 창간하여 사회에서 불교적 영향을 유지하였다. 팽소승을 중심으로 한 거사들의 움직임은 공자진·위원·유월 등 공양학파 학자들에 의해 중국불교사상에 한 시기를 획하는 거사불교의 전성기를 초래하였다. 그리고 이들의 불교학을 점차적으로 공양학자들이 배우기 시작하였다. 공자진·위원·유월 등이 바로 그들이다. 시대가 더 내려오면 장병린 무렵이 되면 천태불교나 화엄불교를 연구하는 자도 나타났다.

그러나 청 중기 이후 전통 불교정책은 쇠퇴하게 된다. 츠카모토 젠류(塚

本善隆)가 지적하듯이 건륭제 이후 비밀결사 종교 활동이 활발해지고 관권(官權)의 엄중한 통제에도 불구하고 반정부적 교비가 전국적으로 계속해서 빈발하였다. 이 민간 종교의 비밀화·비적화의 한 요인도 만주인 지배의 반감과 함께 종교 억압책에 대한 반항이었다.[94] 불교정책이 쇠퇴하게 된 또 하나의 요인은 사회문제였다. 1840년 아편전쟁으로 민족적 위기를 느낀 지식인들이 구국의 방안을 서양에서 찾으려 한 것이다. 서양의 근대적 자연과학과 사회과학이 중국의 청년이나 지식인들에게 상당한 흡인력으로 작용하였다. 전통문화와 불교로는 사회문제를 해결할 수 없다고 본 것이다. ▮ 서인범

---

94 塚本善隆, 앞의 책, pp.250~253 참조.

6 중국 근대 혁명사상에 미친 불교의 영향
- '평등' 개념을 중심으로 -

I. 중국근대 혁명과 '평등'의 가치

중국 근대시기 혁명사상에 미친 불교의 영향은 담사동(譚嗣同, 1865~1898)과 장태염(章太炎, 1869~1936) 철학을 통해 찾아볼 수 있다.[1] 서양 문화를 받아들여 중국을 근대화시키려는 청말의 근대화 운동은 당시의 상황에서 피할 수 없는 조치였다. 서학동점에 대항하여 힘있는 서양의 학문을 배우자는 중국의 독자적인 노력은 과학 기술 → 정치 → 문화라는 세 단계를 거쳐 이루어졌고, 그것은 역사적으로 양무운동 → 무술변법·신해혁명 → 5·4 운동의 형태로 나타났다. 이 과정에서 강유위, 엄복, 양계초, 담사동, 장태염 등 많은 지식인들이 불교를 공부하고 그것을 사회 변혁과 혁명을 위한 정치적 주장에 도입하였고, 그 같은 논의가 중국불교계에 큰 영향을 주었다는 것은 잘 알려져 있다. 양계초가 "청말 신학가들 가운데

---

[1] 여기에서 말하는 '혁명'은 변법운동과 신해혁명 등 청왕조 타도와 관련된 사회변혁 운동 일반을 가리키는 표현이고, 마르크스-모택동의 사회주의 혁명을 가리키는 것이 아니다.

불교와 관련 없는 사람은 한 사람도 없다"고 단언하였을 정도로 불교가 사회 변혁에 미친 영향은 컸다.[2]

그런데 불교의 역할이나 다른 사상과의 결합 양태가 사상가들마다 차이를 보이는 것은 너무나 당연한 일이다. 예컨대 담사동과 장태염은 사회 변혁을 위한 도구로 불교를 활용하였다는 점에서는 공통적이지만, 실제로 활동한 시기는 달랐다. 즉 불교 이론을 활용하여 담사동이 무술변법 시기에 군주변법운동을 위한 변법 이론을 제공하였다면, 장태염은 신해혁명 시기에 군주제 타도를 요구하였다.[3] 경제적인 측면에서는 담사동이 자본주의 경제 체제의 도입을 주장한 반면, 장태염은 반제국주의적인 입장에서 무소유를 강조하였다. 학문적인 측면에서도 담사동이 금문경학파에 속하였다면, 장태염은 고문경학의 유명한 대사였다. 담사동은 순자 사상을 엄밀히 비판하고 양명학을 발전시켰지만, 장태염은 순자 사상을 높이 평가하고 양명학을 비하하였다. 그러나 두 사상은 한결같이 사회·정치적 변혁을 지향하고 있었으며, 형이상학적인 철학을 통해 그러한 변혁을 이루려고 하였던 공통점을 지닌다. 담사동과 장태염은 모두 '심식(心識)'에의 길을 갔던 것이다.[4] 이때 심은 유학에서의 심성의 심이고, 식은 유식 불교의 식이다. 즉 두 사상가는 불교와 유학 사상의 결합을 통해 사회 정치적 변혁 이론을 형성하려고 시도하였다.

이 글은 이 두 대표적인 사상가의 변혁 이론에서 불교가 어떤 역할을 하였는가를 살펴보는 것을 목적으로 한다. 중국근대 혁명 사상이라고 할 때 크게는 무술변법·신해혁명과 5·4 이후 사회주의 혁명 시기의 사상으로 이분해볼 수 있을 것이지만, 이 글에서는 무술변법·신해혁명의 시기에

---

2 梁啓超, 『淸代學術槪論』, 전인영 옮김, 『중국근대의 지식인』, 혜안, 2005. p.220. "晚晴所謂新學家者, 殆無一不與佛學有關係, 而凡有眞信仰者, 率歸依文會."
3 陳少明, 『儒學的現代轉折』, 遼寧大學出版社, p.43.
4 '心識에의 길'이라는 표현은 陳少明, 『儒學的現代轉折』, 遼寧大學出版社, p.37.

한정해서 논의하려고 한다.[5] 자산계급 민주혁명이라고 불리는 무술변법·신해혁명 시기 지식인들이 지향하였던 가장 중요한 가치는 아마도 민주·민권·평등이라고 요약해볼 수 있지 않을까 한다. '반(反)봉건·반(反)외세'로 대표되는 민주혁명의 사상적 가치가 바로 민주·민권·평등이기 때문이다. 논자는 이 중에서 주로 '평등'의 개념에 집중하여, 불교가 이들 사상에 미친 영향을 살펴보고자 한다. 구체적으로는 무술변법 시기에는 담사동 사상을, 신해혁명 시기에는 장태염 사상을 중심으로 하여, 이들 사상에 나타난 불교적 요소를 살펴보고 그것이 당시 혁명 사상의 핵심적 가치 중 하나인 평등을 어떤 방식으로 구현하고 있는가를 살펴보려고 한다. 앞에서 언급했던 실천 방법론에서의 큰 차이에도 불구하고 두 사상은 동일하게 평등의 가치에 주목하고 있으며, 논자 역시 봉건 이데올로기와 대비되는 근대의 가장 중요한 가치가 바로 이 평등 개념이라고 생각하기 때문이다. 주 텍스트로는 담사동의 주저인『인학』과 장태염의 주저인『제물론석』을 선택하였다. 그리하여 담사동『인학』과 장태염『제물론석』에 나타난 불교적 요소를 구체적으로 분석하고, 그것이 당시 변혁의 중요한 이념적 기초인 평등을 지지하려한 것임을 밝히고자 하였다.

---

[5] 신규탁은 사회주의 혁명에 불교가 미친 영향이 거의 없다고 비판하지만, (2006년 10월 중산대학 국제학술대회 논평문 중) 논자는 그렇게 생각하지 않는다. 불교의 空 사상과 사회주의의 혁명 정신이나 평등 의식에 유사점이 있기 때문이다. 어쨌든 사회주의 혁명 사상에 미친 불교의 영향에 대해서는 다음 연구로 돌리고자 한다.

Ⅱ. 담사동 철학에 나타난 '평등' 개념

1. 인(仁) 개념의 근대적 해석

담사동은 자신의 새로운 철학을 전통 사상의 핵심이라고 할 유학의 '인(仁)' 개념에 함축시켰고,[6] 이러한 의도 하에 자신의 저작을 『인학』이라고 명명하고 '인' 개념에 보편적인 의미를 부여하였다. 그를 위해 담사동은 우선 인을 서구 과학에서 빛을 전달하는 매체라고 본 '에테르'의 통작용으로 해석하였다.

> 온갖 법계·허공계·중생계, 지극히 크고 지극히 정미한 데까지 교착하지 않고 관통하며 흘러넘치지 않고 완비하여 충만하지 않은 곳이 없는 하나의 물(物)이 있다. 눈으로 그 형체를 볼 수 없고, 귀로 그 소리를 들을 수 없고, 입과 귀로 그 냄새와 맛을 맡을 수 없어서, 무어라 부를 수가 없다. 그것을 '에테르'라고 부른다. 그것이 공용으로 나타난 것을 공자는 '인(仁)'이라고 부르고 '원(元)'이라고 하며 '성(性)'이라고 부른다. 묵자는 '겸애(兼愛)'라고 부른다. 부처는 '성해(性海)'라고 하고 '자비'라고 부른다. 예수는 '영혼'이라고 하고, '다른 사람을 자기처럼 사랑한다', '원수를 친구같이 본다'라고 부른다. 격치가(格致家)는 '애력(愛力)', '흡력'이라고 한다. 법계가 여기에서 생겨나고, 허공이 여기에서 세워지며, 중생이 여기에서부터 나온다.[7]

---

6 竹內弘行, 「譚嗣同『仁學』と清末の仁思想」, 『東方學』, vol 68, 1984.
7 『譚嗣同全集』, 『仁學』, 中華書局, p.293.(이하『仁學』으로 표기함) "徧法界,虛空界,衆生界, 有至大至精微, 無所不膠粘, 不貫洽, 不筦絡, 而充滿之一物焉, 目不得而色, 耳不得而聲, 口鼻不得而臭味, 無以名之, 名之曰'以太'. 其顯於用也, 孔謂之'仁', 謂之'元', 謂之'性'; 墨謂之'兼愛'; 佛謂之'性海', 謂之'慈悲'; 耶謂之'靈魂', 謂之'愛人如己', '視敵如友'; 格致家謂之'愛力','吸力',咸是物也. 法界由是生, 虛空由是立, 衆生由是出."

이 에테르에 대한 개념은 19세기 초 서양과학에서 빛의 파동설과 전자기장 이론에 따라 빛과 전자기장을 전달하는 매질로 가정되었던 개념을 그대로 받아들인 것이다.[8] 담사동의 기본 전제는 그곳에서부터 '온갖 법계, 허공계, 중생계'가 나오는 '에테르〔以太〕'가 본체, 실체에 해당하고, 그 본체의 공용, 작용이 바로 유학에서 말하는 '인'이지만, 이것은 묵자의 겸애, 부처의 자비, 예수의 영혼, 사랑으로 대치해도 좋다고 보아 유학·기독교·불교의 삼교합일의 논조를 나타내었다.

그런데 이때 인에서 가장 핵심적인 의미는 '통(通)'이다. 그것이 만인의 보편적인 평등이라는 정치적 견해를 주장하기 위한 중요한 철학적 전제가 되기 때문이다.

> 인은 통하는 것(通)이 첫 번째 의미이다. 에테르, 전기, 마음의 힘(心力), 이 모든 것은 통하는 방법이다.. 통(通)에는 4가지 의미가 있다. 중국과 외국이 통하는 것(中外通)은 그 의미를 대체로 『춘추』에서 취하였다. 태평세의 원근, 대소를 하나로 보는 것이다. 위와 아래가 통하는 것(上下通), 남녀 내외가 통하는 것(男女內外通)은 그 의미를 대체로 『주역』에서 취하였다 …… 다른 사람과 내가 통하는 것(人我通)은 그 의미를 대체로 불경에서 취하였다. "인상(人相)·아상(我相)이 없다"는 것이 바로 그것이다.[9]

---

8 이 ether 개념은 담사동이 중국에 온 영국의 선교사 Freyer가 1890년에 번역한 『光學圖說』과 『光學須知』를 보고 배운 것이다.(徐義君, 『譚嗣同思想研究』, p.90.) 그런데 이 개념은 서양과학에서도 1887년 Michelson, A.A.(1852~1931)과 Morley, E.W.(1838~1923)의 실험을 거쳐 1905년에 Einstein, A(1879~1955)의 상대성 이론이 성립됨에 따라 사라지게 된다. 그는 서양과학에서 한시적으로 가정한 개념을 과학의 진리로 믿고, 동양의 본체 개념과 결합하여 받아들였다.

9 『仁學』, p.291. "仁以通爲第一義. 以太也, 電也, 心力也, 皆指出所以通之具.…(中略)…通有四義: 中外通, 多取其義於〈春秋〉, 以太平世遠近大小若一故也; 上下通, 男女內外通, 多取其義於〈易〉, 以陽下陰吉, 陰下陽吝, 泰否之類故也. 人我通, 多取其義於佛經, 以'無人相, 無我相'故也."

담사동 철학은 기본적으로 이 4 가지 '인(仁) - 통(通)', 즉 '중국과 외국이 통하는 것(中外通)', '위와 아래가 통하는 것(上下通)', '남녀 내외가 통하는 것(男女內外通)', '다른 사람과 내가 통하는 것(人我通)'을 둘러싸고 전개된다. 그는 '색(塞 = 不仁)'에서 '통(通 = 仁)'으로 전환할 것을 말하였고, 그 내용을 개인의 심리적인 소통에서 국가간의 외교 소통, 더욱이 자연계의 전기와 빛의 통과 현상, 우주 인력의 상호 작용까지 확대하였다. 그리하여 인은 통작용으로서 인간과 인간 사이에서 천지만물에까지 일관되고 있다. 그런데 이 4가지 통 가운데 '인아통'이 가장 중요하다. 나와 너의 분별이 없어져서 서로 통해야 그 분별에 기반을 둔 위와 아래, 남자와 여자, 중국과 외국의 구분과 불평등이 사라지기 때문이다. 담사동은 이 '인아통'의 철학의 기초가 불교임을 분명히 언급한다. 나와 너의 분별을 없애고 통하게 하기 위해 "인상·아상이 없는" 불교 사상을 활용한 것이다. 불교는 원래 인·아의 구별을 없앨 것을 제창하였을 뿐 아니라, 인·아의 차별을 반대하여 계급제도에 반대하였기 때문이다. 이 때문에 담사동은 "인의 근원이 될 수 있고 무의 신묘함에 도달할 수 있는 사람은 부처, 공자, 예수 세 사람이 있다"[10]라는 삼교일치적 언급을 하면서도, "부처는 공자와 예수를 제어할 수 있고, 공자와 예수는 인한 점에서는 같지만 인을 행하는 방법이 다르다"[11]라고 하여 불교의 위치를 확실히 유학과 기독교보다 앞에 두고 있다.

또한 담사동은 "인은 천지만물의 근원이므로, 유심이라고 하고 유식이라고도 한다"[12]라고 하여 인의 불교적 해석을 시도하였다. '유심'과 '유식'은 '일체유심조(一切唯心造)'나 '유식무경(唯識無境)'이라는 표현에서도 보여지듯 전형적인 유식 불교적 개념인데, 이것을 유학의 인과 연결시킨

---

10 『仁學』, p.289. "能爲仁之元而神於无者有三: 曰佛, 曰孔, 曰耶."
11 『仁學』, p.289. "佛能統孔耶, 而孔與耶仁同, 所以仁不同."
12 『仁學』, p.292. "仁爲天地萬物之源, 故唯心, 故唯識."

것은 전적으로 새로운 해석이다. 이 인 개념은 불교의 불(佛) 개념과 연관된 것으로 볼 수도 있다. 징관(澄觀)의 『대승화엄경책략(大華嚴經策略)』, 「석불명(釋佛名)」에서는 불(佛), 즉 석가모니(釋迦牟尼)에서 석가를 능인(能仁)으로, 모니를 적연(寂然)으로 해석하고 있다. 따라서 불은 적연인 동시에 능인의 의미를 가지게 된다. 이렇게 보면 "인은 적연하여 부동하고, 감응하여 마침내 천하의 모든 일에 통하는 것이다"[13]라는 담사동의 언급은 인을 적연과 능인의 의미를 지닌 불교적 개념으로 해석한 것이라고 볼 수 있다. 이것은 또한 『대승기신론』의 '진여수연(眞如隨緣)'의 관념을 표현한 것으로 해석할 수 있다. 또한 "인에 대한 학문은 불교 서적으로는 『화엄경』과 심종, 상종의 책에 통한다"[14]라고 하여, 담사동은 자신의 학문의 근간으로 화엄과 선, 유식 불교를 모두 망라해서 언급하고 있다.

담사동이 전통 유학의 개념, 즉 봉건 이데올로기의 핵심인 인 개념에 불교적 사유를 결합시켜 새로운 해석을 시도하는 이유는 '평등'이라는 근대적인 가치를 부여하기 위하여서라고 여겨진다. 원래 유식 불교의 '유식'은 단지 마음에 비추어서 나타난 표상만 있고 표상과 대응하는 외부 세계의 존재물이 없음을 표명하는 말이다.[15] 이와 같은 유식 불교의 목적은 아집과 법집을 깨뜨려서 아법이공(我法二空)을 밝히기 위한 것이다. 『성유식론』에서는 '나'와 '외부 대상'은 "단지 거짓으로 세워져 있고, 실제로 자성이 있는 것이 아니다"[16]라고 한다. '나'와 '외부 대상'은 모두 "식의 전변에 의해서 거짓으로 시설된 것이다"[17]라고 보기 때문이다.[18] 반면에 유학의 인 개념

---

13 『仁學』, p.292. "仁者寂然不動, 感而遂通天下之故."
14 『仁學』, p.293. "凡爲仁學者, 於佛書當通〈華嚴〉, 及心宗, 相宗之書."
15 '유식(唯識)'이란 말의 산스크리트어는 'vijñapti-mātra'이다. mātra(唯)는 '단지~뿐'이라는 뜻으로서 대상을 부정하는 말이다. vijñapti(識)은 알게 한다는 사역형 동사에서 유래한 것으로, 인식 작용이나 그 결과 및 내용을 의미한다고 할 수 있다.
16 『成唯識論』, 『漢譯大藏經』 31, p.1. "但有假立,非實有性."
17 위의 책, "皆依識所轉變而假施設."
18 이처럼 마음을 중시하는 유식 불교는 사회의 변화를 개인의 주체적 자각에서 찾아보려는 사람들의 관심을 끌 수 밖에 없었고, 이것이 바로 중국 근대에 불교부흥운동이 일어나고 담사

은 원시유학의 '애인(愛人)'이나 한대 유학의 '범애(汎愛)'의 뜻에서 송명 성리학의 '끊임없는 생명력의 흐름'으로까지 다양하게 해석되어 왔지만, 결코 사물의 실재성을 의심한 일은 없다. 그런데 담사동은 나와 외부 대상 모두의 실재성을 부정하고, 인을 '거짓으로 시설된' 유식으로 해석하고 있다. 예컨대 담사동의 '에테르'는 유식 불교의 『성유식론』에 나오는 '상분'에 해당하는 개념이 된다.[19] 이러한 해석은 담사동이 유식 불교와 마찬가지로 인의 해석을 통해 아집과 법집을 깨뜨리기 위한 것이라고 볼 수 밖에 없다. 너와 나의 분별적 집착을 깨뜨리고 너와 내가 서로 통하는 '인아통(人我通)'을 주장하기 위한 것이다. '인아통'은 만인의 보편적인 평등이라는 근대의 정치적 견해를 위한 중요한 철학적 전제인 것이다.

┃ 담사동과 변법유신 지지자들

동이 유식 불교에 관심을 두게 된 원인 중의 하나라고 할 것이다.
19 『仁學』, p.331. "以以太固無始終也. 以太者, 亦唯識之相分, 謂無以太可也. 旣託言以太矣, 謂以太有始終不可也. 然則識亦無終乎? 曰, 識者, 無始也, 有終也. 業識轉爲智慧, 是識之終矣."

2. 『대학』·『중용』의 화엄·유식 불교적 해석

1) 『대학』의 유식 불교적 해석

이제 담사동이 유학의 인을 천지 만물의 근원으로서 '유심'이자 '유식'이라고 하여 유학과 유식 불교를 결합한 논리를 구체적으로 검토해 보기로 하자.

> 안이비설신이 접하는 것은 색성향미촉 5가지일 뿐이다. 법계, 허공계, 중생계는 무량무변하여 그 사이에 존재하는 것이 5가지에 그치지 않는다. 그런데 겨우 내가 가진 5가지로 무량무변함을 함부로 측정하고 유무를 억측으로 단정하니, 가능한 일인가! ······ 눈으로 보지 않고 귀로 듣지 않고 혀로 맛보지 않고 몸으로 접촉하지 않고 마음으로 생각하지 않고 업식(業識)을 전환하여 지혜를 이룬 뒤에야 '일다사용(一多相容)'과 '삼세일시(三世一時)'의 진리를 눈앞에서 분명히 볼 수 있게 된다.[20]

그는 인간에게는 안·이·비·설·신이 있어서 색·성·향·미·촉이라는 5가지 감각이 있을 뿐이지만, 사물 현상은 '무량무변'하다고 보았다. 따라서 이 5가지 부족한 감각으로 무량한 세계를 인식하는 것으로는 진리에 도달할 수 없다고 보았다. 그 진리는 감각 경험으로는 불가능하고 "업식을 전환하여 지혜를 이룬 뒤(轉識成智)"에야 도달할 수 있는 경지이다. 전식성지는 전형적인 유식 불교의 수양론이자 인식론이다. 그리고 그렇게 도달되는 진리는 담사동에 의하면 화엄 불교의 '일다상용'의 세계이자, '삼세실유'의 세계라고 할 수 있다.

---

20 『仁學』, p.317. "眼耳鼻舌身所及接者, 曰色聲香味觸五而已. 以法界虛空界衆生界之無量無邊, 其間所有, 必不止五也明矣. 僅憑我所有之五, 以妄度無量無邊, 而臆斷其有無, 奚可哉! ···(中略)··· 苟不以眼見, 不以耳聞, 不以鼻臭, 不以舌嘗, 不以身觸, 乃至不以心思, 轉業識而成智慧, 然後'一多相容','三世一時'之眞理乃日見乎存."

이제 담사동이 인의 새로운 해석을 어떻게 활용하고 있는지, 그의 『대학』 해석을 통해 살펴보기로 하겠다. 『대학』은 원래 유학의 윤리·사회·정치적 성격을 가장 잘 보여주는 문헌이다. 『예기』 중 한 편을 주희(朱熹, 1130~1200)가 독립시켜 가공하여 한 권의 책으로 만든 데서도 알 수 있듯이, 『대학』은 기본적으로 송대 성리학의 주요 문헌이다. 『대학』은 개인의 도덕 수양과 사회 정치의 관계를 서술하고 있으며, '명덕을 밝히고', '백성을 친하게 여기며', '지극한 선에 머무는 것'을 수양의 목적으로 삼고 있다.[21] 그리고 세상을 다스리는 방법론으로, '격물', '치지', '성의', '수신', '제가', '치국', '평천하'라는 8조목을 제시하고 있다.[22] 앞의 항목이 뒤의 항목의 선결 조건이 되지만, 그 중에서도 '수신'이 가장 근본적이다. 앞의 4가지 항목은 수신의 방법론이고, 뒤의 3가지는 수신의 필연적인 결과이기 때문이다. 천자부터 서인에 이르기까지 모두 수신을 근본으로 할 것을 주장하며,[23] 사회 구성원들, 특히 통치자의 도덕 수양이 사회적 혼란을 다스리는 결정적인 요인이 된다고 보았다. 그런데 담사동은 이러한 유학의 경전을 불교적 입장에서 새롭게 해석하려 한 것이다.

그는 『대학』에 대해 이렇게 말한다.

나는 『대학』의 강론을 들었는데, 생각건대 『대학』은 유식(唯識)의 종(宗)이다. 유식의 전오식은 홀로 있을 수 없고, 반드시 먼저 제8식을 전환한다. 제8식은 혼자서 전환하지 못하고, 반드시 먼저 제7식을 전환한다. 제7식은 갑자기 전환할 수 없고, 반드시 먼저 제6식을 전환한다. 제6식은 전환하여 묘관찰지가 되는데, 이것이

---

21 『大學章句』, "大學之道, 在明明德, 在親民, 在止於至善."
22 『大學章句』, "古之欲明明德於天下者, 先治其國. 欲治其國者, 先齊其家. 欲齊其家者, 先修其身. 欲修其身者, 先正其心. 欲正其心者, 先誠其意. 欲誠其意者, 先致其知. 致知在格物, 物格而后知至. 知至而后意誠, 意誠而后心正, 心正而后身修, 身修而后家齊, 家齊而后國治, 國治而后天下平."
23 『大學章句』, "自天子以至於庶人, 壹是皆以修身爲本. 其本亂而末治者否矣. 其所厚者薄 而其所薄者厚 未之有也."

『대학』에서 말하는 '치지이지지(致知而知至)'이다. 부처가 말하는 지(知)는 의식이 전환한 뒤에 식이 전환할 수 있다는 것에 집착하는 것이다. 따라서 "그 의(意)를 성실하게 하려면, 반드시 먼저 그 지(知)를 치(致)해야 한다"라고 한 것이다. 치지는 격물에 의거한다. 치지는 만사의 어머니이다. 공자는 "아래에서부터 배워서 위에까지 도달한다"라고 하였다.[24]

이 인용문에서 가장 눈에 띄는 것은 담사동이 『대학』을 유식 불교의 경전이라고 선언하고 있다는 사실이다. 담사동은 이 인용문에서 유식 불교에서 4지(智)를 증득하는 과정을 『대학』의 8조목과 연관하여 설명하고 있다. 유식 불교의 4지(catvāri jñānāni)는 4종의 지혜를 가리키는데, 유루의 제8식, 제7식, 제6식과 전오식을 전환하여 4종의 무루지, 즉 대원경지(大圓鏡智), 평등성지(平等性智), 묘관찰지(妙觀察智), 성소작지(成所作智)를 이룬 것을 말한다. 담사동은 제6식이 전환하여 묘관찰지를 형성하는 것은 '격물치지'에, 제7식이 전환하여 평등성지를 이루는 것은 '성의'에, 제8 아라야식이 전환하여 대원경지를 이루는 것은 '정심'에, 전오식을 전환하여 성소작지를 이루는 것은 '수신'에 배대시켜 『대학』을 유식 불교적으로 해석하려 시도하였다.

묘관찰지(妙觀察智, pratyavekṣaṇā-jñāna)는 일체법의 공통점과 차이점을 명상하고 사물의 상대적 특징을 구별하는 장애가 없는 마음이다. 그는 이것을 『대학』의 '치지이지지(致知而知至)'에 배대시키고 있다. 유학의 '격물치지'가 개별적인 사물에 대한 지식을 궁구하고 그것을 쌓아서 궁극적인 지에까지 이른다는 뜻인 반면에, 담사동이 설명하는 '격물치지'는 제

---

24 『仁學』, p.331. "吾聞之講〈大學〉,〈大學〉蓋唯識之宗也. 唯識之前五識, 無能獨也, 必先轉第八識. 第八識無能自轉也, 必先轉第七識. 第七識無能遽轉也, 必先轉第六識. 第六識轉而爲妙觀察智,〈大學〉所謂致知而知至也. 佛之所謂知, 意識轉然後執識可轉, 故曰: '欲誠其意者, 必先致其知.' 致知藉乎格物, 致知者, 萬事之母. 孔曰: '下學而上達也.'"

6식을 전환시켜 묘관찰지를 형성하는 것이 된다.[25] 이때 둘 사이의 차이는 유학의 격물치지를 통해 이르게 되는 지는 봉건 강상의 리로서 봉건적 계급 차별의 불평등성을 합리화한 것인 반면, 담사동의 묘관찰지를 통해서는 사물의 상대적 특징을 분별하는 장애가 없는 마음, 즉 사물의 상대적 특징을 분별하지 않는 평등성에 도달한다는 점이다. 담사동은 주자가 불교 이론을 활용하여 『대학』의 격물설을 설명하고 있다고 보는데, 사회 정치적 함의로 볼 때는 타당하지 않다.

평등성지(平等性智, samatā-jñāna) 역시 마찬가지이다. 평등성지는 자신과 타인이 평등하다는 것을 깨닫는 지혜로서, 제7 말나식을 전환하여 얻게 되는 지혜이다. 이 지혜에 의하면 일체의 사상(事象) 및 자기와 타인이 모두 평등하다는 것을 알게 되어 큰 자비심을 일으키게 된다고 한다. 담사동은 이 평등성지를 『대학』의 '성의이의성(誠意而意誠)'에 배대시킨다. 의(意)를 불교의 집착으로 파악하여, '성의이의성'을 "집착(意)을 타파하여(誠) 무아에 이르는 것"으로 보기 때문이다. 의가 성실해지지 않는 까닭은 내가 있다고 보기 때문이므로, 내가 있다는 집착을 타파할 때 의가 성실해질 수 있다는 것이다. 담사동은 자아의 집착을 벗어나는 것은 나와 만물이 평등한 관계임을 파악할 때 비로소 가능하다고 본다. 이것이 앞의 '인아통'이라고 할 수 있을 것이다. "평등한 뒤에야 무아가 이루어지고, 무아가 된 이후에야 집착할 것이 없어서 성실하다고 할 수 있다"고 하여, '평등 → 무아 → 의성(意誠)'의 단계로 설명하고 있다. 이렇게 도달한 의성(意誠)의 단계가 평등성지에 해당한다는 것이다.[26]

---

25 『大學章句』. "所謂致知在格物者, 言欲致吾之知, 在卽物而窮其理也. 蓋人心之靈, 莫不有知, 而天下之物 莫不有理. 惟於理有未窮, 故其知有不盡也. 是以大學始教, 必使學者, 卽凡天下之物, 莫不因其已知之理而益窮之, 以求至乎其極. 至於用力之久, 而一旦豁然貫通焉, 則衆物之表裏精粗, 無不到, 而吾心之全體大用, 無不明矣. 此謂物格, 此謂知之至也."

26 『仁學』, pp.331~332. "第七識轉而爲平等性智, 《大學》所謂誠意而意誠也. 佛之所謂執, 孔之所謂意. 執識轉然後藏識可轉, 故曰: '欲正其心, 必先誠其意.' 執者, 執以爲我也, 意之所以不誠, 亦以有我也. 惟平等然後無我, 無我然後無所執而名爲誠. '所謂誠其意者, 毋自欺也.' 以我

대원경지(大圓鏡智, ādarśa-jñāna)는 큰 거울에 사물의 형상이 그대로 비치는 것처럼, 모든 사물을 있는 그대로 표현해내는 지혜를 말한다. 담사동은 이 대원경지를 『대학』의 '정심이심정(正心而心正)'에 배대시킨다. 장식, 즉 아라야식을 공자가 말하는 심으로 파악하고 있으므로, 당연히 아라야식이 대원경지로 전환하는 것이 '정심(正心)'이 될 수 있는 것이다.[27] 전오식이 전환되면 성소작지(成所作智, kṛtyānuṣṭhāna)를 이루게 되는데, 이는 안식, 이식 등 더러움 속에 있는 전오식을 전환시켜 얻는 지혜이다. 이 지혜에 의해 사람들을 구제하여 이루어야 할 일을 이루게 된다. 담사동은 이 성소작지는 『대학』의 '수신이신수(修身而身修)'에 배대시키고, 신(身)은 불교의 안이비설신에 해당한다고 본다. 성소작지가 안식, 이식 등 전오식을 전환하여 이루어지는 지혜이므로, '수신'이 될 수 있는 것이다. 전오식을 모두 전환하면 성소작지를 이루어, 제가·치국·평천하를 포함하여 이루어야 할 일을 모두 이룰 수 있다. 따라서 "모두 수신을 근본으로 한다"는 『대학』의 귀절은 유식 불교의 '전식성지(轉識成智)'로 설명된다.[28]

2) 『대학』의 화엄 불교적 해석
담사동은 나아가 화엄 불교의 사법계 이론을 활용하여 『대학』의 8조목을 설명한다.

欺我也. '如惡惡臭, 如好好色.' 當其好惡之誠, 不知有我也.. 欲其無我, 必修止觀. '君子必愼其獨', 孔門之止也. 曾子 '十目所視, 十手所指, 其嚴乎', 孔門之觀也. 十手十目, 佛所謂之千手千眼. 千之與十, 又何別言? 又以見人十能之己千之也. 此之謂平等性智."
[27] 『仁學』, p.332. "第八識轉而爲大圓鏡智,《大學》所謂正心而心正也. 佛之所謂藏, 孔之所謂心. 藏識轉然後前五識不待轉而自轉. 故曰: '欲修其身者, 必先正其心.' 心一有所, 卽不得其正, 亦卽有不在焉. 藏識所以爲無覆無記. 心正者無心, 亦無心所, 無在而無不在, 此之謂大圓鏡智."
[28] 『仁學』, p.332. "前五識轉而爲成所作智,《大學》所謂修身而身修也. 佛之所謂眼耳鼻舌身, 孔皆謂之身. 孔告顔以四勿, 第取視聽言動之, 其直截了當如是, 可知顔之藏識已轉也. 藏識轉, 始足以爲仁. 三月不違, 不遠大圓鏡智也. '其與日月至焉', 第七識之我執猶未斷也. 至若前五識皆轉, 無所往而非仁, 齊家治國平天下不足言也, 故 '壹是皆以修身爲本', 此之謂成所作智."

『대학』은 사법계(四法界)와 합치된다. 격물은 사법계(事法界)이고, 치지는 이법계(理法界)이다. 성의・정심・수신은 이사무애법계이고, 제가・치국・평천하는 사사무애법계이다.[29]

사법계는 화엄 불교의 우주관으로서, 전우주가 일심에서 통일되어 있고 현상과 본체의 입장에서 볼 때 4종의 층차로 구별될 수 있다고 보는 견해이다. 이 중 사법계(事法界)는 모든 차별된 세계를 가리킨다. 즉 담사동은 사법계가 사물의 차별성을 추구한다는 점에서 『대학』의 '격물'과 상통할 수 있는 개념으로 본 듯하다. 이법계(理法界)는 우주의 평등한 본체 세계를 가리킨다. 이법계는 개체와 개체의 동일성, 공통성을 본 것이므로 모든 사물에 편재해 있는 리의 보편성과 연계해 생각할 수 있고, 따라서 『대학』의 '치지'에 해당된다고 본 것이다. 이사무애법계(理事無礙法界)는 현상계와 본체계가 서로 떨어진 관계가 아니고 하나의 걸림없는 상호 관계 속에 있음을 말한다. 사건과 원리가 완전 자재하고 융섭하는 경지이다. 『대학』의 '성의', '정심', '수신'은 현상계에 인을 실현하기 위해 내면의 마음을 수양하는 단계이므로, '내성외왕'의 준비단계라고 할 수 있다. 내면과 외면의 통일성을 함께 추구하는 단계이므로 이사무애법계에 해당된다. 사사무애법계(事事無礙法界)는 개체와 개체가 자재 융섭하고, 현상계 그 자체가 절대적인 진리의 세계라는 의미이다. 제법은 서로 용납하여 받아들이고(相入・相容) 상즉(相卽)하여 원융무애한 무진연기를 이루고 있음을 의미한다. 이것이 바로 화엄 불교의 법계연기이다. 이는 『대학』의 '제가', '치국', '평천하'에 해당된다는 것이다.

그런데 유학의 『대학』에서 '제가', '치국', '평천하'는 철저한 신분 계급

---

29 『仁學』, p.333. "夫〈大學〉又與四法界合也. 格物, 四法界也. 致知, 理法界也. 誠意正心修身, 理事無碍法界也. 齊家治國平天下, 事事無碍法界也."

에 근거한 개념이다. 『대학』의 가(家), 국(國), 천하(天下)는 원래 전국 시대의 신분 계급인 대부, 제후, 천자의 소유로 해석되고, 봉건 통치의 신분 구도에서 수직적 위치를 차지한다. 유학의 인(仁) 역시 실제적으로는 사회 윤리 규범, 즉 봉건 강상 윤리[三綱五常]를 의미한다. 성리학은 인간의 주체성이란 국가 질서 아래의 주체성이라는 전제에서, 이러한 사회를 이끌어 갈 개체들의 주체성 확립을 목표로 삼았다. 그리고 그 방법론으로 『대학』의 4강령, 8조목을 제시하였던 것이다. 그런데 이러한 『대학』의 8조목을 "개체와 개체가 자재 융섭하고 제법이 서로 용납하여 받아들이고 [相入·相容] 상즉(相卽)인 원융무애한" 화엄불교의 무진연기로 해석하는 것은 분명히 의도된 해석이라고 볼 수 있다. 즉 유학의 봉건 정치 이론을 불교적 평등성으로 해석함으로써, 근대에 필요한 '평등' 이념을 제공하고자 하였던 것이다. 실제로 담사동은 봉건 강상 윤리 중 "벗들은 서로 신뢰가 있어야 한다"는 평등한 관계만 인정하고, 그것이 바로 불교라고 확언하였다.[30] 이를 위해 담사동은 『대학』을 유식 불교적·화엄 불교적으로 해석하여, 모든 계급성은 소멸되고 단지 원융무애한 무진연기, 너와 나의 분별이 소멸된 완전한 평등과 그에 근거한 일치만이 남게 하였다. 결국 담사동이 『인학』에서 목표로 한 것은 이러한 평등의 철학적 기반 위에서 정치적으로는 민주 제도를 설립하고, 윤리적으로는 봉건 도덕을 지탱하는 유학의 삼강오상 윤리를 폐기하고 남녀평등, 만민우애를 이루는 것이었다고 할 수 있다.

이러한 담사동의 노력은 양계초가 표현했듯 '복잡하고 유치한' 것일 수 있지만, 논자의 관심사는 왕국유의 말대로 그의 유치한 형이상학에 있는

---

[30] 『譚嗣同全集』下冊, 中華書局, 1981年版, p.351. "其在佛敎, 則盡率其君若臣與夫父母妻子兄弟眷屬天親, 一一出家受戒, 會于法令, 是又普化彼四倫者, 同爲朋友矣 …(中略)… 夫惟朋友之倫獨尊, 然後彼四倫不廢自廢, 亦惟明四倫之當廢, 然後朋友之權力始大. 今中外皆談變法, 而五倫不變, 則擧凡至理要道, 悉無從起點, 又況于綱哉."

것이 아니라 그 정치상의 견해에 있다.³¹ 유식, 화엄 불교의 개념을 활용하여 담사동은 결국 자기가 목표로 했던 지점에 도달한 것처럼 보인다. 그것은 "학문을 좋아하여 깊이 생각하면, 육경은 불경과 합치하지 않는 곳이 없고 불경을 도외시할 수 없다"³²는 인식이다. 즉 유학의 인에 불교의 평등성을 부여하는 것이다. 담사동은 그를 통해 중국 사회가 필요로 했던 근대성의 중요한 한 이념을 확보하고자 하였던 것이다.

Ⅲ. 장태염의 유식 불교적 해석의 특징

1. '제물(齊物)' 개념의 근대적 해석

장태염 역시 불교를 사회 변혁, 특히 혁명의 도구로 활용하려 하였다. 그는 "오늘 우리는 화엄, 법상 두 종파를 이용하여 구법을 개량하려고 한다. 화엄종의 설법은 중생을 널리 구제하고 머리 속에서 모두 다른 사람에게 베풀 수 있다고 생각하는 것이 도덕적인 면에서 가장 이익이다. 법상종의 설법은 만법유심이다. 형체를 가진 일체의 색상(色相), 형체가 없는 일체의 법진(法塵)이 모두 환견이자 환상이고, 결코 실재하는 진유(眞有)가 아니다 …… 이러한 신앙이 있어야만 용맹무외하고 중지를 이룰 수 있어서 다가올 일을 준비할 수 있다"³³라고 하여, 사회 변혁 이론으로 화엄, 법상

---

31 王國維, 『論近年之學術界』.
32 『仁學』, p.333. "夫惟好學深思, 六經未有不與佛經合者也, 即未有能外佛經者也."
33 章太炎, "東京留學生歡迎會演說詞", 湯志鈞 編, 『章太炎政論選集』 上冊, 北京, 中華書局, 1977年, p.274. "我們今日要用華嚴法相二宗改良舊法. 這華嚴宗所說, 要在普度衆生, 頭目腦髓, 都可施舍與人, 在道德上最爲有益. 這法相宗所說, 就是萬法惟心. 一切有形的色相, 無形的

유식 불교를 활용하고 있음을 분명히 표현하고 있다. 그는 특히 도덕의 몰락이 혁명이 실패한 근본 원인이라고 생각하고, 혁명의 성공을 위해서는 철저한 자기 극복의 혁명 도덕이 필요하며 이러한 도덕을 불교에서 얻을 수 있다고 보았다.[34] 화엄 불교는 널리 중생을 구제하겠다는 생각을 제시하는 반면에, 법상 유식 불교는 개체 자아가 법상의 분석을 통해 해체되는 환상에 불과한 것임을 제시해줄 수 있다고 생각하여 특히 유식 불교에 강조점을 두었다.

장태염은 「제물론」의 전체 뜻을 다음과 같이 논하고 있다.

> '제물(齊物)'은 한결같이 평등의 담론이다. 그 실질적인 뜻은 유정(有情)을 동등하게 보아서 우열이 없는 것일 뿐 아니라, '언설상을 떠나고 명자상을 떠나고 심연상을 떠난 것이 결국 평등이라'고 보는 것이 '제물'의 뜻이다.[35]

이 인용문을 통해 볼 때 장태염에게 '제물'은 평등의 담론이며, 이것은 과거 「제물론」 주석가들이 제물 개념을 해석한 것과 차이가 있어 보인다.[36] 만물의 '스스로 그러함[自然]'을 제시하거나 논의의 동등한 가치를 주장하는 것과 달리, 장태염의 제물 개념은 서양의 근대적 평등 개념에 해당하는 것처럼 보인다. 실제로 다른 곳에서 장태염이 "장자 「소요유」편은

法塵, 摠是幻見幻想, 幷非在眞有.. 要有這種信仰, 才得勇猛無畏, 衆志成城, 方可得事來."
34 章太炎, 「革命道德說」, 『章太炎全集』, 上海人民出版社, p.284.
35 『齊物論釋』, 上海: 上海人民出版社, 『章太炎全集 六』, p.4. "〈齊物〉者, 一往平等之談, 詳其實義, 非獨等視有情, 無所優劣, 蓋離言說相, 離名字相, 離心緣相, 畢竟平等, 乃合〈齊物〉之義."
36 과거 「제물론」이란 편명에 대해서는 크게 두 가지 해석이 있어 왔다. 첫째는 "사물을 나란히 하는(齊物) 논의(論)"이고, 둘째는 "다양한 물론(物論)을 나란히 한다(齊)"고 보는 방식이다. 關鋒은 장자 사상에 이 두 가지 의미가 모두 함축되어 있다고 보는데, 전자는 우주론이나 본체론의 차원에서 만상을 道에 의해 제일하고자 했고, 후자는 인식론의 입장에서 시비의 제일을 주장한다는 것이다.(關鋒, 『莊子內篇譯解和批判』, pp.117~118.) 이에 대한 논의는 오진탁, 「감산의 〈장자내편해〉에 대한 연구」, 고려대학교 철학과 박사학위논문, 1993, pp.7~8에 자세하다.

자유이고, 「제물론」편은 평등이다"라고 말하고 있기 때문에 더욱 그러하다.[37] 그러나 장태염 제물 개념은 단순히 서양 근대의 사회적·정치적 평등 개념을 포괄할 뿐 아니라 불교적 의미의 평등 개념으로서 사회·정치 그 이상의 차원을 지향하는 것이라고 볼 수 있다. 즉 그는 제물의 실질적인 의미가 단순히 유정(有情), 즉 만인을 동등하게 보아서 우열이 없다고 보는 '만인의 평등'에 그치지 않고, 『대승기신론』에 의거해 언설상, 명자상, 심연상을 떠난 '궁극적인 평등'을 말하고 있기 때문이다.[38] 이때 언설상을 여의었다는 것은 음성 따위로 말할 수 있는 것이 아니라는 의미이고, 명자상을 여의었다는 것은 명구 따위로 설명할 수 있는 것이 아니라는 뜻이다. 심연상을 여의었다는 것은 마음을 일으켜 외경(外境)을 반연하는 것, 명언으로 분별할 수 없다는 뜻이다. 『기신론』의 입장에서는 모든 대상이 언어, 문자, 인식의 구속을 벗어나 있는 본래 평등한 것이다. 진여의 차원에서는 "일체의 법이 모두 참이고", "일체의 법이 모두 똑같기" 때문이다.[39] 이것은 결국 『기신론』의 진여연기의 입장에 근거한 평등관이다. 그러나 논자는 장태염의 '제물' 개념은 서구적 의미의 사회적 평등주의를 부정하는 것이 아니라 그를 포괄하면서 그 바탕에서 불교의 궁극적 평등을 제시한 것이라고 생각한다. 단지 유정에 대한 궁극적 평등 없이 사회적 의미의 평등이 불가능하다고 본 것이 특기할 만한 점이다.

---

[37] 특히 장태염이 『장자』 「소요유」편을 '자유에 대한 논의'라고 파악한 측면에서 보면, 그가 서양의 '자유, 평등'이라는 근대적 관념을 매우 중요하게 수용했다고 할 수 있다. 章太炎, 『國學槪論』, 上海: 上海古籍出版社, p.34. "〈逍遙遊〉者, 自由也. 〈齊物論〉者, 平等也." 김영진, 「제물론에 대한 장타이엔의 유식학적 독법과 그 근대적 특징」, 보조사상연구원 제73차 학술발표회 논문에서 재인용함.
[38] 高田 淳은 이것을 서구적 의미의 사회적 평등주의가 아니라, 심식론 차원에서의 제물관을 제시하고 있는 것이라고 해석한다. 高田 淳, 『辛亥革命と章炳麟の齊物哲學』, 東京: 研文出版, p.137.
[39] 『大乘起信論』卷2. "一切法從本已來, 離言說相, 離名字相, 離心緣相, 畢竟平等. 無有變異, 不可破壞. 唯是一心, 故名眞如. 以一切言說, 假名無實, 但隨妄念, 不可得故. 言眞如者亦無有相, 謂言說之極, 因言有言. 此眞如體無有可遣, 以一切法悉皆眞故, 亦無可立, 以一切法皆同如故. 當知一切法不可說不可念, 故名爲眞如."

나아가 장태염은 『반야경』을 인용하여 평등 개념을 더 자세히 설명하고 있다.

> 다음은 『반야경』에서 말하는 자평등성(字平等性)과 어평등성(語平等性)이다. 그 글은 모두 명가(名家)의 집착을 깨뜨리는 것이다. 즉 인(人)과 법(法)을 끊어 없애고 아울러 견상(見相)을 공(空)으로 하는 것이니, 이와 같으면 완전히 방해될 것이 없다. 만약 감정에 피차가 있고 지혜에 시비가 있다면 아무리 범애·겸리하고 다른 사람과 내가 완전히 갖추어지더라도, 구분이 확실한데 어찌 제(齊)가 있겠는가? 그러므로 겸애는 잘못된 논의이고 무기를 놓는 일이 전쟁을 일으키는 근본이 된다는 말이 어찌 헛된 말이겠는가?[40]

장태염은 여기에서 『대반야경』의 자평등성과 어평등성 개념을 인용하여, 명가의 집착을 타파하려는 의도를 보인다. 명가를 타파한다는 것은 '제물'이 사회제도로서의 평등주의가 아니고 유식의 견분상을 공으로 하는 불교적 평등의 경지를 의미함을 알 수 있다. '범애·겸리'는 묵가의 겸애설과 교리설을 가리키는데, 서양의 사회 제도로서의 평등주의의 뜻을 함축한다. 겸애설이란 "국민들이 서로 사랑하는 것", 교리설이란 "겸애하는 구체적인 방법론으로 서로 이익을 나누는 것"이기 때문이다. '다른 사람과 나'라는 것은 개별적 존재로서 실재한다고 망상하는 나를 말한다. '구분이 확실하다'는 것은 서구적 의미에서의 자아의 확립, 즉 자타의 차별을 전제로 하는 것을 말한다. 이 인용문은 범애·겸리의 평등주의가 논리적으로 성립하지 않는다는 비판이다. 결국 모든 이들의 나란하지 않은 상태의 나란함, 이것이 바로 장태염이 말하는 평등의 의미가 된다. 그리하여 적극적

---

[40] 『齊物論釋』, p.61. "此卽〈般若〉所云字平等性, 語平等性也. 其文皆破名家之執, 而卽泯絶人法, 箋空見相, 如是乃得蕩然無閡. 若其情存彼此, 智有是非, 雖復汎愛兼利, 人我畢足, 封畛已分, 乃奚齊之有哉. 然則兼愛爲大迂之談, 偃兵則造兵之本, 豈虛言也!"

인 사회주의의 제도적 변혁이나 소극적인 평화주의만으로는 진정한 평등인 제물의 차원에 이룰 수 없다는 의미를 담고 있다.

그러나 장태염이 서구 근대의 사회적 평등을 전적으로 부정하는 것은 아니다. 장태염은 「제물론석」의 의도를 다음과 같이 분명히 언급한다.

> 위로는 유식(唯識)을 깨닫고 널리 유정(有情)을 이롭게 하는 것은 중국 고적 중 「제물론」보다 나은 것이 없다. 「천하편」에서는 "내성외왕(內聖外王)의 도가 울창하지만 밖으로 드러나지 않았다"고 하였다. 그러므로 장생의 저서는 단지 정치적인 법술만이 아니다. 명가는 예관에서 나오고, 혜시는 예의 질서(尊)를 없앴다. 도가는 본래 세상을 다스리지만, 장주는 법을 없애어 오랜 법술과 서로 어긋나지 않는다. 따라서 지엽적인 것을 버리고 통하는 데로 나아갔을 뿐이다.[41]

장태염은 「제물론」의 취지가 '내성외왕의 도'에 있다고 본다. 주지하듯이 내성외왕은 유학의 전형적인 정치 방법론인데, 유학과 대조적 성격의 도가 철학을 굳이 내성외왕의 도로 평가하는 의도가 무엇일까? 그것은 첫째 장태염이 내성의 측면에서 유식·유심의 불교적 해석을 했다는 것이고, 둘째 외왕의 측면에서 유정을 이롭게 하는 정치술을 받아들였다는 점이다. 즉 유식 불교를 통하여 유식의 이치를 깨달아 "인과 법을 끊어 없애고", "견상을 공으로 하게 되면," "감정에 피차가 없고 지혜에 시비가 없어" 자연히 명가, 즉 예(禮)의 분별적 계급 질서를 부정하게 된다는 것이다. 그것이 진정으로 유정을 이롭게 하는 길이라고 본 것이다. 즉 「제물론」에 대한 유식 불교적 해석은 명상의 부정을 통해 자아 관념을 부정하여 근원적인 평등 개념을 제시하려는 일차적 목표를 가지지만, 그와 동시에 봉건주의

---

[41] 『齊物論釋』, p.63. "大能上悟唯識, 廣利有情, 域中古籍, 莫善於〈齊物論〉. 〈天下篇〉云, '內聖外王之道, 鬱而不發.' 爾則長生著書, 非徒南面之術, 蓋名家出於禮官, 而惠施去尊, 道家本以宰世, 而莊周殘法, 非與舊術相戾, 故是捨局就通耳."

예제를 부정하려는 사회 변혁적 성격도 동시에 지니고 있다고 할 수 있다. 그를 위해 장태염은 「제물론」이 인식의 철학이고, 그 점에서 세상을 다스리는 것 자체를 의도하는 도가적 해석에서 벗어났다고 보았던 것이다.

그리하여 "결국 세속 법에는 차이가 있고, 세속에는 문명과 야만이 있다. 야만은 스스로 그 누추함을 편안히 여기고, 문명은 우아한 것에 뜻을 둔다. 둘이 서로를 상하게 하지 않는 것이 평등이다"[42]는 논의가 가능해진다. 장태염이 보기에 문명과 야만에는 문화의 우열론이 없고 인간의 생활 습속의 차이가 나란하지 않은(不齊) 그대로 병존하는 것이 제물·평등의 본지이다. 따라서 근대 서양 제국주의와 같이 문명의 이름으로 야만을 구제한다는 것은 실은 인간을 죽이고 재물을 약탈하는 불합리한 상황을 합

▎장태염

---

42 『齊物論釋』, p.64. "終擧世法差違, 俗有都野, 野者自安其陋, 都者得意於嫺, 兩不相傷, 乃爲平等."

리화하는 데 지나지 않는다고 보았던 것이다. 장태염은 성인과 지혜·문화를 숭상하는 것은 오히려 큰 도둑을 돕는 일이라고 단언한다.[43] 따라서 성인과 지혜, 문화를 숭상하지 않고 세속 법의 차이를 인정하고 문명과 야만의 동등한 가치를 인정하는 것, 이것이 바로 장주가 말하는 제물, 참된 의미의 평등의 뜻이라고 본다. 문명의 이름으로 야만을 무시하는 서구 제국주의에 대한 비판이 장태염이 '제물' 개념 속에 포함되어 있는 것이다.

2. 『제물론석』의 유식 불교적 해석

1) '무기(無己)' 또는 '상아(喪我)' – 아라야식과 종자설

「제물론」 첫머리에서 남곽자기는 제자에게 "나는 나를 잊었다〔吾喪我〕"라고 말하는데, 장자는 그 경지가 육신은 마른 나무와 같고 마음은 꺼진 재와 같다고 표현한다. 오(吾)와 아(我)를 구분하여 진아(眞我)가 자기를 상실함으로써 만물일체의 경지에 도달한다는 것이 이 부분에 대한 일반적인 해석이다. 따라서 일반적인 장자의 인간 이해는 '무기(無己)' 또는 '상아(喪我)'와 '진인(眞人)'이라는 두 축으로 구성되어 있다고 볼 수 있다. 이에 대해 명대 불교학자인 감산은 장자의 주요 개념인 이 무기·진인 개념이 불교의 무아·진아 개념과 유사하다고 해석하고 있다.[44]

이 부분에 대한 장태염의 해석을 살펴보기로 한다.

「제물론」은 본래 명상을 관찰하여 일심에 합치시킨다. 명상이 근거하는 것은 인

---

43 『國故論衡』, 「原道」. "下觀晚世, 如應斯言, 使夫好餮得以迎志者, 非聖智尙文之辯, 孰爲之哉."
44 감산은 세상 사람들의 시비 논쟁은 한결같이 자기 견해에 대한 집착에서 비롯되므로 다양한 주장을 가지런하게 하려면 (제물) 반드시 망아(忘我), 또는 상아(喪我)가 우선되어야 한다고 본다. 이 때 '오상아(吾喪我)'에서 내가 나를 잊었다고 하였으므로, 잃어버린 나(我)와 잃어버리지 않는 오(吾)가 있는 셈이다. 따라서 '상아(喪我)'의 개념에는 진아(眞我), 또는 진인(眞人), 지인(至人)의 개념이 포함되어 있다고 할 수 있다. 오진탁, 앞의 논문, pp.113~121.

아(人我)와 법아(法我)라는 커다란 토대이다. 따라서 먼저 자아 상실(喪我)을 말하고, 그런 후에 명상을 부정하였다.[45]

여기에서 명상은 명칭과 형체를 말하는데, 일심의 근원에서 볼 때는 물론 임시적이고 비본질적인 것이다. 장태염은 현상 세계의 대상들이 명칭과 형체를 가진다고 보는 근거가 개체 자아(人我)와 개별 대상(法我)이 실재한다고 보는 세계관에 의한 것이라고 파악한다. 따라서 장태염은 「제물론」의 유식 불교적 해석을 통하여 그러한 세계관을 타파하고, 그에 의거해서 명상을 부정함으로써 개체 자아와 개별 대상을 일심에 합치시키겠다고 의도를 가졌다. 결국 명상의 부정이라는 인식론을 통해 대상들을 일심에 합치시킴으로써, 제물, 즉 근원적인 평등의 경지에 도달하겠다는 것이 그의 생각이다. 명상을 관찰하여 부정하는 인식론적 방법론은 유식 불교에서 가져오고, 철학적으로는 일심 당체 측면에서의 합일을 말한다는 점에서 『기신론』 철학을 따르고 있는 것이다. 이는 앞에서 『기신론』을 인용하며 제물 개념을 해석한 것과 문맥상 일치하는 것이다.

앞 인용문에서 이어지는 '삼뢰'에 대한 구절은 특히 중요한데, 그의 유식 불교적 방법론을 구체적으로 볼 수 있기 때문이다. 장태염의 해석은 다음과 같다.

> 지뢰에서 발단하는 바람을 의상 분별에 비유하고, 만 가지 구멍에서 포효하는 서로 다른 명언을 세계의 명언이 각각 다른 것에 비유한다. 집의 닭이나 야생의 까치도 각각 다른 음을 내서 자기의 뜻을 펼친다. 천뢰는 장식 중의 종자에 비유하는데, 후대에는 혹 원형 관념이라고도 부른다. 이것은 단지 명언일 뿐 아니라 상의 본질이므로, 온갖 가지로 다양하게 불어 서로 다르다. 가령 자기의 것을 장식에 의

---

45 『齊物論釋』, p.65. "〈齊物〉本以觀察名相, 會之一心. 名相所依, 則人我法我爲其大地, 是故先說喪我, 爾後名相可空."

지하여 의근(意根)이 있다고 한다면, 스스로 장식에 집착하여 나로 여긴 것이다.[46]

이 인용문은 장태염과 다른 주석가들의 해석의 차이가 분명하게 드러나는 귀절이다. 곽상은 천뢰를 자연(自然), 자생(自生), 자화(自化) 개념으로 일관해서 해석하고 있다. 생명의 생성은 저절로 생겨난 것이지 내가 생겨나게 한 것이 아니라는 것이다.[47] 성현영도 천뢰를 '저절로 그러한 것[自然而然]'이라고 풀이해서, 한 가지 바람이지만 온갖 다양한 것들이 다른 것에 의존함이 없이 제각기 내는 소리가 바로 천뢰라고 해석하였다.[48] 감산은 천뢰를 사람마다 발언하는 천의 기틀(天機)이라고 본다. 온갖 구멍에서 나오는 소리가 각각 다른 것은 대도가 본래 형체나 소리가 없이 조물의 한 기에 의탁하다가 흩어져서 온갖 영령이 된 것을 사람들이 각각 얻어서 '참된 왕'이라고 여기는 것을 말한다고 본다. 그리하여 사람마다 그 참된 왕의 전체를 모르고 단지 혈육의 신체만을 자기 자신이라고 생각하고, 말이 자신에게서 나온 것이라고만 알고 참된 왕이 주재하고 있음을 모르는 사실을 비판하였다.[49] 감산은 천뢰를 진아(眞我), 진제(眞諦)로 해석한 것이다. 반면에 장태염에게 제물이란 명칭과 형상을 유일심에 모으는 심식론을 의미한다. 따라서 지뢰에 의해 일어나는 바람은 의상의 분별지이고, 명언의 차이대로 자기의 뜻을 서술하는 것이다. 이에 대해 천뢰는 유식 불

---

46 『齊物論釋』, p.65. "故以地籟發端, 風喩意想分別, 萬窺怒呼, 名不相似, 喩世界名言各異, 乃至家雞野鶂, 各有殊音, 自抒其意. 天籟喩藏識中種子, 晚世或名原型觀念, 非獨籠罩名言, 亦是相之本質, 故曰吹萬不同. 使其自己者, 謂依止藏識, 乃有意根, 自執藏識而我之也."

47 『莊子』「齊物論」郭象註: "生生者誰哉. 塊然而自生耳, 自生耳, 非我生也. 我既不能生物, 物亦不能生我, 則我自然矣. 自己而然, 則謂之天然. 天然耳, 非爲也, 故以天言之. 故以天言之, 所以明其自然也."

48 『莊子』「齊物論」成玄英註: "且風唯一體則萬殊, 雖復大小不同, 而各稱所受, 咸率自知, 豈賴他哉. 此天籟也."

49 『莊子』「齊物論」憨山註: "言天籟者, 乃人人發言之天機也. 取萬不同者, 意謂大道, 本無形聲, 托造物一氣, 散而爲萬靈, 人各得之, 爲眞帝者 …(中略)… 謂人人迷其眞帝之一體, 但認血肉之軀爲己身 …(中略)… 但知言從己發, 而不知有眞帝主之."

교의 제8식, 즉 아라야식에 저장되어 있는 종자이고, 지뢰의 명언을 포함할 뿐 아니라 심·심소에 변현한 영상, 즉 상분의 본질이 된다. 장태염은 이것을 칸트의 원형 관념, 즉 범주에 비하였다. 따라서 지뢰가 명언의 다양성으로 포함되지 않고 여러 가지를 스스로 취하는 것은 육근의 하나인 의근이 천뢰라는 장식에 집착하여 자아를 세우기 때문이라는 해석이 가능해진다.

나아가 장태염은 위 인용문의 '화를 내는 사람', 즉 작자(作者)를 『섭대승론』을 인용하여 다음과 같이 해석하고 있다.

> 스스로 취한다는 것은 『섭대승론』의 무성(無性) 해석에 나와 있다. '일식(一識) 중 상분과 견분이 있는데, 두 분은 서로 전환된다. 상분과 견분, 두 분은 부즉불리의 관계이다', '소취분은 상분이라고 하고, 능취분은 견분이라고 한다.' …… 이것은 자기 마음이 자기 마음을 취하는 것이니, 나머지 대상이 없다. …… 외부 세계가 없으므로, 온갖 구멍에서 화내고 소리쳐도 따로 본체가 없다. 그러므로 '화를 내는 사람이 누구인가?'라고 한 것이다.[50]

이 인용문은 자기 마음이 자기 마음을 취하므로, 외부 세계가 존재하지 않는다는 의미이다. 이를 아는 것은 견량으로 상을 취하는 때, 상이 근식 밖에 존재한다고 집착하지 않는 것이다. 외부 세계가 없으면 작자도 없으므로, "화를 내는 사람이 누구인가?"라는 반문이 가능하게 된다. 장태염은 작자, 즉 창조주를 특정한 본성이나 본체가 존재하지 않는 무성(無性)의 이치로 해석하였다. 더욱이 일심 중 상분과 견분이 소취분(所取分, 대상)과 능취분(能取分, 주관)으로 나타나지만, 그렇게 보일 뿐 제로 두 분

---

50 『齊物論釋』, p.66. "自取者, 〈攝大乘論〉無性釋曰, 於一識中, 有相有見, 二分俱轉, 相見二分, 不卽不離. 所取分名相, 能取分名見.…(中略)… 是則自心還取自心, 非有餘法.…(中略)… 旣無外界, 則萬竅怒號, 別無本體, 故曰怒者其誰."

이 존재하는 것이 아니다. 자기 마음이 자기 마음을 취하고 외부 세계가 존재하지 않는다고 보는 것이 유식 불교의 인식론이기 때문이다. 장태염은 작자나 창조주를 '따로 본체가 없다'는 무성(無性)의 존재로 무화시키고 있다는 점에서 확실히 유식 불교적 해석을 하고 있음을 알 수 있다.

이어지는 "물(物)은 물색(物色)을 말하니, 바로 상분이다. 물을 물로 보는 것은 색을 물로 하는 것이니, 바로 견분이다. 상분과 견분, 두 분은 동일하지도 않고 떨어지지도 않는다. 이것을 '물을 물로 보는 것이 물과 간격이 없다'고 말한 것이다 …… 이러한 의미는 모두 『섭론』과 자취(自取)의 학설과 서로 의미가 같다"[51]고 한 구절 역시 『해심밀경』의 유심 이론에 의거하여 작자가 존재하지 않는다는 것, 즉 자취(自取)의 학설을 설명한 것이다. 장태염은 '물물(物物)'의 해석에 대해서 앞의 물은 불교의 색, 즉 형체가 있는 것을 대상으로서의 상분으로 해석하고, 뒤의 물은 견분의 의미로 해석한다. 나아가 물을 물로 보는 자가 바로 조물주라고 해석하는 통설을 배척하려고 하였다. 그리고 갖가지 소리를 내는 비유적인 구멍 이야기를 전적으로 유식 불교적으로 해석해 나간다. 예컨대 "'커다란 지혜는 아주 한가롭다'는 것은 넓은 모양이니, 장식이 동시에 겸지(兼知)한다는 것이다. '자그마한 지식은 몹시 바쁘다'는 것은 간문에서 간별이 있다고 한 것이니, 5식이 서로 대신할 수 없고 의식과 동시에 두 가지 생각(想)이 있을 수 없다는 것을 말한다.…… '잠들어서도 쉴 새 없이 꿈을 꾼다'는 것은 꿈 속의 독두(獨頭) 의식이다. '깨어나면 활동을 시작한다'는 것은 의식과 그 산위(散位)의 독두 의식을 명료화한 것을 말한다"는 식이다. 우선 '커다란 지혜(大知)'를 제8아라야식, 즉 장식에 비하고, '자그마한 지식(所知)'를 안이비설신의 전5식과 6식인 의식에 비한다. 꿈과 깨어있는 것은 『성유식

---

51 『齊物論釋』, p.67. "物謂物色, 卽是相分. 物物者, 謂物色此物色者, 卽是見分. 相見二分, 不卽不離, 是名物物者與物無際, 而彼相分自現方圓邊角, 是名物有際 …(中略)… 此皆義同(攝論), 與自取之說相明矣."

론』 권5의 설명에 의거하여, 6식인 의식을 다음 4가지로 나눈다. 전5식과 동시에 일어나는 대상을 가지는 것을 분명히 한 명료의식, 정중(定中)의 의식, 독산(獨散)의 의식, 그리고 꿈 속의 의식이 바로 그것이다. 이 중 뒤의 세 가지를 전5식을 수반하지 않고 단독으로 일어나는 독두의식이라고 부른다. 깨어있을 때는 따로 보이지 않지만 꿈 속에서는 하나로 통합되는 것이 의식이다. "이들 심과 심소법이 모두 자취(自取)이고, 따라서 외부 세계가 존재하는 것이 아니다"는 것이 이 논의의 핵심이다.

그리하여 앞 귀절에 대한 다음과 같은 해석이 가능해진다. "'음악이 빈 공간에서 나온다'는 것은 말에 자성이 없음을 비유한다. '곰팡이가 습한 곳에서 생긴다'는 것은 사대(四大)에 자성이 없음을 비유한다. '아침과 저녁이 바뀌어도 왜 그런지 알지 못하는 것'은 유변(有邊)·무변(無邊)의 논의를 일으킬 수 있다. 시간이 실유한다면, 유식이 아니고 '천뢰'의 의미가 성립하지 않는다. 그러므로 '아침과 저녁이 이것을 얻어 생긴 것이다'고 하였다. 이것이란 자취(自取)하는 식을 말한다[52]"는 것이다. 여기에서는 피리의 음악 소리가 빈 공간에서 나오는 현상을 명언에 자성이 없음을 비유하고, 곰팡이가 습한 곳에서 생기는 현상을 지·수·화·풍 사대에 자성이 없음을 비유하였다. 아침과 저녁이 바뀌는 이치를 유무의 이치를 논하는 것에 비유하였다. 시간이 실유하면 사물도 실재할 것이므로, 유식(唯識)이 아니게 되고 결국 아라야식 속의 종자에서 현상계가 생겨난다는 천뢰의 의미가 성립되지 않게 된다. 모든 것은 자취하는 식, 즉 아라야식에서 생겨난다고 보는 것이 「제물론」에 대한 장태염의 전형적인 유식 불교적 해석인 것이다.

---

52 『齊物論釋』, p.68. "音樂出乎空虛, 喩名言無自性也. 菌蕙成乎蒸濕, 喩四大無自性也. 雖爾日夜相代, 莫知所始, 能起有邊無邊之論, 時若實有, 卽非唯識, 天籟之義不成, 故復應以旦暮得此其所由生. 此者, 卽謂能自取識."

2) '진인' 또는 '진아' – 아마라식과 진여연기론

그러나 장태염이 말하는 유식 불교는 철학적인 의미에서 '참된 나(眞我)'의 존재를 입증하려는 것이다. 즉 현장─규기 계열의 유상유식적 해석과는 거리가 있다.

> 「덕충부」에서 "지식으로 그 마음을 알고, 그 마음으로 항상된 마음(常心)을 안다"라고 하였다. 여기에서 '마음'은 아타나식이고, '항상된 마음'은 아마라식이다. 거기에서 말하는 '항상된 마음'이 여기에서 말하는 진군(眞君)이다. 마음과 항상된 마음은 업에 서로 구별이 있고 자체가 다르지 않지만, 이 중의 진재와 진군은 별설에 의하면 총재가 무상(無常)을 대신하는 것으로 아타나식의 항전(恒轉)을 비유한다고 한다. 대군을 폐치할 수 없다는 것은 아마라식의 불변을 비유한다.[53]

여기에서 장태염은 장자가 말하는 '마음'과 '항상된 마음'을 구분하여 각각 유식불교의 아타나식과 아마라식에 대응시키고 있다. 아타나식은 유식 불교에서 일반적으로 제8식으로 말하는 식이지만, 아마라식은 오직 진제 유식, 즉 무상 유식에서만 발견되는 개념이다. 장태염은 여기에서 진망화합식으로서의 제8식 위에 오직 진식인 제9아마라식을 상정하고, 그것을 '참된 왕(眞君)'으로 부르고 있는 것이다. 그러면서 이 참된 왕은 무상을 대신하는 개념으로, 제8식인 아타나식의 항전에 비유되는 개념이라고 설명하고 있다. 장태염의 이러한 해석은 유식 불교 중 현장 계열의 유상 유식이 아닌 진제 계열의 무상 유식과 관련된 내용임이 분명하다. 아라야식을 진망화합식으로 파악한 그 위에, 더러움이 없고 깨끗한 진식인 제9아마라식을 새롭게 상정하는 것은 오직 진제 계열의 무상유식에서만 찾아볼 수 있

---

53 『齊物論釋』, p.71. "(德充符)說, '以其知得其心, 以其心得其常心.' 心卽阿陀那識, 常心卽菴摩羅識. 彼言常心, 此乃謂之眞君. 心與常心, 業有相別, 自體無異, 此中眞宰眞君, 亦依別說, 冢宰更代無常, 喩阿陀那恒轉者. 大君不可廢置, 喩菴摩羅不變者."

는 개념이기 때문이다. 이 아마라식의 상정을 통하여 깨달음과 해탈의 근거를 제기함과 동시에 현상계의 오염된 모습이 어떻게 생기게 되는가에 대한 설명이 가능해진다. 현상계의 오염된 모습은 제8식의 망식적인 측면에서 비롯된 것이고, 깨달음과 해탈의 근거는 이 오염된 식을 진식인 제9 아마라식에 의거해서 전화하고 소멸시킴으로서 가능해지기 때문이다. 그것이 바로 '아타나식의 항전'이라고 표현되는 것이다. '대군을 폐치할 수 없다'는 표현은 아마라식의 불변함과 항상함을 나타내는 표현이 된다.[54]

장태염은 이 인용문의 뒤를 이어 다음과 같이 말한다.

> 오직 아마라식을 증득하면 참된 왕이 된다. 이것은 무아이면서 아(我)를 드러내는 것일 뿐이다. 따라서 환아는 본래 없지만 잃을 수 있고, 진아는 항상 편재하면서 저절로 존재한다. 이 아마라식은 본래 저절로 존재하지만 닦을 수 있는 상(修相)이 아니고 지을 수 있는 상(作相)도 아니어서 결국 얻을 수 없다. 따라서 "그 정(情)을 얻을 수 있는가 여부는 그 참됨에 손익이 없다"라고 하였다. 구하지 않으면 한번 정해진 형체를 받아 사라질 때까지 없어지지 않고 순간마다 파도와 같이 계속 이어지게 된다. 앞의 마음이 제거되면 매번 잃게 되니, 이 피부와 골수는 수시로 대사하여 10년의 옛 몸이 모두 재가 된다. 이로써 한번 태어날 때 다시 아홉 번 죽는다는 것을 알 수 있다. 따라서 사람들이 불사라고 말한들, 무슨 이익이 되겠는가? 이것은 진군(眞君)이 여래장 중의 진여상을 가리킨 것이다. 다음으로 그 마음을 형체화하고 그와 함께 하는 것은 여래장 중의 수연용(隨緣用)을 가리킨 것이다. 수연생멸하니, 이 여래장을 아라야식이라고 바꾸어 부른다.[55]

---

[54] 무착, 세친 제사들은 '境空心有'의 학설을 제기하였는데, 『기신론』의 학설과 참으로 비슷하다. 그러나 명상이 대단히 번잡한 것은 『기신론』과 전적으로 다르다. 『기신론』의 業相, 轉相, 現相, 智相, 相續相, 執取相, 計名字相, 起業相을 제8식과 제6식, 두 식에 배대하였다. 이것은 세친이 오변행경을 제8식에 배대하고, 오별경을 제6식에 배대한 것과 명상이 아주 다르다. 하물며 『기신론』이 팔종식 중에서 아라야식만 들고 말나의근을 말하지 않고 삼성·삼무성을 설하지 않은 데 있어서이겠는가? (章太炎, 「大乘起信論辯」, 『大乘起信論與楞嚴經考辨』, pp.11~12)

아마라식을 증득한다는 것은 바로 진여를 증득한다는 것이고, 현상 세계의 진실성을 그대로 인정하게 된다는 것이다. 이러한 경지를 장태염은 장자의 말을 빌어 '참된 왕'이 되는 것이라고 표현하였다. '환상의 나[幻我]'는 본래 없는 것이고, '참된 나(眞我)'가 어디에고 편재하게 된다. 이것이 바로 진여연기론적 해석이다. 나아가 장태염은 이 '참된 왕'을 여래장 속의 진여상이라고 하고, 이 진여상이 형체를 가지게 되고 그 형체와 함께 하는 것을 여래장 속의 수연상, 즉 생멸상이라고 보았다. 이러한 인식은 『대승기신론』의 '일심개이문(一心開二門)' 사상에 의거한 것이다. 『기신론』에서는 일심법에 심진여문과 심생멸문이라는 두 가지 문이 있고, 이 두 가지 문은 모두 각각 일체의 법을 총괄하고 있으며 서로 분리된 것이 아니라고 본다.[56] 장태염은 아마라식을 제시한 뒤, 바로 『기신론』의 일심개이문 사상으로 '참된 왕'의 비유를 설명하고 있는 것이다. 또한 "수연 생멸하는 것이므로, 여래장은 바로 아라야식과 일치하게 된다"는 말은 『기신론』에서 "심생멸이란 여래장에 의하므로 생멸심이 있는 것이다. 이른바 불생불멸이 생멸과 더불어 화합하여, 같은 것도 아니고 다른 것도 아닌 것을 이름하여 아라야식이라고 한다"[57]고 한 구절과 같은 의미이다. 『기신론』에서는 아라야식의 본각(本覺), 불생멸의 뜻과 생멸, 불각(不覺)의 뜻을 함께 나타내고 있기 때문이다. 전형적인 진여연기론적 해석 방식인 것이다.

---

55 『齊物論釋』, p.72. "唯證得菴摩羅識, 斯爲眞君, 斯無我而顯我耳. 是故幻我本無而可喪, 眞我常徧而自存, 而此菴摩羅識本來自爾, 非可修相, 非可作相, 畢竟無得, 故曰求得其情與不得, 無益損乎其眞. 不求則一受成形, 不亡待盡, 念念相續, 如連錢波, 前心已去, 每更爲失, 卽此膚肉骨髓, 隨時代謝, 十年故體, 悉爲灰塵. 由此可知, 卽一生時, 已更九死, 故曰人謂之不死, 奚益也. 此言眞君斥如來藏中眞如相. 次言其形化其心與之然者, 斥如來藏中隨緣用, 旣隨緣生滅, 卽此如來藏, 轉名阿羅耶識."

56 『大乘起信論』卷1. "依一心法有二種門, 云何爲二. 一者心眞如門, 二者心生滅門. 是二種門皆各總攝一切法. 此義云何. 以是二門不相離故."

57 『大乘起信論』卷2. "心生滅者, 依如來藏故有生滅心. 所謂不生不滅, 與生滅和合, 非一非二, 名爲阿黎耶識."

장태염의 진여·수연의 진여연기론적 해석 방식은 다음 구절에서 더 분명히 나타난다.

> 남곽자기는 본래 '상아(喪我)'를 말하였고 장생의 다른 편에서는 모두 '무기(無己)'를 말하였는데, 이 곳에서만 '참된 왕(眞君)'을 말하였다. 이것은 불전에서 모두 무아를 말하지만, 『열반경』에서 유독 유아(有我)를 말한 것과 같다. 두 나를 쌍으로 다 없애면 자성청정이 비로소 나타나게 되니, 단절되어 아무 것도 없는 것과는 다르다 …… 이러한 의미와 합치하여 당대의 법장은 이에 의거하여 무진연기의 학설을 세웠다.[58]

장태염은 상아와 진군 사이의 긴장, 즉 무아와 진아 사이의 모순을 파악하고 있었다. 그리하여 그것을 불경에서 말하는 무아와 『열반경』에서 말하는 유아와 연결시켜 설명하려고 하였다. 『열반경』에 나오는 유아는 일반적으로 열반사덕(涅槃四德)이라는 '상락아정(常樂我淨)' 개념과 관련된 개념이다. 열반의 경지는 영원불변하기 때문에 상(常)이고, 괴로움이 없고 안락하기 때문에 낙(樂)이며, 자유자재하여 조금도 구속이 없으므로 아(我)이고, 번뇌의 오염이 없으므로 정(淨)이다. 이때의 아는 망집의 아를 여읜, 8대 자재가 있는 진아를 의미한다. 장태염의 표현대로 하자면, 환상의 나가 아닌 참된 나이다. 그러나 이때의 아는 물론 무아와 대치되는 개념이 아니며, 무아의 체득을 통해 획득되는 아이다. 즉 현상계의 모든 대상들의 자성청정을 의미한다. 그와 같은 인식이 바로 진여연기론인 것이다. 따라서 장태염은 "무량한 유정들은 똑같이 일식이 있다"고 하여 모든 생명체의 존재가 일식, 즉 아라야식의 진여에 의거한 것임을 확언한 뒤, 당대 법장

---

[58] 『齊物論釋』, p.72. "註: 子綦本言喪我, 莊生他篇皆言無己, 獨此說有眞君, 猶佛典悉言無我, 〈涅槃經〉獨言有我. 蓋雙泯二我, 則自性清淨始現, 斯所以異於斷無也…(中略)… 能會斯旨, 唐時法藏依此以立無盡緣起之說."

의 무진연기설과 연결시켜 설명하였다. 중국 불교의 대표적인 종파인 화엄종의 무진연기설와의 관련성을 스스로 언급하고 있는 것이다. 결국 장태염의 유식 불교는 진제 유식-『기신론』-화엄종 등 중국불교로 이어진다고 볼 수 있는데, 그 맥을 꿰뚫는 핵심이 바로 진여연기론인 것이다.

장태염은 『장자』「제물론」을 불교적 평등성으로 해석함으로써 자신이 근대에 필요하다고 생각한 '평등' 이념을 제공하고자 하였다. 즉 그는 불교의 평등 개념을 통하여 청왕조의 타도와 반봉건 혁명을 시도하였던 것이다. 실제로 장태염은 "왕을 도적과 같이 보는 것, 이것이 또한 민권을 회복한다는 말과 서로 합치한다"[59]고 보았다. 이를 위해 장태염은 『장자』「제물론」을 유식 불교적으로 해석하고, 특히 진제 유식-『기신론』-화엄종과의 연관성 하에서 모든 계급성은 소멸되고 단지 원융무애한 무진연기, 너와 나의 분별이 소멸되고 아상과 인상이 사라진 완전한 평등을 제시하였다. 결국 장태염이『제물론석』에서 목표로 한 것은 이러한 평등의 철학적 기반 위에서 정치적으로 민주 제도를 설립하는 것이었다고 할 수 있다.

Ⅳ. 근대 혁명사상에 미친 불교의 영향

동양에서 근대란 단순한 시대 구분만은 아니다. 한국·중국·일본을 포함하는 동양의 근대는 서양의 충격이라는 세계 체제적 시각과 동아시아의 시각을 결합해 보아야 하고, 따라서 모든 동양 근대 사상의 기본 전제는 바

---

59 『章太炎政論全選集』, 「東京留學生歡迎會演說辭」, "看做王就與做賊一樣, 這更與恢復民權的話相合."

로 서양과의 대결이다. 즉 동양의 모든 근대 사상은 동서 문화의 충돌이라는 시대적 산물이라고 할 수 있다. 그러나 근대 사상가들은 내적으로는 과거를 변혁하고, 또 외적으로는 서양을 비판하는 동시에 배워야 하는 모순된 과제를 짊어지고 있었다. 즉 '반(反)봉건, 반(反)제국'으로 특징지어지듯, 변혁의 과제를 수행하기 위해서 적군인 서양을 비판하는 동시에 배워야 했던 것이다. 중국 근대불교 역시 이러한 딜레마에서 자유로울 수 없었다.

이 글에서 다룬 담사동, 장태염 철학에도 바로 그러한 딜레마가 잘 드러나고 있다. 실제로 담사동, 장태염은 불교와 유학 등 전통 철학과 서양철학을 융합하거나 현대화하여 새로운 근대철학을 모색한 철학자들이다. 웅십력을 비롯한 현대 신유가들이 주로 불교와 유학을 결합하여 시대가 필요로 하는 새로운 철학을 시도한 것도 이들의 철학을 사상적으로 계승한 것이라고 할 수 있다. 논자는 이 논문에서 봉건주의와 정면으로 대치되는 철학적 개념인 '평등'의 개념에 주목하여, 이들이 자신들의 철학 체계에서 '평등'이라는 근대적 가치를 어떻게 수용하고 있는지 살펴보았다. 그를 위해서 두 부분으로 나누어 살펴보았다. 첫째는 담사동 철학에서 핵심 개념으로 '인'을, 장태염 철학에서 핵심 개념으로 '제물'을 선택하여, 이들 개념을 정의하는 데 나타나는 근대적 해석을 살펴보았다. 즉 인이나 제물 개념이 과거 다른 사상가들과 어떻게 다르게 해석되는가 하는 점에 주로 관심을 기울였다. 둘째는 담사동의 경우는 『대학』이나 『중용』이라는 유학의 텍스트를, 장태염의 경우는 『장자』라는 도가의 텍스트를 불교적으로 해석한 내용을 살펴보고, 그러한 해석의 의미를 찾아보려고 하였다. 그러한 과정을 통해서 자연히 중국근대의 변혁 사상, 즉 혁명 사상에 미친 불교의 영향이 드러날 수 있었다.

담사동, 장태염 철학이 의미를 가지는 것은 실제 현실에 대한 영향력 때문이라기보다는 그 정치적인 의미 때문이라고 할 수 있다. 결론적으로, 담사동은 유식, 화엄 불교의 개념을 활용하여 유학의 인에 불교의 평등성을 부여하였고, 그를 통해 봉건을 비판하고 근대의 평등 개념을 수용하여 변법운동에 활용하였다. 장태염은 유식 불교의 해석을 통하여 도가의 제물을 불교적 평등성으로 해석하였고, 그를 통해 서구의 근대적인 평등과 불교의 근원적인 평등을 동시에 받아들임으로써 민주 혁명의 사상적 기초를 세우는 동시에 혁명에 필요한 도덕성을 뒷받침하려 하였다. 이러한 사회의 전반적인 변혁 작업에 불교가 결정적인 역할을 한 것은 특기할 만한 일이다. 이 두 사상가들은 전통 철학 중 주로 불교를 활용하여 당시 중국 사회가 필요로 했던 '반봉건, 반외세'의 과제를 해결하려 하였던 것이다. ▮ 김제란

7 지나내학원과 근대 중국불교학의 부흥

Ⅰ. 양문회(楊文會)의 후계자 구양경무(歐陽竟無)

　중국의 근대불교학은 이른바 '중국 근대불교의 아버지'라고 칭하는 양문회(楊文會)로부터 시작되었다고 할 수 있다. 양문회는 태평천국의 난으로 소실된 불교의 각종 경전을 복원하기 위하여 '금릉각경처(金陵刻經處)'를 설립하고, 대중의 관심에서 멀어지고, 세간으로 흩어졌던 대장경(大藏經)의 온전한 판각(板刻)과 편찬을 위해서 노력하였다. 또한 그와 동시에 근대적 교육에 대하여 눈을 뜨고 '기원정사(祇園精舍)'를 창립하여 불교의 체계적 교육을 시작하였다. 하지만 그의 이러한 포부는 꽃을 피우지 못한 채 경제적인 원인으로 인하여 2년을 채우지 못하고 문을 닫을 수밖에 없었다. 그러나 이러한 양문회의 근대적 교육에 대한 염원과 이념은 그의 유지를 받든 구양경무(歐陽竟無; 본명 '점(漸)', 1871~1943)에 의하여 지나내학원이 설립되면서 비로소 실현되게 되었다.
　지나내학원의 설립자인 구양경무는 34세에 당시 유명한 계백화(桂伯華)의 권유에 의하여 불교에 입문하게 되었고, 36세에는 양문회를 스승으로 모시며 금릉각경처(金陵刻經處)에 함께 기거하면서 새로운 전기를 맞게 되었다. 그 후에 양문회가 입적(入寂)하면서 각경처(刻經處)의 일을 부분별로 나누어 진치암(陳穉庵)에게는 출판 분야를, 진의보(陳宜甫)에게는 대외 사업을, 구양경무에게는 경전의 정리와 교정에 관한 일을 나누어 유촉하였지만, 실제적으로는 구양경무가 각경처와 관련된 전체적인 사업을 총괄하였다. 근대 중국불교에 있어서 구양경무는 그의 스승인 양문회에 비견될 정도로 중요한 역할을 담당하였다. 그는 스승으로부터 불교에 대하여 종합적이고 체계적인 배움을 얻었으나, 스스로 더욱 정진하여 특히 법상유식학(法相唯識學)을 다시금 부흥시킨 것으로도 유명하다. 그의 유작집인 『구양경무내외학(歐陽竟無內外學)』[1]에는 각 종의 교학(教學)에 대한 연구논술이 보이는데, 그의 수제자인 여징(呂澂)이 저술한 『친교사구양선생사략(親教師歐陽先生事略)』의 설명에 의하면, 바쁜 일정에도 불구하고 평소에 계속해서 연구를 진행하고 있었다는 것을 알 수 있다.[2] 그러나 그의 업적 가운데 무엇보다도 중요한 것은 바로 지나내학원의 설립과 그 운영이라고 할 수 있다. 연구와 교육이 완전하게 결합되었을 때, 비로소 연구와 교육의 양쪽 분야에 모두 더욱 커다란 효과가 나타나기 때문이다. 실제적으로 지나내학원은 중국 근대불교학의 산실이라고 할 정도로 수많은 학자들을 배출하였으며, 그들을 통해 양성된 후학들이 현재의 중국불교학을 이끌고 있다. 따라서 지나내학원이야말로 근대 중국불교학 부흥의 근원지라고 하여도 결코 지나친 말이 아닐 것이다.

---

[1] '國學導航'(http://guoxue123.com/) 홈페이지에는 歐陽竟無의 문집인 『歐陽竟無內外學』 30책(支那內學院蜀院 木刻印刷本, 1934年版)의 원문을 모두 게재하고 있다.
[2] 呂澂, 『親教師歐陽先生事略』(http://guoxue123.com/) 참조.

Ⅱ. 지나내학원의 설립과 연혁

구양경무가 '지나내학원'을 설립하게 된 직접적인 원인은 스승인 양문회(楊文會)가 설립한 '기원정사(祇園精舍)'의 계승이었다. 특히 기원정사가 경제적인 이유로 2년 만에 문을 닫게 되자, 그는 다양한 방법으로 운영 자금을 준비하였다. 그러나 지나내학원은 그의 스승이 세우고 그가 실무를 총괄하고 있던 '금릉각경처(金陵刻經處)'와는 별도의 기관으로 설립하게 된다. 이에는 다음과 같은 사정이 존재한다.

본래 양문회가 입적할 때, 금릉각경처와 관련된 모든 재산은 금릉각경처에 귀속되도록 유언을 남겼지만, 실제적으로 그의 자식들과 손자들이 계속 각경처에 머물면서 재산권을 행사하였다. 그의 손녀 양보위(楊步偉)가 쓴 『선조인산공지생평(先祖仁山公之生平)』라는 글에는 당시 구양경무와 양문회의 후손들 사이에 경판(經板)을 다른 곳으로 옮기는 문제로 여러 차례 다툼이 있었다는 내용이 언급되어 있다.[3] 이것은 단순히 경판(經板)을 옮기는 문제가 아니라 바로 재산권 문제로부터 비롯된 것임을 추측할 수 있다. 당시 금릉각경처는 5천 평에 이르는 대지에 200여 칸에 달하는 방이 있을 정도로 방대하였다는 기록을 보면, 그 재산의 규모가 어느 정도였을지 짐작하기 어렵지 않다. 우릉파(于淩波)의 『중국근현대불교인물지(中國近現代佛敎人物志)』에 따르면, 양문회의 후손들이 1936년에 이르러서야 재산권을 금릉각경처에 넘겨주었다고 설명되어 있는데, 이는 양문회가 입적한 지 25년이 지난 후의 일이다.[4]

---

[3] 趙楊步偉,「先祖仁山公之生平」,『菩提樹』95期, 楊仁山楊居士示寂五十周年記念號, 1960. 10. 참조.
[4] 于淩波,『中國近現代佛敎人物志』(宗敎文化出版社, 1995年版.) "近代居士佛敎的啓蒙者楊仁

▎구양경무(歐陽竟無)

    스승의 후손들과의 재산권 분쟁 등의 문제로 금릉각경처로부터 어떠한 경제적인 도움을 받을 수 없게 된 상황에서 구양경무는 지나내학원의 창립경비를 모금할 방도를 모색하게 되었다.

    1918년 구양경무는 각경처의 연구부에 정식으로 '지나내학원 주비처(籌備處)', 즉 '지나내학원의 설립을 위한 준비처'를 개설하였다. 이 당시에 구양경무의 제자인 여징이 상해미술관(上海美術館)의 전과학교(專科學校) 교무장의 자리를 사임하고 '주비처(籌備處)'에 와서 지나내학원의 설립을 도왔으며, 또 다른 제자인 구희명(邱晞明)도 절강성(浙江省)의 의원(議員)을 사임하고 참여하였다. '주비처'를 개설한 후, 바로 『지나내학원 간장(簡章)』[5] 및 『지나내학원 일람표(一覽表)』[6]를 공포하였다. 이것이 당시 불교학계에 커다란 반향을 불러 일으켜, 학계의 중진이었던 침증식

    山" p.315.
5 '歐陽竟無記念館'(http://www.xianfengfoxue.com/)에서 원문인용.
6 앞의 주 5 참조.

(沈曾植)은 『지나내학원 연기(緣起)』7를 발표하였고, 장태염(章太炎) 또한 『지나내학원 연기(緣起)』8를 찬술하였으며, 유명한 시인 진삼립(陳三立)은 『지나내학원 간장서후(簡章書後)』9라는 글을 지어 발표하였다.

『지나내학원 간장(簡章)』은 지나내학원의 전체적인 규정과 학제의 설명으로, "제1장 총강, 제2장 수업년한, 제3장 학과과정, 제4장 학기와 방학, 제5장 입학과 퇴학, 제6장 예배, 제7장 시험과 졸업, 제8장 상벌, 제9장 경비와 납비" 등의 총 9장으로 이루어져 있다. 이 요강(要綱)에 따라 지나내학원은 크게 학(學)·사(事)의 두 과(科)로 나누어졌다. 학과(學科)는 중학부·대학부·연구부의 3부로 구성되고 있고, 다시 대학부에는 법상대학(法相大學)·법성대학(法性大學)·진언대학(眞言大學)의 3개 전문과목의 대학으로 나누며 구성되어 있으며, 3개 대학은 보습과(補習科)·예과(豫科)·본과(本科)·특과(特科)의 단계로 구분하고 있다. 또한 사과(事科)에는 행지처(行持處)·열경사(閱經社)·강연장(講演場)·전교단(傳敎團) 등을 두고 있다. 학(學)·사(事)의 두 과(科)를 나누어 이러한 형태로 편제한 것은, 바로 대학의 체제와 목표에 있어서, 교육·연구라는 기본적 학술활동과 행정뿐만이 아니라, 실무 분야인 포교까지 고려한 이원적인 구조로 기획하였음을 알 수 있게 한다.

『지나내학원 일람표(一覽表)』에서는 지나내학원의 '요강(要綱)'에 따른 전체적인 구성과 학과과정, 그리고 예산규모까지도 상세히 밝히고 있다. 그에 따르면, 지나내학원은 "저술하여 널리 알리며, 성스러운 가르침을 보급시킴[著述闡揚, 聖敎普及]"을 목표로 하고 있다는 것을 알 수 있다. 이로부터 지나내학원의 설립의도를 짐작할 수 있는데, 바로 불교학의 연구와 불교의 포교가 건학 이념이라는 것을 알 수 있다. 또한 전체적인 지나내

---

7 于凌波, 『中國近現代佛敎人物志』 '宜黃大師歐陽漸'에 그 원문이 인용되어 있음. p.368 참조.
8 '歐陽竟無記念館'(http://www.xianfengfoxue.com/)에 원문이 게시되어 있음.
9 于凌波, 앞의 글 p.369.

학원의 예산규모를 밝히고 있는데, 총 목표액을 '일백 만원'으로 설정하고, 이를 3단계로 나누어 단계적으로 추진하며, 최초의 자본을 '삼십 만원'으로 책정하고 있다.

상술한 바와 같이, 금릉각경처의 도움을 받지 못하는 상황에서, 이러한 대규모의 비용은 구양경무에게는 실제적으로 너무도 감당하기 어려운 액수였다. 하지만 당시 그는 이미 불교학계에 상당히 유명해져 있었으며, 다양한 학술행사 등을 개최하며 뜻을 굽히지 않고 꾸준히 모금활동을 하였다. 구양경무의 이러한 활동은 점차로 반응을 보여 1921년 말에는 어느 정도 기금이 형성되었고, 마침내 지나내학원의 이사회를 결성하게 되었다. 그 이사회에는 당시 북경의 유명한 정치가인 엽공작(葉恭綽), 웅희령(熊希齡)를 비롯하여 유명한 학계의 거두 양계초(梁啓超), 채원배(蔡元培), 심증식(沈曾植), 장태염(章太炎), 진삼립(陳三立) 등이 이사로 참여하게 되었다. 얼마 지나지 않아, 정계와 학계의 노력으로 북경 정부의 재정부와 교육부가 협상하여 강소성 정부에 공문을 보내게 되었고, 강소성 재정청에서 지나내학원의 건립기금으로 '십 만원'을 출자하게 되었으며, 또한 매월 국세(國稅) 가운데 '일 천원'을 운영기금으로 지원하게 되었다.[10] 이로써『지나내학원일람표』에서 설정했던 제1단계의 '삼십 만원'을 초과하여 모금하게 되었고, 드디어 1922년 7월 7일, 남경 공원로에서 정식으로 지나내학원을 설립하였으며, 교육부와 내무부에 인가를 신청하였다.

이러한 과정을 구양경무의 제자인 여징은『불학연구와 지나내학원』에서 다음과 같이 서술하고 있다.

> 1918년, 또한 연구부 내에 '지나내학원주비처'를 개설하였다. 이를 위하여 구양 선생은 여러 차례 외부에 나가 강의를 하여 자금을 모금하였고, 4년의 어렵고 힘든

10　于凌波,『中國近現代佛敎人物志』, '早年佛敎大護法葉恭綽' p.502.

과정을 겪고서 지나내학원이 남경 공원로에 정식으로 성립되었다.[11]

지나내학원이 정식으로 인가를 받아 학생들을 모집한 것은, 그 다음해인 1923년 9월이었다. 제1기의 학생들은 모두 16명이며, 현재 확인된 명단은 한맹균(韓盟鈞), 유정권(劉定權), 사질성(謝質城), 몽이달(蒙爾達), 조천임(曹天任), 황금문(黃金文), 유지원(劉志遠), 구중(邱仲), 이예(李藝), 황통(黃通), 진경(陳經) 등과 출가인으로 석존후(釋存厚), 석혜정(釋蕙庭), 석벽순(釋碧純) 등이었다. 교수진은 구양경무(歐陽竟無)를 비롯하여 여징(呂澂), 왕은양(王恩洋), 구희명(邱晞明), 섭우경(攝耦耕) 등이었으며, 탕용동(湯用彤)은 당시 동남대학(東南大學)에 교수로 있으면서 출강하였다.[12]

1924년 12월에 『내학(內學)』을 1년 단위로 발행하게 되는데, 이는 구양경무와 '기원정사'에서 함께 수학한 바가 있고 무창불학원(武昌佛學院)을 세운 태허(太虛)법사가 발행한 『해조음(海潮音)』(1918년 10월 발간)과 함께 근대 중국불교의 대표적인 학술지이다. 1925년에 들어서면서 지나내학원은 점차적으로 그 이름이 알려지게 되었다. 이에 따라 정식으로 입학한 학생 이외에도, 사회의 각계각층에서 수학을 희망하는 사람이 늘어나게 되어, 새롭게 '법상대학특과(法相大學特科)'를 개설했으며, 승려와 거사 등 그 입학생이 40여명에 달하였다. 그해 가을에 구양경무는 지나내학원의 교훈을 '사(師)·비(悲)·교(敎)·계(戒)'로 확정하고, 『석사훈(釋師訓)』과 『석비훈(釋悲訓)』을 찬술하여, 1927년 출판된 『내학(內學)』 제3집에 게재 하였다.[13] 1927년 전쟁의 와중에, 군대가 지나내학원의 절반을 점령하고 학원 내에 머물게 됨으로써, 뜻하지 않게 내학원의 수업은 중단되었지만, 다른 연구 등의 업무는 꾸준히 유지되었다.

11　呂澂, 「佛學研究與支那內學院」, 『呂澂集』, 中國社會科學出版社, 1995年版, p.314.
12　于凌波, 『中國近現代佛教人物志』 '宜黃大師歐陽漸' p.369.
13　歐陽竟無, 『支那內學院訓釋』(http://guoxue123.com/) 참조.

1929년 7월에 지나내학원은 『장요(藏要)』를 편찬하여 출간하였다. 이 것은 양문회가 금릉각경처를 세운 목적 가운데 하나였다. 양문회는 전체의 대장경 판각을 「대장집요서례(大藏輯要敍例)」[14]로서 기획한 바가 있지만, 그의 생전에는 뜻을 이루지 못하고 구양경무에게 유촉(遺囑)하였던 것을, 그가 입적한 후 18년 만에 완성한 것이다. 하지만 금릉각경처가 아니라 지나내학원의 이름으로 출간되었다는 것은 약간은 아이러니한 일이다. 이로부터 구양경무와 양문회의 유족 사이에 여전히 갈등이 존재하고 있었음을 짐작할 수 있다.

1937년 중일전쟁이 발발하여 일본군이 남경으로 진공하게 되자, 지나내학원은 겨울에 사천성(四川省) 강진(江津)으로 이주하고, 그 명칭을 '지나내학원강진촉원(支那內學院江津蜀院)'으로 개명하였다. 1938년 1월에 촉원(蜀院)에서 강의가 재개되었는데, 경전에 대한 판각 업무도 역시 다시 시작하였다. 남경이 일본군에게 점령되면서 금릉각경처에서 판각이 불가능하게 되자, 그 업무를 계승한 것으로 보인다. 비록 유족과의 갈등이 있었지만, 스승의 유촉을 지키려는 구양경무의 태도를 엿볼 수 있다. 촉원(蜀院)에서 판각한 경전은 30부, 50여 권에 이른다.

1940년 촉원에서 다시금 전체 대장경의 판각을 발기(發起)하였다. 이러한 발기에서는 항일전쟁에서 희생된 충혼들을 위로하고, 대장경을 정밀하게 판각하여 불법의 혜명(慧命)을 영원토록 하며, 대장경을 판각함으로써 불법을 정확하게 분별하고자 하는 세 가지의 목적을 천명하였다.

1943년 2월 23일 구양경무는 폐렴이 원인이 되어 73세의 나이로 촉원(蜀院)의 후원에서 입적하였다. 구양경무의 부모, 두 아들과 딸, 세 누이와 형 등의 그의 주변 가족들 대 부분이 모두 그보다 먼저 세상을 떠났고, 남아 있던 그의 손자 네 명도 모두 외국에 유학하고 있었기 때문에 그의 임종

---

14 楊文會, 「大藏輯要敍例」, 『等不等觀雜錄』 卷3, 『楊仁山居士遺著』 8冊, 金陵刻經處, pp.7~9.

은 여징 등의 제자들이 지키게 되었다. 그의 입적 후, 4월 27일 교육부에서는 그를 '교육부정청행정원전정국부포휼구양대사(敎育部呈請行政院轉呈國府褒恤歐陽大師)'라고 포상하였다. 6월, 지나내학원에 원우회(院友會)가 결성되었고, 여징을 원장으로 추대하였다.

1949년 지나내학원을 다시 '중국내학원'으로 개명하였지만, 원장은 여징이 계속 맡았다. 1953년, 중국내학원의 원우회는 여러 가지 정치상의 원인으로 폐원(閉院)을 결의하였다. 1922년에 창립하여 1953년에 이르는 30여 년간 근대 중국불교의 연구와 교육을 담당하였던 지나내학원은 비록 역사 속으로 사라졌지만, 그 영향은 현대에 이르기까지 지속되고 있다. 현대 중국과 대만, 그리고 싱가포르 등의 중화권 불교에서 활약하고 있는 승려와 학자들 가운데 상당한 수가 지나내학원과 직·간접적으로 관계가 있다고 할 수 있다.

Ⅲ. 지나내학원의 교육사상

구양경무의 기본적인 사상과 지나내학원 설립은, 바로 양문회의 사상과 그가 창립한 '기원정사'의 교육을 계승한 것이라고 할 수 있다. 따라서 지나내학원의 교육사상을 살피는 데 있어서는 무엇보다도 양문회의 기원정사의 창립의도에 대한 고찰이 선행되어야 할 것이다.

양문회는 당시의 불교계의 상황을 '최대의 위기'로 인식하고 있었는데, 그의 『유저(遺著)』에는 "천하의 대 사찰에 인재를 키울 학당이 없어 날로 불교가 추락하고 있다"[15]라고 하여 그 위기의 가장 큰 원인을 교육의 부재로 보고 있었다. 또한 직접적으로 "불교의 진흥을 바란다면, 오직 불교의 교육을 맡을 교육기관을 개설하여야 만이 비로소 변화가 있을 것이다"[16]라고 하여 그 위기는 교육을 통해서만 벗어날 수 있다고 강조하였다. 이러한 인식 속에서 양문회는 "전국 승려 중에서 재산이 있는 사람들로 하여금 학당을 개설하여 교내(敎內)·교외(敎外)의 두 반으로 나누고, 외반(外班)은 보통의 학문을 위주로 하고 불서를 겸하여 읽는다. …… 내반(內班)은 불교를 배우는 것을 근본으로 하되 보통의 학문을 겸하여 익힌다"[17]라고 하여 학당의 개설을 강조 하고 있다. 그에 따라 1907년 가을 금릉각경처에 '기원정사'를 개설하고, 스스로 강의를 맡아 후학들을 지도하였다.

기원정사의 교육과정은 그가 쓴 『유저(遺著)』의 다음과 같은 글로부터 짐작할 수 있다.

> 두 땅 [중국과 인도]의 언어와 문자는 통하기 어렵다. 도(道)를 밝히려는 자가 나이가 많으면 언어를 배우기가 대단히 어렵고, 나이가 적은 자는 경문의 의미를 모르니 무익할 뿐이다. 따라서 기원정사를 세워 인재를 기르는 바탕을 삼으려고 생각하였다. 세 분야의 교수를 설정하여 첫째 불법, 둘째 한문, 셋째 영문을 가르치고자 하였다. 영어가 익숙해지면 인도학의 범문을 배우게 하고, 다시 불교를 이 땅에 전하게 하였다.[18]

---

15 「與南條文雄書二十二」, 『等不等觀雜錄』 卷8, 『楊仁山居士遺著』 9冊, 金陵刻經處版, p.12. "諸方名利, 向無學堂造就人才, 所以日趨於下也."
16 「般若波羅密多演說一」, 『等不等觀雜錄』 卷2, 『楊仁山居士遺著』 6冊, p.24. "欲求振興, 惟有開設釋氏學堂, 始有轉機."
17 「支那佛教振興策一」, 『等不等觀雜錄』 卷1, 『楊仁山居士遺著』 6冊, p.16. "令通國僧道之有財産者, 以其半開設學堂, 分敎內敎外二班. 外班以普通學爲主, 兼讀佛書. …(中略)… 內班以學佛爲本, 兼習普通學."
18 「與釋式海書」, 『等不等觀雜錄』 卷5, 『楊仁山居士遺著』 8冊, p.16. "但兩地語言文字, 難以交通, 明道者年旣長大, 學語維艱. 年少者經義未通, 徒往無益. 遂議建立祇洹精舍, 爲造就人材之基, 用三門敎授: 一者, 佛法; 二者, 漢文; 三者, 英文. 俟英語純熟, 方能赴印度學梵文, 再以佛法傳入彼土."

┃ 구양경무가 쓴 금릉각경처 현판

　이로부터 보자면, 기원정사에서는 불교학과 한문 이외에 영문과 범어를 교육하였음을 짐작할 수 있다. 당시 영어와 범어는 소만수(蘇曼殊)가 담당하였고, 양문회는 『능엄경(楞嚴經)』을 강의하였으며, 그 다음해에는 천태종의 고승인 제한(諦閑) 법사에게 청하여 『천태교관(天台敎觀)』을 강의하였다. 그러나 기원정사는 2년을 채우지 못하고, 경비 부족으로 인하여 애석하게도 1909년에 문을 닫게 되고 말았다.

　앞에서 고찰한 바와 같이, 1911년 양문회가 입적하고 난 후에도, 금릉각경처는 구양경무가 실무를 담당하면서, 스승의 유지를 이루기 위하여 노력하였다. 사실상 1922년에 이루어진 지나내학원의 건립도 그 가운데 하나였으며, 1929년 지나내학원에서 『장요(藏要)』를 편찬한 것도, 바로 양문회의 염원인 대장경의 완성을 의미한다고 볼 수 있다. 따라서 지나내학원의 교육사상은 기원정사의 연장선상에 있다고 할 수 있다.

　우선, 『지나내학원 간장(簡章)』에 나타난 지나내학원의 교육과정을 살펴보면, 제7조에는 중학부 4년, 대학부의 보습과 1년, 특과 2년, 예과 2년, 본과 3년, 연구부는 수업 연한을 정하지 않고 있다. 제8조에는 중학과 대학을 졸업한 자는 국립(國立) 혹은 성립(省立) 중학과 대학 졸업자와 동등한 자격을 갖고 있음을 명시하고 있다.

『지나내학원 간장』[19]의 제3장 제9조부터 각 과정들에 대한 교과목을 구체적으로 명기하고 있다. 우선, 중학부의 교과과정은 다음과 같다.

	제1학년	제2학년	제3학년	제4학년
수신(修身)	계학대의(戒學大意)	앞과 동일	앞과 동일	정학대의(定學大意)
내전(內典)	불교대의(佛敎大意)		각종요의(各宗要義)	앞과 동일
		독경(讀經)	불교사	앞과 동일
국문(國文)	강독(講讀)	작문	앞과 동일	앞과 동일, 문학사
영문(英文)	발음독본(發音讀本)	독본문법(讀本文法)	앞과 동일, 작문	
수학(數學)	산술대수(算術代數)	기하삼각(幾何三角)		
역사(歷史)	중국(中國)	외국(外國)		
지리(地理)	중국(中國)	외국(外國)		
박물(博物)	생리동물(生理動物)	식물광물(植物礦物)		
이화(理化)			물리	화학
음악(音樂)	고상가곡(高尙歌曲)	앞과 동일		
도화(圖畵)	자재화(自在畵)	기계화(機械畵)		
수공(手工)		조소(雕塑)		
체조(體操)	보통(普通)	앞과 동일, 국기(國技)	앞과 동일	앞과 동일

각 학년별로 과목을 개설하고서, 반드시 수신(修身)·내전(內典)·국문(國文)·영문(英文)의 네 과목은 전체 수업시간의 2/3 이상을 배정하도록 규정하고 있다. 또한 3, 4학년에게는 특별히 과외연구를 개설하도록 규정하고, 그 구체적인 과목은 당시 상황에 따르도록 융통성을 부여하고 있다.

---

19 '歐陽竟無記念館'(http://www.xianfengfoxue.com/)의 원문 참조.

또한 대학부에서는 그 전공에 따라 현재의 학과에 해당하는 3개 대학으로 나눈다. 즉 자은종(慈恩宗), 현수종(賢首宗), 구사종(俱舍宗)을 그 대상으로 하는 법상대학(法相大學)과 삼론종(三論宗), 선종(禪宗), 천태종(天台宗), 성실종(成實宗)을 대상으로 하는 법성대학(法性大學), 그리고 비밀종(秘密宗), 정토종(淨土宗)을 대상으로 하는 진언대학(眞言大學)이다. 이러한 분류는 전통적인 중국불교를 계승한 것이라고 볼 수 있다. 이러한 3개 대학에 모두 보습과와 예과, 본과의 세 과정을 개설하고, 『지나내학원 간장』에서는 이들의 수업과목을 각각 명시하고 있는데, 지면관계상 법상대학의 예과와 본과만을 예시하겠다.

『지나내학원 간장(簡章)』 제3장 제12조 법상(法相)대학의 〔예과(자은종(慈恩宗), 현수종(賢首宗), 구사종(俱舍宗)〕

	제1학년	제2학년
계율	영락(瓔珞)	앞과 동일
본종: 종요(宗要)	법상요의(法相要義)	경론 제강(提綱)
저술	각종요의(各宗要義)	앞과 동일
역사	각종원류(各宗源流)	앞과 동일
인명(因明)	인명학	앞과 동일
소승	각부(各部)요의	앞과 동일
세전(世典)	인도외도(外道)	중국철학
		서양철학
범문(梵文)	발음독본	강독, 앞과 동일
국문	문학	

『지나내학원 간장(簡章)』 제3장 제13조 법상(法相)대학의 본과 〔자은종, 현수종, 구사종〕

	제1학년	제2학년	제3학년
계율	범망보살계(梵網菩薩戒)	유가보살계	오부오론(五部五論)
본경(本經)	심밀밀엄(深密密嚴)	화엄	능가여경(楞伽餘經)
본론	대론팔지론(大論八支論)	앞과 동일	원전연구
저술	자은의(慈恩義)	현수청량의(賢首淸涼義)	각종(各宗)저술
인명(因明)	응용인명학		
관법			유식관(唯識觀), 법계관(法界觀)
소승	유부바사(有部婆沙) 경부(經部)	유부(有部) : 구사(俱舍) 정리(正理)	
세전(世典)	인도외도(外道) : 베다·육파(六派)		
범문	야회제교(耶回諸敎) 강독	문학	앞과 동일 앞과 동일
장문(藏文)	병법(拼法)독본	강독	앞과 동일
전교(傳敎)		전교법	전교실습

이러한 지나내학원의 교과과정을 볼 때, 중학부에서는 불교를 기반으로 하여 종합적인 근대교육을 실현하고자 하였음을 엿볼 수 있다. 더욱이 수신·내전·국문·영문의 네 과목을 2/3 이상으로 배정한다는 부칙으로부터, 앞에서 언급한 양문회가 구상한 '교내(敎內)'의 교육을 실현코자 하였음을 짐작할 수 있다. 법상대학의 예과와 본과의 교과과정은 자은종·현수종·구사종을 대상으로 하기 때문에 그와 관련된 과목들이 기본적으로 설정되지만, 그 외에도 종합적으로 불교를 접근할 수 있도록 배정하였음을 알 수 있다. 더욱이 범어와 티벳어까지 그 과정에 포함되어 있어, 현대 불교학연구의 교육 체계에 결코 뒤지지 않는 교과과정임을 알 수 있다.

지나내학원의 교육사상을 위하여 찬술한 책이 바로 구양경무가 집필하고, 그의 제자 여징이 보충하여, 1941년 지나내학원 강진촉원(江津蜀院)에 서 출간된 『지나내학원 훈석(訓釋)』[20]이다. 본래 구양경무는 지나내학원 의 원훈을 '사(師)·비(悲)·교(教)·계(戒)'로 설정하고, 그 원훈에 대하 여 하나하나 해석하였다. 1927년 지나내학원에서 발행한 학술지『내학』 제3집에『석사훈(釋師訓)』,『석비훈(釋悲訓)』를 게재하고, 1941년에『석 교훈(釋敎訓)』를 찬술하여 전체를 단행본으로 출간하게 된다. 다만 원훈의 마지막인 '계'에 대한 내용인『석계훈(釋戒訓)』은 끝내 찬술되지 못하였 다. 그러나 원훈을 해석한『지나내학원훈석』은 바로 지나내학원의 교육사 상을 분명하게 확인 할 수 있는 가장 적확한 자료라고 할 수 있다. 그에 따 라『지나내학원훈석』을 통하여 지나내학원의 교육사상을 고찰하면 다음 과 같다.

우선,『석사훈(釋師訓)』에서는 인류문화의 화려한 발전을 위해서는 선 각(先覺)의 가르침이 필요하다는 것을 논술하고, 이어서 "그런 까닭에 사 람이 사람으로 되는 것과 유정(有情)이 유정으로 되는 것은 모두 스승 되 는 자의 책임이다. 부처는 제일의(第一義)이고, 스승 역시 제일의이다. 지 금 스승이 되고자 하는 자는 부처가 되고자 함을 말한다. 보리심(菩提心) 이 제일의이고, 스승 또한 제일의이다. 지금 스승이 되고자 하는 것은 발심 (發心)을 이르는 것이다"[21]라고 밝힌다.

『석사훈(釋師訓)』은 '작사(作師)·구사(求師)·사체(師體)·사도(師道) ·벽류(辟謬)·애망(哀亡)'의 6장으로 이루어져 있다. 그 가운데 그릇된 관념들을 제거한다는 '벽류'의 내용에서 전통적인 불교의 관념에 대하여 재해석을 하고자 하는 지나내학원의 교육사상을 짐작할 수 있다. '벽류'는

---

[20] 歐陽竟無,『支那內學院訓釋』(http://guoxue123.com/) 참조.
[21] 『釋師訓』,「作師」, "是故人之所以爲人, 有情之所以爲有情, 莫不皆有作師之責者在. 佛者第一義也, 師者第一義也. 今而欲作師, 是之謂作佛. 菩提心者第一義也, 師者第一義也, 今而欲作師, 是之謂發心."

열 가지 항목에 대하여 논술하고 있는데, 그 내용은 다음과 같다.

1. 오직 성문(聲聞)만을 승(僧)으로 한다는 것은 잘못이다.
2. 거사(居士)는 승류(僧類)가 아니라고 하는 것은 잘못이다.
3. 거사는 온전히 속(俗)에 속한다는 것은 잘못이다.
4. 거사는 복전(福田)이 아니라고 하는 것은 잘못이다.
5. 재가(在家)에는 스승이 될 자질[師范]이 없다는 것은 잘못이다.
6. 일반인[白衣]는 설법을 맡을 수 없다는 것은 잘못이다.
7. 재가는 계율을 볼 수 없다는 것은 잘못이다.
8. 비구는 거사학(居士學)을 배워서는 안 된다는 것은 잘못이다.
9. 비구는 절대로 예배할 수 없다는 것은 잘못이다.
10. 비구는 거사의 다음 차례가 될 수 없다는 것은 잘못이다.[22]

불교학이 상당히 발전된 현재에도 출가와 재가의 문제는 종종 발생하는데, 근대 시기의 중국불교에 있어서는 이 문제가 더욱 민감하게 작용하고 있었음을 이 '벽류'를 통하여 짐작할 수 있다. 이는 후에 기원정사에서 함께 수학한 태허(太虛)법사가 지나내학원과 비슷한 시기에 창립한 무창불학원(武昌佛學院)과의 논쟁으로 나타난다. 구양경무는 이러한 10가지의 오류를 설정하고, 그에 대하여 하나하나 불교의 여러 경론을 근거로 하여 그 잘못된 점을 밝히고 있다. 그 가운데 특히 재가의 거사와 출가 승려와의 관계에 대하여 『반야경(般若經)』과 『대지도론(大智度論)』, 『능엄경(楞嚴經)』 등을 인용하여 성문승(聲聞僧)과 보살승(菩薩僧) 사이에 어떠한 구별도 없음을 밝힌다. 또한 승려를 불승(佛僧), 성문승(聲聞僧), 보살승(菩薩

---

22 『釋師訓』, 「辟謬」, "一, 唯許聲聞爲僧, 謬也. 二, 居士非僧類, 謬也. 三, 居士全俗, 謬也. 四, 居士非福田, 謬也. 五, 在家無師范, 謬也. 六, 白衣不當說法, 謬也. 七, 在家不可閱戒, 謬也. 八, 比丘不可就居士學, 謬也. 九, 比丘絶對不禮拜, 謬也. 十, 比丘不可與居士敘次, 謬也."

僧), 성문잡승(聲聞雜僧), 보살잡승(菩薩雜僧) 등으로 분류하여 오직 성문출가승(聲聞出家僧)만이 승려라는 주장을 반박하고 있다. 이러한 오류의 비판을 통하여 구양경무가 『석사훈』에서 확립시키고자 했던 내용이 바로 '사도(師道)'의 장 서두에서 다음과 같이 언급되고 있다.

> 스승의 본체는 '혜(慧)'라고 하는데, 이른바 지견(知見)이다. 사도(師道)는 비(悲)라고 하는데, 이른바 사람을 만드는 학문으로, 사람의 함량(숨量)을 채우는 것이다.[23]

사도(師道)를 '비(悲)'로 규정하고, 계속해서 지나내학원의 두 번째 교육사상인 『석비훈(釋悲訓)』에 대하여 설명하고 있다. 『석비훈』에서는 '비(悲)'에 대하여, "체상(體相), 차량(差量), 위력(威力), 공덕(功德), 기비(起悲), 권학(勸學)"의 장으로 나누어 설명하고 있다. 구양경무에 의하면 '비(悲)'는 대체적으로 다음과 같이 정의할 수 있다.

> '비(悲)'라는 것은 법(法)이 그러한 것과 같이 자연스럽게 갖추어진 것이며, 드러나 있어 구할 수 있는 것도 아니고, 고유한 것으로 후천적으로 얻을 수 있는 것이 아니며, 모든 사람들이 갖추고 있지만, 말미암은 바를 알지 못한다. '비'를 가진 사람은 정(情)이 있으며, '비'가 없는 사람은 완고하고 어두우며 영민하지 못하다. '비'를 가진 사람은 식(識)을 품고 있으며, '비'가 없는 사람은 목석과 같아 외도(外道)를 생각함도 없고 없다. '비'를 가진 사람은 쓸모가 있으며, '비'가 없는 사람은 공덕(功德)이 없다. '비'를 가진 사람은 삶의 길이 있으며, '비'가 없는 사람은 종자와 싹을 모두 망쳐 아무리 돌봐줘도 번식하지 못한다. '비'를 가진 사람은 열반(涅槃)에 머물지 않으며, '비'가 없는 사람은 헛된 길에 빠져 단멸(斷滅)에서 벗어나지 못한다.[24]

---

23 『釋師訓』, 「師道」, "師體曰慧, 所謂知見. 師道曰悲, 所謂爲人之學, 充人之量."
24 『釋悲訓』, 「體相」, "悲者, 法爾如是, 自然而具, 現成不求, 固有不後, 盡人能由, 而不知

이로부터 구양경무는 '비(悲)'를 바로 인간이 모두 갖추고 있는 가장 근본적인 것으로 파악하고 있음을 알 수 있다. 따라서 그는 "'비'가 있은 연후에 중생(衆生)이 있고, 중생이 있은 연후에 아뇩다라삼먁삼보리심(阿耨多羅三藐三菩提心)이 있으며, 아뇩다라삼먁삼보리심이 있은 연후에 대승(大乘)이 있고, 대승이 있은 연후에 육도사섭(六度四攝)이 있으며, 육도사섭이 있은 연후에 일체지지(一切智智)가 있고, 일체지지가 있은 연후에 비로소 모든 분별하는 바가 있다"[25]라고 하여 '비'가 있어야 비로소 교육이 성립할 수 있음을 암시하고 있다. 이러한 연유로 '사도(師道)'를 '비'로써 설정하고 있는 것이다.

이러한 '비'에 대하여 어떻게 발현할 것이며, 그 공덕은 어떠한가를 '차량(差量), 위력(威力), 공덕(功德) 기비(起悲)' 등의 장에서 상세히 논한 다음에 마지막 '권학'에 있어서 '비'를 배움으로써 얻을 수 있는 열 가지 이로움에 대하여 구체적으로 설명하고 있다. 즉, ① 법계와 동일한 체를 이루고[法界同體], ② 일에 있어서 쉽게 되며[於事易擧], ③ 뭇 중생들의 앎이 끝나고[群生知已], ④ 상서로운 빛이 안정되며[祥光安隱], ⑤ 너그러워서 남에 대한 경계심이 없고[坦無城府], ⑥ 도둑질의 성품이 멸진되며[偸性滅盡], ⑦ 평등하지 않음이 없고[無不平等], ⑧ 지혜와 둘이 아니게 되며[與智無二], ⑨ 쉽게 득통하고[容易得通], ⑩ 대웅으로서 두려워함이 없는[大雄無畏] 열 가지의 이로움을 열거하고 있다. 결국은 '사(師)'와 '비(悲)'의 원훈에 대한 해석에서 말하는 내용은 한마디로 '불도의 완성'이라고 할 수 있는데, 이것은 바로 세 번째 원훈인 '교(敎)'를 해석한 『석교훈(釋敎訓)』의 첫 머리에 언급하고 있는 '증지무희론(證智無戲論), 불경보

其所由. 有悲者, 有情; 無悲者, 頑冥不靈. 有悲者, 含識; 無悲者, 木石, 無想外道無六識. 有悲者, 有用; 無悲者, 無功德. 有悲者, 有生趣; 無悲者, 焦芽敗種, 萬漑不殖. 有悲者, 不住涅槃; 無悲者, 沉空趣寂, 斷滅而酖醉."

25 앞의 책, "悲然後有衆生, 有衆生然後有阿耨多羅三藐三菩提心, 有阿耨多羅三藐三菩提心然後有大乘, 有大乘然後有六度四攝, 有六度四攝然後有一切智智, 有一切智智然後有諸所分別."

살행(佛境菩薩行)'이라고 할 수 있다. 『석비훈』의 끝 부분에는 이 글을 쓰던 1927년 정월에 구양경무의 손윗누이가 세상을 떠나게 되어 너무도 비통했으나, 그 슬픔을 전체 중생의 괴로움을 해소하고자 하는 발원으로 마음을 다지고 글을 마쳤다는 내용이 보인다.

『석교훈』은 '도인(導引), 석의(釋義), 설교(說敎), 삼매(三昧), 문자(文字)'의 5장으로 구성되어 있다. 이 가운데 '도인(導引)'의 첫 머리에는 "무희론(無戲論)을 증지(證智)하고, 불경(佛境)의 보살행(菩薩行)을 행하는 것이 이른바 가르침[敎]이다"[26]라고 하는 구절을 해석하는 것으로 부터 전편이 전개되고 있다. 즉, '무희론(無戲論)'에 대하여는 용수(龍樹)의 '8불게(八不偈)'인 '비멸불멸(非滅不滅), 비생불생(非生不生)'으로 설명하고, '불경(佛境)'도 역시 '무희론(無戲論)'과 연계시켜서 설명하기 시작하여 전체적인 교의(敎義)를 인용하여 반복설명하고 있다. 이러한 과정을 통하여 구양경무는 중국불교의 역사적 정통성을 파악하여 그를 '중국불교사에 보이는 진실'로 규정하고, 또한 석가모니 부처님이 가르친 참다운 진리와 수행을 '관행(觀行)으로부터 얻어지는 진실'로 규정한다. 그리고 그 둘을 결합시켜서 '유식(唯識)·유지(唯智; 般若)·열반(涅槃)'의 교설 가운데 삼학을 설정하고, 다시 '구사(俱舍)·유가(瑜伽)·유지·열반'의 '사과문자(四科文字)'를 설립시켰다. 이러한 그의 입장은 중국불교사에 실제적으로 전개되었던 모든 종파와 사상들을 긍정하는 입장에서 근대에 유럽과 일본 등으로부터 새롭게 연구되고 발현되는 근본불교의 내용을 모두 포용하고자 하는 입장을 보인다고 하겠다. 『석교훈』에서는 이러한 '3학(學)'과 '4과(科)'가 서로 융합하여 일관되는 철저한 논리성을 보인다. 『석교훈』은 구양경무가 입적하기 2년 전인 71세(1941년)에 찬술한 것으로, 세상과의 인연이 많이 남지 않았음을 인식하고, 평생 연구하던 교학을 총결하여 지

---

26 『釋敎訓』, 「導引」, "證智無戲論, 佛境菩薩行, 此之所謂敎."

나내학원의 대강(大綱)으로 삼으려고 한 의도가 엿보이고 있다.

구양무외는 지나내학원의 마지막 원훈인 '계(戒)'에 대해『석계훈(釋戒訓)』은 끝내 완성되지 못하고 입적하였다.

원훈인 '사·비·교·계'를 해석한『지나내학원훈석』을 정리하면, '사'와 '비'를 통하여 교육의 당위성과 그 책임을 밝히고, '교'와 '계'를 통해서는 교육의 구체적 내용과 사회적 실천을 목표로 하고 있음을 짐작할 수 있다. 비록 '계'에 대한 해석은 나오지 않았지만,『석사훈』,『석비훈』,『석교훈』의 세 편에 이미 지나내학원의 총체적인 교육사상이 내포되어 있다고 할 수 있다. 이러한 『지나내학원훈석』에 나타난 지나내학원의 교육사상을 한마디로 함축한다면, 바로 앞에서 언급한 '증지무희론, 불경보살행'이라고 정리할 수 있다. 즉, 불교를 바탕으로 하여 '사람 만드는 배움[爲人之學]'이 그것이며, 이후 지나내학원 출신들이 특히 '사람 만들기[做人]'를 강조한 것은 결코 우연이 아니다.

Ⅳ. 지나내학원과 무창불학원의 쟁론

근대 중국불교학에 있어서 구양경무가 세운 지나내학원과 태허(太虛)가 세운 무창불학원(武昌佛學院)은 중대한 의의가 있다. 특히 설립자인 구양경무와 태허법사는 함께 금릉각경처의 '기원정사'에서 수학한 동문이고, 또한 설립시기 역시 둘 다 1922년이라는 점에서 비슷하다. 그에 따라 그 둘은 비슷한 성격을 지녔다고 유추할 수 있지만, 어떤 점에 있어서는 오히려 첨예하게 대립하는 입장을 보였다. 그것은 구양경무가 재가(在家)의

거사이고, 태허법사는 출가 승려라는 기본적인 입장의 차이에서 비롯된 것이라고 볼 수 있다. 또한 사상적으로도 그 둘은 차별이 보이는데, 실제적으로 논쟁의 표출은 사상적인 측면에서 나타났다. 그에 따라 이 두 사람의 논쟁을 '법의지쟁(法義之爭)'이라고 칭한다.

논쟁의 발단은 1918년 구양경무가 금릉각경처 연구부에 정식으로 '지나내학원주비처'를 개설하고 『지나내학원 간장(簡章)』을 발표하면서부터 시작되었다. 『지나내학원 간장』의 제1장 총강의 제1조에는 다음과 같이 명시되어 있다.

> 본 내원은 불교를 천양하고, 법을 널리 펴는 세상을 이롭게 하는 인재를 양성하며, 출가하여 자리(自利)를 추구하는 사람을 양성하지 않음을 종지(宗旨)로 한다.[27]

이 구절 후반부의 내용이 문제가 된다. 즉, 출가자는 "자기이익을 추구하는 사람[自利之士]"이라는 의미가 되기 때문이다. 심지어 이 총강을 본 일부 사람들은 구양경무가 승단을 취하여 거사불교를 수립하고자 하는 야심을 드러냈다고 보기도 하였다. 이러한 『지나내학원간장』이 발표되자 태허법사는 바로 『지나내학원 문건적의(文件摘疑)』를 발표하여 반박한다.

> 불교를 고양하는데 있어서 과연 출가인이 필요치 않은 것인가? 법을 널리 펴고 중생을 이롭게 하는데 과연 출가의 뜻을 보일 수 없는 것인가? 출가의 궁극적인 경지가 과연 자신의 이익만을 생각하는데 있는 것인가? 출가인 가운데 과연 법을 널리 펴고 중생을 이롭게 하는 인재가 있어 불교를 고양할 수 없는 것인가? 나는 불교에 있는 삼보(三寶)의 승보(僧寶)에 뜻을 두고, 이미 출가의 대중에 있지만, 삼보는 불교의 요소로서, 오히려 국가의 주권을 가진 선도자이며 백성이다. 불교를 고양하고 법을

---

[27] 『支那內學院簡章』第1章 總綱 第1條, "本內院以闡揚佛敎, 養成弘法利世之才, 非養成出家自利之士爲宗旨."

널리 펴고 중생을 이롭게 하려면, 어찌 출가의 대중을 고려하지 않을 수 있겠는가?[28]

이러한 태허법사의 반박에 지나내학원에서도 『지나내학원간장』의 잘못을 인식하고 구희명(邱睎明)이 태허법사에게 다음과 같은 내용의 편지를 보낸다.

> 문장의 표현이 원만하지 못하여 쉽게 의심을 사게 하니, 바로 '취적(趣寂)의 자리(自利)를 추구하는 사람들은 양성하지 않음[非養成趣寂自利之土]'으로 고칠 수도 있습니다. 그 문장의 핵심은 모든 출가를 말하는 것이 아니라 바로 출가하여 자신의 이익만을 생각하는 자를 말합니다.[29]

또한 그 당시 석현음(釋顯蔭), 장유교(蔣維喬), 매광희(梅光羲) 등이 그 구절에 문제점을 지적하자, 구양경무는 무창불학원에서 발행하는 『해조음』에 다음과 같은 내용의 글을 게재한다.

> 이 간장(簡章)이 발표할 때, 바로 1919년 7월 종앙(宗仰)선사와 장태염(章太炎) 선생, 그리고 구양경무 3인이 함께, 중학(中學) 부분에 부속된 간장(簡章) 제12조를 논의하여 작성하였습니다. …… 다만 모든 출가인을 말하는 것이 아니고, 뿐만 아니라 출가인을 '리(利)'와 '자리(自利)'의 사람으로 보는 것도 결코 아니며, 취적(趣寂)을 추구하는 성문(聲聞)으로부터 해탈을 목적으로 하는 사람들을 말합니다. …… 만약 문구가 충분히 의미를 전달하지 못하여 쉽게 의심을 사게 하였다면, 바로 취적

---

28 太虛法師, 『支那內學院文件摘疑』(于凌波, 『中國近現代佛教人物志』, 「宜黃大師歐陽漸」, p.372.) "闡揚佛教, 果無須出家之土乎? 弘法利生, 果有不可出家之意乎? 出家之究竟果惟爲自利乎? 出家人中果不能有弘法利世之才, 以闡揚佛教乎? 予意佛教住持三寶之僧寶, 既在乎出家之衆, 而三寶爲佛教之要素, 猶主權領土公民之于國家也, 欲闡揚佛教而弘法利世, 顧可無出家之衆哉?"
29 앞의 책, p.373. "以措辭未圓, 易啓疑慮, 則改爲'非養成趣寂出家自利之土'亦無不可. 要之, 非簡出家, 乃簡出家惟志自利者."

의 자리를 추구하는 사람들은 양성하지 않음[非養成趣寂自利之士]으로 고칠 수도 있습니다.[30]

이러한 과정으로 현재 전해져 오는 『지나내학원간장』 총강의 제1조에는 '출가'라는 두 글자가 삭제되어 있다. 그러나 이러한 문제로 촉발된 지나내학원과 무창불학원은 점차 감정의 골이 깊어졌다. 그것은 지나내학원이 재가(在家)를 중심으로 구성되어 있었고, 무창불학원은 출가(出家) 승려가 중심이 되어 구성되어 있었기 때문이기도 하였다. 1922년에서 1923년 사이에 두 원 사이에 많은 논쟁이 발생하였는데, 무창불학원의 사일여(史一如)와 지나내학원의 섭우경(聶耦耕) 사이에 발생한 인명작법(因明作法)의 논쟁, 당혜론(唐慧倫)과 여징(呂澂) 사이에 일어난 석존생멸연대(釋尊生滅年代)의 논쟁, 『유식결택담(唯識抉擇談)』 및 『대승기신론』의 진위에 관한 논쟁 등이 그러한 것들이다. 이러한 논쟁의 구체적인 상황은 지면의 한계로 자세하게 고찰[31]하지는 못하지만, 이러한 논쟁들은 근대 중국불교학에 있어서 결코 빼놓을 수 없는 중요한 작용을 하였다는 점을 간과해서는 안된다.

지나내학원과 무창불학원의 마지막 논쟁은 1927년 지나내학원이 발행하고 있던 『내학(內學)』 제3집에 『석사훈(釋師訓)』이 게재되면서 발발하였다. 앞에서도 언급하였지만, 『석사훈』의 '벽류(辟謬)'의 내용은 열 가지 항목에 대한 오류를 논증한 것이다. 그 가운데 "① 오직 성문(聲聞)만을 승려로 한다는 것은 잘못이다. ⑤ 재가(在家)에는 스승이 될 자질[師范]이

---

30 앞의 책, "…(中略)… 此簡章發出無幾時, 乃有 1919年 7月 宗仰禪師, 太炎先生, 與漸三人函件, 訂立屬中學簡章第十二條 …(中略)… 不但不簡出家人, 并不簡出家爲利而自利之人, 至趣寂聲聞, 止以解脫爲目的 …(中略)… 若詞不達意, 易啓人疑, 則改爲非養成趣寂出家自利之士, 亦無不可."
31 支那內學院과 武昌佛學院의 法義之爭에 관련되어 余英時, 「中國近代思想史上的激進與保守」, 三民書局, 民國80年版.; 周志煌, 「近代中國佛教改革思想中回溯原典之意涵及其實踐進路」, 『中華佛學研究』 第一期 1997.03 등 참조.

┃여징(呂澂)

없다는 것은 잘못이다. ⑧ 비구(比丘)는 거사학(居士學)을 배워서는 안 된다는 것은 잘못이다. ⑨ 비구는 절대로 예배(禮拜)할 수 없다는 것은 잘못이다"라는 항목들은 당시의 승려들, 특히 무창불학원의 반발을 사게 된다. 이에 태허법사는 『여구양거사논작사(與歐陽居士論作師)』를 지어 불법을 주지하는 것은 출가자(出家者)의 책임임을 분명히 밝히고 나선다.

이렇게 지나내학원과 무창불학원 사이에 여러 가지 논쟁이 벌어졌지만, 이 논쟁은 다만 학술적인 입장에서의 시비였을 뿐이며, 그들의 관계는 오히려 상당히 친밀하였다. 특히 두 원의의 설립자인 태허법사와 구양경무는 기원정사의 동문이면서 평생을 통한 친우이기도 하였다. 태허법사는 그의 저술 가운데 종종 구양경무를 언급하면서 존중을 표하였고, 1944년 구양경무가 사천성(四川省)의 강진(康津)에서 병사(病死)하였을 때, 시를 지어 애도를 표하였다.

1918년으로부터 1927년에 이르는 지나내학원과 무창불학원의 논쟁은 두 원에 있어서 불교학의 발전을 촉발시키는 작용을 하였다. 두 원의 지속된 논쟁은 출가와 재가라는 근본적인 입장의 차별도 있지만, 두 원이 중시하는 불교학적 입장의 차이를 지적하지 않을 수 없다. 지나내학원에서는 창립자인 구양경무로 인하여 '법상유식(法相唯識)'을 중심으로 연구하였고, 무창불학원은 '여래장(如來藏)' 사상을 중심으로 하고 있었다. 이러한 두 원의 논쟁은 결과적으로 불교학에 대한 대중의 관심을 이끌어 내었으며, 또한 근대 불교학의 발전에 커다란 공헌을 하게 되었다.

V. 지나내학원의 의의

1922년 구양경무에 의하여 설립되어 1953년 폐원한 지나내학원은 근대 중국불교학에 있어서 다음과 같은 세 가지 측면에서 그 의의를 찾을 수 있다.

첫째, 지나내학원은 국가로부터 정식으로 인가를 받은 최초의 불교교육기관이라는 점이다.

지나내학원은 구양경무의 노력과, 특히 당시 북경 정치계의 유력한 인사인 섭공작(葉恭綽)의 도움으로, 중학부와 대학부의 교육 체계에 대해 정식으로 국가의 인가를 받았으며, 국가에서 '십 만원'의 기금과 매월 국세 가운데 '일 천원'을 운영비로 받게 되었다. 중국역사에서 최초의 정식 불교전문대학이라는 점에서 그 의의를 찾을 수 있다.

둘째, 지나내학원이 배출한 인재는 당시 중국 불교학계를 주도하였으며, 그들의 후학이 현재에도 여전히 불교학계를 이끌고 있다는 점이다.

지나내학원과 관련된 학자로는 채원배(蔡元培), 심증식(沈曾植), 장태염(章太炎) 등 당시 영향력 있는 중국의 지식인들이 있으며, 특히 양계초(梁啓超)는 신병(身病)에도 불구하고 지나내학원에서 구양경무에게 직접 수업을 받았다. 당시 미국 하버드대학까지 유학한 탕용동(湯用彤)과 구양경무의 수제자인 여징(呂澂), 왕은양(王恩洋) 등이 지나내학원의 교수진으로 참여하고 있었는데, 현재 중국의 불교학계의 대부분의 학맥은 이들의 후예로 이루어져 있다고 해도 결코 과언이 아니다. 지나내학원 출신의 학자들을 일일이 거명하는 것은 바로 중국 근대 재가(在家)의 불교학자들을 거명하는 것과 다를 바가 없을 정도라고 말할 수 있다.

셋째, 지나내학원은 금릉각경처와 별도로 각경(刻經)을 하여 대장경을 완간하였다.

1937년 중일전쟁으로 지나내학원은 사천성(四川省)의 강진(康津)으로 이주하는데, 그 당시 금릉각경처의 판각(板刻)을 모두 옮기게 된다. 그에 따라 강진(康津)의 촉원(蜀院)에서는 각경처(刻經處)의 업무까지 맡아 30부, 50여 권의 경판을 판각하여 출간하였다. 여징이 기록한 『불학연구화지나내학원(佛學研究和支那內學院)』에 따르면, 촉원(蜀院)에서 각경(刻經)에 참여한 학자들만 200여 명이 넘는다고 하니[32], 그 규모에 있어서 금릉각경처와 다를 바가 없었다. 이후에 금릉각경처가 복원되었으나, 지나내학원은 여전히 별도로 판각을 계속하여 금릉각경처와는 또 다른 체계를 확립하였다.

이러한 세 가지 의미 이외에도, 다양한 측면에서 지나내학원의 업적를 논할 수 있지만, 무엇보다도 중요한 것은 바로 근대시기에 중국불교학을 부흥시켰다는 것이다. 양문회를 계승한 구양경무, 그리고 그를 이은 여징·왕은양의 3대는 실질적으로 근대 중국불교학의 흐름을 담당하였던 주역이었으며, 그 대표적 교육기관이 바로 지나내학원이었던 것이다. ▮ 김진무

---

[32] 呂澂, 「佛學研究與支那內學院」, 『呂澂集』, p.316.

동·서학의 매개로서의 유식학 연구와 그 성행
- 유식학과 베르그송 철학의 관련성을 중심으로 -

I. 중국 근대 유식학 유행의 배경

중국 근대사상사에서 가장 중요한 특징 중 하나는 유식불교의 부흥이다. 그리고 그러한 현상이 의미하는 것은 서양 문화의 충격과 그에 대한 전통철학의 대응이다. 서양 제국주의의 침략과 그로 인한 위기의식 때문에 동양의 지식인들은 서양문화를 배워서 자강하도록 분발하고, 전통문화를 일으켜서 서양문화의 도전에 대응하고자 하였던 것이다.

이때 전통철학 중 그러한 역할을 하도록 선택된 것이 바로 유식불교이다. 중국불교의 경우는 당대(唐代) 중기 이후에 선종이 주류가 되었는데, 선종은 "마음을 고귀하게 여기고 사고를 중시하지 않아, 중국인의 심리와 서로 합치하였다"[1]라고 한 데서 볼 수 있듯이 근대의 이성적·분석적 사고

---

1 『章太炎文集初編』, 別錄 卷2, 「答鐵錚」. "盖近代之學術, 漸趨實事求是之途, 自漢學諸公分析 條理, 遠非明儒所能企及. 逮科學萌芽, 而用心益復縝密矣. 是故法相之學于明代則不宜, 于近

중시의 분위기와는 어울리지 않았다. 정토종이나 밀종은 타력에 의지하여 구제하기를 구하니, 근대의 비종교적인 조류와 합치하기 어려웠다. 천태, 화엄종 역시 중국 불교의 전형적인 형이상학적 분위기를 가지고 있었으므로, 과학이 중심이 되는 근대 시기에 받아들여지기 어려웠다. 계백화는 이를 "지금 시기 과학이론은 날마다 더욱 창성하여 화엄학, 천태학은 듣는 자가 받아들이기 막막하다"[2]고 표현하였다. 장태염은 "근대의 학술은 실사구시의 길로 나아가므로, 한학자들이 이치를 분석하는 것은 명대 유학자들이 미치기 어렵다. 과학의 맹아에 이르러, 마음씀이 더욱 치밀해졌다. 따라서 법상학(유식학)이 명대에 적합하지 않고 근대에 특히 적합한 것은 학술의 추세 때문이다"[3]라고 하였다. 이렇듯 중국 근대에 유식학의 유행은 눈에 띄는 특징이었다.[4]

그렇다면 유식 불교가 전통철학의 대표로서 서양 문화에 대응할 수 있었던 특징은 무엇일까? 아마도 유식 불교가 갖는 논리적이고 체계적이며 분석적인 성격이 과학으로 대표되는 서양 문화에 대응할 만하다고 여겨졌기 때문일 것이다. 즉 유식 불교는 서양의 칸트나 헤겔 사상에 못지않은 관념론 사상이라는 점에서 관심을 끌었다. 서양 철학이 중국에 소개되고 중국 전통철학은 인식론이나 논리적인 부분이 약하다고 비판받는 상황에서, 서양의 관념론 못지않은 인식론과 논리성으로 무장한 이 동양의 관념론은 열광적으로 받아들여졌다.[5] 또한 유식 불교는 종교적인 측면과 학문적인 측면 두 가지를 다 지니고 있으므로, 이성적인 철학으로서 비종교적인 근

代則甚宜, 由學術所趨然也."
2 桂伯華, 『太炎先生自定年譜』, p.54. "今世科學理論日益昌明, 華嚴天台, 將恐聽者藐藐."
3 『章太炎全集』제4권, p.370. "蓋近代學術, 漸趨實事求是之道, 自漢學諸公分析條理, 遠非明儒所能企及. 逮科學萌芽, 而用心益復愼密矣. 是故法相之學于明代則不宜, 于近代則甚宜, 由學術所趨然也."
4 唐大圓은 "서양철학의 잘못을 바로잡고 나오는 것으로 유식학만한 것이 없다"라고 단언하였을 정도이다. 唐大圓, 「十五年來中國佛法流行之變相」, 『海潮音』제16권 제1기. "匡西洋哲學之謬而特出者, 則莫如唯識."
5 졸고, 「중국의 근대화와 불교」, 『불교평론』 2005년 봄, pp.27~28.

대의 성격에 걸맞는다고 볼 수 있다. 중국 불교처럼 직관을 중시하고, 원융을 중시하며, 논리사변적인 측면이 부족한 결점을 가지고 있지 않다고 여겨졌던 것이다. 예컨대 마음을 8식, 4분, 51심소법으로 나누는 등 인간 심리에 대한 정밀한 분석이나 인명학을 활용한 운용의 논리, 추론과 같은 유식 불교의 논리적이고 분석적인 성격이 동일한 성격의 서양 문화를 받아들이는 접점이 되는 동시에 그에 대응할 수 있는 가장 좋은 방어책이 된다고 보았던 것이다. 작도회는 이러한 상황을 "서양 세력의 충격 하에서 유식학을 빌어서 서학에 대응하는 것이 당시 많은 학자들의 바람이었다. 유식종의 이러한 이중의 신분은 동·서문화의 대립에서 유리한 위치를 점할 조건이었다"라고 표현하였다.[6]

이 글에서는 이러한 배경 하에서 중국 근대에 부흥한 유식 불교의 현황을 대략 살펴보고, 동·서양 철학의 매개로서의 유식학 연구를 서양 생명주의 철학과의 연관성에서 살펴보기로 한다. 서양 생명주의, 즉 베르그송 철학의 영향은 주로 양수명(梁漱溟, 1893~1988)의 견해를 중심으로 살펴보려고 한다. 양수명은 초기 현대신유가에 속하는 인물로서 당대 유식불교의 대표자인 구양경무에게 유식학을 공부하였다. 1918년 출판된 『인도철학개론』에서 법상유식학을 포괄한 불교에 대해 언급하여 당시에 큰 영향을 끼쳤다. 저서에 『유식술의』가 있고, 명저인 『동서문화급기철학』, 『인심여인생』에서도 유식학 연구 방법이 주관 의식의 유심론이 아니고 생명철학에 근거한 유심론임을 천명하였던 인물이다. 그의 학문을 통해 중국 근대에 유행하였던 유식학이 단순한 철학적 연구가 아니라, 동·서양 철학의 접점이자 대응이었음을 확인하고자 한다.

---

6 霍韜晦, 『絶對與圓融』, p.32.

Ⅱ. 중국근대 유식학 연구의 현황

유식학 부흥의 계기는 주지하듯이, 근대불교 부흥운동에 앞장선 양문회이다. 양문회가 창립한 '기원정사'에는 승속 양계의 법상유식학을 대표하는 태허와 구양경무가 있었다. 1910년 양문회는 불학연구회를 세워서 학문 연구를 촉진하고 선종의 종지를 규합하였고, 인명·유식을 통하여 유식학이 '말법 시기 폐단을 구할 양약'이라고 선언하였다.[7] 양문회의 문하에는 많은 인재가 모여들었는데, 유식학에 뛰어난 이들로 구양경무(歐陽竟無), 장태염(章太炎), 손소후(孫少侯), 매광희(梅光羲), 이증강(李證剛), 산약목(刪若木) 등이 있었다.[8]

승계에서 유식을 주장하였던 이는 불교 혁신운동의 태두인 태허이다. 그는 일찍이 유식학을 깊이 연구하고 8종 평등을 주장하였으며, 어느 한 종파에만 얽매이지 않았지만 불법을 넓힌다는 측면에서 특히 유식 불교의 중요성을 강조하였다. 태허의 『전서』 중에서 유식만을 논한 것이 5책 50여 편이고, 그 중 중요한 『법상유식학』은 당시 영향이 매우 컸다. 태허는 무창, 민남, 한장교리 등의 불학원을 세웠는데, 모두 법상유식학이 가장 중요한 필수 과정으로 들어갔다. 태허를 중심으로 한 학자들의 특징은 원융의 측면에서 유식학을 해석하여 혁신 불교의 중요한 이론적 기초를 삼았다는 점이다.

태허 문하와 불학원을 졸업한 학승들은 유식에 정통하였는데, 그 중요한 인물로 지봉(芝峰), 정과(正果), 인순(印順), 법존(法尊), 복선(福善), 법

7　楊文會, 「十宗略說」.
8　양문회의 불교사상과 활동에 대해서는 졸고, 「중국근대 신불교운동과 『대승기신론』 논쟁」, 『불교학보』, 제45집, pp.112~119.

방(法舫), 자항(慈航), 수배(守培) 등이 있다. 지봉(芝峰, 1901~1966)은 오랫동안『해조음』을 편찬하였고, 유식학 측면의 논문들을 다수 발표하였으며, 일본어『유식삼십론강화』를 번역하였다. 정과(正果, 1913~1987)는 유식을 주장하고『불교기본지식』을 유식학의 관점에서 저술하였다. 법존(法尊, 1902~1980)은 만년에 진나의『집량론(集量論)』, 법칭의『석량론(釋量論)』과 승석이 주석 편찬한『석량론약해(釋量論略解)』를 번역하였고, 유식학의 공헌이 컸다. 인순(印順, 1906~)은 방대한 불교연구의 성과를 쌓았는데,『유식학탐원(唯識學探源)』은 유식사상의 근원을 원시불교로 소급한 근대유식학 연구의 역작이다. 복선(福善, 1915~1947)은「삼유론(三唯論)」,「안난간호사분의지간법(安難陳護四分儀之看法)」등의 유식학 측면의 논문을 발표하였다. 법방(法舫, 1904~1951)은『해조음』을 주편하였고, 인도, 석란 등에 유학하여 가르쳤고,「유식사관급기철학(唯識史觀及其哲學)」등을 편찬하였다. 자항(慈航, 1895~1954)은 40년대에 남양, 대만에 나아갔고,『성유식론강화(成唯識論講話)』등을 저술하였다. 수배(守培, 1908~1984)는 '옥산불학사'를 세웠고,『신팔식규구송(新八識規拒頌)』,『유식삼십론석(唯識三十論釋)』,『진실의품약해(眞實義品略解)』,『유식신구양역부동의견(唯識新舊兩譯不同意見)』등의 많은 저술을 남겼다.

거사계에서 유식학을 발전시킨 이들은 더 많았는데, 그 중 가장 영향력 있는 이는 소위 '남구북한(南歐北韓)'의 두 계열이었다. '남구'는 양문회 문하에서 나온 구양경무(1870~1943)가 대표적이다. 양문회가 세상을 뜬 이후 구양경무는 금릉각경처를 인수받아 이증강, 계백화 등과 함께 불교회를 창립하여 불교를 가르치고 연구하였다. 1922년 장태염, 진삼립 등과 함께 '지나내학원'을 세웠으며, 원장을 자임하였다. 당시에 이름있던 학자들, 예컨대 여징, 조백년, 탕용동, 양수명, 양계초, 진명추, 왕은양, 황수인 등이 모두 지나내학원에 들어와서 구양경무 문하에서 유식학을 공부하였다. 1952년까지 30년간 수백 명의 학자들을 배출하였다. 구양경무는 유식학에 중심을 두고 불전의 정리와 연구를 중시하였고, 주요 경전을 정선하여 교감, 간행하고 『장요(藏要)』를 편찬하여 유통시켰다. 구양경무의 유식학 저술은 『유식결택담(唯識決擇談)』, 『유식연구차제(唯識硏究次第)』 등 30여 종이 있다. 구양경무를 계승한 사람은 여징(呂澂, 1896~1989)인데, 그는 지나내학원 출신으로 수십 년간 불교 연구에 투신하고 내학원 원장, 교수의 임무를 맡았다. 유식학 측면에 『인명입정리론강해(因明入正理論講解)』, 『인명강요(因明綱要)』 등의 저술이 있고, 장문(藏文)의 『안혜삼십유식석약초(安慧三十唯識釋略抄)』, 『관소연연론회석(觀所緣緣論會釋)』, 『집량론석약초(集量論釋略抄)』 등을 번역하였다. 그는 구양경무의 학통을 물려받아 유식학을 독존으로 삼았고, 중국불교에 부정적 태도를 견지하였다. 구양경무 문하에는 왕은양(王恩洋, 1897~1964), 황수인(黃樹因, 1898~1925), 황천화(黃忏華) 등이 있었다. 왕은양은 1929년 귀산서원에서 불교, 유학을 배웠고, 1942년 동방문교연구원에서 강학하였다. 유식 불교를 주로 하여 『유식통론(唯識通論)』, 『팔식규거송석론(八識規矩頌釋論)』, 『섭대승론소(攝大乘論疏)』, 『이십유식론소(二十唯識論疏)』, 『인명입정리논소(因明入正理論疏)』 등 유식학 저술이 있다. 황천화는 『유식학윤곽(唯識學輪廓)』 등의 저서가 있다.

'남구'와 병칭되는 '북한'은 북경에서 활동했던 한청정(韓淸淨, 1884~1949)을 가리킨다. 1921년 그와 주절황, 서삼옥, 전풍황, 한철무 등이 발기하여 '법상연구회'를 세워 유식학을 연구하였고, 1927년 '삼시학회(三時學會)'로 개명하였다. 삼시학회에서는 『송장유진(宋藏遺珍)』 중에서 법상유식학 전적 47종을 찾아서 교감, 간행하였다. 한청정은 특히 『유가사지론』을 수년간 연구하여 『유가사지론과구(瑜伽師地論科句)』, 『피심기(披尋記)』를 써서 착간의 잘못을 바로잡았다. 그는 또 『유식삼십송전구(唯識三十頌

詮句)』,『유식지장(唯識指掌)』등을 저술하였다. 한청정의 제자에는 주절황, 주숙가 등이 있는데, 주절황은『법상사전』을 편찬하였다.

그 외에도 매광희(梅光羲, 1880~1947)는 양문회에게 불교를 공부하고, 불교 사업에 헌신하였다.『상종강요(相宗綱要)』,『상종사전약록(相宗史傳略錄)』,『종경법상의절요(宗鏡法相義節要)』등의 저서를 써서 명성을 얻었다. 북경의 하연거와 함께 '남매북하(南梅北夏)'라고 칭하여졌다. 당대원(唐大圓, ?~1943)은 무창불학원에서 유식학을 강의하였고,『해조음(海潮音)』,『동방문화(東方文化)』를 편찬하였으며, 그가 출판한『유식방편담』, 『유식역새』,『유식삼자경』,『유식적과학방법』등의 소책자는 당시에 큰 영향을 미쳤다. 그와 동시에 무창불학원에서 연구한 장화성(張化聲)은「촉지연구(觸之硏究)」,「견색지연구(見色之硏究)」등 유식학 측면의 논문을 발표하였다. 무창불학원의 또 한명의 저명한 교수인 사일여(史一如, 1876~1951)는 인명학에 정통하였고,『불교윤리학』을 편찬하여 유식을 전공하였다. 범고농(范古農, 1881~1951)은 상해불학서국에서 편집을 맡고 『불교원보』주필을 맡았던 유식학계의 중요한 인물인데, 1947년 상해에서 '법상학사(法相學社)'를 세우고『팔식규거송관주석(八識規矩頌貫珠釋)』, 『관소연연론관주석(觀所緣緣論貫珠釋)』등을 편찬하였다. 장극성(張克誠, 1865~1922)은『성유식론제요(成唯識論提要)』,『백법명문론천설(百法明門論淺說)』,『팔식규거송천설(八識規矩頌淺說)』등을 써서 유식학을 널리 알렸다.

그 외에 적지 않은 문사철 전공 학자들이 유식 불교를 겸하여 연구하였다. 유주원(劉洙源)은 성도에서 '소성불학사'를 세우고 10여 년간 강설하였는데, 저서『유식학강요』에서 유식 이론을 서술하였다. 사무량(謝無量, 1884~1963)은 양문회 문하에서 불교를 연구하였고, 저술인『불학대강』, 『윤리학정의』중 유식학, 인명학에 대한 논술이 큰 부분을 차지하였다. 철학자 웅십력(熊十力, 1884~1968)은 구양경무에게 불교를 배우고 북경대학 철학과 교수를 역임했는데, 저서 『불가명상통석(佛家名相通釋)』은 법상유식의 불교 입문서로서 당시 큰 영향을 미쳤다. 웅십력은 『신유식론(新唯識論)』, 『인명대소산주(因明大疏刪注)』 등 유식학과 관련된 저서가 많다. 그는 유식 불교와 유학을 결합하여 자신만의 독특한 철학 체계를 형성하였다. 태허, 거찬, 유정권 등 구양경무 제자들은 이를 비판하였고, 이에 대해 웅십력은 『파파신유식론(破破新唯識論)』을 지어 반박하였다. 웅십력에게도 당군의(唐君毅), 모종삼(牟宗三) 등 현대신유학 제자들이 있다. 양계초, 담사동, 장태염, 양도 등도 유식 불교에 관련된 저술을 남겼다. 양계초는 지나내학원에서 구양경무에게 불교를 공부하였는데, 「유심(唯心)」, 「불교심리학천측(佛敎心理學淺測)」 등의 글에서 유식학을 해설하였다. 담사동의 『인학(仁學)』과 장태염 『제물론석(齊物論釋)』은 유식 불교를 기본으로 유학과 장자 사상을 통합한 것이다. 몽문통은 『유식신라학(唯識新羅學)』 등을 저술하였다. 최근의 연구저작으로는 대만 오여균(吳汝鈞)의 『유식철학(唯識哲學)』, 양백의(楊白衣)의 『유식요의(唯識要義)』, 한정걸(韓廷杰)의 『유식학원리(唯識學原理)』 등이 있다.[9]

---

9 이와 관련된 자세한 내용은 佛日, 「法相唯識學復興的回顧 (上)」, 『法音』 1998年 5月, pp. 10~14.

Ⅲ. 유식학과 베르그송 철학의 관련성

1. 생명의 우주관

1) 생명의 약동과 장식의 항전

19세기 말에서 20세기 초에 흥기한 서양의 비이성주의 사상 중 베르그송(H. Bergsong, 1859~1941) 철학은 가장 중요한 사상 중의 하나로서 5.4 운동 기간 동안 중국에 널리 받아들여졌다. 당시 중국에 들어온 서양 사상 중 철학계에 가장 큰 영향을 미친 것은 실증주의와 베르그송 철학이라고 할 수 있다. 실증주의는 과학주의와 함께 전통 사상을 반대하는 진보적인 과학파에게 주로 전파되었고, 베르그송 철학은 전통 철학과의 유사성 때문에 전통철학을 중시하는 이들에게 주로 전파되었다. 베르그송은 진화론 학파의 가장 영향력있는 주창자로서 생기론(Vitalism)으로 알려진 독특한 철학 체계를 전개시킨 프랑스의 생철학자이다. 생기론과 함께 직관주의, 그리고 실재적 지속 개념으로 요약되는 생철학을 제시하였다.[10] 중국근대의 전통철학파는 베르그송 철학을 전통철학을 부흥시키는 이론적 무기로 활용하였고,[11] 이것이 유식학 연구에까지 이어졌다. 따라서 베르그송 철학과 유식학은 서로의 의미를 밝혀주는 역할을 하게 되었다. 여징은 이러한 상황에 대해 "지금 사람들이 말하는 베르그송 철학은 매번 유식

---

10 윌리엄 사하키안, 권순홍 역, 『西洋哲學史』, p.301.
11 陳衛平, "論柏格森哲學在中國近代的影響", 『中國哲學史研究』, 1988年第二期, p.84. 베르그송 철학의 영향은 매우 다양해서 어느 하나로 종합하기 어렵지만, 동서철학의 융합이라는 측면에서 보면 베르그송 철학은 서양 20세기에서 가장 큰 영향을 끼친 철학 유파라고 할 수 있다고 본다. 陳衛平은 베르그송 철학과 육왕심학, 유식불교가 서로 결합하여 梁漱溟, 賀麟, 熊十力 등 現代新儒學을 탄생시켰다고 평가한다.

┃ 프랑스의 생철학자 베르그송

학과 통한다"라고 하였고,[12] 양수명도 "사람들이 베르그송과 유식학을 비교하여 논하는 경우가 대단히 많다"라고 언급하였다.[13]

    베르그송 철학과 유식학이 합치되는 점에 대하여 장태염은 구체적으로 베르그송이 말하는 '생명'이 유식학의 '장식'과 일치한다는 점에 논점을 맞추었다.[14] 여징 역시 1921년 「베르그송철학과 유식」이라는 글에서 당시 사람들이 베르그송 철학과 유식학이 상통한다고 보는 경우가 많다며, "그 대강을 살펴보면, 만유가 지속하고 끊이지 않고 변화하는 것이 장식의 항전이 물 흐르는 것 같은 경지와 다를 바가 없다고 한다"라고 그 근거를 추정하였다.[15] 그런데 이러한 방식으로 유식학과 베르그송 철학의 상호 연관

---

12 呂澂,「柏格森哲學與唯識」,《民報》1921年 3卷 1号.
13 梁漱溟「唯識家與柏格森」,『梁漱溟全集』第4卷, pp.644~649.
14 梁漱溟, 앞의 글, p.644.

성을 해석한 대표적인 학자는 양수명이다.

베르그송 철학에서는 이 세계를 생명의 우주인 동시에 유기체적인 전체로 본다. 베르그송이 보는 현상계는 물질의 무기력한 덩어리들의 단순한 집합이 아니며, 자연의 물질계 내부에도 '생명의 흐름'이 관통하고 있다고 한다. 그 생명의 흐름이 물질을 유기체로 형성하게 한다는 것이다. 그리하여 자연 세계의 유일한 실재로서 간주되는 생명의 흐름을 '생명의 약동'으로 해석하기를 마다하지 않는다. 모든 생명은 종(種)으로 결정되어 굳어 있는 것이 아니라, 연속적인 창조로서의 생명의 약동에 의해 점진적으로 전진하고 있다는 것이다.[16] 베르그송에 따르면, 실재에 대한 논리적 설명을 꾀하고자 하는 시도들은 헛수고에 지나지 않는다. 실재는 정체되어 있거나 정지된 것이 아니라 언제나 생성의 상태 중에 있기 때문이다. 그 주된 구성적 특징은 생명이나 의식으로 이해되는 생의 추동력(생의 약동)이라고 할 수 있다. 베르그송의 이 같은 '끊임없는 생명의 흐름'을 양수명은 근원적 의식의 '쉬지 않는 전변'으로 보았던 것이다.

양수명이 보기에, 베르그송 철학과 유식학은 이 우주를 죽어있는 기계적이고 물질적인 대상으로 보는 것이 아니라, 살아서 숨쉬는 생생한 생명의 우주로 파악한다는 공통점을 가진다. 베르그송은 "생명은 직관과 지성을 포함하는 보다 큰 의식(Conscience)"이라고 보는데, 이는 유식 불교가 이 세계를 인간의 가장 근원적인 의식인 아라야식의 전변으로 보는 것과 일치한다. 베르그송에 의하면, 생명은 정신적인 에너지이고, 진화와 진보의 역동적 힘의 경향을 지니고 있는 비약 그 자체이다. 따라서 생명이라는 에너지는 동시에 의식과 다르지 않다. 그리하여 우주의 하등 동물이나 식물에게 의식이 없다는 것은 베르그송의 철학에서 수용되지 않는다. 단지

15　呂澂, 앞의 글, "盖謂擧其大端, 萬有綿延, 不絶轉化, 與藏識恒轉如流境界正無所異也."
16　김형효, 『베르그송의 철학』, pp.17~18.

▌양수명

'의식이 잠들어 있는 상태', 또는 '물질에 의하여 최면에 걸렸거나 유혹의 마비에 빠져 있는 상태'라고 한다.[17] 이는 현상계의 대상 모든 것을 동식물이나 무생물 할 것 없이 모두 아라야식의 현행으로 설명하는 유식 불교의 입장과 일치한다. 아라야식의 현행으로서 동물과 식물, 생물과 무생물간에 근원적인 차이는 존재하지 않기 때문이다.

양수명은 1916년 『구원결의론(究元決疑論)』에서 유식학과 베르그송 철학의 상호 연관을 해석하였다. 이와 관련된 그의 논리를 좀 더 자세히 살펴보기로 한다.

근원을 궁구하면 유(有)가 없는 중에 환유 세간은 '한 생각이 홀연히 일어난 것'

---

17 김형효, 앞의 책, pp.130~134.

이며, 인과가 서로 계속되고 머물지 않고 흘러서 지금까지 이른 것임을 알게 된다. 이렇게 흐름이 서로 이어지는 것에서 레본(Lebon)이 '변화에 쉼이 없다'고 한 것, 다아윈·스펜서가 말하는 진화, 쇼펜하우어의 생의 욕망, 베르그송이 말하는 생활, 즉 생성 진화가 이와 일치한다. 특히 베르그송의 학설은 놀랍기도 기쁘기도 하다. 지금 세간에서 말하고자 하는 이들은 이에 근거해서 나의 논의로 들어가야 한다.[18]

양수명이 생각하는 세계는 생기론적인 것으로, 생성 그 자체 외에 배후의 실체가 존재하지 않는다고 보는 것이다.[19] 그는 우선 이 세계가 근원적으로 볼 때 '환유'에 불과하다는 생각을 인정한다. 이 세계는 '한 생각이 홀연히 일어난 것'이고 '인과가 서로 계속되고 머물지 않고 흘러서 지금까지 이른 것'에 불과하므로, 실재성이나 고정성을 가지지 않는다고 생각한다. 그런데 세계를 이처럼 해석하는 것은 유식 불교의 '유식무경(唯識無境)'설에 해당한다. 유식불교는 외부 현상 세계가 실재한다는 학설을 논파하고, 아라야식 연기설을 통해 현상 세계를 찰나 생멸하고 흐름과 같이 항전하는 것으로 설명하고 있기 때문이다. 이 세계를 실재성이 없는 환상, 한 생각이 일어난 것, 머물지 않고 계속 흘러가는 것으로 보는 것은 전형적인 유식적 세계관인데, 양수명은 이를 서양철학의 레본(Lebon)의 변화의 학설, 다윈·스펜서의 진화, 쇼펜하우어의 생의 욕망, 베르그송이 말하는 생활, 즉 생성 진화의 학설과 일치한다고 보는 것이다. 이들 철학자들의 공통점은 바로 세계를 변화로 파악하고 있다는 점이다. 즉 양수명은 이들 다양하

---

18 梁漱溟, 『究元決疑論』, 『梁漱溟全集』第1卷, p.13. "旣究元者, 則知無有中, 幻有世間. 所謂忽然念起, 因果相續, 遷流不住, 以至于今. 此遷流相續者魯洨所謂變化無休息, 達니文,斯賓塞所謂進化, 叔本華所謂求生之欲, 柏格森所謂生活, 所謂生成進化, 莫不是此. 而柏格森之所明, 尤極可惊可喜. 今欲說世間者, 因取以入吾論"

19 양수명의 생기론(生機論)적 우주론을 유식(唯識) 불교를 원용하여 베르그송의 생명과 지속을 재해석한 것이라고 보는 관점이 있다.(강중기, 『양수명의 현대 신유학』, 서울대 박사학위 논문, 2000, p.102) 논자는 이러한 입장에 기본적으로 찬성한다. 그러나 이는 양수명 개인만의 특성이라기보다 이후 웅십력(熊十力) 등 현대 신유가(新 儒家) 일반에 통용되는 틀이라고 할 수 있다. 이 문제는 차후의 연구로 돌린다.

고 독자적인 철학을 '변화'라는 한 개념을 중심으로 동일하게 받아들이고 있는 것이다.

양수명의 유식학과 베르그송 철학의 관계를 좀더 살펴보기로 하자.

> 일체 생물의 혜성(慧性)이라는 것은 사람의 8종의 식심이다. 그러나 은밀히 고요한 가운데 나아가는 쉬지 않는 전변은 진화(進化)로 인해 생성된 것이다. 그리고 식심이 취한 현상 또한 이 쉬지 않는 전변이다. 이것은 불교에서 그 의타기성으로 세운 것에서 벗어난 것과 다르지 않다. 어떻게 의타기를 환유라고 말하는가? 이 생성하는 식심과 나타난 사물의 형상은 바로 없다고 할 수 없기 때문이고, 이렇게 은밀히 고요한 가운데 나아가는 쉬지 않는 전변이 근본이 되기 때문이다. …… 세간에서 훌륭히 말한 이들 중 베르그송 만한 이가 없다.[20]

여기에서 양수명은 베르그송의 학설처럼 '생명의 흐름'만이 실재하는 것이지만, 그 자체가 실재하는 물질 형식을 가지고 있지 않다는 것이 특기할 만한 점임을 말한다. 이러한 관점이야말로 '불교에서 그 의타기성으로 세운 것에서 벗어난 것과 다르지 않다'는 것이다. 양수명은 생명의 흐름, 즉 '은밀히 고요한 가운데 나아가는 쉬지않는 전변'을 베르그송의 '진화'로 해석한다. 그와 동시에 '식심이 취한 현상'인 객관 현상 역시 아라야식의 '쉬지 않는 전변'으로서, 실재하지 않으므로 일종의 환유라고 할 수 있다. 이처럼 '쉬지 않는 전변'을 근본으로 삼기 때문에 베르그송 철학이나 유식 불교는 의타기성으로 세운 현상계의 구속에서 벗어날 수 있었던 것이다. 유식 불교는 일체의 현상이 모두 각종 인연에서 일어난 것이어서, 물

---

20 梁漱溟, 앞의 글, p.14. "謂一切生物之慧性, 卽人之八種識心, 但是隱默推行之不息轉變所謂進化者之所生成. 而識心所取之現象, 又卽是此不息之轉變, 此不異爲佛學解說其依他性所由立也. 云何依他幻有? 有此生成之識心與所現之物象不得直拔爲無故, 有此隱默推行之不息轉變以爲其本故 …(中略)… 善說世間者, 莫柏格森若也."

속의 달과 같이 실재하지 않는다고 본다. '그 의타성으로 세운 것'은 바로 물속의 달이 실재한다고 보고 거기에 집착하는 것이다. 의타성에서 벗어나면 비로소 그것이 환유임을 알게 된다. 양수명은 베르그송 철학이 유식불교의 이러한 이치를 가장 적절히 설명해주고 있다고 보았던 것이다.

나아가 양수명은 다음과 같이 설명하고 있다.

> 생활은 어떤 범위 내의 '사건(事)의 연속적인 흐름'이다. 이 사건이란 무엇인가? 내 생각에는 일문일답, 즉 유식학에서 말하는 하나의 '견분'과 하나의 '상분'이 하나의 사건이다. 하나의 사건, 하나의 사건, 또 하나의 사건 …… 이와 같이 쉬지 않고 솟아나오는 것이 '연속적인 흐름'이다. 왜 이렇게 연속이 쉬지 않고 솟아나오는가? 우리의 물음, 즉 추구가 그치지 않기 때문이다. 하나의 물음이 있으면 하나의 대답 — 자기의 대답 — 이 있다. 물음이 그치지 않으므로 답도 그치지 않고, '사건'도 계속 솟아나오는 것이다. 그러므로 생활은 쉬지 않는 '연속적인 흐름'이 된다. 이런 탐문, 또는 추구의 도구는 여섯 가지로 눈·귀·코·혀·몸·의식이다. 모든 찰나간의 한 감각, 혹은 한 생각은 다 일문일답의 '사건'이다.[21]

양수명의 설명대로 생활이 사건[事]의 연속적인 흐름이라고 할 때, 사건이란 유식불교에서 견분[인식 주체]과 상분[인식 대상]의 통일, 또는 결합이다. 찰나간의 감각, 또는 생각이 다 일문일답의 사건인 것이다. 사건이란 우리 의식 작용의 기본 형식인 물음과 대답, 즉 인식 주체와 주체가 획득해낸 인식 내용의 통일체라고 할 수 있다. 한편으로 눈·귀·코·

---

21 梁漱溟, 『東西文化及其哲學』, 『梁漱溟全集』 第1卷, pp.366~367. "生活卽是在某範圍內的'事的相續', 這个'事'是什麽? 照我們的意思, 一問一答卽唯識家所謂一見分, 一相分－是爲一'事', 一'事', 一'事', 又一'事' …(中略)… 如是湧出不已, 是爲'相續'. 爲什麽這樣連續的湧出不已? 因爲我們問之不已-追尋不已, 一問卽有一答 － 自己所爲的答. 問不已答不已, 所以'事'之湧出不已. 因此生活就成了無已的相續. 這探問或追尋的工具其數有六: 卽眼,耳,鼻,舌,身,意. 凡刹那間之一感覺或一念皆爲一問一答的一'事'."

혀・몸・의식이라는 6근은 추구의 도구이고, 이들 도구의 배후에서 그것들을 산출하고 조장하는 추구의 주체는 '쉼 없는 의욕'이라고 한다. 양수명이 보기에 생명은 다함이 없는 의욕이고, 그 의욕은 결국 인간의 마음 또는 정신인 것이다.[22] 즉 우주를 구성하는 '생활'의 '의욕'이 눈・귀・코・혀・몸・의식이라는 6식을 구성하여 활동하고, 이 활동이 찰나간의 하나의 감각, 또는 일념(一念)이 된 것이 일문일답이라고 보는 것이다. 이 일문일답이 바로 유식 불교에서 말하는 견분과 상분이고, 하나의 사건마다 모두 견분과 상분의 통일이다. 한 묶음의 견분과 상분이 하나의 사건으로 결합되고, 이 세계는 이 사건과 사건의 끊임없는 결합으로 지속되어 나아간다는 것이 양수명의 설명 방식이다.

2) 지속과 찰나생멸

양수명은 나아가 유식 불교를 활용하여 베르그송 철학의 해석을 시도하였는데, 이 때 베르그송과 유식 불교 간의 중요한 차이점이 나타나게 된다.

> 생활은 '연속적인 흐름(相續)'이다. 유식에서는 '유정(有情)' – 요즘 말하는 생물 – 을 연속적인 흐름이라고 부른다. 생활과 생활하는 자는 둘이 아니다. …… 생활과 생물은 둘이 아니므로, 모두 '연속적인 흐름'이라고 부를 수 있다. 생활, 또는 생물은 단지 그 '근신(根身)' – 정보(正報) – 을 범위로 하지 않으며, 그 근신, 기계(器界), 의보(依報)를 둘러싼 우주 전체 – 유식에서 말하는 '진이숙과(眞異熟果)' – 는 일정한 범위가 없다. …… 전 우주는 하나의 생활이다. 생활일 따름이고 애초에 우주가 없다. 생활이 연속적으로 이어지므로 우주가 지속적으로 존재하는 것처럼 보이지만, 사실 우주는 다수의 사건의 연속이고 하나의 고정적 실체로서 존재하는 것이 아니다.[23]

---

22 梁漱溟, 앞의 글, p.377. "現在的意慾就是現在的我 …(中略)… 這個現在的我, 大家或謂之心或精神."

베르그송 생명 철학의 근본은 바로 시간의 연속성에 있다. 이 시간은 수학적 시간도 아니고 외부의 여러 순간들의 집합도 아니며, 일종의 지속이자 그 중의 존재들이 상호 침투·존재하는 유기적 통일체이다. 베르그송 철학의 살아있는 중심은 직관이기보다 지속이라고까지 말할 정도로 이 시간의 연속성은 중요하다.[24] 베르그송에게 "지속이란 과거가 미래를 잠식하고 불어나가면서 전진하는 연속적인 진전이다. 과거가 끊임없이 증대하는 이상, 그것은 또한 한없이 보존"된다.[25] 그 대표적인 예가 기억이라고 할 수 있다. 우리가 아주 어릴 때부터 느끼고 생각하고 원하던 것, 과거 전체가 어떤 순간에도 우리 뒤를 따르고 있기 때문이다. 따라서 베르그송 철학이 성립하기 위해서는 그 출발점이 지속이 되어야 한다. 하나의 지속은 변화하면서 흐르고, '경향'이라는 모습으로 우리에게 나타난다고 한다.[26]

여기에서는 생명이 고정적 실체로서 존재하는 것이 아니라 생활 그 자체와 동일시되어 사건의 '연속적인 흐름[相續]'이 있을 뿐이다. 생명이란 그러한 생활, 즉 생명 활동 자체인 것이다. 이렇게 보면 세계의 실체가 따로 존재하지 않고, 다수의 사건의 연속으로서 존재할 뿐이다. 그런 의미에서 생활은 연속적인 흐름, 즉 '지속'이라는 정의가 가능하다고 할 수 있다. 이는 현상계는 물론이고 인간 정신에 있어서도 마찬가지로 지속적이다. 양수명은 이를 '생활'과 '생활하는 자', 즉 유정자의 지속으로 설명하고 있다. 인간과 우주가 모두 이 지속하는 생명의 흐름임을 유정자의 근신(根身)'―정보(正報)―과 기계(器界), 의보(依報)를 둘러싼 우주 전체―'진이

---

23 梁漱溟,『東西文化及其哲學』,『梁漱溟全集』第1卷, p.376. "生活就是'相續', 唯識把'有情'―就是現在所謂生物―叫做'相續'. 生活與'生活者'幷不是兩件事., 生活,生物非二, 所以都可以叫作'相續'. 生物或生活實不只以他的'根身'―正報―爲範圍, 應統包他的'根身','器界'―'正報','依報'―爲一整个的宇宙―唯識上所謂'眞異熟果'―而沒有範圍的., 盡宇宙是一生活, 只是生活, 初無宇宙. 由生活相續, 故你宇宙似乎恒在, 其實宇宙是多的相續, 不似一的宛在."
24 宋榮鎭, 앞의 글, p.1.
25 베르그송,『창조적 진화』, p.32.
26 김형효,『베르그송의 철학』, p.207.

숙과(眞異熟果)'-라는 유식 불교의 용어로 다시 설명하고 있는 것이다. 진이숙과는 구체적으로는 아라야식에서 파생된 현상계를 가리킨다. 유식 불교는 아라야식의 '상속전변차별(相續轉變差別)'을 통해 찰나마다 끊임 없이 생멸하면서 이어지는 마음의 연속성[心相續]과 종자가 갖는 힘에 의해서 새로운 결과를 산출한다고 하는 변화성[轉變差別]을 동시에 설명하고자 하였다. 아라야식의 전변과 전식의 전변이 유기적으로 상호 인(因)이 되고 과(果)가 되는 연속적인 활동을 계속함으로써, 현상 세계가 전개된다고 설명하는 것이다. 따라서 우주는 지속되는 것처럼 보이지만, 실제로는 '다수의 사건의 연속'으로서 결코 '고정된 실체로서 존재하는 것이 아니다.' 이처럼 양수명은 유식 불교의 식전변 개념을 통해 베르그송의 '지속' 관념을 설명하고 있다.

이에 반해 여징은 세 가지 측면에서 이러한 입장을 반대하였다.[27] 그는 제일 먼저 베르그송은 순수 시간을 가지고 학설을 세웠고, 지속이 구르는 눈덩이와 같이 과거의 확장으로서 분할될 수 없다고 보았다. 그러나 유식학은 시간과 유전(流轉)을 하나로 연관하지 않고, 사물은 과거에서 현재까지 발전되어오는 과정이란 것이 없다고 본다. "과거는 저절로 소멸하여 (현재까지) 올 것이 없다. 현재는 정지하지 않으므로, (과거로) 갈 것이 없다"[28]는 것이다. 그 다음으로, 베르그송은 유기물과 무기물이 생명의 두 가지 서로 거스르는 운동이 조성한 것이라고 보았지만, 유식학은 일체를 낳는 아라야식이 일체 현상의 종자를 함장하고 있으며 종자는 자기와 같은 동류의 현상만을 낳는다고 본다. 또한 베르그송은 의식이 기억으로 과거의 경험을 보존하지만, 유식학은 의식의 '항전'이 '찰나마다 존재하는 것'이고 찰나 생멸은 아무리 짧은 시간이라도 따로 보존할 방법이 없다는 차

---

27 呂澂, 「柏格森哲學與唯識」, 《民報》1921年 3卷 1号.
28 呂澂, 앞의 글, "過去自滅, 旣無所來. 現在不停, 亦無所去."

이점을 가진다는 것이다. 베르그송이 파악하는 우주의 성격이 '지속'이라면 유식 불교는 '찰나 생멸'을 말하고 있다는 점에서, 두 사상은 결정적으로 불일치한다고 볼 수 있다.

3) 맹목적 충동과 진심의 홍기

양수명 역시 베르그송 철학의 한계에 대해 인지하고 있었고, 그는 그것을 다음과 같이 표현하였다.

> 베르그송은 일체를 쉬지 않는 전변으로 귀납하고, 이것만이 참이라고 보았다. 그러나 그 원동력을 구하는 일은 하지 않았다. 이것은 다른 이유가 아니라 그가 아직 원성실성(진여이면서 동시에 열반)을 깨닫지 못하고 그것이 의타기임을 인식하지 못하였기 때문이다. 그것이 청정 본연의 진심(眞心, 즉 Lebon이 말한 에테르)이 홀연히 한 생각에 일어난 것임을 알지 못한 것이다.[29]

앞에서 말하였듯이 "베르그송은 일체를 쉬지 않는 전변으로 귀납하고, 이것만이 참"이라고 보았다. 그러나 양수명은 베르그송이 이 생명의 흐름의 원동력을 구하지 않았고, 그것은 생명의 흐름인 이 세계가 '의타기성'인 동시에 '원성실성'임을 파악하지 못하였기 때문이라고 본다. 이 세계가 '청정 본연의 진심이 홀연히 한 생각에 일어난 것임'을 모르기 때문이라는 것이다. 양수명은 세계의 원동력으로 청정 본연의 '진심'을 언급하고 있는데, 여기에서 베르그송 철학과의 차이가 분명히 나타난다. 아라야식의 전변으로서의 이 세계를 '진심이 일어난 것'으로 보아 진여연기설적인 성격을 보이고, 따라서 이와 같은 세계는 결코 베르그송이 말하는 생명의 무방

---

[29] 梁漱溟, 앞의 글, p.14. "柏氏擧一切歸納之于不息轉變, 以爲唯此是眞, 而求其原動力則不得, 此無他, 彼未嘗證得圓成實性(卽眞如卽涅槃), 故不了其爲依他故. 不了其爲淸淨本然之眞心(卽魯泛之以太)之忽然念起也."

향적인 충동이나 비약과는 다르기 때문이다. 진심과 같은 의미라고 본 '에테르'는 그 곳에서부터 온갖 법계가 나오는 본체에 해당하는 개념이다.[30] 베르그송과 같이 맹목적인 충동으로 드러나는 우주는 당연히 도덕적 질서를 가질 수 없고, 생명의 무방향성의 난폭한 흐름일 뿐이다. 반면에 유식 불교는 아라야식을 진망화합식으로 봄으로써, 현상계의 오염을 설명하는 동시에 깨달음의 근거를 마련하고 있다.[31] 이렇게 보면 깨달음의 여부에 따라 이 세계는 의타기성이며 동시에 원성실적인 양면성을 가지게 된다.[32] 이 세계는 오염된 것인 동시에 참된 것이 된다.

또한 베르그송은 우주 내에 두 상반된 운동인 상승 운동과 하강 운동이 존재한다고 본다. 베르그송의 우주는 생명 에너지와 물질 에너지라는 두 상반된 방향성에 의해 대립되고 있으며, 생명 에너지는 상승하기를 바라고 물질 에너지는 하강하기를 바란다. '생명의 약동'은 생명의 에너지가 지니고 있는 창조의 바람을 뜻한다. 그러나 이 우주의 생명은 절대 자유의 에너지는 아니고 언제나 물질의 무게를 안고 일을 하지 않으면 안 된다. 그래서 생명체는 물질의 필연성과 생명의 창조성 사이에서 투쟁하지 않으면 안 된다.[33] 그런데 유식 불교는 생명 에너지와 물질 에너지를 상반된 흐름으로 파악하는 견해가 없다. 따라서 베르그송의 생명 철학을 그대로 유식 불교의 전변과 연관시키는 시각에는 무리가 따른다고 여겨진다.

---

30 중국 근대에 에테르[以太]는 19세기 초 서양과학에서 빛의 파동설과 전자기장 이론에 따라 빛과 전자기장을 전달하는 매질로 가정되었던 개념을 그대로 받아들인 것이다. 본체, 실체에 해당하는 개념이다. 예컨대, 譚嗣同, 『仁學』, 中華書局, p.293. "名之曰以太…(中略)…法界由是生, 虛空由是立, 衆生由是出."

31 졸고, 「유식 불교의 세 유형」, 『불교학보』 제42집, p.59.

32 여기에서 양수명이 생각한 유식학이 현장(玄奘)의 유상유식(有相唯識)이 아닌 진제(眞諦)의 무상유식(無相唯識)일 가능성이 엿보인다. 이 부분은 양수명 사상을 잇고 있는 웅십력이 현장 유식을 비판하고 진제 유식 입장을 수용하고 있는 점과도 연결될 듯하다. 이와 같은 견해는 양수명이 결국 '인(仁)'을 강조하는 유학으로 귀착하게 될 것임을 시사한다. 그러나 이에 대한 연구는 다음 과제로 넘긴다.

33 베르그송, 서정철 역, 『창조적 진화』, p.36.

양수명은 기본적으로 유식 불교의 세계관과 베르그송의 생명의 세계관이 일치한다고 본다. 우주를 고정적 실체가 아니라 '사건의 연속적인 흐름'으로 보는 것 자체가 그러하다. 그런데 이렇게 세계를 사건의 연속적인 흐름, 생명의 흐름으로 파악하는 사고방식은 유학, 그 중에서도 정명도를 비롯한 송명 성리학에서 전형적인 사유 방식이기도 하다. 베르그송과 같이 우주를 물질 에너지와 정신 에너지라는 서로 상반된 두 힘의 균형으로 파악하는 사상도 『주역』에 원래 함축되어 있던 것이다. 유식 불교와 베르그송 철학의 관련성 역시 전통철학이 원래 가지고 있는 이러한 측면을 베르그송 철학을 활용하여 명확히 설명하는 데 도움이 되었다고 보는 것이 좋을 것 같다. 그런 의미에서 베르그송 철학과 유식 불교가 각각의 철학 개념을 활용하여 서로를 설명해내는 방식은 동서 철학의 융합과 대응이라는 측면에서 중요한 의미를 가진다고 할 수 있다.

2. 철학적 방법론

1) 과학적 방법과 철학적 방법

양수명은 "우주의 본체는 고정적인 정체(靜體)가 아니고, 생명이며 지속이다. 우주 현상은 생활 중에 나타나는 것으로, 감각과 이지로 인식하면 마치 정체가 있는 것 같다. 본체를 인식하려면, 감각·이지로는 판별할 수 없고 반드시 생활의 직관에 의해서야만 가능하다"[34]라고 베르그송 철학을 이해한다. 이렇게 볼 때 베르그송 철학에서 생명 개념 이상으로 중요한 것이 직관주의라고 할 수 있다. 우주가 살아있는 생명의 유기체로 나타나고 있기 때문에 이 우주의 본질에 대한 탐구는 물질을 대상으로 하는 분석적

---

34 梁漱溟, 「東西文化及其哲學」, 『梁漱溟全集』 第1卷, p.406. "宇宙的本體不是固定的靜體, 是生命, 是綿延. 宇宙現象則在生活中之所現, 爲感覺與理智所認取而有似靜體的. 要認識本體, 非感覺理智所能辦, 必方生活的直覺才行."

인 지성의 방법과는 달라야 한다는 것이 그의 전제이다. 따라서 진리는 이성적·분석적 인식인 지성으로는 파악할 수 없고, 오직 직관으로만 가능함을 천명하고 있다. 베르그송에 따르면, 철학과 과학의 분기점은 바로 이 직관과 분석의 분기점이다.[35] 그 이유로 베르그송은 지성은 유동적인 것을 싫어하고 자기가 접촉하는 것을 모두 고체화시키는 반면에, 생명이란 우리의 지성의 한계를 넘어서는 것이기 때문이라고 말한다.[36] 베르그송에 따르면 지성의 한계는 다음과 같다.

> 지성은 무엇을 하든 간에 유기화된 것을 비유기적인 것으로 분해한다. 그러한 오류는 우리가 완고하여, 산 것을 죽은 것으로 다루고, 사상은 모두 그렇게도 유동적인데 그것을 결정적인, 움직이지 않는 고체의 형태로 생각하려는 데에서 기인되는 것임을 쉽게 발견할 수 있을 것이다. 우리는 불연속적인 것, 부동적인 것, 죽은 것을 다루는 경우에만 자신을 갖게 된다. 지성은 생명에 대한 본연적인 몰이해를 특징으로 한다.[37]

따라서 생명의 진리는 지성이 아니라 오직 직관이라는 방법에 의해서만 파악될 수 있는 것이다. 베르그송에게 직관은 현실과 실재를 그 내부에서 직접 파악하는 인간의 능력, 대상과 거리를 두지 않고 보는 것을 말한다.[38] 그는 "직관이란 대상의 유일하고, 따라서 표현할 수 없는 것과 일치하기 위해 대상의 내부로 옮아가는 공감(sympathy)이다"라고 정의한다.[39] 따라서 직관은 절대적인 것을 파악할 수 있고, 절대적인 본체를 탐구하는 철학, 즉 형이상학의 본연의 임무를 맡기에 적합한 방법이다. 직관은 대상과의

---

35 베르그송, 『물질과 기억』, 김형효, 앞의 책, p.190 에서 재인용함.
36 베르그송, 『창조적 진화』, p.61.
37 베르그송, 『창조적 진화』, p.143.
38 김형효, 앞의 책, p.17.
39 송영진, 「베르그송의 지성과 직관에 관한 연구」, 전북대 박사학위 논문, p.63.

일치를 위해 대상의 내부로 일치해 들어가는 표현할 수 없는 운동이고 의식적 공명이므로, 의식이 물질과의 접촉으로 빠져들었던 습관을 거슬러가야 하는 지성으로서는 힘든 작업이다.

중국 근대에 베르그송과 유식학을 비교하는 경우, 직관의 방법론과 유식학의 방법론에 특히 관심을 기울이는 이들이 있었다. 예컨대 언어학자인 여금희는 태허가 강설하는 『유마힐경』을 연구하는 동시에 베르그송의 『창조적 진화론』을 세밀하게 읽으며, 그 사이에 "완전히 부합되는 점이 자못 많다"는 것을 깨달았다. 그리하여 『유마힐경기문발(維摩詰經紀聞跋)』을 써서 불교는 진실한 본체, 즉 '진여'를 말하는 '불가사의한' 경지이고 이러한 경지를 체험하려면 아라야식의 힘을 빌어야 하는데, 이것과 베르그송의 직관은 서로 부합된다고 보았다. 베르그송은 '직관'의 방법으로 직접 우리 의식계의 '지속', '창조적 진화'를 체험한다고 보았기 때문이다.[40]

그러나 양수명은 베르그송의 직관과 유식학의 방법론이 일치한다는 주장을 받아들이지 않았다. 이에 대한 양수명의 논거를 들어보기로 하자.

> 대다수의 사람들은 두 학문이 어떻게 같고 어떻게 계합되는지만 말하지만, 내가 여러분을 깨우치고 싶은 것은 두 학파의 방법이 실제로 전혀 다르다는 점이다. …… 양가의 방법이 다른 점은 결국 어떤 것인가? 베르그송의 방법은 이지를 배척하고 '직관'을 활용하는 것이고, 유식학은 직관을 배척하고 이지를 활용하는 것이다. …… 현재 유식학의 눈으로 베르그송의 주장을 살펴보면, 실재를 인정하지 않는다. 왜냐하면 유식학이 지식을 말할 때는 두 가지만을 인정하기 때문이다. 그것은 '현량(現量)'과 '비량(比量 : 감각과 추리)'이다. 직관이라는 것은 유식학의 이 두 가지 방법과 합치하지 않는다.[41]

---

40 陳衛平, 「論柏格森哲學在中國近代的影響」, p.91.
41 梁漱溟, 「唯識家與柏格森」, 『梁漱溟全集』第4卷, p.645. "大家去觀察這樣家時, 多半總以他們兩家如何如何的相同, 如何如何的彼此相契合. 但是我現在要提醒大家的, 就是他們兩家的方

양수명은 베르그송의 철학 방법은 이지를 배척하고 직관을 활용하며, 유식학은 직관을 배척하고 이지를 활용한다는 면에서, "두 학파의 방법이 실제로 전혀 다르다"고 단언하고 있다. 양수명이 유식학에서 직관을 배척하고 이지를 활용한다고 본 것은 인명 논리를 가리킨 것이다. 인명 논리에서 말하는 양(量)은 척도, 표준의 의미로서 지식의 내원, 인식의 형식, 지식의 진위를 판정하는 표준을 가리킨다. 유식 불교에서는 3량(量)을 말하는데, 첫 번째인 현량(現量, pratyakṣa-pramāṇa)은 대상을 대할 때 분별하거나 헤아리는 일없이 파악하는 것을 의미한다. 즉 5관 능력으로 직접 외부 현상을 감각하여 인식하는 것이다. 두 번째 비량(比量, anumāna-pramāṇa)은 이미 알고 있는 대상을 가지고 헤아려서 아직 나타나기 전이나 미지의 대상을 추론하여 파악하는 것이다. 세 번째 비량(非量)은 사현량(似現量), 또는 사비량(似比量)이라고 불리는데, 정확하지 않고 잘못된 현량이나 비량을 가리킨다. 즉 인명에서는 현량과 비량을 감각과 추리로 지식을 획득하는 과정으로 보았다. 이렇게 볼 때 "직관이라는 것은 유식학의 이 두 가지 방법과 합치하지 않는다"는 결론이 나올 수 있었던 것이다.

유식학은 3량의 방법을 빌어서 이지적 사고를 중시하고 직관을 가볍게 여기는데, 이러한 의미에서 유식학과 서양의 이성 정신, 실증 사상이 연관되어 있다고 볼 수 있다. 따라서 유식 불교는 서양의 이성적·실증적 사상과 상통할 수 있는 주요 교량이 될 수 있었던 것이다.

2) 현량·비량과 직관

양수명이 직관이 유식학 3량 중 현량이나 비량과 부합하지 않는다고 보

法實在截然不同 …(中略)… 兩家方法不同之点究竟在什麼地方呢? 就是柏格森的方法排理智而用'直覺', 而唯識家却排直覺而用理智 …(中略)… 現在且照唯識家的眼光來看柏格森的主張, 實在不承認的, 因爲唯識家講到知識的時候只承認兩宗東西: 就是他所謂'現量'和'比量', 所謂'直覺'這去東西與唯識家這兩樣東西都不合的.

는 구체적인 논거를 살펴보면 다음과 같다.

우리는 지금 먼저 직관이 무엇이든 현량과 부합하지 않는다고 말한다. 어떤 사람은 '직관'과 '현량'이 하나의 것이라고 본다. 예를 들어 진독수와 여금희 두 사람은 이렇게 말했지만, 실은 결코 그렇지 않다 …… 베르그송은 자기의 직관에 두 가지 종류가 있다고 보았다. 하나는 '감각에 부착된 직관'이고, 다른 하나는 '이지를 초월한 직관'이다. 그가 말한 직관은 후자이다 …… '이지를 초월한 직관'은 더욱이 감각과 멀리 떨어져있으며 현량이 아니다 …… 유식학에서는 "현량은 체(體)를 얻지만, 의(義)를 얻지 못한다"라고 말하지만, 직관이라는 것은 분명히 '체'를 얻지 못한다. 그가 얻은 것은 유식학에서 말하는 의(義)와 같은 것이다.[42]

양수명은 직관이 결코 현량이 될 수 없음을 확언한다. 그는 현량이란 바로 감각(sensation)이라고 본다. 의미가 지각되지 않는(無分別) 단순한 감각 자료, 내지 감각소여(感覺所與, Sense-data)라는 것이다. 예컨대 차를 마실 때 느끼는 차 맛이나 책상 위 흰 천을 볼 때 아는 흰 색이 모두 현량이다. 그런데 이렇게 감각할 때는 무엇이 차 맛이고 흰 색인지는 전혀 모르며, 단지 미각과 시각에 의해 획득한 차맛, 또는 흰 색의 감각이 있을 뿐, 차맛, 또는 흰색에 함축된 의미는 없다는 것이다. 따라서 현량은 단순한 감각일 뿐이다.[43] 따라서 인용문에서 말하는 체(體)는 감각 자료가 되고, 의(義)는 '공상(共相)', 즉 추상적 개념에 해당한다. 그리하여 현량은 단순히 감각 자료만 얻을 뿐 그 함축된 의미나 추상적 개념을 얻을 수 없으므로, '체를

---

42 梁漱溟,「唯識家與柏格森」, p.645. "我們現在先說'直覺'怎樣與'現量'不合, 有人以爲'直覺'與'現量'就是一物, 如陳獨秀黎錦熙二君都有過這个話, 其實甚不然 …(中略)… 而柏格森他自己講直覺有兩種, 一種是'附于感覺的直覺', 一種是'超于理智的直覺'. 他所說的直覺是指後一種說 …(中略)… 至于'超乎理智的直覺'更遠乎感覺, 不是現量了 …(中略)… 唯識家說'現量得體不得義'. 而所謂直覺的却明明的不得'體', 他所得的很象唯識家所說的'義'."
43 梁漱溟,『東西文化及其哲學』, pp.397~398.

얻지만 의를 얻지 못한다.' 유식학에서는 이를 '무분별', 또는 '자성분별'이라고 부른다. 차맛을 느끼거나 흰색임을 아는 것은 '자성분별'이라고 부르고, 감각할 뿐 그것을 전혀 모르면 '무분별'이라고 한다. 그런데 직관의 경우에는 당연히 차맛을 느끼거나 희다는 뜻을 가지게 되므로, 직관과 현량은 다르다는 것이다.

양수명은 나아가 '감각 자료'를 유식학의 '성경(性境)', 또는 '실색경(實色境)'에 배대하고, 직관이 이러한 뜻을 얻는 것은 '대질경(帶質境)'에 해당한다고 본다.[44] 유식학에 의하면, 성경의 제1조건은 영상(影)이 있고 본질[質]이 있는 것이며, 제2조건은 영상이 그 본질과 일치하는 것이다. 예를 들어 우리가 보는 흰 천의 '힘'이 곧 성경이고, (나에게 주어진) 흰은 나의 영상이다. 흰 천 자체는 본질이다. 그러나 그것이 흰지 아닌지는 우리가 알 수 없는데, 우리가 눈으로 얻은 것은 우리 안식이 변현해낸 것이지 천의 본래 모습이 아니기 때문이다. 그러나 반드시 천이 있어야 희다는 감각이 생겨나므로, 영상이 있고 본질이 있음이 성경의 제1조건이 된다. 그렇다고 검은 상을 낳을 수 있는 본질에 의해 흰 영상이 생겨났다면 이는 오류이다. 따라서 영상이 반드시 본질과 같아야 한다는 것이 성경의 제2조건이 되는 것이다. 현량이 바로 성경에 대한 인식 작용이 된다는 것이다. 비량(比量)이 인식하는 것은 의미, 또는 개념으로, 그 대상은 '독영경(獨影境)'이 된다. 독영경은 영상은 있지만 본질이 없는 것이다. 마음속에 '차'라는 관념을 가질 때 그 바탕이 되는 관념도 하나의 영상이므로, 이 영상은 본질을 동반하지 않기 때문이다.

3량 중 비량 역시 직관과 일치한다고 보기는 어렵다.

---

44 梁漱溟,「唯識家與柏格森」, p.645. "Sense-data 卽是唯識家所謂'性境', 或亦謂之'實色境. 而所謂直接所得那一點意思照唯識家看去非'性境'或'實色境', 而應屬于'帶質境.'"

유식학에서 말하는 '비량지(比量智)'는 우리가 현재 말하는 이지가 아니다 ……
비량지로 얻어지는 개념은 직관에서 얻어지는 내용과 비슷하지만, 실제로는 같지
않다. 직관으로 얻어지는 내용은 '본능으로 얻어지는 것'이어서 한편 이러한 뜻을
얻으면 원만구족하여 조금도 부족함이 없다 …… 직관은 유식학에서 인정할 수 없
는 것이다. 베르그송-직관파-의 '지속', '유동', '진아'와 같은 것들이 모두 유식학
에서 인정할 수 없는 것이며, 비량(非量)으로서 극력 반대하는 것이라고 본다 ……
비유하자면 유식학의 주장은 현량과 비량만 승인할 뿐이며, 이 때문에 모든 유식학
은 이 두 양을 경영하여 이루어진다. 비량지가 바로 이지이기 때문에, 유식학은 어
떤 부분 외에는 베르그송이 극력 배척하는 이지의 방법, 과학자들이 쓰는 방법과 다
르지 않은 방법을 쓴다.[45]

양수명은 비량(比量)은 오늘날 말하는 이지(理智)로서, 심리적인 면에서
인식을 구성하는 작용의 하나라고 본다. 예컨대 차에 대한 인식은 여러 차
례 차를 눈으로 보고 마셔봄으로써 모든 차 아닌 것들 즉 물, 국물, 기름, 술
등과 구별하고, 각종 차, 즉 커피, 홍차, 녹차, 보리차 등으로부터 그 공통된
의미를 추출해낸 뒤, 차를 보면 곧 인식할 수 있다. 이때 차 개념이 가장 분
명해진다. 이렇게 개념을 구성하는 작용은 구별[分]과 종합[合]이라는 두
작용으로 나누어지며, 이 구별과 종합의 작용이 바로 비량이다. 우리는 인식
할 때 먼저 현량에 의지하지만 현량, 즉 감각에만 의지한다면 얻는 것은 잡
다한 영상에 불과할 것이다. 반드시 비량으로 각 감각에서 공통점을 종합하

---

[45] 梁漱溟,「唯識家與柏格森」, pp.646~647. "唯識家所說的'比量智'就是我們現在所說的'理智'
…(中略)… 雖然'比量智'所得的概念很象直覺所得的意思, 然而實在不同. 直覺所得的意思是
一種'本能的得到', 初度一次就得到如此的意思, 圓滿具足無少無缺 …(中略)… 所以直覺這个
東西是唯識家所不承認的. 因此我們看, 象柏格森-直觀派-所說的種種, 如'綿延', '流動', '眞
我' …(中略)… 都是唯識家所不承認的, 都是指爲'非量'的, 所極力反對的. 譬如唯識家的主張
是只承認現比二量, 因此所有的唯識學都是現比二量所經營的. 因爲'比量智'就是'理智', 所
以唯識學除掉某部分外通是與柏格森所極力排斥之用理智的方法, 或科學家所用的方法一般
無二."

고 그 차이점을 구별해야 비로소 정확하고 명료한 개념을 구성하게 된다.[46] 따라서 "유식학의 주장은 현량과 비량만 승인할 뿐이며, 이 때문에 모든 유식학은 이 두 양을 경영하여 이루어진다"는 논의가 타당성을 갖게 된다.

베르그송은 항상 형이상학은 과학의 방법을 써서는 안 된다는 점을 강조하였다. 반면에 양수명은 유식학이 심리학, 생물학에서와 다르지 않은 이지의 방법, 과학의 방법을 쓰고 있다고 보고 있으니, 당연히 베르그송과 유식학의 철학적 방법론은 상반되는 것일 수밖에 없다. 그리하여 "베르그송이 중시하는 '창조', '지속'과 같은 부류의 관념은 모두 유식학에 적합하지 않다"고 단언하였던 것이다. 베르그송은 부분들의 결합으로 전체를 보는 시각을 부정한 반면에, 유식학은 상분이나 견분, 51심소법 등 기본적으로 마음을 다수의 부분들로 분석하고 그 부분들의 결합을 통해 설명하려는 방법을 취한다. 추리, 추론의 뜻을 가지는 비량은 당연히 분석적 방법, 정적인 방법에 해당하므로, 베르그송의 전체의 직관, 본능적인 파악, 동적인 인식과는 대치된다. 베르그송의 직관으로 얻어지는 내용은 '본능으로 얻어지는 것'이고, 비량은 '이지의 방법'에 속한다. 따라서 직관이 비량에 해당하지 않음은 분명해 보인다.

3) 유식학의 수정

양수명은 베르그송 철학으로 유식학을 수정하는 단계까지 나아갔다.

> 현량의 감각에서 비량의 추상 개념에 이르는 중간에 '직관'의 단계가 필요하다. 현량과 비량에만 의지해서는 인식이 이루어질 수 없다. 이러한 이유로 인해 나는 유식학을 수정하였다.[47]

---

46 梁漱溟, 『東西文化及其哲學』, pp.398~399.
47 梁漱溟, 『東西文化及其哲學』, p.400. "從現量的感覺到比量的抽象概念, 中間還須有'直覺'之一段階. 單古現量與比量是不成功的, 這個話是我對于唯識家的修訂."

양수명은 인식이 현량과 비량으로 구성되는 것은 옳지만, "현량과 비량에만 의지해서는 인식이 이루어질 수 없다"고 단언한다. 현량은 구별하지 않고 의미가 지각되지 않는 것이다. 비량은 구별과 종합의 작용을 행하며, 그 다음에 비로소 추상적 의미가 생겨난다. 그런데 양수명은 이 현량과 비량 사이에 다른 작용이 있다고 본다. 그것은 바로 감각에 덧붙여지는 수(受), 상(想)이라는 두 심소이고, 이 두 심소가 의미에 대해 인식하는 것이 직관이라는 것이다. 이 수·상이라는 두 심소에서는 분명하지 않고 말로 표현할 수 없는 의미를 얻을 수 있다는 것이다.[48] 그는 베르그송의 직관이 유식학의 '비량(非量)'에 해당하며, 이 직관이 인식에 반드시 필요함을 강조하였다.

양수명이 보기에 직관이 인식하는 대상은 '대질경(帶質境)'인데, 대질경은 영상이 있고 본질이 있지만 영상이 본질과 일치하지 않는 것이다. 우리가 어떤 소리를 들을 때 직관으로 그 미묘한 의미를 인식한다. 이때 귀로 들을 수 없는 소리가 본질이고, 미묘한 의미는 영상이다. 이 영상은 반은 주관적이고 반은 객관적이다. 그 미묘한 의미는 객관에는 본래 없던 것이고 주관이 덧붙인 것이다. 따라서 대질경에 해당한다는 것이다. 그는 모든 직관이 인식하는 것은 의미, 정신, 추세, 또는 경향일 뿐이라고 보았다.[49] 예를 들어 우리는 소리를 듣고 곱다고 느끼거나 그림을 보고 아름답다고 느끼고 사탕을 먹고 맛있다고 느끼는데, 사실 소리 자체는 곱다고 할 것이 없고 그림 자체는 아름답다고 할 것이 없으며 사탕 자체는 맛있다고 할 것이 없다. 모든 아름다움, 고움, 맛있음 등의 의미는 모두 사람의 직관이 덧붙인 것이 된다. 따라서 직관은 '비량(非量)'인 것이다. 현량은 어떤 대상의 본질에 대해 덧붙이거나 빼앗지 않고, 비량(比量)은 그 감각들에 대해 구

---

[48] 梁漱溟, 『東西文化及其哲學』, pp.399~400.
[49] 梁漱溟, 『東西文化及其哲學』, p.400.

별과 종합의 작용을 행하지만 덧붙이거나 빼지 않고 추상적 의미를 획득한다. 오직 직관만이 그 실질에 자의적으로 덧붙인다. 본성상 자의적이므로 비량(非量)인 것이다.

양수명은 이러한 인식 아래 비량(非量)보다는 직관이라는 용어를 사용할 것을 권하는데, 유식학의 비량은 사현량과 사비량이라는 말에서 나타나듯 소극적이고 부정적인 용어이기 때문이다. 그는 인식이 이 세 가지 작용에 의해 이루어지며 이 세 가지 작용 중 하나라도 없으면 인식이 성립할 수 없다고 단언하여, 유식 불교 이론을 수정하였다.

Ⅳ. 유식학 유행의 의미

20세기 중국 근대에서 유식학의 부흥은 서양문화의 도전에 대한 동양의 대응이다. 그렇지 않다면 유식 불교가 시대적 필요임을 강조하였던 당시 학계의 분위기를 설명할 방법이 없다. 앞에서도 언급하였던 많은 학자들이 현대적 학술 용어와 사상을 활용하여 유식 불교를 연구하였다. 예컨대 태허는 현대사조에 의거하여 유식 불교의 구조를 새롭게 파악하려고 노력하였는데, 유식에서 말나식이 아라야식에 집착하여 자아라고 여기는 것이 독일 데카르트가 "나는 생각한다. 그러므로 나는 존재한다"고 한 견해와 같다고 보았다.[50] 당대원은 유식 불교가 가장 체계적이고 설명 방식이 뛰어나서 과학보다 뛰어나다고 주장하였다.[51] 이후 웅십력의 『신유식론』, 류

---

50 太虛, 『唯物科學與唯識宗學』, 『二十世紀 中國佛敎』에서 재인용함, p.264.
51 唐大圓, 『唯識的科學方法』, 앞의 책에서 재인용함, p.264.

풍림의 『유식금석(唯識今釋)』, 주옥창의 『유식신해(唯識新解)』 등 서양철학의 학설로 유식 불교를 설명하려는 시도가 이어졌다.

한편으로 유식 불교에 의거하여 서양종교나 과학, 철학을 비판하려는 시도도 많이 이루어졌다. 특히 기독교의 신앙적 기초인 상제를 비판하는 데 유식 불교의 비판이 가장 유력하였으며, 이러한 비판은 서양 종교, 특히 기독교의 확산을 억제시키는 데 효과적인 작용을 하였다. 서양 고금의 각 철학 역시 유식 불교의 비판의 대상이 되었다. 류풍림의 『유식금석』에서는 아리스토텔레스에서 칸트, 데카르트 등의 철학을 포괄하는 신실재론자들까지 모두 유식불교의 관점에서 비판하였다. 웅십력『신유식론』 역시 유식 불교에 대한 비판을 통해 실제로는 플라톤, 아리스토텔레스에서부터 칸트, 헤겔에 이르기까지 서양 형이상학에 초점을 맞추어 비판하였다.[52]

이 글에서는 특히 양수명의 견해를 중심으로 베르그송 철학과 유식 불교의 관계를 살펴봄으로써, 유식 불교가 동서 문화의 융합의 역할을 하고 있음을 확인하였다. 결국 몇 가지 불일치와 방법론의 차이에도 불구하고 베르그송의 생명의 우주와 유식학의 아라야식의 전변이 일치한다는 것이 양수명의 생각이다. 그러나 유식 불교가 보는 세계를 '생명의 흐름'으로 해석하는 것이 얼마만큼 타당할까? 논자가 보기에는, 세계를 의식의 연속적인 흐름으로 보는 측면은 인정할 수 있으나, 그 세계를 그대로 생명의 약동으로 진행되는 진화의 세계로 파악하기는 어렵다. 그러나 중요한 것은 베르그송 철학과 유식 불교가 실제로 얼마나 일치하는가 하는 점이 아니라, 왜 근대의 사상가들이 억지로라도 두 사상의 일치점을 찾으려고 노력했을까 하는 점이다. 방법론에 있어서도 마찬가지이다. 양수명은 학문적 방법론에서 베르그송의 직관과 유식 불교의 지성적이고 분석적인 과학적 방법론이 상반된다고 보았다. 그 대신 그는 유식 불교의 인식론에 베르그송의

---

[52] 졸고, 『웅십력 철학사상 연구』, 고려대학교 박사학위논문, 2000. Ⅱ장이 자세하다.

직관을 보충했을 때 보다 완정한 인식 체계가 완성된다는 결론을 내리고 있다. 반면에 베르그송의 직관과 유식 불교의 방법론이 일치한다고 보는 학자들도 있었다.

이와 같은 해석은 무슨 의미를 가지는가? 우선 중국 근대 지식인들이 수많은 서양 철학자들 중 본류에서 벗어나 있다고 할 수 있는 변방의 베르그송 철학을 선택한 의도가 특히 눈에 띤다. 물론 진화론이 시대적 사상이기는 했으나, 생명주의가 서양 철학에서 주류를 차지한다고 보기는 어렵다. 서양 근대철학의 주류는 역시 칸트와 헤겔을 중심으로 한 관념론·인식론 체계라고 볼 수 있기 때문이다. 그럼에도 베르그송 철학을 선택한 의도는 베르그송 철학이 변화를 중시하고 생기론적인 세계관을 가진 점 등이 중국의 전통철학이 가진 생명의 우주관을 인정해줄 수 있는 묘안으로 여겨졌기 때문일 것이다. 유식학자들 역시 의식의 연속적인 흐름을 말하는 베르그송 철학이 전통철학인 유식 불교의 타당성을 인정해줄 좋은 수단이라고 여겼던 것이다. 당시 유식 불교의 논리적이고 분석적인 성격은 서양 문화를 받아들이는 접점이 되는 동시에 칸트나 헤겔같은 서양철학에 대응할 수 있는 좋은 방어책이 된다고 여겨졌다. 서양 세력의 충격 하에서 유식 불교를 빌어서 서학에 대응하는 것이 당시 학자들의 바람이었다. 이러한 유식 불교를 서양철학에 속하는 베르그송 철학이 지지해준다는 것은 행복한 경험이었을 것이다. 따라서 두 사상 간의 중요하지 않은 몇 가지 부수적인 불일치는 눈감아 넘길 수 있었던 것이다. 이것이 당시 학자들이 베르그송 철학과 유식학의 관련성에 관심을 기울였던 이유일 것이다.

결국 중국 근대 시기 유식 불교의 유행은 동·서 문화의 매개이자 대응을 필요로 한 시대적 요구를 반영한 것이라고 할 수 있다. ▮김제란

동아시아 불교, 근대와의 만남

제3부

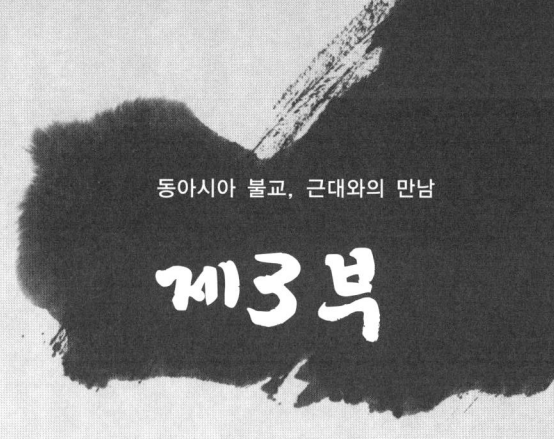

| 군국주의와 일본 근대불교

단가제도의 성립·정착과정과 근대 일본불교계의 양상 |
폐불훼석(廢佛毁釋)과 메이지정부 |
정토진종(淨土眞宗) 교단의 전쟁지원 |
1930년대 불교사회주의 구상과 세노오 기로(妹尾義郎) |
쇼와(昭和)시대 전시체제의 종교탄압과 불교계의 저항 |

단가제도의 성립·정착과정과 근대 일본불교계의 양상
— 근대의 불교개혁론에 이르기까지 —

I. 일본불교사의 구도와 단가제도

현재 일본불교의 하부구조를 떠받치고 있는 단가제도(檀家制度)는 일본불교사의 여정과 함께 해온 전통과 뿌리를 갖고 있다. 즉, 고대로부터 근대에 이르기까지 정치, 사회, 문화, 그리고 종교적인 다양한 관계를 통해 오늘날과 같은 형태를 갖추게 되었다.『일본서기(日本書紀)』에 기록된 바와 같이 서기 538년 불교가 공식적으로 들어온 후, 일본불교의 정착과정은 두 가지의 형태를 띠게 된다. 하나는 왕권의 지배하에 승단과 사찰, 승려의 양성을 중앙권력이 장악한 것, 둘째는 그러한 지배체재와는 아랑곳없이 소위 불법적으로 일반민중 속에서 뿌리 내려온 민간포교의 방식이 존재했다. 전자의 경우는 관사(官寺), 씨사(氏寺), 보리사(菩提寺) 등에 왕족이나 권력귀족이 단월(檀越)[1]이 되었고, 후자에 의해 민중을 단월로 만들어 간다.

---

1 단월은 보시나 시주하는 신자로서 사원에 대한 후원자를 말한다.

고대말기와 중세에 있어서는 율령제(律令制)의 붕괴와 더불어 다양한 형태의 출·재가의 민간 포교자들이 등장하는데 이러한 히지리[聖][2]의 활동이 불교포교의 근간을 이루게 된다. 히지리는 민중 속에서 사원, 사탑의 건립을 위해 단월의 확보와 새로운 불교이념의 확산을 꾀한다. 세속권력화된 현밀불교, 즉 천태종과 진언종에 대한 반동으로 일어난 이러한 운동은 중세의 신불교 발생에 큰 영향을 끼치고 이러한 신불교는 오늘날 보이는 일본불교의 다양한 종파의 원형이 된다. 중세의 사찰은 새로운 세력으로 등장한 무사계급을 단월로 포용하게 되었다. 중세까지는 단가라고 하는 말보다는 단월(檀越), 단나(檀那)가 주류를 이루었다. 단가(檀家)라는 말은 근세, 근대의 불교형성과정에서 정착된 것인데 가(家)라고 하는 개념이 포함된 것이다.

▎단가 중심의 법요식(法要式)

---

2 헤이안(平安, 794~1192) 말기에 고대 율령제(律令制)의 붕괴와 더불어 다양한 형태의 출재가의 민간포교자들이 등장한다. 이들을 통털어 일컫는다.

대체적으로 일본불교사를 신앙자의 입장에서 바라볼 때, 단월(혹은 단나), 단가, 단가제의 순으로 변화·발전되어 왔다고 할 수 있다. 단월에서 단가로의 변화의 의미는 개인의 신앙에서 가(家)를 중심으로 한 신앙의 변화를 말하고, 단가제(혹은 제도)는 신앙의 자유를 박탈당한 가운데 강제화된 사단(寺檀) 관계를 말하는데, 근세불교의 현실과, 오늘날 이를 회복했어도 여전히 그 굴레에서 불교가 영위되고 있는 현대불교의 모습에 대한 이중적인 의미를 갖는다.

이 글은 일본불교의 이러한 역사적 과정에서 근세, 근대에 단가제가 어떻게 형성되었는가, 또한 어떻게 해서 단가제가 근대를 거치면서 존속하게 되었는가 하는 물음에 바탕하고 있다. 이에 대한 과정을 짚어봄으로 인해 왜 근대일본의 불교가 군국주의화의 대열에서 한 발짝도 움직이지 못하고 자기운신에 대한 선택의 여지가 없었던가 하는 점과 오늘날까지도 여전히 단가제를 자가운영할 수밖에 없는가를 이해할 수 있을 것이다.

Ⅱ. 단가제도의 성립과정

일본의 단가제에 대한 연구는 여러 분야에서 이루어져 왔다. 그 가운데 대표적인 연구를 들면 타마무로 후미오(圭室文雄)의 『에도막부(江戶幕府)의 종교통제』와 토요다 타케시(豊田武)의 『일본종교제도사의 연구』에 가장 잘 정리되어 있다. 또한 한국에서는 이 분야와 관련한 근세·근대 일본불교의 연구에서 박규태의 연구가 두드러진다.[3] 여기에서는 이러한 기존

---

3 타마무로의 근세불교 연구는 불교적 관점에서 종합적으로 잘 연구되어 있다. 이 글도 타마무

의 연구에 의거하여 근세의 단가제도의 성립과정을 논하고자 한다.

이를 단계별로 나누어 본다면 제1단계는 제종(諸宗)·제사원(諸寺院) 법도가 집중적으로 공포된 16세기 말기와 17세기 전반기, 제2단계로는 시마하라(島原)의 난(難) 이후 기독교 금지의 확산을 위해 막부권력이 제정한 사청(寺請)제도의 강압적인 실시로 인해 단가제가 정착되는 시기, 제3단계로는 종문아라타메(宗門改め)의 전국화·종문인별장(宗門人別帳)의 작성이 고정화된 시기이다.

제1단계에서 제종·제사원 법도는 1601년부터 1615년까지 집중적으로 공포된 시기로 토쿠가와 막부(德川幕府, 혹은 에도막부) 체제로 들어서면서 불교를 막부의 체제로 편입시키기 위한 시기이다. 이 법도는 실제로는 단가제도가 고착화되는 시기인 18세기 전기까지 본말사(本末寺)제도의 확립을 저변에 놓고 사원의 통제책으로 기능한다. 토쿠가와 막부의 초기 법도의 제정과 공포는 토요토미 히데요시(豊臣秀吉, 1537~1598)와의 세력쟁탈전 나라와 쿄토의 대사원 쟁탈전에서 우위를 점하기 위해 이미 16세기 말부터 시작되었는데 이후 토쿠가 이에야스(德川家康, 1542~1616)가 실권을 잡기시작하면서 17세기 초에 더욱 양산되기 시작한다.

타마무로의 조사에 의하면 이 16년간 공포된 제종·제사원 법도는 46개로 대상 사원은 진언종, 천태종, 법상종, 정토종, 임제종, 조동종에 해당되었고, 특히 천태와 진언종의 사원에 집중적으로 이루어졌다. 이들 종파들 가운데는 기존의 남도북령(南都北嶺)[4]의 불교인 즉 진언종, 천태종, 법

로의 연구에 힘입었다. 한국에서 단가제도와 관련해 잘 정리된 논문으로는 박규태,「일본근세의 종교와 국가권력 – 토쿠가와 막부의 '사원법도'를 중심으로」, 성균관대학교 동아시아 학술원 유교문화연구소편,『유교문화연구』제4집, 2002.8. ; 허남호,「일본 근세 초기에 있어서의 반기독교 정책과 寺請制度의 성립」, 일본역사연구회,『일본역사연구』제11집, 2000.4. 등이 있다.

4 원래는 나라시대(奈羅時代, 710~784)의 불교를 대표하는 나라의 흥복사(興復寺)와 헤이안(平安)시대 쿄토(京都)의 히에이산(比叡山)의 엔랴쿠지(延曆寺)를 의미하나 지금은 일반적으로 나라시대의 제종(諸宗)과 헤이안시대의 천태, 진언 양종을 일컫는다.

상종은 막강한 사원권력을 고대의 정치권을 중심으로 장악해 왔고 나머지 종파는 중세를 통해 주로 무사계급과의 관계형성을 통해 세력을 확보해온 종파들이다.

진언종과 천태종은 오다 노부나가(織田信長, 1534~1582)와 토요토미 히데요시가 전국을 통일하는데 있어 많은 어려움을 안겨준 사원들로써 주로 히에이산(比叡山)과 고야산(高野山)에 포진해 있었다. 이를 이어받은 토쿠가와 이에야스도 이들 현밀사원에 대한 포고령을 통해 사원권력의 진원지를 차단하기 위한 전략을 펼쳤다. 특히 그는 세력분산을 위해 관동지역에 본말사 관계를 확립하는 데에도 주력했다. 제사원 법도 제정을 위해 실무를 주관한 중심인물은 임제종에 소속된 쿄토(京都) 금지원(金地院) 출신의 이신 수덴(以心崇傳, 1569~1633)으로 당연히 본사의 의견이 개진되어진 방향으로 제정되었다. 구체적으로 현밀사원의 본말사에 관련된 사항을 타마무로의 연구를 참조하여 살펴보기로 한다.[5]

먼저 진언종에 있어서는 1601년의 고야산 사원법도에서 학려와 행인의 구별을 확실히 하여 그 세력을 양분하도록 하고, 1609~1610년에는 쿄토와 고야산(高野山), 관동(關東)의 사원에 집중적으로 10건의 법도를 발포하여 유서있는 고사찰에서는 학문이 있는 승려가 상속하도록 하는 한편 본산 주지의 재임기간, 생활규칙, 승려의 자격, 풍속의 교정 등을 상세히 언급했다. 1612~1613년도에는 3건으로 횟수가 줄어들고 있는데 특기할 것은 본사의 권한이 강화되고 사원간의 상하관계에 대한 언급이 대두된다. 1613년도에 관동신의진언종(關東新義眞言宗) 법도에는 '제 말사의 승중은 본사의 명을 어기고 족연이나 권문이라고 하여 비법을 기도하지 말 것, 더하여 타사의 문도를 빼앗지 말 것'이라고 하여 강한 규제를 드러내고 있

---

5 타마무로 후미오(圭室文雄), 『日本佛敎史·近世』, 吉川弘文館, 1995.9. 특히 제1장 1절의 「사원법도(寺院法度)의 제정과 종파」, pp.2~26를 인용 및 참고하였다.

다. 1615년에는 2건의 법도가 포고 되었는데 이는 관동과 관서(關西) 전체에 해당하는 것으로, 예를 들어 진언종 제 법도에 '제말사는 본사의 법도를 지킬 것이며 혹시 법류가 단절될 경우에는 타사에서 구하지 말고 자문의 남상(濫觴)을 조사해 세울 것, 임의로 할 경우에는 사령(寺領)을 바꿀 것'이라고 하는 내용과 같이 본말사 관계에 대한 규제를 명확히 하고 있다. 이렇게 볼 때 진언종에 대한 본말사 정리는 이 시기를 통하여 거의 확립되어 감과 동시에 본사를 통한 말사에 대한 통제도 강화되어 가는 방향으로 틀을 확정해 가고 있음을 알 수 있다.

다음은 천태종의 법도에 관한 것으로 1608~1609년에는 3건으로 특히 히에이산 법도에 있어서는 학문, 계율, 주지의 상속, 사령(寺領) 등의 매매 금지, 도당(徒黨) 소송금지 등 중세의 관습에 대한 근절을 목표로 하고 있다. 이후 1612년에 1건, 1613년에 8건, 1614년에 2건으로 주로 1613년에 집중적으로 공포되고 있는데, 1913년의 관동천태종 법도에는 '본사에 품의하지 않고 마음대로 주지를 하지 말 것', '제 말사는 본사의 명을 반하지 말 것'이라고 하여 본사의 우위를 확고히 하는 한편, 본말사의 질서개편에 주력하고 있다. 초기 단계에서는 관동을 중심으로 포고되고 있으나 후대로 올수록 관서에 대한 포고가 주를 이루고 있는데 이 지역에 막부의 영향력이 확대되고 있음을 알 수 있다.

이외에 정토종은 1601년에 1건, 1615년에 2건으로 '주지노승의 규정에 위반하지 말 것', '제 말사는 본사의 일에 대해 노력할 것' 등의 포고를 통해 위계질서를 세우고 있다. 법상종은 초기에는 발포되지 않고 있다가 1612년 1건의 법도가 제정되었고, 조동종도 1건이 같은 해에, 1615년에 이르러서 2건, 임제종은 같은 해 3건이 포고되었다. 이 양 선종에 있어서도 주지의 본말사 관계와 주지의 자격에 대한 규제를 통해 막부의 권력이 강화되고 있음을 알 수 있다.

이러한 과정을 통해 토쿠가와 막부는 완전한 통제에는 이르지 못했지만 일방적으로 막부체제의 말단에 본사를 중심으로 봉건적 사원체제를 구축해가고 있음을 알 수 있다.

이 시기의 제사원법도의 대체적인 의도는 본말사 관계에 있어서 본사의 특권을 강화시키는 한편 각종 승려의 교학(教學)과 수학(修學)의 양면에 있어 재교육과 중세사원이 가지고 있었던 특권을 박탈하고 사원을 정치·경제적으로 규제하는 것이었다. 이후에도 제사원 법도는 시기를 따라 제정되어 사원에 대한 규제를 통해 막부의 통치의도를 재확인하는 한편 단가제도와 관련하여 사원에 대한 강온전략을 구사하게 된다. 이러한 조치를 기반으로 1632년에는 본말사의 기재가 전체적으로 이루어지지는 않았지만 막부에 의해 본말장(本末帳)이 작성되고, 1635년에는 막부의 본격적인 종교행정을 위해 사사부교(寺社奉行)[6]를 설치했다.

다음은 제2단계의 단가제도 성립과정인데 여기에 분수령이 된 사건은 시마하라의 난이라고 볼 수 있다. 이 난은 1637년 히젠국(肥前國, 지금의 사가(佐賀)·나가사키(長崎)현의 시마하라와 히고국(肥後, 지금의 쿠마모토현)의 아마쿠사(天草)의 농민들이 연대해 일으킨 대농민 잇키(一揆)[7]이다. 가렴주구의 대상이었던 당시의 농민이 시마하라성을 최후의 보루로 삼고 막부와 제번(諸藩)에 무력으로 대항했지만 약 3만 7천에 가까운 가담자 전원과 노인과 어린이가 주살되었다. 이 지역은 주민들이 기독교 신자가 많았고 1587년 토요토미 히데요시의 기독교 금지령 이후 일본 교회의 중심지 역할을 하기도 했다. 따라서 기독교인에 대한 탄압의 강도도 높았고 농민들에 대한 조세의 불만이 함께 폭발하여 농민봉기, 즉 햐쿠쇼 잇키

---

6 무가정권에서 종교의 행정을 맡아서 보던 기관.
7 동일한 목적을 가지고 일으킨 봉기. 이러한 잇키가 중소농민을 중심으로 관청을 상대로 하여 중세로부터 근세에 이르기까지 다양하게 일어났다. 이는 무력투쟁으로 발전하는 수가 많았는데, 특히 에도시대의 햐쿠쇼 잇키(百姓一揆)는 농민들의 집단적인 운동으로 다양한 형태를 띠고 있다.

(百姓一揆)가 일어난 것이다. 실제 도화선이 된 것은 한발(旱魃)임에도 불구하고 과도한 조세를 부담하게 한 것이 발단이었음을 볼 때, 기독교의 반봉건적인 의식은 잇키가 세력화 되는데 있어 강한 추동력을 발휘했다고 볼 수 있다. 막부는 이 난이 농정에 대한 비판임을 부정하는 한편, 어용학자를 동원하여 이를 순수한 종교 잇키로 규정하고 그것을 저지한다는 명목 아래 기독교를 금지하여 농민에 대한 정신적 주술을 한층 더 강화했다[8]. 이에 따라 5인조(五人組, 혹은 五家組)[9]에 의한 감시가 더욱 강화되고 1939년에는 쇄국령을 실시하여 외국인과의 접촉을 막았다.

이 시마하라의 난은 기독교 금지가 한층 강화되는 한편 이를 위한 사청제도도 더욱 확고해져 갔다. 사청제도는 카쿠레키리시탄(隱れキリシタ)[10] 인가 아닌가를 확인하기 위해 모든 백성을 단나사(檀那寺)에 고정시키고 이에 대한 확인을 사원에 요청하는 제도이다. 사원이 말단행정의 역할을 떠맡는 셈인 것이다. 이러한 사청제도(寺請制度)에 의해 사청증문(寺請証文)이 발행되었는데 이는 사원이 단가(檀家)에 대해 그 사원의 단가임을 증명하기 위한 문서였다. 한 절에 소속된 단가인가 아닌가는 매년 조사하여 관청에 신고되었는데 이는 종문인별장(宗門人別帳)[11]에 기록되었고 이의 진위에 대한 책임을 그 단나사가 져야 했다. 이 사청증문을 지니고, 다녀야만 이전과 거주가 자유로웠다.

사청제도가 처음으로 실시된 것은 1613~1614년경으로 보고 있으나 확실한 증거는 없다. 그러나 타마무로는 전국적 단위에서 처음으로 일제히 실시된 것은 1635년으로 보고 있다.[12] 단가제도의 완전한 정착을 본 것은

---

8 타마무로 후미오(圭室文雄),『江戸幕府의 종교통제』, 評論社, 1971.11. p.60.
9 에도시대에 지역마다 5호(戶)씩 묶어서 말단의 행정・치안을 담당하도록 한 제도.
10 토쿠가와 막부시대에 숨어서 종교활동을 하던 기독교. 나가사키에 특히 많이 분포했다.
11 종문개장(宗門改帳), 종지인별장(宗旨人別帳), 종문장(宗門帳) 등으로 불렸는데, 종지(宗旨)를 조사하는 종문아라타메(宗門改め)와 호구조사에 해당하는 인별아라타메(人別改め)를 합친 것으로, 종문아라타메는 에도막부에 의해 기독교인을 적발하기 위해 실시한 것이고, 인별아라타메는 부역능력을 조사하기 위해 작성한 것이다.

제3기로 종문아라타메(宗門改め)의 전국화·종지인별장의 작성이 고정화되어 간다. 1665년에는 막부가 제번에 종문인별장의 작성을 명령하였다. 이리하여 지배, 피지배의 관계를 떠나 전국적으로 전민중이 사원에 강제적으로 소속되었다. 이 종문인별장은 명치유신 후 1872년 사청제도가 폐지된 뒤에 호적법이 제정되어 호적으로 이어지게 된다.

한편, 1632년 막부에 의해 각종본산에 본말 실태 조사를 명령한 후부터 본사의 말사지배는 점점 강화되어 갔고, 사청제도의 정착에 의한 전국적 차원의 신도체계가 확립됨에 따라 이를 사원경제의 방편으로 이용하려는 의도가 증가해 간다. 심하게는 사원의 경제적 수탈책으로 전환하게 되었다.

결과적으로 볼 때 본말사 제도는 사청제도의 기반을 형성하였고, 사청제도는 민중을 타율적인 입장에서 사원에 소속하게 하고 생활전반을 지배하는 의식체계를 확립했다. 이는 어디까지나 막부의 정치적인 입장이 강력히 전개된 결과였다. 또한 막부의 재정운용을 위한 경제구조의 재편을 들 수 있는데 이는 새로운 정권의 입장에서 볼 때 일반적으로는 타당한 시각이다. 한편 이러한 과정에서 왜 불교가 막부의 통제대상이 되었으며 이를 자신의 봉건적 권력구조의 하부에 편입시키려고 했는가 하는 문제는 여전히 남는다. 이를 단가제도의 고착화에 대한 문제의 실마리로 삼고 다음 장에서는 이에 대한 내적 과정에 대해 논하기로 한다.

---

12 타마무로 후미오, 앞의 책, pp.74~78 참조.

Ⅲ. 단가제도의 고착화

　단가제도가 제도적으로 고착화 되어가는 이면에는 막부와 불교관계의 재정립, 장제(葬祭)를 통한 민중불교화 과정, 막부통치에 효과적인 이념 정립을 위한 작용 등이 맞물려 막부초기부터 단행한 봉건불교화가 성립될 수 있었다고 본다. 이러한 요소들은 정치·경제적인 입장의 막부의 불교 통제를 역사와 사회, 문화의 제 측면에서 해석할 수 있게 한다. 이러한 측면이 보강될 때, 단가제도의 고착화가 막부체제 하의 전방위 측면에서 일어났음을 비로소 이해할 수 있다.

　이 장에서는 이러한 요소들을 단가제도 고착화의 내적 요소라고 보고 다음 세 가지 측면에서 언급하고자 한다. 첫째, 근세 말기 국지적인 신불분리(神佛分離) 과정에 이르기까지 왕법위본(王法爲本)의 관계를 막부의 입장에서 성취하려고 했던 과정이다. 둘째, 민속적 입장에서 장제화(葬祭化)되어가는 불교가 단가제와 맞물려 전국민화되어 가는 과정이다. 이는 가(家)의 종교로 확대·재생산되어 간다. 셋째, 에도시대는 불교와 관련된 담의본(談義本)이 많이 생산되고 여기에 더해 왕생전류(往生傳流) 등이 고대 말기와 중세 초기 이후 단절된 후 새롭게 양산되어 간다. 죽음과 사후 문제에 대한 안내서이기도 한 왕생전에는 막부의 통치이념이 반영되어 민중에 대한 교화를 전개해 갔던 것이다.

　첫째, 왕법위본의 막부의 성취에 관한 요소에 대해서는 먼저 불법과 왕법의 관계가 일본 고대로까지 거슬러 올라가는 긴 역사성을 지니고 있음을 돌아봐야 한다. 여기에서는 교리사적인 논의는 지면상 생략한다.

　역사적으로 일본에서 불법과 왕법이 대비개념으로 나타난 것은, 사토오

히로오(佐藤弘夫)에 의하면 고대 말인 10세기 말경으로 보고 있다.[13] 이것이 불법왕법상의론(相依論)으로 나타난 것은 11세기 중반 동대사령(東大寺領)의 문서에서 "바야흐로 왕법불법(王法佛法)이 서로 쌍을 이루나니 비하건대 수레의 두 바퀴, 새의 두 날개와 같고, 혹시 그 하나가 모자란다면 날아가고 굴러 갈 수 없으니, 만약 불법이 없으면 어찌 왕법이 있겠는가. 만약 왕법이 없으면 어찌 불법이 있겠는가"라고 하는 것에 잘 나타나고 있다.[14] 이는 사령에 대한 입장을 불법측에서 설한 것이다. 왕권을 중심으로 한 고대 사회가 해체되고 있는 시대적인 상황에서 이를 풀어 말하자면, 차륜의 양쪽바퀴와 같이 불법과 왕법이 한 쪽의 결함됨이 없어야 원활히 굴러가지만 사령장원에 대해 지방의 관리가 과도한 징수를 하고 있는 지금의 현상에 비추어 장원의 안정을 통한 불법의 보호야말로 왕법의 번영과 안정도 가져오는 것이다라고 역설하고 있는 것이다. 불교측에 국가의 안녕과 보호를 기원하도록 하기 위해 전국에 대관대사(大官大寺)를 설치하여 진호국가(鎭護國家)의 기능을 담당하기 시작한 나라(奈良) 시대로부터 헤이안 시대에 이르기까지의 고대를 국가경영의 불교로 놓고 본다면, 이러한 국면은 불교 독자적인 장원의 경영이 본격화된 중세로의 전환을 의미한다 하겠다. 말하자면 고대에 형성된 율령국가가 해체되어 국가권력에 의해 세워졌던 제관사가 위기에 처해지고, 장원제적 대토지 소유를 기반으로 하는 중세사원으로 변신하면서 자령장원(自領莊園)에 속권(俗權)의 관여를 배제하고 안정된 경영을 향한 입장을 정당화하려는 하는 목적에서 비롯된 것이다. 이는 어디까지나 고대국가의 진호국가(鎭護國家) 사상의 연장선에서 이루어지고 있음을 알 수 있다.[15]

중세를 거치면서 이러한 불법과 왕법의 관계설정에 대해서는 가장 크게

---

13 사토오 히로오(佐藤弘夫), 『신(神)・불(佛)・왕권(王權)의 중세』, 法藏館, 1998.2. p.60.
14 사이토오 히로오, 앞의 책, p.60 재인용.
15 사이토오 히로오, 앞의 책, p.64.

세력이 확장되던 정토진종(淨土眞宗)의 예를 들 수 있다. 정토진종은 종조 신란(親鸞, 1173~1262)이 『교행신증(敎行信証)』에서 교설하고 있는것과 같이 출세간문과 세간문의 2제(諦)가 상의(相依)하여 가르침을 널리 펼치도록 하고 있다.[16] 후대에 이르러서는 교단의 발전에 맞추어 여기에 대한 새로운 해석이 나오게 되었다. 즉 출세간에서는 불법을 본으로 하여 아미타여래의 구제를 믿고, 세간에서는 윤리도덕을 지키고 국왕 등이 명하는 왕법을 우선시하여 각각의 역할 아래 맞추어 살아가도록 하였다. 후대에 본원사(本願寺)를 중심으로 진종의 중흥을 이룬 렌뇨(蓮如, 1415~1499)의 시대에 이르러서는 오후미(御文)의 가르침을 통해 "왕법을 가지고 밖으로 표하고 내심에는 타력의 신심을 깊게 기르되 세간의 인의를 가지고 본으로 할 것"[17]이라고 하여 왕법위본(王法爲本)의 사상이 전개되었다. 신도들로 하여금 현실생활 속에서 불법을 실천하도록 하기 위한 논리의 뒷받침이었는데 이는 위정자로 하여금 상대적인 불법과 왕법과의 관계에서 왕법의 실제적인 우위로써 해석될 여지를 가지고 있었다.

한편 이러한 불법왕법 상의론은 왕권과 무사정권이 대립각을 이룬 중세에 있어 카마쿠라(鎌倉) 신불교가 무사정권 쪽으로 기울 때에는, 현밀을 중심으로 한 구불교쪽에서 그 세력을 저지하기 위한 방편으로 이용되기도 하였다. 말하자면 왕권과 무사정권의 권력투쟁과 구·신 불교간의 세력논쟁이 서로 맞물려 있었던 것이다. 정토진종의 예에서도 알 수 있듯이 새로운 종교 세력으로 등장한 신불교의 입장에서는 왕법이라는 것은 어디까지나 세속권력을 총칭하는 것이었다. 자가(自家)의 포교를 위해서는 세속법

---

16 『교행신증(敎行信証)』은 신란의 저작으로 총 6권으로 이루어져 있으며 정토진종 최고의 근본경전이다. 호시노 겐보(星野元豊) 외 2인 교주(校注), 『親鸞』, 岩波書店, 1971.4. 마지막권인 「化身土」권에는 "인왕(仁王)·법왕(法王)은 서로 드러내 중생을 가르치고, 진제(眞諦)·속제(俗諦)는 서로 의지해서 가르침을 펼친다"라고 설하고 있다.

17 오후미(御文)는 렌뇨가 문도(門徒)들에게 전한 법어로 주로 편지체의 형식으로 되어 있다. 이 내용은 국서간행회(國書刊行會), 『蓮如上人御文章(御文)三帖』, 眞宗典籍刊行會編 34卷, 1974.11. 후반부에 나온다.

의 입장을 살려 활용해야 됨을 인식하고 있었던 셈이다.

근세인 토쿠가와 막부에 이르러 장원의 대소유주들이었던 사원들을 봉건적 질서로 편입하도록 한 것은 바로 막부를 중심으로 한, 통치술로서의 이러한 왕법위본의 입장을 분명히 한 것으로 볼 수 있다. 여기에는 왕족과 귀족의 보리사(菩提寺)를 장악하여 막부체제를 공고히 하기 위한 전략도 숨어 있음을 알 수 있다. 궁극적으로는 권력의 정당성을 사원으로부터 획득하기 위한 전략이라고도 볼 수 있다.

다음의 두 번째 내적 요소는, 장제불교화(葬祭佛敎化)의 과정을 통한 단가제도의 고착화이다. 불교의 유입에 의해 8세기 무렵부터 화장이 정착되기 시작하고 불교에 의한 장례가 시작되었다. 불교의 장제가 비로소 민중 속에서 정착되기 시작한 것은 카마쿠라 이후 정토계통의 신불교가 발흥하면서부터이다. 카마쿠라 말기에 이르러 열반인에 대한 49제, 백일, 1주기, 3주기, 13회기, 33회기의 불교의례가 완전히 갖추어졌다.

이를 기반으로 하여 중세에는 장의와 추선(追善)을 행하는 곳에서는 장원을 배경으로, 씨사(氏寺)의 존재를 중심으로 동족집단의 구심점이 되었다. 장의는 공동으로 행해지기 때문에 근세촌락의 성립 뒤에도 동족이나 지연적 결합을 기초로 해서 장식(葬式)의 협력조직이 만들어졌으나 에도 막부의 사청제에 의해 단나사에 호적관리의 역할을 부여함에 따라 단나사가 장악하게 되었다.[18] 즉, 에도기로 접어들어 향촌제로 이행함에 따라 동족집단은 해체되고 장의를 매개로 하여 단가사에 소속된 종적인 가(家)의 모습으로 변모한 것이다. 단가제의 정착에 따라 장제를 행하는 사원인 보리사는 경제수탈 과정에서 자신의 단가에 대해 이를 강압적으로 지키도록까지 하였다. 따라서 종문인별장에는 가장에 의해 통솔되고 대표되는 가의 구성원이 누대로 이어지는 가운데 단가사에 소속되도록 등록되었다.

---

18 엔도 준(遠藤潤), 「근세·근대 신장제(神葬祭)운동의 제상」(日本佛敎硏究會, 『일본의 불교 4-근세·근대와 불교』, 法藏館, 1995.12. p.210.

▌사원에 부속된 단가의 묘지

　근세에 있어 이러한 장식불교와 관련, 단가제도의 성립 및 정착에 대해 근래의 일본불교학계에서는 가치론적 입장을 떠나 근세불교의 국민적 종교론을 주장하여 종래의 불교타락론과 관련한 배불론의 입장을 수정하려는 자세를 보이고 있다. 이는 불교의 종교학적 관점과 민속학적 관점이 중첩된 것으로 기존에 부정적으로 보아왔던 장식불교에 대한 새로운 평가를 내리기 위한 전제로 보인다.[19]

　세 번째의 내적 요소는 담의본의 다량생산과 관련하여 막부의 이념이 침투되는 과정이다. 담의본(談義本)은 불교에서 설교를 위해 사용하는 이야기체의 텍스트를 말한다. 담의와 같은 의미로 쓰는 용어는 설경(說經), 창도(唱導)가 있다. 중세부터 종파에 따라 다양한 종류의 담의본이 양산되었는데 특히 단가제도 및 장의불교와의 관계에 있어 주목되는 담의본의

19　이러한 논을 제창하는 대표적인 학자는 야마오리 테츠오(山折哲雄), 야스마루 요시오(安丸良夫), 하야시 마코토(林淳) 등이 있다.

텍스트로써 왕생전(往生傳)류를 들 수 있다. 극락왕생했다고 믿어지는 재가・출가를 막론하고 수집, 기록해 놓은 것으로 죽음, 즉 왕생을 중심으로 전기체 형식으로 기록되어 있다. 이는 고대의 헤이안 시대 중엽에서 카마쿠라 초기까지 양산되다가 사라졌는데 다시 에도시대에 들어와 양산되기 시작하였다. 더불어 왕생전은 단가제도와 장의불교의 정착을 기반으로 포교를 위해 발간했다고 보여지며, 사후의 왕생정토(往生淨土)에 대한 교설을 민중에게 전파하기 위한 유효한 방법으로 활용되었다.[20]

이러한 왕생전류는 주로 정토계통의 왕생신앙을 전파하기 위한 유용한 사례들로 일반민중 사이에서는 왕생의 전범(典範)으로 소개되었다. 단가제가 장제에 의한 가의 종적인 관계로 얽혀 있는 이상, 왕생에 대한 민중의 기대는 더욱 확대되었다.

헤이안 시대에 나온 왕생전에는 악인(惡人)의 왕생담(往生談)[21]이 출현하고 이는 특히 중세에 성립된 정토진종에 의해 이론화되었는데 근세에 와서는 이러한 악인 왕생담보다는 선인의 왕생이 설해지며 세속윤리에 매우 충실한 인물들이 그 대상이 되었다.[22] 여기엔 촌락공동체와 봉권권력에 대한 순종이 주를 이루고 있는데 이의 기본적인 요소가 충과 효, 우애, 부부애로 현세의 윤리가 왕생을 이루는 주요한 요소로 작용하고 있음을 알 수 있다. 신앙 자체의 요소에 이러한 부가적인 요소가 첨가되고 있다는 것

---

20 교정자 대표 카사하라 카즈오(笠原一男), 『近世往生傳集成』 1・2・3, 山川出版社, 1978.3. 에도 전반기에 나온 왕생전으로는 치백(緇白)왕생전(1688), 근세(近世) 왕생전(1694), 신문현험(新聞顯驗) 왕생전(1711), 수회(遂懷) 왕생전(1732), 현증(現証)왕생전(1739), 수문(隨聞) 왕생전(1785)이 있고, 후반기에는 근세남기(近世南紀) 염불왕생전(1801), 신선염불왕생험기(新選念佛往生驗記)(1820), 근세담해(近世淡海) 염불왕생전(1822), 전념(專念) 왕생전(1865), 미양(尾陽) 왕생전(1866), 그 외에 명치유신 이후에 나온 왕생전으로는 명치(明治)왕생전(1881), 삼하왕생험기(三河往生驗記)(1882) 등이 있다.
21 악인이 왕생할 수 있다는 설은 정토종의 조사인 호넨(法然, 1133~1212)의 구전을 신란이 계승한 것이다. 신란의 제자에 의해 기록된 탄이초『歎異抄』에는 「선인(善人) 역시 왕생을 이룬다, 하물며 악인(惡人)이야」라는 신란의 언설이 기록되어 있는데 이를 통해 악인정기(惡人正機), 즉 악인이야말로 왕생의 근기라고 하는 설로 발전해 갔다.
22 타마무로 후미오, 『日本佛敎史・近世』, p.210.

을 통해, 단가제도의 확고한 정착을 위해 막부의 통치이념인 유교적인 봉건적 윤리이념이 침투되고 있음을 알 수 있다.

또한 이들 왕생전에는 왕생에 필요한 인간적인 조건으로써 정직, 자비, 유화(有和) 등의 윤리적인 사상이 농후하게 기록되어 있고 인물 됨됨이의 우위성을 드러내고 있는데, 이는 막부가 제정해서 승려들에게 실천을 강요한 제종사원 법도・제사원 조목(諸寺院條目)・제종승려 법도(諸宗僧侶法度) 등의 정신이었다[23]. 이는 단가제도에 의한 단가의 운신의 폭을 생각할 때 단가의 봉건질서의식의 정착에 많은 영향을 끼쳤다고 볼 수 있다.

이렇게 단가제도 정착의 이면에는 왕법위본의 위계확립과 가(家)의 불교화를 촉진시킨 장제의식의 정착과 더불어 담의본류인 왕생전류를 통해서는 봉건윤리의 의식확산 등을 꾀하고 있음을 알 수 있다.

Ⅳ. 폐불과정과 불교개혁론에 있어서의 단가제도

배불론(排佛論)의 움직임이 있었던 막부 말기와 메이지 유신기의 폐불훼석(廢佛毁釋) 기간, 그리고 이를 포함한 근대화의 과정은 단가제의 존속에 어떠한 영향을 주었을까. 이에 대해서는 단가제에 대한 막부 말기의 반발과정과, 메이지유신기와 이후의 불교계의 호법파와 개혁파의 활동과정을 통해 알아보기로 한다. 이를 위해 첫째는 단가제와 관련, 막부 말기의 배불론의 동향과 불법(不法)화된 종파의 동향에 대해 알아보고, 둘째는 명

---

23 오오하시 토시오(大橋俊雄), 「『근세왕생전』과 그 성격」, 『千葉隆博士還甲記念論集・일본의 사회와 종교』, 同朋出版社, 1981.12. p.477.

치유신기의 폐불훼석의 의도와, 셋째는 그 이후의 호법파와 개혁파를 통한 단가제도의 입장을 살펴보기로 한다.

우선 첫째, 막부 말기의 단가제도에 대한 비판은 개별 번에서 경제적인 실리와 관련된 문제로 보고 개입하기 시작한 것으로부터 비롯된다. 막부 차원에서도 제 사원 법도를 통해 단가의 수탈을 방지하기 위해 막부가 고심한 흔적이 역력히 드러난다. 반면 이미 사원경제에 깊숙이 관여된 사원들의 단가제도에 대한 성찰은 찾기 힘들 정도였다.

또한 유학파(儒學派)과 복고신도파(復古神道派)에서는 사원들이 민중에 대해 수탈한 돈으로 가람과 당탑의 신개축을 하는 것을 보고 단가제에 대한 비판을 가하기 시작했다. 1660년대에는 미토번(水戶藩)과 오카야마번(岡山藩)에서는 이러한 비판사상을 받아들여 배불정책을 통해 절반에 가까운 사원을 폐했는데 이는 명치유신기의 폐불훼석에 지대한 영향을 끼치게 되었다.

구체적으로 미토번의 예를 들면, 단가제도가 완전한 정착을 본 17세기 중·후반부터 배불론에 의한 폐불훼석이 이루어졌다. 시기에 따라 폐불훼석의 의도가 다른데 1665년 번주(藩主) 토쿠가와 미츠쿠니(德川光國, 1628~1700)는 번주의 명령인 「세부츠 고죠(施物御定)」를 정해 작은 절을 폐하고 단가의 부담을 줄이도록 했다.[24] 단가에 관련된 부분을 들면 제1조에 '제종과 함께 사원이 너무 많아서 단가도 분산되어 있고 고적대지(古跡大地)도 쇠미해져 유서있는 절도 살기가 어려운 상황이 되어 있다'고 하여 단가에 대한 언급을 하고 있다. 제3조에서는 이익이 없는 작은 절은 파각(破却)하도록 하고, 이어 제4조에서는 '그러나 불법을 바르게 상속하고 인민멸죄(人民滅罪, 선조에 대한 공양)를 위해서 필요한 절은 그대로 두고 파각한 절의 면세의 토지는 그 남겨진 절들에 상응하게 분여하고, 파각

---

24 시바타 도켄(柴田道賢), 『폐불훼석』, 公論社, 1978.4. p.53을 참조하였다.

된 절의 단가도 남은 절의 단가가 될 수 있도록 조치한다'고 하여 막부의 단가제도에 대한 근본적인 변화를 주도하고 있는 것은 아님을 알 수 있다.

또한 번주 토쿠가와 나리아키(德川齊昭, 1800~1860)에 의한 폐불훼석은 존왕양이(尊王攘夷) 사상과, 불교에 대해 신도의 우위설을 주장하는 요시다 신도[吉田神道, 혹은 唯一神道라고 불림]에 경도된 가운데, 당시의 외국에 의한 개항요구에 대항하기 위해 관내의 사원으로부터 야외의 불상이나 동종, 범종을 거두어 들여 1843년에 대포주조의 완성을 보았다. 1831년에는 승려가 살지 않거나 크게 파손된 사원의 정리를 위한 포고를 단행하고, 1843년에도 승려의 비법적인 행위에 대해 엄격하게 대처하는 법령을 제정, 실행했다. 또한 중요한 행사에 불교 대신 요시다 신도에 의한 제식을 강행하기도 했다. 나리아키의 폐불훼석은 신도주의(神道主義)에 의한 불교탄압이 주를 이루는 것으로 명치정부에 의한 폐불훼석의 전조로써 볼 수 있고, 실제로 이를 전체번의 차원으로 확대시켰다고 볼 수 있다. 그러나 단가에 대한 직접적인 개혁보다는 개항에 대한 위기감과 관련한 수구적인 정책에서 나온 것으로 볼 수 있다. 이는 막부의 불교에 대한 정책내에서의 각번이 갖는 위상을 말해주고 있다.

불교내부에서 사단(寺檀) 관계에 강한 부정을 나타낸 파로는 사세파(捨世派)와 불수불시파(不受不施派)를 들 수 있다. 장의불교화와 더불어 왕생의 교의를 확장시킨 종파들이 주로 정토계인데, 이 가운데 사세파는 정토종 가운데서도 은둔적인 염불주의를 표방하며 민중포교에 적극적으로 나섰다. 막부에 의해 관승의 성격을 띠고 본말관계나 사단관계에 기대어 소극적인 활동에 머문 일반승과는 대조적이었다. 단림체제(檀林體制, 승려를 교육하는 기관)나 기성의 사단관계로부터의 염리(厭離)라고 하는 행위가 사세라고 하는 형태의 전제였다.[25] 사세파는 단월에 대한 기존의 관행에 대한 강한 부정을 드러냈다. 하지만 사세파가 조직적으로 단가제에 대한 거부를 드러낸 일은 없었다. 사세파의 행동은 기존의 질서에 대한 반항이었지만 사단관계를 근본부터 흔들 수 있는 데에는 한계가 있었다. 어디까지나 막부체제 하의 공인되지 않은 활동에 지나지 않았다.

일련종 계통의 불수불시파도 단가제도와는 거리를 둔 활동을 전개했다. 종조인 니치렌(日蓮, 1222~1282) 사후, 순수한 종의(宗義)로써 타종의 신자가 보시하거나 공양한 것을 받지 않고 또한 타종의 승려에게도 공양해서는 안된다는 계율을 카마쿠라와 무로마치기(室町期)를 거치면서 확고해졌다. 그러나 1665년 막부가 불수불시파의 교의를 엄금함에 따라 사원의 단가로 위장하거나 아예 단가화하지 않고 지하에서 활동을 하였다. 근본적으로 단가를 부정하거나 단가제도에 대한 거부를 표방했다기보다 불수불시의 교의적인 원칙을 지키기 위한 입장에서의 활동이었다. 사세파와 불수불시파는 단가제도의 밖에서, 즉 막부의 통제권 밖에서 활동하므로 기독교와 같은 탄압을 받지 않을 수 없었던 것이다.

둘째는 명치유신기에 단행된 폐불훼석 기간의 단가제도에 대한 타격이 어느 정도였는가 하는 점이다. 명치유신은 근대국가를 지향하기 위한 국민통합의 이데올로기를 요구했다. 천황제를 정점으로 한 명치정부의 구상은 그러한 면에서 신도에 제사장(祭祀長)의 위치를 부여하여 민중의 종교교화와 정치적 교화의 양면을 통합하는 한편, 이를 통해 종교체제를 재편하려고 하였다. 따라서 신도주의화는 불교를 배타적으로 제외함과 동시에 천황의 절대화를 내세움으로써 새로운 지배이념을 창출하기 위한 것이었다.

메이지 원년(1686) 메이지정부는 3월부터 10월에 걸쳐 신불분리령(神

---

25 하세가와 쿄슌(長谷川匡俊), 「근세 정토종에 있어서 이상적 승려상」, 圭室文雄·大桑齊 編 『근세불교의 제문제』, 雄山閣, 1979.12. p.211.

佛分離令)²⁶을 시행했다. 주요 내용은 별당(別堂) 혹은 사승(社僧)으로 불렸던 승려를 환속시킬 것과, 신명(神名)에 불교적 용어를 사용하고 있는 신사를 조사할 것, 신체(神體)를 불상으로 하고 있는 신사는 이를 제거하고 신사의 본지불, 범종 등을 제거할 것을 명하였다. 여기에 더해 환속한 별당과 사승은 신주(神主), 사인(社人)의 명칭으로 바꾸어서 신도로 전환할 것과, 신직(神職)의 가족에 이르기까지 불교식의 장제를 폐지하고 신도식으로 행할 것을 명하고 있다. 이 신불분리령은 급속히 전국적으로 폐불훼석의 행동으로 옮겨져 경전, 불상, 불구를 포함한 불교적인 색채를 일소함과 아울러 합사, 폐사의 지경에 이르렀다. 신도나 복고국학(復古國學)의 영향이 큰 지역은 더욱 심하였다. 불교사원의 반발을 얻은 메이지정부는 신불분리가 폐불훼석 그 자체가 아님을 알렸지만 그 기세를 꺾을 수는 없었다. 신불분리의 연장선에서 메이지정부는 1872년(메이지 5) 사청제와 같은 의미에서 우지코 조사(氏子調べ)²⁷를 위한 포고령을 내렸는데 이는 신사로부터 우지코임을 증명하는 것이었다. 즉 1871년에 이미 제정된 호적법과 우지코 취조규칙(氏子取調規則)에 의거하여 종래의 종문아라타메를 대신하여 전국민을 신사의 우지코로서 우지코장(氏子帳)에 등록하도록 했다. 이는 실질적인 효과를 보지 못하고 다음해 호적법이 생김에 따라 폐지되었다.

결과적으로 메이지정부의 신불분리령은 불교와 신도의 습합과정에서 생긴 사원과 신사의 관계를 부정하는 것이었으며 막부에 의해 형성된 사청제도의 부정이었다. 따라서 단가제도도 실질적으로 붕괴된 것이나 다름없었다. 하지만 법령과의 관계에서는 신불분리령이 나온 5년 뒤인 1871년

---

26 신불분리에 관한 자료는 村上專精・辻善之助・鷲尾順敬 共編, 『神佛分離史料』 상・중・하, 『神佛分離史料續篇』 상・하, 東京東方書院, 1929에 정리되어 있다. 아래의 내용은 『神佛分離史料』 상(上)의 자료에 의거했다.
27 1871년에 호적법과 우지코 취조규칙(氏子取調規則)에 의거하여 종래의 종문아라타메를 대신하여 전국민을 신사의 우지코로써 우지코장(氏子帳)에 등록하도록 하기 위한 것.

에 종문인별장제가 폐지되어 봉건적인 사단관계의 의무가 해소되었으며, 1873년에는 기독교 금지령이 해제되면서 사원의 사청의 권한은 없어지고 단가에 대한 지배의 근거나 권리가 사라지게 되었다.

이렇게 볼 때 메이지정부의 초기, 사원과 신사의 분리 의도는 신도국가의 형성과 왕정복고를 위한 전제로써 작용한 것으로 근세의 사청제를 기반으로 한 단가제를 처음부터 정면으로 부정한 것은 아니었다. 신불분리령에서 보듯이 사원에 직접적으로 사청제와 단가제를 폐지할 것을 요구하지 않았으며 종문인별장제가 폐불훼석이 어느 정도 진정되었을 즈음에 폐지되고 그해에 우지코 제도를 실시한 것만 보아도 알 수 있다. 그러나 폐불훼석이 의도적이었던 아니었던 간에 결과적으로 뿌리 깊게 정착한 단가제도에 대해 상당한 타격을 주었던 것은 사실이다. 그렇지만 사원 측의 막대한 폐해에도 불구하고 단가제도는 여전히 사원이 존속하는 한 이와 더불어 온존되어 갔다. 그럼 이에 대한 불교내부의 개혁의지는 유신기와 유신 이후의 불교의 움직임 속에서 얼마나 이루어졌던 것일까?

이러한 물음과 관련 셋째, 단가제도의 개혁의지에 대해 알아보기로 한다. 명치시대의 전환기를 거치면서 불교계에서는 호법활동과 개혁활동을 통해 근대화에 대한 수용 혹은 저항을 통한 자기표출을 하게 된다. 이는 폐불훼석을 통한 자기반성을 통해 나온 것이다.

이미 폐불훼석의 철퇴를 맞은 불교측에서는 호법적 입장을 견지할 수밖에 없었다. 폐불훼석이 일어난 그 다음해인 1869년 임제종 승려인 토코쿠 도케이(韜谷道螢, 1810~1886)의 발기로 쿄토에서 동덕제종회맹(同德諸宗會盟)이 결성되었다. 그리고 여기서 연구·심의해야 할 8개조를 들었다.[28] 첫째는 왕법과 불법은 분리(不離)의 관계임, 둘째 사교(邪敎)를 연구해서 배척할 것, 셋째, 3도[儒佛仙]가 제휴해서 연마할 것, 넷째 각각 자종

---

[28] 카시와하라 유센(栢原祐泉), 『일본불교사·근대』, 吉川弘文館, 1990.6. pp.20~21 참조.

(自宗)의 교의경전을 연구할 것, 다섯째 각각 자종의 폐해를 일신할 것, 여섯째 신규학교를 경영하고 인재를 양성할 것, 일곱째 각종(各宗)의 영재등용의 길을 넓힐 것, 여덟째 민중교화에 노력할 것 등이다. 이처럼 호법호국, 기독교의 파사(破邪), 승폐(僧弊)의 자숙 등을 논의하고 있지만 구폐와 관련하여 본말사 제도를 비롯한 단가제도에 대해서는 언급을 피하고 있다. 구조적이고 근본적인 논의는 뒤로 한 불교는 이후 해외문물의 수용과 근대화를 위한 길에 적극적인 참여를 하게 된다.

이후 결사운동으로서의 재가불교운동과 근대불교에 제국주의 비판을 가한 신불교동지회, 그리고 왕법불법론, 계율부흥을 외친 동덕회맹 등이 다양한 활동을 하였으나 단가제도에 관련한 언급은 거의 전무하다시피 했다.

1900년 초기에 불교계와 관련해 불교청도동지회(佛敎淸徒同志會)가 주도한 《신불교(新佛敎)》[1900년 창간][29]와 키요자와 만시(淸澤萬之)가 주도한 《정신계(精神界)》[1901년 창간][30]의 두 잡지가 발간되었다. 《신불교》 창간호에는 6가지 조항의 '우리의 선언'을 두고 있는데 첫째 우리들은 불교의 건전한 신앙을 근본의(根本義)로 한다는 것, 둘째 우리들은 건전한 신앙, 지식 및 도의를 진작보급하고 사회의 근본적 개선에 힘쓴다는 것, 마지막 여섯 번째에서는 우리들은 종래의 종교적 제도 및 의식을 보지(保持)할 필요를 인정하지 않는다라고 하였다. 여기서 이들은 이제까지의 불교를 구불교로 보고 관습적 구불교, 형식적 구불교, 미신적 구불교, 염세적 구불교로 칭하며 이를 혁신할 것을 주장했다. 그러나 구체적으로 이들의 개혁대상이 구불교의 어떠한 점이었는지는 확실하지 않다. 단지 기존의 불교체제를 벗어나 새로운 불교운동의 노선에 서 있었을 뿐 구체적인 개혁에는 한계를 지니고 있었다.

---

29 《新佛敎》 1卷1號, 佛敎淸徒同志會, 1900.7.
30 《精神界》 1卷1號, 精神界發行所, 1901.1.

키요자와만시(淸澤萬之)

《정신계》를 통해서는 키요자와 만시가 정토진종의 교단개혁운동에 실패한 후, 타력신앙에 바탕한 절대무한자의 정신세계를 통한 근원으로의 회귀를 주장했다. 그는 또한 교단내적인 개혁의 한계를 외부의 정신운동으로 이를 확산시키고자 했는데, 이 또한 구조적인 구체제에 대한 개혁으로부터는 멀어지고 말았다.

이처럼 불교개혁의 외연은 넓어지고 있었지만 정작 단가제도를 기반으로 하는 불교의 내적인 개혁에는 한계를 내포하고 있었던 것이다. 결과적으로 단가제도의 존속에 대해서는 이후 기존 불교계에 의한 논쟁의 쟁점으로는 떠오르지 못하고 말았다. 그러나 한편으론 기성교단의 밖에서 볼 때는, 이후의 재가 불교자들이 중심이 된 신불교 운동을 통해 부분적으로 해소될 수밖에 없는 운명이기도 했다.

Ⅴ. 단가제도와 군국주의

　근세에 있어 에도막부에 의한 단가제도의 의도는 세 가지로 정리해 볼 수 있다. 첫째 봉건제 하의 불교 예속을 통한 국민에 대한 통제책, 둘째 기독교 전파의 원천금지 및 쇄국정책으로의 전환의 기반, 셋째 단가사를 통한 말단 행정권의 이양과 활용을 통한 사원의 예속과 통제를 위한 것이었다. 더불어 불교측에서는 강압적으로 추진되었던 사청제와 단가제도를 통해 일반민중을 봉건적인 사원체제에 결속하게 함으로써 자신의 경제체계도 확고히 굳히게 되었다.

　또한 단가제도가 고착, 존속될 수 있었던 내적 요인은 막부의 강한 추진과 통제력을 바탕으로 첫째 왕법위본(王法爲本)의 성취로 인한 권력의 정당성 확보를 지향한 점, 둘째 고래의 조령신앙(祖靈信仰)과 장제제도(葬祭制度)와의 결합을 통한 조상숭배의 정신이 기반이 되어 가(家)의 종교로써 확립되어 간 점, 셋째 왕생전류(往生傳類)와 같은 담의본(談義本)의 텍스트 속에서 막부의 봉건논리를 민중에게 설파해 갔던 것 등이 결합되어 가능했다고 본다. 이러한 가운데 막말의 폐불논리와 명치정부에 의한 폐불훼석, 그리고 근대화에 대응한 불교개혁론 속에서 단가제도는 직접적인 개혁의 대상이 되지 못하는 바람에 이후의 불교체제 속에서도 온존할 수 있었다.

　따라서 사원에 종속된 단가는 근대국가의 질서에 또 다시 편입, 예속될 수밖에 없는 입장이 되었다. 이후 왕권을 정점으로 전개되는 군국주의화에 수동적이었던 불교계는 구조적인 한계를 내포할 수밖에 없었고, 또한 여전히 봉건적인 구조 속에 머물면서 군국주의 이데올로기의 생산에 참여하게 되었던 것이다. ▮원영상

폐불훼석(廢佛毀釋)과 메이지정부

I. 폐불훼석(廢佛毀釋)을 어떻게 볼 것인가

일본 근대국가가 성립되는 메이지시대(明治時代, 1868~1911)에 유신정부(維新政府)는 정부수립 직후인 1868년(메이지1) 3월부터 신불분리(神佛分離)에 관한 법령을 포고하기 시작했다. 문자 그대로 일본 고유의 전통신앙인 신도(神道)와 6세기 중엽 백제(百濟)로부터 전래된 외래종교인 불교를 분리하겠다는 법이었다. 두 종교를 분리하겠다는 선언은 곧 이전에 두 종교가 융합되어 있었다는 것을 전제로 한다. 신도와 불교가 융합되어 가는 과정을 일본종교사에서는 신불습합(神佛習合)이라고 한다. 신불습합에서 신은 부처에 종속되는 형태를 취하는데 그 중 가장 대표적인 것이 신과 부처를 일체로 받아들이는 형태다. 신은 부처가 중생구제(衆生救濟)를 위해 그 모습을 바꿔서 나타난다는 사고방식이다.[1] 부처가 신의

---

1 末木文美士, 『日本佛敎史-思想史としてのアプローチ-』, 東京: 新潮社, 1992, pp.221~224.

본지(本地, 근원)이며 신은 부처의 수적(垂迹, 化現)이라는 본지수적설(本地垂迹說)이 일본 고대 헤이안시대(平安時代, 974~1192)에 등장한 것이다. 여기서는 이세신(伊勢神)이 대일여래(大日如來)와, 그리고 일길산왕(日吉山王)이 석가불과 동일시된다. 또한 본지수적설이 보급되면서 신사(神社)에 신궁사(神宮寺)·별당사(別堂寺)를 짓고 본체인 불(佛)을 모시게 되었다.[2] 본지수적설은 이후 신불(神佛) 관계를 설명하는 대표적인 이론으로 정착되어 일본 종교문화에 큰 영향을 미쳤다.

일본 종교사에서 거의 천여 년 동안 지속되어 온 이 신불습합은 메이지정부의 신불분리령의 포고와 함께 균열되기 시작하여 신도 측의 불교에 대한 파괴활동인 폐불훼석(廢佛毀釋)으로 발전하였다. 메이지정부의 신불분리령에서 발단이 되어 전국으로 번져간 폐불훼석은 분명 일본에서 그 전례를 찾아볼 수 없는 획기적 사건이었다. 일본종교사에서 신불분리와 폐불훼석은 근대의 출발점이 되는 사건이기도 했다. 이 사건의 규모나 영향이 적지 않았던 만큼 이것에 대한 평가나 해석은 매우 다양하게 논의되고 있는 실정이다.

당시 권력중심 가까이에 있으면서 폐불사상(廢佛思想)에 사로잡힌 일부 광신적인 사람들에 의해 일어난 단순하고 일시적이며 표면적이고 우발적인 사건·현상으로 이해하는가 하면, 신도국교화(神道國敎化)를 향한 메이지정부의 용의주도한 단계적 조치였다고 평가하기도 한다.[3] 또 폐불훼석은 신도 측의 일부 극단적인 인물이나 그 추종자들에 의해 자행된 국지적인 현상으로서 메이지정부는 폐불훼석의 의도가 없었다고 하는가 하면, 이 사건을 통해 메이지유신의 역사적 의미를 재해석 하는 입장도 있다. 그런가 하면 신도 입장에서는 신불분리는 메이지정부의 이상과 분리될 수

---

2 무라카미 시게요시 外, 최길성 편역, 『일본의 종교』, 서울: 예전사, 1993, pp.62~66 참조.
3 阪本是丸, 「廢佛毀釋과 國家神道－神佛의 習合から分離への道程－」, 『歷史と地理』通號540, 山川出版社, 2000, pp.1~2.

없는 밀접한 관계를 지니고 있으며 신도의 순화를 위해 취한 정책이었다고 하고, 불교 입장에서는 불교전래 이래 전국적 규모의 최초이자 최대의 박해이고 일본불교의 근대화를 촉진시킨 입문적 시련이라고 한다.[4] 이 외의 여러 가지 견해를 검토해 볼 때, 피해 당사자인 불교 측을 제외한 대부분의 평가에서 견지하는 기본적인 논조는 폐불훼석은 메이지정부의 의도를 벗어난 사건이었고 중앙정부의 명령을 무시한 채 폐불을 시행한 지방 번(藩) 당국의 책임이 크다는 것이다.[5] 그런데 이것은 엄연히 메이지 정권 아래서 포고된 법령과 그것으로 인해 일어난 폐불훼석에 대해 마치 메이지정부의 입장을 대변하며 정부 측에게 면죄부를 주는 듯한 인상이 짙다. 당시 메이지정부가 공표한 신불분리가 폐불을 의미하지 않으며, 폐불의 의지도 없다고 하는 정부의 입장을 액면 그대로 수용하기에는 여러 가지 문제점이 보이고 있기 때문이다.

폐불훼석이라는 사태에 즈음하여 메이지정부가 취한 진정한 입장이나 태도는 무엇이었을까? 메이지정부는 과연 신불(神佛)의 분리만을 의도하고, 폐불과는 정말 무관하였던 것일까? 이제부터 이러한 의문점을 하나씩 풀어보기로 하자. 먼저 폐불훼석을 가져온 신불분리에 관한 법령의 내용을 분석하기로 한다. 1868년(메이지1) 3, 4월에 포고된 법령을 통해 정부가 처음 의도했던 신불분리의 내용과 방법, 그리고 폐불훼석의 한 배경을 파악하기 위해서이다. 다음으로 히에신사(日吉神社)와 주요 지역 폐불훼석의 실태와 함께 이러한 사건을 실제로 접한 메이지정부의 대응을 살피도록 한다. 폐불훼석과 메이지정부와의 관계를 직접적으로 명료하게 해명

---

[4] 박규태, 「神佛分離의 종교사적 일고찰 - 신불의 타자론 -」, 『아세아연구』46권 4호, 서울: 고려대학교 아세아문제연구소, 2003 참조.
[5] 이토토모노부(伊藤友信), 최석영 옮김, 「廢佛毀釋 논쟁」, 『논쟁을 통해본 일본사상』, 서울: 성균관대학교 출판부, 2003.; 安丸良夫, 『神々の明治維新 - 神佛分離と廢佛毀釋 -』, 東京: 岩波新書, 1979. 진보파 역사학자로 알려진 야스마루요시오(安丸良夫)는 위의 저서를 통해 천황제국가에 대한 내재적 비판이라는 새 지평을 열었다는 평가를 받고 있다. 하지만 폐불훼석에 대한 기본적인 시각은 일반의 경향에서 크게 벗어나지 않았다.

할 수 있는 방법이기 때문이다. 마지막으로 폐불훼석이 진행 중이던 시기에 정부가 시행한 대표적인 신도주의(神道主義)정책을 개관해 보기로 한다. 당시 메이지정부가 매진하였던 주요 정책들을 통해 폐불훼석에 대한 정부 본래의 입장을 다시 확인해 보고, 신도주의(神道主義)의 전개과정을 알아보기 위해서이다.

Ⅱ. 메이지정부의 신불분리령(神佛分離令)

1. 1868년(메이지1) 3월의 신불분리령

에도시대(江戶時代) 말기 막부(幕府) 타도를 위한 토막운동(討幕運動)이 고조되어 가자 쇼군(將軍) 도쿠가와 요시노부(德川慶喜, 1866~1867 재위)는 1867년(케이오3) 10월 14일 천황에게 국가 통치권을 반환하는 대정봉환(大政奉還)을 단행하였다. 이에 대해 토막파(討幕派)가 같은 해 12월 9일 왕정복고(王政復古)의 쿠데타를 일으켜 막부를 폐지하면서 메이지정부가 수립되었다. 메이지 신정부는 건국신화에 등장하는 진무천황(神武天皇)의 창업에 근원을 두면서[6] 천황 중심의 제정일치(祭政一致)를 지향하였는데, 이것은 1868년(메이지1) 3월 13일의 태정관(太政官) 포고에 잘 명시되어 있다.

---

6 「王政復古ノ大號令」, "諸事神武天皇之創業始に原き ······ " 신무천황(神武天皇)은 『고사기(古事記)』(712년), 『일본서기(日本書紀)』(720년)에 제1대 天皇(기원전 600~585 재위)으로 등장한다.

태정관포고(太政官布告), 메이지 원년(明治元年) 3월 13일

금번 왕정복고(王政復古)는 진무창업(神武創業)의 시원(始原)에 기초하여 모든 일을 일신하고 제정일치(祭政一致)의 제도를 회복함에 있어서, 먼저 신기관(神祇官)을 재흥하여 설립하고 차츰 여러 제전(祭奠)을 흥하게 하는 것을 명령한다. …… 널리 천하의 여러 신사(神社)의 신주(神主), 이의(禰宜), 축(祝), 신부(神部)에 이르기까지 향후 이 신기관에 부속되어 명령이 내려지므로 관위(官位)를 비롯하여 모든 일은 신기관으로 신청하게 되는 것을 명심해야 한다.[7]

위의 글은 새로이 수립된 메이지정부가 고대 천황제에 근거하여 왕정복고와 제정일치의 회복을 기본 이념으로 삼겠다는 내용이다. 그리고 신정부는 고대 율령국가(律令國家) 체제에서 신기(神祇)의 제사를 담당했던 신기관(神祇官)을 부흥하여 전국의 모든 신사(神社)와 신직자(神職者)를 신기관에 부속시켜 통제해 가겠다고 공표하고 있다. 즉 제정일치의 신권정치(神權政治)를 펴기 위해 신기관을 구심점으로 하여 신도주의(神道主義) 정책을 시행하겠다는 의지를 밝힌 것이다. 이것은 다음 날인 3월 14일에 천황이 천신지기(天神地祇)에게 맹서하는 형식으로 5개조 서문(誓文)[8]을 반포함으로써 더욱 명백해졌다.

---

[7] 「神佛分離ニ關する法令」, 『明治維新 神佛分離史料』 上, "太政官布告 明治元年三月十三日, 此度 王政復古神武創業ノ始ニ被爲基, 諸事御一新, 祭政一致之御制度ニ御回復被遊候ニ付テ, 先ハ第一, 神祇官御再興御造立ノ上, 追追諸祭奠モ可被爲興儀, 被 仰出候. …(中略)… 普ク天下之諸神社,神主,禰宜,祝,神部ニ至迄, 向後右神祇官附屬ニ被 仰渡候, 官位ヲ初, 諸事萬端, 同官ヘ願立候樣可相心得候事."

[8] ① 널리 회의를 열어 나라의 정치를 공론(公論)에 맡길 것. ② 상하(上下)가 마음을 하나로 하여 나라의 방책을 성히 행할 것. ③ 관무(官武) 서민(庶民)에 이르기까지 모두 그 뜻을 펴서 인심에 불만이 없도록 할 것. ④ 지금까지의 누습(陋習)을 버리고 천지(天地)의 공도(公道)를 따를 것. ⑤ 지식(智識)을 세계에 구하여 크게 황국(皇國)의 기초를 일으킬 것.

▌ 일본 신사(神社)의 신직(神職)

　신기관은 처음 메이지정부가 3직 7과(三職七科)의 관제를 발포할 때 (1868년 1월 17일) 태정관(太政官) 산하의 신기사무과(神祇事務科)로 설치되었고, 이것이 같은 해 2월 3일의 관제개혁에 의해서 신기사무국(神祇事務局)으로 변경되었으며 그것의 기능은 고대 천황제 국가의 율령제에서와 유사하게 신기(神祇)의 제사, 축부(祝部)·신호(神戶)에 관한 일을 감독하는 일이었다.[9] 신기사무국은 1868년 윤4월 21일에 신기관(神祇官)으로 개편되었다.

　메이지정부의 신도주의정책은 신불(神佛)의 분리로부터 시작되었다. 신불분리에 관련된 법령 중 핵심사항은 1868년 3월 중에 신기관의 전신인

---

[9] 야스마루요시오(安丸良夫) 지음, 이원범 옮김,『천황제 국가의 성립과 종교변혁』, 서울: 小花, 2002, pp.88~89.

신기사무국이 집중적으로 포고하였는데 그 내용을 보면 다음과 같다.

㉠ 신기사무국(神祇事務局)에서 제사(諸社)로 포고, 원년(元年) 3월 17일.

금번 왕정복고와 구폐를 씻고자 함에 있어 제국대소(諸國大小)의 신사(神社)에 있어서 승려의 차림으로 별당(別當) 혹은 사승(社僧) 등으로 부르는 무리는 환속하도록 명령을 내리고, 만약 환속의 명에 부득이 지장을 초래할 경우에는 보고해야만 한다. 따라서 다음의 사항을 명심해야 한다.

단지 별당, 사승의 무리는 환속한 뒤에는 지금까지의 승위(僧位), 승관(僧官)을 반납할 것은 물론이요, 관위(官位)의 건은 이후 통지가 있을 것이니, 현재의 입장에서 의복은 정의(淨衣)로 근무에 임해야만 한다.[10]

㉡ 신기사무국(神祇事務局) 포고, 원년(元年) 3월 28일.

일(一), 중고(中古) 이래 무슨 권현(權現) 혹은 우두천왕(牛頭天王)의 종류, 그 외에 불교용어로 신의 이름을 칭하는 신사(神社)가 적지 않은 바, 어떤 경우도 그 신사의 내력을 상세히 적어 서둘러 보고할 것이다.

일(一), 불상을 신체(神體)로 하는 신사는 이후부터 바꿀 것.

첨부, 본지(本地)라 하여 불상을 신사 앞에 걸거나 혹은 악구(鰐口), 범종(梵鐘), 불구(佛具) 등의 종류를 놓아 둔 곳은 조속히 제거할 것.[11]

---

[10] 「神佛分離に關する法令」, 『明治維新 神佛分離史料』 上, "神祇事務局ヨリ諸社ヘ達 元年三月十七日, 今般王政復古, 舊弊御一洗被爲在候ニ付, 諸國大小ノ神社ニ於テ, 僧形ニテ別當或ハ社僧抔ト相唱へ候輩ハ, 復飾被 仰出候, 若シ復飾ノ儀無餘儀差支有之分ハ, 可申出候, 仍テ此段可相心得候事, 但別當社僧ノ輩復飾ノ上ハ, 是迄ノ僧位僧官返上勿論ニ候, 官位ノ儀ハ追テ御沙汰可被爲在候間, 當今ノ處, 衣服ハ淨衣ニテ勤仕可致候事."

[11] 「神佛分離に關する法令」, 『明治維新 神佛分離史料』 上, "神祇事務局達 元年三月二十八日, 一 中古以來, 某權現或ハ牛頭天王之類, 其外佛語ヲ以神號ニ相稱候神社不少候, 何レモ其神社之由緒委細ニ書付, 早早可申出事. …(中略)… 一 佛像ヲ以神體ト致候神社ハ, 以來相改可申候事. 附, 本地抔ト唱へ, 佛像ヲ社前ニ掛, 或ハ鰐口,梵鐘,佛具等之類差置候分ハ, 早々取除キ可申事."

㉠의 1868년(메이지1) 3월 17일 포고는 불교승려의 신분으로 있으면서 지방의 여러 신사에서 신을 모시고 있는 별당(別堂)과 사승(社僧)을 환속시키는 명령이었다. 그동안 신사 내에서 신불습합의 한 주체적 역할을 수행한 승려들을 환속시켜 신직자만으로 신사를 구성함으로써 신사 본연의 모습과 함께 불교에서 벗어난 신도의 차별성을 드러내고자 한 포고로 보여진다. 그런가 하면 엄연한 승려 신분으로 있는 별당과 사승을 그들 본래의 터전인 불교사원으로 귀속시키는 대신, 환속할 것을 명령하고 기존의 신분, 지위까지도 박탈한 사실은 불교세력을 약화시키려고 했다는 측면도 보이고 있다.

그리고 ㉡의 1868년 3월 28일 포고는 신사에서 섬기고 있는 신앙의 대상물에 대해서 그 불교적인 요소를 제거하고자 한 조치였다. 불교용어를 빌어서 쓴 신호(神號, 神名)의 사용을 금지하고, 불상을 신체(神體)로 삼은 신사는 그 불상을 제거하고 또 본지불(本地佛), 악구(鰐口, 金鼓), 범종(梵鐘), 불구류(佛具類) 등을 제거하여 신사에서의 불교적인 색채를 없애고자 하였다. 메이지정부는 위의 포고령을 통해 표면적으로나 내용면에서 모두 불교색이 철저히 탈색된 신사를 조성하여 명실상부한 신도의 본거지로 삼고자 했던 것이다. 서기 538년 불교가 백제로부터 일본에 전래된[12] 이후 전통종교인 신도와 외래종교인 불교가 서로 융합하는 신불습합(神佛習合)의 현상이 일어났고, 이것은 헤이안시대(平安時代, 794~1192)에 이르러 본지수적설(本地垂迹說)로 체계화되었다. 본지수적설은 불보살은 신의 본지(本地, 근원)이 되며, 신은 중생제도를 위해 나타난 불·보살의 화신(化身, 權現)이라는 해석으로서 다분히 불교 중심의 이론이었다. 따라서 1868년에 포고된 위의 명령은 단순히 신도를 불교에서 분리하려는 수준에서 머

---

[12] 백제 성왕(聖王) 16년이었다. 당시 일본은 불교 수용을 둘러싸고 지지하는 소가씨(蘇我氏)씨와 배척하는 모노노베씨(物部氏)가 대립하였다. 결국 쇼토쿠태자(聖德太子)와 결탁한 소가씨의 승리로 불교는 수용 확산될 수 있었다.

무르지 않고 신불습합 이후로 불교에 종속된 위치에 있던 신도를 불교로부터 독립시키고자 했던 종교시책으로 해석할 수 있다.

2. 1868년(메이지1년) 4월의 신불분리령

1868년(메이지1) 4월의 신불분리령은 앞에서 본 3월의 포고를 보강하고 강화한 성격을 띠었다. 그 내용을 간략히 살펴보면, 1868년 윤4월 4일에 태정관은 3월 17일의 포고를 이어 별당, 사승 등은 환속한 후 신주(神主), 사인(社人) 등으로 칭호를 바꾸어 신도(神道)를 받들어 모시도록 하였고, 이것을 수용할 수 없는 자들은 신사(神社)에서 물러나도록 하였다.[13] 3월에 불교승인 별당, 사승 등을 환속하도록 한 것에 한 걸음 더 나아가 이제는 그들을 신관(神官)으로 삼아 신도로 전향시키고자 한 것이다. 신도세력의 확장을 꾀하면서 당시 우위에 있던 불교세력을 억제하고자 한 조치였다고 할 수 있다. 이것을 두고 메이지정부가 불교를 탄압 또는 배척하였다고 말할 수는 없겠지만, 불교승을 신관으로 편입시키려고 한 조치는 불교세력에 대한 적극적인 억제책을 시행하고자 하였음이 분명하다.

같은 해 4월 10일에 태정관은 3월 28일의 포고인 본지불, 악구, 범종, 불구류 등의 제거를 다시 명령하였다.[14] 또한 4월 중의 또 다른 포고는 3월 28일의 포고에서 언급된 불교식 신호(神號)의 사용금지를 재확인한 것으로 이와시미즈(石淸水), 우사(宇佐), 하코자키(筥崎) 등의 신사에서 하치만대보살(八幡大菩薩)의 칭호를 없애고 하치만대신(八幡大神)으로 고쳐서

---

[13] 「神佛分離ニ關する法令」, 『明治維新 神佛分離史料』上, "太政官達 元年閏四月四日, 別堂社僧之輩ハ, 還俗之上, 神主社人等之稱號ニ相轉, 神道ヲ以勤仕可致候, 若亦無據差支有之, 且ハ佛教信仰ニテ還俗之儀不得心之輩ハ, 神勤相止, 立退可申候事."

[14] 「神佛分離ニ關する法令」, 『明治維新 神佛分離史料』上, "太政官布告 元年四月十日, 諸國大小之神社中, 佛像ヲ以テ神體ト致シ, 又ハ本地抔ト唱ヘ, 佛像ヲ社前ニ掛, 或ハ鰐口, 梵鐘, 佛具等之類差置候分ハ, 早々取除相改可申旨, 過日被仰出候."

모시도록 명령하였다.[15] 신사 내의 불교적인 요소를 조속히 제거하여 신도 본래의 모습을 회복하려는 포고가 잇달아 내려진 것이다. 1868년 4월의 포고 중 특히 주목을 끄는 사항은 윤4월 19일에 신기사무국에서 신직자에게 내린 명령이었다.

> 신기사무국(神祇事務局)에서 제국신직(諸國神職)으로 포고, 원년(元年) 윤4월 19일,
> 일(一), 신직(神職)에 있는 자들은 그 가족들까지 모두 이후 신장제(神葬制)로 바꿀 것.[16]

위의 내용은 비록 신직자와 그 가족에 한정하고 있지만 일본 전통의 불장제(佛葬制)를 버리고 신장제(神葬制)를 실행하도록 포고한 점이 주목된다. 에도시대에 기독교 탄압을 계기로 정착된 단가제(檀家制)를 통해 불교가 오랫동안 누려온 독점적 특권인 장제(葬祭)를 메이지정부가 공식적으로 박탈하기 시작한 것이다. 위의 포고가 나온 후인 1868년 12월 25일 고메이천황(孝明天皇, 1831~1866) 2주기 때부터 천황의 제사의식이 불교식에서 신도식으로 바뀌게 되었다.[17] 위의 포고는 신직자의 장제를 신도식으로 바꾸도록 한 데에 머무르지 않고, 특히 불교세력의 가장 핵심적인 토대가 되는 단가제를 해체하겠다는 의도도 내포한 것이 아닌가 생각된다.

에도시대에 막부의 기독교 금지정책에 따른 사청제(寺請制)와 종문개

---

15 「神佛分離に關する法令」, 『明治維新 神佛分離史料』 上, "太政官達 明治元年四月, 此度大政御一新ニ付, 石淸水, 宇佐, 筥崎等, 八幡大菩薩之稱號被爲止, 八幡大神ト奉稱候樣被 仰出候事."
16 「神佛分離に關する法令」, 『明治維新 神佛分離史料』 上, "神祇事務局ヨリ諸國神職ヘ達 元年閏四月十九日, 神職之者, 家內ニ至迄, 以後神葬相改可申事."
17 1874년(메이지7) 8월에는 황후, 황자, 황녀 등의 제사가 신도식(神道式)으로 바뀌었다. 야스마루요시오(安丸良夫) 지음, 이원범 옮김, 『천황제 국가의 성립과 종교변혁』, 서울: 소화, 2002, pp.115~117.

제(宗門改制)로 형성된 단가제에서는 한 사원(寺院, 檀那寺)은 그 사원에 소속된 한 가(家, 檀家)의 장제의례(葬祭儀禮)를 전담하게 되어 있었다. 곧 사원에서의 장제를 의무화하고 있었다. 이제 메이지정부가 그 의례를 신도식으로 전환하겠다는 의도는 곧 불교가 오랫동안 단가제를 통해 누려온 다양한 경제적 혜택을 신도 측으로 넘기겠다는 의도도 포함되지 않았을까 생각된다.

메이지정부가 수립된 직후 신기사무국과 태정관에서 포고한 위의 신불분리에 관한 법령은 곧 바로 불상이나 사원에 대한 파괴활동인 폐불훼석이라는 미증유의 사태를 불러오고 말았다. 사실 메이지 초기의 신불분리 정책은 에도시대 일부 번에서 있었던 폐불훼석과 유학자(儒學者)와 국학자(國學者) 그리고 신도 측에서 제기한 배불론(排佛論)을 그 배경으로 하였다. 메이지정부는 비록 신불분리령이 폐불훼석으로 전개되는 것을 의도하지 않았다고 하지만 그 법령 속에는 폐불훼석과 같은 사태가 발생할 수 있는 조짐이 충분히 내재돼 있었다.

먼저, 1868년 3월 28일 신기사무국의 포고는 불교용어를 사용한 신호(神號)를 금지하기 위해 각 신사는 그것의 사용 연유를 상부에 보고하도록 하였지만, 신체(神體)로 삼은 불상이나 본지불(本地佛), 각종 불구(佛具) 등을 제거하는데 있어서는 거기에 따른 적절한 절차나 방법 등은 전혀 지시하지 않았다. 거의 방임에 가까운 제거명령이 내려졌다. 따라서 신불분리를 가시적으로 보여주는 신사에서의 불상, 불경, 불구 등의 제거는 다분히 폭력적인 방법이 동원될 수 있는 여건에 있었다. 물론 4월 10일의 태정관 포고에서 각 신사는 불상, 불구 등을 제거할 때에 그것을 신고하고 지시받도록 하였지만,[18] 이미 히에신사에서 대규모의 파괴행위가 발생한 직후

---

18 「神佛分離に關する法令」, 『明治維新 神佛分離史料』 上, "太政官布告 元年四月十日, 且神社中ニ有之候佛像佛具等取除候分タリトモ, 一取一計向伺出, 御差圖可受候, 若以來心得違致シ, 粗暴ノ振舞等有之ハ, 屹度曲事可被 仰出候事."

에 내려진 사후조치였다.

   다음으로, 1868년 3월 17일과 윤4월 4일에 걸친 포고에서 정부가 별당, 사승을 환속시키고 나아가 신관으로 전향하도록 한 것은 곧 불교에 대한 탄압책으로 간주될 수 있는 포고였는데, 이것은 주변 여건에 따라서 과격한 불교배척 운동으로 발전될 소지를 충분히 안고 있었다. 그리고 4월 10일의 태정관 포고에서 밝혔듯이 오래 전부터 사인(社人)과 승려가 서로 물과 기름처럼 사이가 좋지 않다가 당시 사인이 신정부의 권위에 의지하여 사적(私的)인 분노를 터뜨리는 행위가 적지 않게 발생하던 상황이었다. 그런데도 당시 신정부의 포고는 매우 미온적이어서 사인의 그 같은 행동이 정도(政道)에 방해가 되고, 근심을 불러일으키니 그렇게 해서는 안 된다고 할뿐, 어떤 제재조치도 지시하지 않았다.[19] 이렇게 볼 때, 메이지정부가 신도주의 정책을 펴기 위해 포고한 신불분리령은 폐불훼석이라는 사태를 이미 예고하고 있었던 셈이다.

Ⅲ. 폐불훼석과 메이지정부의 대응

   일본에서의 폐불훼석은 대개 메이지시대에 신불분리령이 포고된 후에 일어난 사건으로 보고 있지만, 이미 에도시대(江戶時代)에도 적지 않게 발생했던 것이 사실이다. 그 대표적인 예로 1666년(간분6) 경의 미토번

---

[19] 「神佛分離に關する法令」, 『明治維新 神佛分離史料』 上, "太政官布告 元年四月十日, 舊來, 社人僧侶不相善, 氷炭之如ク候ニ付, 今日ニ至リ, 社人共俄ニ威權ヲ得, 陽ニ御趣意ト稱シ, 實ハ私憤ヲ霽シ候樣之所業出來候テハ, 御政道ノ妨ヲ生シ候而已ナラス, 紛擾ヲ引起可申ハ必然ニ候. 左樣相成候テハ, 實ニ不相濟儀ニ付, 厚ク令顧慮, 緩急宜シク考ヘ, 穩ニ可取扱ハ勿論."

(水戶藩), 오까야마번(岡山藩), 아이즈번(會津藩), 덴보우 연간(天保年間, 1830~1844)의 미토번(水戶藩), 조수번(長州藩), 그리고 메이지정부 수립 직전의 쓰와노번(津和野藩), 사쓰마번(薩摩藩) 등에서 영내 다수의 불상, 불구가 파괴되고 사원이 폐합사(廢合寺)되고 또 많은 승려가 환속, 귀농 조치된 적이 있었다. 특히 덴보우(天保) 말년부터 고우카 연간(弘化年間, 1844~1847)에 걸친 미토번의 신불분리정책은 메이지정부가 그대로 답습한 정책으로 평가되고 있다.[20] 이 같은 폐불훼석의 중요한 사상적 배경이 된 것은 국학자의 폐불론이었다. 에도시대에 일어난 국학은 초기 순수 문학복고운동에서 출발하여 점차 천황을 존중하는 존왕론(尊王論)으로 발전하였고, 천황가의 신앙인 신도의 색채를 강하게 띠었다. 국학자는 오직 신도를 내세우며 외래종교를 배척하는 입장이었기 때문에 폐불론을 강력히 주창하였고 이것이 폐불훼석의 중요한 이념적 토대가 된 것이다.[21]

지금부터 1868년 신불분리령 이후의 폐불훼석을 살펴보도록 하자. 폐불훼석이 강력히 시행되었거나 또는 폐불사태에 대한 메이지정부의 대응이 비교적 잘 드러난 곳으로 알려진 히에신사(日吉神社), 사도(佐渡), 오키(隱岐), 도야마번(富山藩), 마쓰모토번(松本藩)의 경우를 검토하도록 한다.

1. 히에신사(日吉神社)의 폐불훼석

앞에서 잠깐 언급한 것처럼 1868년(메이지1) 4월 10일에 태정관은 "신사에서 불상, 불구 등을 제거할 경우 그것을 일일이 신고하여 지시를 받도록 하고, 만약 이후로 이것을 어기고 난폭한 짓을 하는 일이 있으면 처벌하겠다"[22]고 포고하였다. 그런데 이 포고가 나온 시점과 그것의 직접적인 이

---

20 圭室文雄, 『神佛分離』, 東京: 敎育社, 1987, p.13.
21 박규태, 「神佛分離의 종교사적 일고찰-신불의 타자론-」, 『아세아연구』 46권 4호, 서울: 고려대학교 아세아문제연구소, 2003.

유는 3월 28일 신기사무국의 포고가 나온 직후인 4월 1일에 시가현(滋賀縣) 사카모토(坂本) 소재의 히에신사(日吉神社, 혹은 日吉山王權現社)에서 대규모의 파괴행위가 일어났기 때문이다.[23] 3월 28일의 포고에 접한 신관(神官)과 사카모토의 촌민(村民)들이 히에신사에 몰려 들어가 불상, 경전, 각종 불구류 등을 추방, 소각하는 엄청난 파괴행위를 자행했던 것이다. 이러한 히에신사의 폐불사태는 신불분리령의 문제점을 그대로 드러냈고, 이와 유사한 사건의 발생을 불러오게 하였다. 또한 이 사건에 접한 후 4월 10일의 태정관 포고와 같은 미흡한 사후조치는 정부가 신도 측의 폐불행위를 그다지 심각하게 여기지 않으며 소극적으로 대처하였음을 말해준다.

1868년 6월 태정관은 당시 정부의 종교정책에 대한 입장을 다음과 같이 밝혔다.

> 일전에 신기관(神祇官)을 재흥(再興)하고 신불(神佛)을 구분하게 했던 것은 다만 역대 천조(天祖)에게 효경(孝敬)을 다하기 위함이며, 이제 와서 종문(宗門)의 옳고 그름을 가리고자 하는 것은 아니다. 그런데 역적들은 조정이 배불훼석(排佛毀釋)을 한다는 등의 거짓말을 퍼뜨리고 겨레를 현혹, 동요시키고 있다.(『東本願寺史料』)[24]

위의 성명에서 태정관은 정부가 포고한 3, 4월의 신불분리령이 결코 폐불을 의미하지 않는 것임을 강조하고 있다. 그런데 이 같은 성명이 발표된 배경을 면밀히 검토해 보면, 그 이면에는 정부의 또 다른 의도가 숨어있음

---

22 「神佛分離に關する法令」, 『明治維新 神佛分離史料』上, "太政官布告 元年四月十日, 且神社中ニ有之候佛像佛具等取除候分タリトモ、一一取計向伺出, 御差圖可受候, 若以來心得違致シ, 粗暴ノ振舞等有之ハ, 屹度曲事可被 仰出候事."

23 히에신사에 준하는 파괴 행위가 일어난 신사로, 信濃國 諏訪神社, 越前國 白山石徹白神社, 京都 石淸水神社, 尾張國 熱田神社, 筑前國 宮崎宮, 遠江國 秋葉山, 大和國 金峯山, 伯耆國 大山, 羽前國 羽黑山, 讚岐國 金毘羅宮, 下野國 日光山 등이 있다. 柏原祐泉, 『日本佛敎史 近代』, 東京: 吉川弘文館, 1998, p.16.

24 야스마루요시오(安丸良夫) 지음, 이원범 옮김, 『천황제 국가의 성립과 종교변혁』, 서울: 小花, 2002, p.136 재인용.

을 간파할 수 있다.

당시 불교 측에서는 신정부의 연이은 신불분리령과 4월 히에신사(日吉神社)의 폐불사건으로 인해 보다 과격한 폐불사태가 도래하리라는 불안과 공포가 고조되고 있었다. 불교 측은 폐불사태를 대처하는 한 방법으로써 무력(武力)으로 저항하기도 하였는데, 이것은 1868년 윤4월 경에 일부 신문들이 불교를 수호하기 위해 관군과의 무력투쟁을 호소하는 움직임으로까지 발전하였다.[25] 이러한 상황에 처한 메이지 신정부는 정권안정을 도모하기 위해 대결보다는 불교 측의 적극적인 협력이 필요한 현실이었기 때문에, 태정관은 불교 진종(眞宗) 각파의 대표자를 소집하여 당시의 사태에 대한 자신들의 입장을 위와 같이 전달하게 되었다. 그러므로 위의 글이 표면상으로는 메이지정부가 폐불의 의사가 없음을 공표한 것이지만, 실제로는 신불분리령과 폐불에 따른 불교도의 저항을 무마하고 그들의 협조를 끌어내기 위한 의도가 숨어있음을 알 수 있다.

폐불의 기운이 고조되는 가운데 불교도는 1868년 7월에 진종 5파연맹(眞宗五派聯盟)[26]과 같은 해 12월에 제종동덕회맹(諸宗同德會盟)[27]을 결성하여 호법운동(護法運動)을 전개하게 되었다. 이것은 불교 측이 폐불사태에 대한 메이지정부의 공식 입장을 액면 그대로 수용하지 않았다는 반증이 되기도 한다.

---

25 불교신도들의 궐기를 선동한 신문은 에도(江戶)나 요코하마(横浜)에서 발간된 『江湖新聞』, 『もしほ草』이었다. 安丸良夫, 『神々の明治維新』-神佛分離と廢佛毁釋-, 東京: 岩波新書, 1979, pp.77~78.
26 東本願寺派, 西本願寺派, 佛光寺派, 專修寺派, 錦織寺派의 연맹이다.
27 1868년(메이지1) 12월 임제종(臨濟宗) 대륭사(大隆寺) 도곡(韜谷), 진종(眞宗) 흥정사(興正寺) 섭신(攝信) 등의 주도로 제종(諸宗)에서 40여 사원의 승려가 모여 경도(京都) 흥정사에서 첫 대회가 열린 이후로 1872(메이지5)까지 계속되었다. 회맹에서는 다음 8개조의 의제(議題)가 채택되었다. ① 王法佛法不離之論, ② 邪教研窮毁斥之論, ③ 自宗教書研竅之論, ④ 三道鼎立練磨之論, ⑤ 自宗舊弊一洗之論, ⑥ 新規學校營繕之論, ⑦ 宗宗人才登庸之論, ⑧ 諸州民間教諭之論. 柏原祐泉, 『日本佛教史 近代』, 東京: 吉川弘文館, 1998, pp.20~21.

2. 여러 지역의 폐불훼석

먼저 에도막부(江戶幕府)의 직할지였던 사도(佐渡), 오키(隱岐) 두 지역에서의 폐불훼석의 실상과 이에 대한 메이지정부 또는 각 번의 대응을 보도록 하자.

사도(佐渡) 섬은 1868년(메이지1) 초에 정부의 지배지가 되어 같은 해 11월에 폐불훼석이 일어났다. 관리인 판사(判事) 오쿠다이라 겐스케(奧平謙輔)가 섬 관내의 총 539개사[28]를 80개사로 폐합하도록 명령하고, 폐사(廢寺)에서 몰수된 불구(佛具)를 녹여 대포나 천보전(天保錢)을 주조하고 승려들의 종교활동을 대폭 제한하였다. 이 사태에 대해 진언종(眞言宗), 동서본원사(東西本願寺) 등이 그 부당성을 호소하자 정부는 일방적으로 폐불을 행하지 않도록 통보하고 1869년(메이지2) 8월에 오쿠다이라를 해임하였다. 하지만 폐합된 사원에 대한 사후대책은 없었고, 또 사원폐합(寺院廢合)의 방침도 철회되지 않았다.[29] 이후 사도에서는 사원의 재흥이 인정되었고 실제로 사원이 재흥된 것도 사실이지만 그것이 정부의 어떤 배려에 의한 것은 아니었다.

오키(隱岐) 섬에서는 신불분리령이 포고된 직후인 1868년 6월에 당시 권력을 장악한 정의파(正義派)[30]가 불교배격을 실시하여 불교의 당사(堂舍), 도상(圖像) 등이 파괴되었고 각 집에도 유사한 사태가 벌어졌다. 그리고 다음 해인 1869년 3월 이후 수개월 사이에 도고(島後)의 46사(寺) 모두가 폐멸되었고, 신사에 있던 도상(圖像), 기구(器具) 등이 파괴되었다. 오

---

28 진언종(眞言宗) 306사(寺), 천태종(天台宗) 15사, 정토종(淨土宗) 38사, 선종(禪宗) 65사, 정토진종(淨土眞宗) 48사, 시종(時宗) 14사, 일련종(日蓮宗) 53사.(「佐渡廢寺始末」, 『明治維新神佛分離史料』上)
29 安丸良夫, 『神々の明治維新－神佛分離と廢佛毀釋－』, 東京: 岩波新書, 1979, p.95.
30 황한(皇漢)의 학문을 연구하고 배불적(排佛的)인 사람들이었다. 반대 세력은 인순파(因循派)로 사원승려 및 그 신도(信徒)들이었다. 圭室諦成, 『明治維新 廢佛毀釋』, 東京: 白揚社, 1939, p.191.

키 섬에 폐불훼석이 매우 철저했음을 보여주는 대표적인 사례는 1871년 (메이지4) 1월 온 주민이 신도에 귀의할 것을 맹세한 혈판장(血判狀)[31]이었다. 이러한 폐불훼석의 실상을 동년 11월에 하마다현(濱田縣)에서 조사하여 요코치 간자부로(橫地官三郞) 이하 11명을 처벌하는 것으로 마무리되었다. 그 처벌 내용을 보면, 책임자 요코치 간자부로는 도형(徒刑) 1년 반, 인베 마사히로(忌部正弘)는 자택 근신 1년 형이었다.[32] 사태의 심각성에 비추어볼 때 매우 경미한 처벌이었음이 분명하다.

도야마번(富山藩)은 1870년(메이지3) 윤10월 정부의 신도주의정책을 수용하는 대참사(大參事) 다이주(林太仲)에 의해 사원정리가 단행되었다. 도야마번청(富山藩廳)의 포고는 다음과 같았다.

> 이번 조정에서 천하의 정치에 관하여 엄한 포고가 내려졌다. 차츰 시세도 변하고 있기 때문에 군시(郡市)의 사원도 모두 1파(派) 1사(寺)만을 남겨두고, 신속히 나머지 사원은 합병할 것, 다만 사호(寺號)는 지금처럼 부르도록 한다. 만약 이것을 위반하면 규정에 따라 엄벌에 처한다.
>
> 경오년(庚午年, 1870) 윤10월 27일 번청(藩廳)[33]

위의 포고를 낸 도야마번의 정책은 당시 영내 7개 종파 1,600여 개의 사원을[34] 6종(宗)의 6사(寺)로 통폐합하려는 것이었다. 1종1사, 1파1사라는

---

31 종문(宗門)의 개혁에 따라 산토신사(産土神社)의 장부에 올라갔으므로 앞으로는 산신(産神)만을 존경하고 장제(葬祭)는 규정대로 지키겠다는 내용이었다. "今般宗門御改革ニ相成, 産土神社之帳付ニ相成候上ハ, 向後只管産神ヲ尊敬可仕候, 且又葬法祭儀等御規定之通, 堅相守可申候."(「隱岐の神佛分離事件の顚末」, 『明治維新 神佛分離史料』上.)
32 圭室諦成, 『明治維新 廢佛毁釋』, 東京: 白揚社, 1939, p.194.
33 「富山藩合寺之顚末」, 『明治維新 神佛分離史料』上, "此度朝廷より萬機御改律, 御布告も有之, 追追時勢轉變の 秋, 郡市蘭若, 渾而一派一寺に御改正有之候條, 迅速合寺可有之候, 尤寺號之儀は, 是迄通可相唱, 若及違背候は, 規定嚴科に可被處候也. 庚午閏拾月廿七日 藩請."
34 淨土宗 17寺, 臨濟宗 22사, 曹洞宗 200사, 天台宗 2사, 眞言宗 24사, 眞宗 1,320여사, 日蓮宗 32사. 圭室文雄, 『神佛分離』, 東京: 敎育社, 1987, p.144. 야스마루요시오(安丸良夫)는 도야

극단적인 폐합사 정책에 대해 진종(眞宗)을 위시한 각 종파는 정책의 철회를 강력히 요구하고 나섰다. 그러자 태정관은 1871년(메이지4) 3월에 정부는 본래 폐불의 뜻은 없었다[35]고 하면서 번 당국의 폐합사 정책이 정부의 뜻과는 다르다고 항변했다. 그리고 동년 5월 도야마번에게 다음과 같은 지시를 내렸다.

> 앞서 도야마(富山)에서 행한 각 종(宗)의 사원(寺院)병합 문제에 관해서 민중들로부터 원망이 일고 있다고 들었다. 몹시 좋지 않은 일이기 때문에 온당한 조치를 조사하여 알려주도록 하라.
> 신미년(辛未年, 1871) 5월 태정관(太政官)[36]

위와 같은 태정관의 포고는 도야마번의 폐합사(廢合寺)정책에 대한 철회 명령임이 분명한 듯하다. 또 지방 관청의 독단적인 폐불행위에 정부가 제동을 걸고 나온 조치로 볼 수 있다. 하지만 정부의 신불분리령과는 크게 벗어난 사원폐합 정책을 포고, 실행한 것에 대한 책임 추궁이나 이미 폐사된 사원의 원상회복을 위한 조치는 보이지 않고 있다. 메이지정부가 도야마번에서 발생한 폭거에 가까운 사원정책을 지시한 적은 없었지만, 그것을 독단적으로 시행한 번청(藩廳)을 처벌하지는 않았다. 또 앞으로 이 같은 사태의 재발을 막으려는 강력한 의지도 보이지 않았다.

마쓰모토번(松本藩)의 폐불훼석은 존왕사상(尊王思想)에 큰 영향을 미친 미토학(水戶學)[37]을 받아들인 번주(藩主) 도다 미쓰사다(戶田光則)가

마번 영내(領內)의 사원을 313개사로 보고 있다. 安丸良夫, 『神々の明治維新－神佛分離と廢佛毀釋－』, 東京: 岩波新書, 1979, p.107. 또한 松本白華의 『備忘漫錄』에서는 약 370개사로 보았다.

35 『攝信上人勤王護法錄』, 太政官達, "兼て被仰出候御旨意に齟齬致し候, 素より廢佛之儀には無之 …" 柏原祐泉, 앞의 책, p.17 재인용.
36 「富山藩廢寺史料」, 『明治維新 神佛分離史料』上, "先般於其藩, 各宗之寺院及合併候に付ては, 頗る下情怨屈之趣相聞へ, 不都合之事に付, 更穩當之處置方取調可伺出候事."

1870년(메이지3) 8월에 메이지정부의 변관(弁官)에게 탄원서를 제출하면서 시작되었다. 당시 탄원서의 주 내용은 자신을 포함하여 무사(武士), 서민(庶民)에 이르기까지 불교를 믿는 일은 무의미하고, 불장제에서 신장제로 모두 바꾸어 단가를 없애고, 여기서 폐사된 사원은 학교 등으로 활용하고자 한다는 요청이었다.[38] 이 같이 철저한 폐불훼석을 단행하고자 한 번주의 요청에 대해 정부 측은 영내에서 지장이 없다면 실행해도 괜찮다고 회답했다.[39] 메이지정부가 마쓰모토번의 폐불훼석을 사실상 승인하고 나온 것이다. 그런가 하면 당시 정부는 1870년 12월 24일에 "이번에 사원료(寺院寮)가 설치되고 추후 개정에 관한 명령이 내려질 것이므로 각 관청에서 각기 다른 처치는 하지 말라"[40]는 포고를 내리기도 하였다.[41] 이렇게 정부는 지방 관청에서의 폐불행위를 공식적으로는 금하는 태도를 취하였지만, 다른 한 편에서는 은밀히 그것을 용인하고 있었음을 알 수 있다.

마쓰모토번은 메이지정부의 승인을 받은 후 본격적인 폐불활동을 시작했다.

---

37 에도시대에 미토번(水戶藩)에서 『대일본사(大日本史)』가 편찬되면서 일어난 학풍으로 막말(幕末)의 존왕사상(尊王思想)에 큰 영향을 미쳤다.

38 願書, 「松本藩廢佛事件調查報告」, 『明治維新 神佛分離史料』 中, "臣身ヲ以テ引率シテ士庶人ニ至ル迄, 佛教ノ信スルニ足ラス …(中略)… 管內悉ク神葬祭ニ相改サセ度奉存候 …(中略)… 無旦地ニ成, 有名無實ニシテ, 無益ノ方物ニ付, 廢却住, 住僧生活相立候迄, 臣家祿ノ內ヨリ給助仕, 兩寺共學教等ニ相改ノ度."; 圭室文雄, 앞의 책, pp.133~134 참조.

39 「松本藩廢佛史料」, 『明治維新 神佛分離史料』 中, "辨官御中, 附紙 故障之筋無之候ハ, 不若候事."

40 『法令全書』, "今般, 寺院寮被置, 追々御改正筋被仰出候條, 於各官聽, 區々ノ處置致間敷事, 但, 無祿無檀ノ寺院合併等, 自今, 本寺法類寺檀共, 故障有無詳細相糺シ調べ, 書ヲ以テ可伺出事." 安丸良夫, 앞의 책, 1979, p.95 재인용.

41 정부는 이보다 앞선 1870년(메이지3) 윤(閏)10월에 서본원사파(西本願寺派) 시마지 모쿠라이(島地默雷), 오오스 테쯔넨(大洲鐵然) 등의 요청을 받아들여 민부성(民部省) 내에 사원료(寺院寮)를 설치하고, 사원폐합 등에 신중한 태도를 취하도록 지시하고, 지방 각자의 처치(處置)를 금(禁)하도록 한 사실이 있다. 柏原祐泉, 앞의 책, p.34.

신청각서(申請覺書)

이제 일신하는 조정의 취지에 기초하여 신장제(神葬制)로 바꾸고 싶습니다. 이것을 허용해 주시기를 부탁드립니다.

메이지4년 2월 ○군(郡)○촌(村) 신청자 이름 인(印)[42]

번의 관리들은 촌민들에게 위와 같은 서식의 신청서를 제출하도록 하여 신장제(神葬制)로의 전환을 강요했다. 신장제로의 전환은 곧 사원의 경제적 토대가 된 단가의 해체와 폐사를 의미했다. 위의 내용 중에 보이는 "이제 일신(一新)하는 조정의 취지에 기초하여 [方今, 御一新之御趣旨ニ基キ]"라는 구절은 아마도 번 당국이 1870년에 정부로부터의 폐불승인을 염두에 두고 한 표현인 듯하다. 그들은 정부의 권위를 앞세워 폐불활동을 펼 수 있는 충분한 근거를 이미 확보한 상태에 있었기 때문이다. 1871년(메이지4) 3월 번 당국이 승려들로부터 강요한 다음의 신청서에서도 그러한 성향은 잘 나타나 있다.

신청서(申請書)

이번 왕정복고(王政復古)의 정체(政體)에 대한 폐불의 취지를 친절히 깨우치시어 단나(檀那)들 모두가 신장제(神葬制)로 바꾸었고, 개인의 절도 유명무실(有名無實)한 물건이 되어버렸습니다. 이 때문에 조속히 귀농원서(歸農願書)를 내고 가르침에 복종하고자 이 신청서를 제출합니다.

메이지 4年 3月, 眞眞部村 원통사(圓通寺) 인(印)[43]

---

42 「松本藩廢佛事件調査報告」, 『明治維新 神佛分離史料』 中, "奉願口上之覺, 方今御一新之御趣旨ニ基キ, 神葬制祭ニ仕度, 此段御許容被成下置候樣宜布被仰上可被仰上可被下候, 以上, 明治四年辛未二月 何郡何村願主, 苗字名印."

43 「松本藩廢佛事件調査報告」, 『明治維新 神佛分離史料』 中, "御請書, 此度王政復古之御政體に付, 廢佛之御趣意懇懇蒙口諭, 且中一同神葬改典仕候上, 有名無實之贅物と奉存候に付, 早々歸農願書可差出, 御教誡に伏從候段, 御請書奉差上候, 以上, 明治四年未三月, 眞々部村圓通寺印."

신청서는 신정부의 왕정복고에 의거해 모두가 신장제로 바꿈에 따라 사원은 폐사하게 되었고, 그에 따라 승려들은 귀농하기를 바란다고 하였다. 번 당국이 승려들에게 강요한 폐사귀농의 신청서 역시 1871년 2월의 촌민들에게 강요한 신장제 전환의 신청각서와 유사하게 신정부의 권위를 앞세워 정책의 정당성을 부여받고자 하였다. 이 과정에서 마쓰모토번 영내의 24개 사 중 20개 사가 폐사되고 정토진종(淨土眞宗)의 4개 사만이 남겨지게 되었다. 이 같은 마쓰모토번의 폐불정책에 거세게 저항한 세력은 진종 승려였고, 그 대표적인 인물이 마쓰모토의 정행사(正行寺) 주직(住職) 사사키 료코(佐々木了綱)였다.[44] 후에 폐사된 20개 사 중 10개 사가 재흥된 것은 이러한 저항의 결과 때문일 것이다.

Ⅳ. 메이지정부의 신도주의(神道主義) 정책

1868년(메이지1) 메이지정부의 신불분리령에 의해 촉발되어 전국으로 확산되어 간 폐불훼석은 법적으로 1868년 3월 17일 신기사무국의 포고로 시작되어 1877년(메이지10) 1월 11일 교부성(敎部省)이 폐지되며 그 사무가 내무성(內務省)에 이관될 때에 이르러 거의 종결되었다고 본다.[45] 그리고 폐불훼석이 극심했던 시기는 대개 1868년 3월 신불분리령이 포고된 직후부터 폐번치현(廢藩置縣)이 실시된 1871년(메이지4) 무렵까지로 보고 있다. 그런데 폐불활동이 심했던 이 시기는 메이지정부가 천황제국가를

---

44 安丸良夫, 앞의 책, p.112.
45 柴田道賢, 『廢佛毀釋』, 東京: 公論社, 1978, p.91.

이데올로기로 하여 신도국교화(神道國敎化)를 위해 매진한 신도국교화 정책기(神道國敎化政策期, 1868~1871)⁴⁶이기도 했다. 이제 메이지정부가 폐불훼석의 와중에 추진한 신도주의 정책을 통해 폐불훼석에 대한 정부의 본래 입장을 재검토해 보고, 그 정책의 성격과 문제점을 알아보도록 하자.

1. 신사(神社)의 창건과 사격(社格)제도

메이지시대에 일어난 폐불훼석의 대표적인 한 형태는 지역의 불교사원을 종파별로 폐사, 합사하여 강제적으로 삭감시켜 가는 것이었다. 당시 각 지역의 폐합사정책은 에도시대의 복고국학적(復古國學的) 배불론의 영향을 받았지만, 신도주의의 수행을 목적으로 한 점에서는 에도시대의 정책과는 그 성격이 달랐다. 근세 후반기 유학경세론가(儒學經世論家)에 의한 사원삭감론(寺院削減論)이나 막부말기 미토번(水戶藩), 가고시마번(鹿兒島藩)의 사원정리는 모두 공리적인 목적을 띠고 있었다.⁴⁷

앞에서 언급하였지만, 메이지시대 폐불훼석에 의한 폐합사의 실태를 정리해 보면 사도(佐渡)에서 1868년(메이지1) 11월에 539개 사가 80개 사로 폐합되고, 오키(隱岐)에서 1869년에 46개 사가 모두 폐멸되었다. 그리고 도야마번(富山藩)에서 1870년 윤10월에 1,600여개의 사원을 6개 종의 6개 사로 통폐합하려는 시도가 있었고, 또 같은 해에 마쓰모토번(松本藩)에서는 단가를 없애며 사원을 폐하여 학교 등의 용도로 활용하고자 했고 이 과정에서 영내의 24개 사 중 20개 사가 폐사되었다. 이 밖에 토사번(土佐藩),

---

46 신도국교화 정책기(1868~1871)는 1871년 폐번치현(廢藩置縣)의 단행까지이고, 이어서 교부성(敎部省) 정책기(1872~1877) 혹은 국민교화 정책기(1871~1877)로 넘어가고, 1877년 교부성이 폐지된 그 이후는 국가신도(國家神道)의 확립기라고 한다. 고야스노부쿠니 지음, 김석근 옮김, 『야스쿠니의 일본, 일본의 야스쿠니』, 서울: 산해, 2005, p.171. 주2 ; 박규태, 「국가신도란 무엇인가 -근대일본 국민국가와 종교-」, 『종교연구』 29, 서울: 한국종교학회, 2002, p.231 참조.
47 柏原祐泉, 앞의 책, p.17.

야마구치번(山口藩), 타도쯔번(多度津藩), 야마다번(山田藩), 사쓰마번(薩摩藩), 니에기번(苗木藩) 등에서도 폐합사 사건이 있었다. 폐합사 정책에 따른 사원의 급격한 감축으로 인해 불교계가 큰 타격을 받고 있던 시기에 메이지정부는 폐불사태에 대한 적절한 대책을 강구하기 보다는 신도의 제사 시설물인 신사(神社)를 잇달아 창건하거나 후원하였다. 그 대표적인 사례를 보도록 하자.[48]

1867년 11월에 오와리번(尾張藩)의 원번주(元藩主) 도쿠가와 요시카쓰(德川慶勝)가 충신 구스노키 마사시게(楠木正成)를 위해 쿄토(京都)에 구스노키사(楠木社)를 조성하여 지사들의 영(靈)을 모셨다. 메이지정부가 수립된 후에 구스노키사는 마사시게가 순국한 효고(兵庫)에 조성하도록 결정하였다. 그리고 구스노키사는 1871~1872년에 걸쳐 태정관이 하사한 조영비(造營費), 정부관리와 구번주(舊藩主) 등의 기부금으로 조성되어 미나토가와신사(湊川神社)로 명명되었다. 구스노키사가 메이지정부의 후원을 받아 크게 중창되면서 신사의 이름도 미나토가와신사로 바뀌게 된 것이다.

1868년(메이지1) 8월 사누키(讚岐)에 유배되어 죽은 스토쿠상황(崇德上皇)의 영(靈)이 쿄토에 모셔져 시라미네궁(白峰宮)이 창건되었다. 시라미네궁의 조성은 에도시대 말기인 1863년에 논의되어 1866년에 착수되었는데, 이것이 신정부 수립 후인 1868년 8월에 완공된 것이다.

1869년(메이지2) 6월 29일 도쿄(東京) 구단(九段)에 사당 도쿄초혼사(東京招魂社)가 조성되어 내전에서 사망한 관군(官軍) 측 사망자에 대해 제1회 합동 초혼제(招魂祭)가 거행되었다. 이때 메이지천황(明治天皇, 1868~1912 재위)은 도쿄초혼사에 1만 석의 토지를 하사하며 특별한 관

---

[48] 神社創建에 관한 주요 내용은 岡田米夫의 「神宮・神社創建史」; 安丸良夫, 앞의 책, 1979, pp.60~64 참조.

심을 표명했다. 도쿄초혼사는 군의 의견을 따라 1876년(메이지9) 6월에 야스쿠니신사(靖國神社)로 이름이 바뀌었다.[49] 여기서 초혼사(招魂社)와 초혼제(招魂祭)[50] 사상은 메이지정부가 에도시대의 전통을 계승한 것으로서 도쿄초혼사 건립 전에도 이미 초혼제는 몇 차례 거행된 상태였다. 즉, 1868년 5월 페리 내항 이후 순국한 사람들의 영을 쿄토 히가시야마(東山)에 사우(祠宇)를 설치하고 제사 지내게 되었다. 같은 해 6월 간토(關東), 도호쿠(東北) 내전에서 전사한 사람들을 위한 초혼제가 에도성(江戶城)에서 행해졌고, 또 7월에는 쿄토의 하동(河東) 조련장에서 역시 전사자의 초혼제가 행해졌다.

이 밖에도 1868년에 도요토미 히데요시(豊臣秀吉)를 제신으로 하는 호코쿠신사(豊國神社)가, 1869년에는 오다 노부나가(織田信長)를 제신으로 하는 겐쿤신사(建勳神社)가 창건되었다. 이 같은 사례를 종합해 볼 때 불교사원의 파괴와 폐합이라는 현실에 직면하여 새로운 신사의 창건과 후원으로 대응한 것이 당시 메이지정부의 실제 모습이었다.

한편 메이지정부는 신도를 근간으로 하는 천황제사회를 확립하기 위해 새 신사의 창건과 함께 전국의 신사에 등급을 부여하는 사격제도(社格制度)를 마련하였다. 1871년(메이지4) 5월과 7월에 걸쳐 신관(神宮), 관폐사(官幣社, 大·中·小), 국폐사(國幣社, 大·中·小), 그리고 지방사(地方社)에 속하는 부사(府社), 현사(縣社), 향사(鄕社), 촌사(村社), 무격사(無格社) 등의 사격(社格)이 규정되었다. 특히 신궁은 이세신궁(伊勢神宮)으로서 전국 신사의 총 본산이었다. 그리고 같은 시기인 5월에 모든 신사의

---

49 야스쿠니신사(靖國神社)의 기원은 1862년 후쿠바 등이 쿄토의 영산(靈山)에서 사제를 행하고 1858년 안정대옥(安政大獄) 이래 탄압으로 숨진 지사들의 영을 제사지낸 것이었다고 한다. 오에시노부 지음, 양현혜·이규태 옮김, 『야스쿠니신사(靖國神社)』, 서울: 소화, 2002, p.97,130.

50 초혼제는 비명에 간 사람들의 영혼을 달래기 위한 제사로 일본의 전통신앙인 신도(神道)의식으로 거행되었다. 노길호, 『일본의 굴레 야스쿠니신사』, 서울: 문창, 2001, p.21.

의례는 국가의 종사(宗祀)로서 1인(人) 1가(家)의 사유가 아니라고 하여 신직의 세습제를 폐지하며 임명제로 하였고, 또 7월에는 천황가의 조상신을 모시는 이세신궁의 개혁에 관한 포고도 나왔다. 관폐사와 국폐사는 중앙의 신기관(神祇官)이 관할하고, 부현사 이하는 지방관청이 관할하도록 하여 전국의 신사를 국가 기관화하고 더욱이 신직을 관료화하여 국가가 국민의 종교생활 전반을 통제할 수 있는 제도적 장치를 마련한 것이다. 중앙의 신궁으로부터 지방의 촌사에 이르기까지 모든 신사를 체계화한 이 사격제도는 그 동안 불교사원에 비해 절대적으로 열세를 면치 못하고 있는 신사의 세력을[51] 일거에 만회하고자 한 정책으로 보인다. 폐불사태로 인한 사원의 폐합사는 메이지정부가 사격제도를 통해 궁극적으로 목표한 1촌(村) 1사(社)를 이행할 수 있는 절호의 기회였을 것이다.

  1871년의 사격제도에 이어 1872년(메이지5)에 천황에게 충성을 다한 신하를 제신(祭神)으로 모시는 신사를 별격관폐사(別格官幣社)로 지정하는 제도를 만들었다. 별격관폐사의 사격이 부여된 신사들 중에는 앞서 본 메이지정부 초에 창건된 신사가 다수 포함되었다. 1872년 구스노키 마사시게(楠木正成)를 제신(祭神)으로 하는 미나토가와신사(湊川神社)가 최초로 별격관폐사가 된 것을 시작으로 하여, 1873년에 도요토미 히데요시의 호코쿠신사(豊國神社)가, 1875년에 오다 노부나가의 겐쿤신사(建勳神社)가, 그리고 1879년에 야스쿠니신사(靖國神社)가 별격관폐사가 되었다.[52] 별격관폐사가 천황에 대한 충성을 척도로 하여 실존했던 신하를 신으로 모신 신사임을 감안할 때, 메이지시대 초에 창건된 다수의 신사가 신도주의 고양을 위해 정부의 각별한 배려에 의해 조성되었음을 짐작하게 한다.

---

[51] 신사(神社)의 사정이 비교적 좋았던 미토번의 경우, 에도말기 사원정리 전에 사원은 한 마을에 평균 넷이었고, 신사는 세 마을에 하나였다고 한다. 허남린, 「일본근세초기에 있어서 반기독교 정책과 寺請制度의 성립」, 『일본역사연구』11, 서울: 일본역사연구회, 2000, p.107.
[52] 오에시노부 지음, 양현혜·이규태 옮김, 앞의 책, pp.116~117.

2. 씨자(氏子) 조사

1871년(메이지4)에 있은 사격의 제정과 함께 신도주의를 지향한 또 하나의 중요한 정부정책은 씨자(氏子) 조사였다. 그 내용을 간단히 보면, 먼저 전국의 생존자와 신생아는 모두 호장(戶長)에게 신고하고 인근의 신사(神社, 産土社)로부터 씨자(氏子, 씨족신을 모시는 주민)임을 증명하는 부적[守札 혹은 氏子札]을 받도록 하였다. 그리고 이주하게 되면 이주한 곳의 신사에서 발부한 부적을 받도록 하고, 사망자는 소유하고 있던 부적을 신사에 반납하도록 했으며, 6년마다 호적을 바꿀 때 호장이 부적을 검사하게 했다. 이 제도는 신사의 신관이 부적을 발급하고 그 수와 내용이 기록된

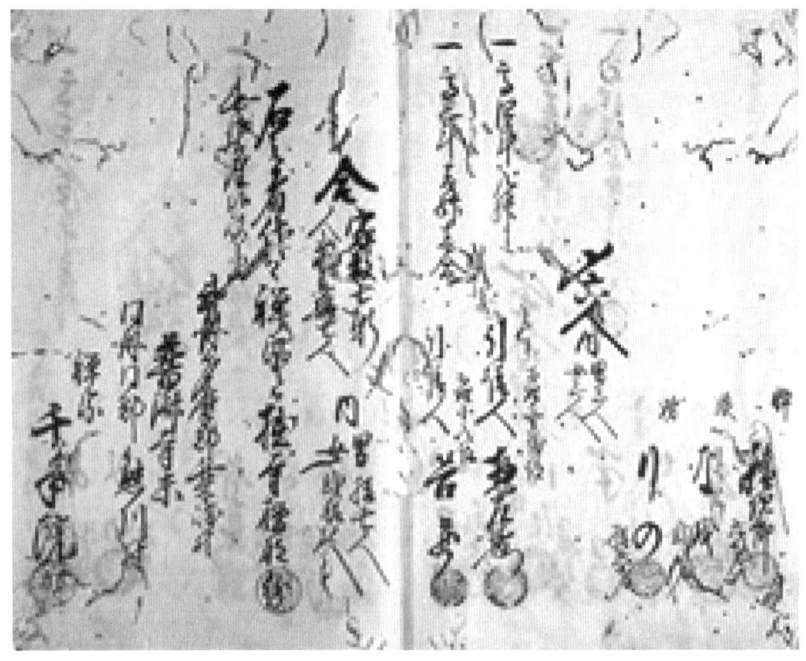

┃ 종문인별개장(宗門人別改帳)

씨자장(氏子帳)을 관리하는 권한을 갖고 있었기 때문에 실제로 신사가 그 지역의 호구를 파악하며 주민을 통제하는 것이 가능해졌다. 물론 신사의 신관이 그 지역 주민들의 종교를 신도로 개종시키는데 활용하고자 한 제도였다.

정부가 신사의 신관에게 지역 주민의 통제권을 부여한 씨자제도는 에도시대의 종문개제(宗門改制)가 변형된 것이라고 할 수 있다. 에도시대에 막부정권은 기독교를 금지하였기 때문에 불교사원의 승려는 지역 주민의 종교 신분을 조사할 수 있는 사청(寺請)이라는 권리를 막부정권으로부터 위임 받고 있었다. 종문(宗門, 寺院)의 주지는 사청을 통해 자신의 사원에 소속된 가족(檀家)의 구성원 개개인이 기독교인이 아니라는 증명서인 사청증문(寺請證文)을 발급하였다. 그리고 주민들은 자신의 가(家)가 소속된 사원(檀那寺)에서 발부된 이 사청증문에 근거하여 매년 종문인별개장(宗門人別改帳)[53]이라는 호적에 등재되어 관으로부터 각자의 신분을 보증 받을 수 있었다. 불교사원이 관장하는 사청과 이것에 기초한 종문인별개장의 작성이라는 이 제도는 기독교 금지정책에 기여하면서 1660년대에 전국적으로 확산 정착되었고, 종문인별개장은 1671년 막부가 제시한 양식에 따라 기재 양식이 통일되었다.[54] 사청제도와 종문개제가 보편화되어 가는 과정에 불교사원은 확보한 단가로부터 막대한 경제적 이득을 취하며 그 세력을 크게 확장할 수 있었다. 이처럼 사원에 의존하여 운영되던 이 제도를 신사로 대체한 것이 씨자제도였다.

씨자제도에서는 불교 승려가 사청을 하는 종문인별개장을 중지하고 신사의 신주(神主)가 신도청(神道請)을 하는 씨자장(氏子帳)으로 바뀌게 되는데, 그 대표적인 사례가 에도시대 말기 고우카 연간(弘化年間, 1844~

---

[53] 종문개인별장(宗門改人別帳), 종문인별장(宗門人別帳), 종지인별장(宗旨人別帳)이라고도 한다.
[54] 허남린, 앞의 글, p.104.

1847)에 미토번(水戶藩)에서 실시된 씨자제였다. 미토번의 예를 보면, 씨자장과 이전의 종문인별개장은 그 기능 면에서 큰 차이가 없었다고 한다. 다만 종문인별개장이 생존자의 호적이고 사원에서의 장제(葬祭)를 의무화했지만, 씨자장은 3, 4대 전부터 가족의 구성원을 기재하였고 신사에서 장제(葬制)를 실시하도록 했다는 점이 달랐다.[55] 무엇보다도 사원이 전담해오던 주민의 장제를 신사로 하여금 담당하도록 한 것은 그동안 주민들에게 막강한 영향력을 행사한 불교를 대신하여 신도가 그 위치에서 주민들을 통제할 수 있게 되었음을 말해준다.

신불분리를 통해 신도의 국교화를 꾀했던 메이지정부는 이러한 씨자제도에 주목하여 메이지정부 초부터 여러 차례의 검토를 거쳐 1871년 7월 씨자조(氏子調) 규칙을 반포하였다. 그러나 동년 4월에 새 호적법이 공포되었고 다음 해인 1872년(壬申年)부터 새 호적법이 시행됨에 따라 씨자조사는 1873년(메이지6) 5월에 폐지되고 말았다.[56] 비록 이 제도가 별다른 실효를 거두지 못하고 폐지되었지만 그것이 갖는 의미는 적지 않다.

먼저, 씨자제도는 전국의 신사를 통일적으로 체계한 사격제도의 제정과 거의 때를 같이하여 포고되어 에도시대에 국교의 위치에 있던 불교를 신도가 대신할 수 있도록 한 제도이므로 지극히 신도주의적인 정책이었다. 더구나 이러한 정책이 불교에 대한 파괴활동인 폐불훼석이 한창이던 시점에 나왔다는 것은 당시 폐불사태에 대한 메이지정부의 진정한 입장이 어떠하였는가를 그대로 보여준다. 그런가 하면 곧 이은 1873년 씨자제도의 폐지는 신불분리령으로부터 시작된 신도주의 정책이 그 한계점에 이르고 있었음을 보여준 사례이기도 했다.

---

55 圭室文雄, 앞의 책, pp.111~114.
56 씨자제(氏子制)의 폐지에 앞서 종문개제(宗門改制)가 1871년(메이지4) 10월에 폐지되었다.

Ⅴ. 메이지정부의 폐불 지향과 신도(神道) 편향주의

왕정복고의 쿠데타로 수립된 메이지정부는 제정일치의 천황제국가 확립을 목표로 삼았다. 그리고 고대 율령제국가의 신기관(神祇官)을 재흥하여 신도에 의해 국민을 교화하고, 국가의 통합을 이루어 보고자 하였다. 메이지정부는 천황을 정점으로 한 제정일치(祭政一致)의 사회가 전통신앙이며 천황가의 신앙인 신도에 의해 운영되는 것을 지향하였다. 이를 위해 정부는 고대 이래의 신불습합을 거부하며 신도와 불교를 엄격히 구분하는 신불분리령을 포고하였고, 이것이 불교 파괴활동인 폐불훼석이라는 미증유의 사태로 발전하였던 것이다.

폐불훼석에 대한 메이지정부의 공식적인 입장은 항상 신도와 불교를 엄격히 구분하고자 한 것일 뿐, 폐불의 의도는 전혀 없다는 주장으로 일관하였고 또 정부의 본 의도에 반하는 행동을 할 경우에는 엄벌에 처한다고 하였다. 그러나 메이지정부의 공표(公表)는 불교도의 반발과 봉기를 무마하며 정권의 안정을 기하기 위한 공약(空約)인 경우가 많았고, 또 과격한 폐불행위에 대해서도 그다지 심각한 현상으로 인식하지 않은 채 비교적 관대한 처벌을 내렸다. 이미 파괴된 사원이나 불상 등에 대한 적절한 사후대책은 거의 찾아볼 수 없었다. 더욱이 마쓰모토번(松木藩)과 같은 극단적인 예에서는 앞으로 있을 폐불활동을 정부 스스로가 용인하기까지 하였다. 이러한 고찰을 통해서 볼 때 메이지정부는 비록 폐불훼석을 의도하지 않았다고 공언하였지만 실제로는 폐불을 지향하며 그 사태를 묵인, 방관하였음은 물론이고, 일부에서는 조장하였다는 점을 부인할 수 없다.

폐불훼석이 일본 전역으로 확산되던 시기에 메이지정부가 추진한 신도국교화정책은 근대국가 체제와 상반되는 비현실적인 요소와 오랫동안 민중의 종교로 불교가 굳건히 자리하고 있었던 까닭에 소기의 목적을 달성할 수 없었다. 메이지정부의 신도국교화 정책은 실패로 끝나고 말았지만 이후에도 정부에 의한 신도주의의 전개는 여전히 지속되었다. 그런데 그것은 신도국교화 정책의 실패를 거울로 삼은 개선의 방향이 결코 아니었다.

메이지정부는 이전의 신도 일변도의 편향된 종교정책을 수정하지 않은 채 1872년(메이지5) 3월 신설된 교부성(敎部省, 神祇官 → 神祇省 → 敎部省)을 중심으로 하여 신도주의에 입각한 국민교화를 시행하였고[57] 교부성이 폐지된(1877년) 이후로는 신도를 비종교화한 국가신도(國家神道, 神社神道)를 전면에 부상시키며 그것을 전국민에게 신봉할 것을 강제적으로 의무화하였다. 신불분리령으로부터 시작된 메이지정부의 신도국교화 작업은 결국 군국주의시대 국민 총동원에 핵심적인 역할을 한 국가신도[58]에까지 이르게 된 것이다. 그렇다면 국가신도나 일본의 근대 천황제국가에 대한 모순점과 그 비판의 실마리를 폐불훼석에서 보여준 메이지정부의 부정직한 이중적 태도에서 찾는 것도 가능하리라고 본다. ❙ 윤기엽

---

[57] 국민교화의 준거는 다음의 교칙(敎則) 3조(條)였다. ① 경신애국(敬神愛國)의 취지를 명심할 것, ② 천리인도(天理人道)를 분명히 할 것, ③ 천황(天皇)을 받들어 조정의 뜻을 준수할 것. 국민교화정책이 실패한 가장 큰 원인은 정책이 신도(神道) 중심으로 실시된 까닭이었다. 그 중심에 있던 인물이 진종(眞宗) 서본원사파(西本願寺派)의 시마지 모쿠라이(島地默雷)였다. 柏原祐泉, 앞의 책, pp.33~40.

[58] 비종교화된 신도로 국가의 제사에만 관여한다. 1889년 제국헌법에서 이것이 명문화되었고, 1890년 교육칙어에서 교육의 기본원리로 정착되었다. 박규태, 앞의 글, 2002, pp.231~239.

정토진종(淨土眞宗) 교단의 전쟁지원

Ⅰ. 근대 일본의 전쟁과 불교

일본의 근대사는 전쟁과 함께 진행되었다고 해도 과언이 아닐 것이다. 메이지 유신정부를 세우는 과정에서 막부와 천황군 간의 전쟁이 있었고, 그 이후에도 1877년까지 내전을 치러야 했으며, 청일전쟁(1894~1895)부터는 대외침략전의 연속이었다. 러일전쟁(1904~1905), 시베리아 출병(1918~1922), 중국 산동반도 출병(1927~1929), 그리고 만주사변(1931)부터 태평양전쟁 패전(1945)까지는 특히 '15년 전쟁'이라고 불릴 만큼 전쟁이 일상화된 시기였다.

이와 같은 일련의 전쟁 특히 대외 침략전쟁에 대해서 일본불교는 어떠한 자세를 보였을까. 불교계 모든 구성원이 전쟁을 지지하거나 반대한다는 것은 불가능할 뿐만 아니라, 실제로도 실현되지는 않았지만, 교단적인 측면에서 볼 때 일본불교는 전쟁에 대해 협력적인 태도로 일관하였다. 그런데 전쟁에 대한 국가의 강제적 동원령은 중일전쟁이 시작된 1937년 이후에나 적용될 수 있으므로, 그 이전부터 이루어진 불교의 전쟁협력을 보건대, 교단은 동원된 것뿐만 아니라 자발적 동기에 의해 전쟁지원을 한 측면이 있었음을 알 수 있다.

그렇다면, 불교교단이 전쟁을 지원하게 된 내적 동기와 그 배경은 무엇인가? 당시 전쟁을 적극적으로 지원한 대표적인 종파로는 정토진종(淨土眞宗)이 있었는데, 근대 일본불교교단의 일반적인 상황과 함께 전쟁지원에 대한 정토진종의 특수한 배경 그리고 이 종단의 전쟁협력 양상을 살펴보는 것은 전쟁과 근대 일본불교의 관계를 이해하는데 도움을 줄 것으로 기대된다.

한편, 일본불교계의 전쟁협력양상에 대한 연구는 일본 내에서도 1970년대에 접어들면서야 비로소 시작되었다.[1] 그리고 정토진종교단의 전쟁협력양상과 그 책임을 묻는 연구는 1976년의 논문을 효시로 하여 그 이후에 많은 논문이 지속적으로 제출되었다.[2] 최근에는 전쟁과 불교의 관계에 대해 보다 입체적인 연구가 진행되었는데, 예를 들면 중일전쟁에 있어서 중

---

1 市川白弦, 『佛敎者の戰爭責任』, 春秋社, 1970.11 ; 中濃敎篤 編, 『講座 日本近代と佛敎 6 戰時下の佛敎』, 國書刊行會, 1977.1.
그 밖의 연구로는 石川 力山, 「内山愚童と武田範之－近代佛敎者の思想と行動・對戰爭觀・朝鮮開敎問題等をめぐって」, 『宗學研究』通號 36, 曹洞宗總合研究センター 1994.03 ; 菱木政晴, 「近代日本佛敎の戰爭責任」, 『日本佛敎學會年報』 通號 61, 日本佛敎學會西部事務所 1996.05 ; 川名 義博, 「佛敎者の戰爭責任」, 『福神』, 福神研究所 編, 1999.04 등으로 계속 이어지고 있다.

2 大江修, 「本願寺敎團の民主化と戰爭責任」, 『印度學佛敎學研究』24(2), 日本印度學佛敎學會 1976.03 ; 山崎 龍明, 「日露戰爭下の眞宗」, 『龍谷大學 佛敎文化研究所紀要』 通號 21, 龍谷大學佛敎文化研究所 1982.11 ; 龍溪 章雄, 「眞宗敎學者における歷史と責任－敎學者の戰爭責任をめぐって」, 『眞宗研究』通號 29, 眞宗連合學會 1984.12 ; 赤松 徹眞, 「日本ファシズム成立期の眞宗－日中戰爭との關係を中心に」, 『佛敎史學研究』31(2), 佛敎史學會, 1988.11 ; 高石 史人 외, 「佛敎敎團と戰爭」, 『龍谷大學佛敎文化研究所紀要』 通號 29, 龍谷大學佛敎文化研究所, 1990.12. ; 毛利 悠, 「佛敎者における戰爭責任－眞宗本願寺敎團を中心として」, 『歷史評論』通號 509, 校倉書房, 1992.09 ; 菱木政晴, 『淨土眞宗の戰爭責任』, 岩波書店, 1993.7 ; 大東 仁, 「眞宗大谷派名古屋敎區の戰爭協力－「滿洲事變」から日中全面戰爭へ」, 『歷史評論』通號 556, 校倉書房, 1996.08 ; 神戶 修, 「日本の「戰爭正當化理論」, 『女性・戰爭・人權』通號 1, 行路社, 1998 ; 神戶 修, 「十五年戰爭」下の西本願寺敎團－「消息」類の問題」, 『佛敎史硏究』通號 35, 永田文昌堂, 1998.10 ; 川瀨 貴也, 「植民地朝鮮における日本佛敎と宗敎政策－淨土眞宗を中心に」, 『國學院大學日本文化研究所紀要』 89, 國學院大學日本文化研究所 編, 2002. 3 등.

국과 일본의 불교가 취한 태도를 비교하고 이들의 상호관계를 조명하는 연구가 시도되기도 하였다.[3]

이와 관련한 국내의 연구로는 우선, 일본정토진종의 종조인 신란(親鸞)의 사상을 중심으로 한 중세 진종의 연구[4]를 비롯하여, 근대 정토진종에 대해서도 연구가 점차 진행되고 있다.[5] 그런데 그 연구의 접근방식은 거의 조선불교에 대한 대표적인 침탈종파로서만 정토진종을 다루어 왔기 때문에, 일본 내에서의 정토진종에 대해서는 그다지 국내에 많이 알려지지 않았다. 또한 이러한 연구적 상황은 전쟁에 대해서도 마찬가지이다. 즉 근대 일본의 전쟁에 대해서도 당시 조선불교와 연관된 부분에만 한정되어서 진행되어 왔던 것이 사실이다.[6]

따라서 이 글에서는 그 동안 제한적으로만 연구된 정토진종과 전쟁에 대해서, 일본근대 불교교단의 일반적인 상황 및 정토진종의 내적인 상황을 살펴보면서 이 종파의 전쟁협력 양상을 함께 고찰해 보고자 한다. 정토진종이 지원한 전쟁에 대해서는 시기를 한정하지 않고 근대 일본의 전쟁을 전체적으로 다루고자 하는데, 이는 근대 대외 침략 전쟁에 대한 이 종단의 기본적인 관점과 지원방식의 원리를 도출하기 위해서이다. 이에 따라

---

3 辻村 志のぶ・末木 文美士,「日中戰爭と佛敎」,『思想』943, 岩波書店, 2002.11.
4 강동균,「일본 중세의 불교 親鸞의 사상을 중심으로」,『일본연구』13, 한국외국어대학교 외국학종합연구센터 일본연구소, 1998. ; 길희성,『일본의 정토사상』, 민음사, 1999. ; 강동균,「가마쿠라신불교와 정토진종」,『일본사상』창간호, 일본사상사학회, 1999 등. 이 밖에도 친란사상을 일본의 근대문학과의 연관성에서 조명한 연구가 있다. 조기호,「일본 근대문학과 불교 - 친란사상을 중심으로」,『일본어문학』10, 한국일본어문학회, 2001.
5 채상식,「일본 명치연간 정토진종의 추이와 그 특성 - 한말 불교침탈 배경과 관련하여 - 」,『한국민족문화』16-1, 부산대학교 한국민족문화연구소, 2000 ; 명선,「일본불교의 포교 정토진종 대곡파의 한국포교를 중심으로」,『대각사상』6, 대각사상연구원, 2003. 이 밖에 진종이 부분적으로 다루어진 연구는 강영한,「일본불교의 조선침투 과정과 한국의 불교개혁운동」,『종교연구』14-1, 한국종교학회, 1997 ; 성주현,「1910년대 일본불교의 조선포교활동」,『문명연지』5-2, 한국문명학회, 2004. 등이 있다.
6 김광식,「최남선의『조선불교』와 범태평양불교청년회의」,『백련불교논집』11, 해인사 백련불교문화재단, 2001 ; 김순석,「중일전쟁 이후 조선총독부의 불교정책과 불교계의 대응」,『한국근현대사연구』17, 한국근현대사학회, 2001.

전쟁지원의 양상과 방식을 시기별로 나열하는 것은 너무 광범위하기 때문에 이 종단의 전쟁지원에 있어서 특징적인 것과 사회적 영향력을 강하게 미칠 수 있는 내용을 중심으로 고찰해 보고자 한다. 마지막으로 전쟁지원을 가능하게 했던 정토진종의 구조와 원리를 분석함으로써 전쟁에 대한 불교의 내적인 조건을 조명해 보겠다.

Ⅱ. 불교교단의 전쟁지원 배경

1. 불교의 호국론, 국가의 동원령

메이지유신 이후 근대 일본불교는 국가로부터 탄압, 그리고 교화기구로의 활용, 마지막으로 파시즘체제 하의 강력한 통제의 시기를 차례로 겪는다. 그리고 이 과정에서 불교는 교단의 존립을 꾀하기 위해 줄곧 호국성의 강조로 응답해 왔는데, 이러한 태도는 불교교단이 전쟁을 지원하게 된 기본적인 배경이 됨에 주목할 필요가 있다.

메이지 이전 에도시대는 불교에 공적인 위상이 가장 많이 부여되었던 시기였다. 기독교 방어를 명분으로 한 막부의 종문인별장(宗門人別帳)이나 사청제(寺請制) 등의 실시는 불교로 하여금 대 사회적 존립의의를 확보하게 하였고, 이와 함께 시행된 단가(檀家) 제도는 불교교단 운영의 기반이 되었다. 하지만 메이지 정부가 들어서면서 곧 바로 시행된 신불(神佛) 분리령과 이를 근거로 일어난 불교파괴운동은 불교에 심각한 위협이 되었다. 이 시기의 위기의식은 그 때까지 불교계에서 한 번도 없었던 종파 간

연대조직의 설립을 가능하게 하였다. 즉, 1868년 12월 불교계에서는 제종동덕회맹(諸宗同德會盟)이라는 종파연합조직이 설립된 것이다. 그런데 여기서는 전체 8가지 의제[7] 중 '왕법(王法)과 불법(佛法)은 서로 분리되지 않는다'는 것이 제1의제로 표명되고 있는데, 이것은 곧 불교가 현실세계의 왕법과 일치하여 이에 순응한다는 기본입장으로서, 새로운 메이지정부의 정치체제에 불교 각 종파 지도자들이 협력할 것을 공동 선언한 것에 다름 아니었다.

이러한 왕법불법 일치론은 비단 메이지 초기에 끝난 것이 아니고, 근대 일본 불교교단의 기본적인 성격으로 일관하였다고 지적된다.[8] 그런데 이 입장 그대로 호국론이 되기에는 부족한 면이 있다. '호국'의 명분을 획득하기 위해서는 불교의 국가적인 역할이 요구되는데, 회맹의 의제 성립 당시에는 기독교방어라는 소위 방사(防邪)가 그것이었다.[9] 이와 같이 방사를 통한 호국론, 그리고 그것을 뒷받침하는 왕법불법 일치론 등은 불교에 대한 탄압의 대응으로서 불교지도자들에 의해 강조되었는데, 이것은 전쟁에 대해서도 교단의 기본적인 관점 및 태도로 작용하였다. 즉, 불교사상적 관점에서 전쟁을 바라보는 시선은 허용되지 않으며, 오직 불법과 일치한다는 왕법의 일환으로써, 그리고 삿된 적국을 방어하여 나라를 보호해야 하는, 그리하여 이러한 역할을 수행하는 교단의 존립을 보장받는 계기로서만 전쟁을 바라보고 협력하였던 것이다.

한편, 불교가 국가적인 차원의 교화기구로 활용되어 온 것도 전쟁시 불

---

[7] 제종동덕회맹의 8가지 의제는 ① 왕법불법불리지론(王法佛法不離之論), ② 사교연궁훼척지론(邪敎硏窮毁斥之論), ③ 자종교서연핵지론(自宗敎書硏覈之論), ④ 삼도정론연마지론(三道鼎立鍊磨之論), ⑤ 자종구폐일세지론(自宗旧弊一洗之論), ⑥ 신규학교영선지론(新規學校營繕之論), ⑦ 종종인재등용지론(種種人才登庸之論), ⑧ 제주민간교유지론(諸州民間敎諭之論)이다.

[8] 柏原祐泉, 『日本佛敎史 近代』, 東京: 吉川弘文館, 1998, p.21.

[9] 이에 대해 근세의 방사(防邪)사상이 근대에 불교방어의 수단으로 재등장했다고 지적되고, 이를 '방사적 호국사상'이라고 부르기도 한다. 허남린, 「일본에 있어서 불교와 불교학의 근대화」, 『종교문화비평』 8, 2005, p.66.

교의 역할에 영향을 미친다. 예를 들면, 메이지 초기의 신도국교화 정책은 비록 짧은 시기 동안이었지만, 불교의 승려들을 정부가 요구하는 국민교화직에 동원하게 만들었다. 한편, 불교교단은 대교원(大敎院) 이탈운동을 벌여 정부의 신도(神道) 국교화정책에 저항하기도 하였지만, 그렇다고 불교가 메이지정부의 신도주의를 거부한 것은 아니었다. 신도가 종교적인 차원에서 불교를 위협해 오자 저항하였지만, 그 이후에는 신도를 종교가 아닌 국가정치적인 차원의 것이라고 주장하면서 불교와의 공존을 모색하였다. 대표적인 것이 시마지 모쿠라이(島地默雷)의 신교(信敎) 자유론이다. 그리고 정부의 정책도 신도 국교화에서 점차 신도주의를 국민의 정신생활 가운데에 침투되도록 하는 교화책으로 전환해 갔는데, 국민의 의무가 된 신도 즉 국가신도(國家神道)의 교화기구로서 불교는 다시 적극 활용되어갔다.

이러한 상황 속에서 벌어진 청일전쟁은 불교 각 종파에게는 호국실천의 장이자, 불교교단의 교화력의 시험기간이었다. 즉 이 전쟁을 모두 '의전(義戰)'으로 보면서 적극적으로 참여하였는데, 특히 포로구휼에 열심이었던 것은 각 종파가 이 전쟁을 중국진출의 기회로 여겼기 때문이었다.[10] 청일전쟁에의 적극적인 협력을 통한 호국성의 과시를 바탕으로 불교교단은 국가로부터 불교의 공인성 즉 법적 보호를 요구하기도 하였다. 즉 조약개정 무렵부터 시작된 불교공인교 운동이 그것인데, 여기서는 국권에 의한 불교보호를 당연히 여기는 교단의 강한 국가주의적 성격을 엿볼 수 있다.[11] 이어서 종교법안을 둘러싸고 불교교단과 정부의 힘겨루기가 진행되었는

---

10 또한 청일전쟁에 대한 지원은 조선포교에의 기대도 포함되어 있었다. 이 시기 정토종의 사설에 의하면, '(청일전쟁과 관련하여) 조선에 위문사를 파견하는 것은 조선종교의 정세시찰을 행하여 후일 포교에 준비할 수 있어 일거양득'이라는 것을 강조하고 있다. 그리고 이러한 활동에 적극적인 교단으로는 동서 양본원사를 비롯하여 일련종, 신궁교원, 기독교도동지회 등이 보고되어 있다. (『社說 宗家の大決心』 제191호, 野田秀雄, 「近代における淨土宗敎團の硏究」, p.270 참조.)
11 柏原祐泉, 『日本佛敎史 近代』, p.144.

데, 불교의 기득권이 인정되지 않고 외국인 거주 자유 등 기독교세 확장의 근거가 되는 이 종교법안에 대해 불교교단은 여러 단체를 중심으로 적극적인 반대운동을 전개하여 이례적인 의회 부결을 이끌어 낼 정도로 영향력을 행사하였다.

그러나 러일전쟁 무렵부터 불교교단의 전쟁지원 상황은 달라지기 시작하였다. 전쟁의 발발과 함께 내무성은 「훈령(訓令)」 제3호를 발표하여 종교의 시국에 대한 태도를 훈시하면서, 전위앙양(戰威昻揚)은 물론, 국책(國責) 응모, 휼병, 유족원호 등을 기대하였다.[12] 그리고 이 시기에는 이전부터 열려왔던 종교가간담회가 전시특별회로 개최되었는데, '본 개전이 정의와 평화를 목적으로 하는 것을 외국에 알리고, 국내에 대해서는 여러 반전론을 억압하여[13] 국론을 통일하는 것을 목적'으로 하고 있어,[14] 불교뿐 아니라 기독교, 교파신도 등의 3교가 함께 군국주의적인 성격을 띠며 국민교화에 동원되어 갔다.

이와 같이 3교가 함께 전쟁협력에 동원된 선례는 이후 쇼와 파시즘기의 전쟁에서도 계속 활용되었다. 그리고 그 동안 불교를 중심으로 한 종교계의 반발로 인해 통과되지 못한 종교단체법은 1937년 국민정신 총동원령 이후인 1939년에 드디어 통과되었는데, 이것으로 종교에 대한 강력한 통제의 법적 근거가 마련된 것이다. 즉, 이 법의 전 37조 중 제16조에는, 안녕질서와 신민으로서의 의무에 위반한 종교단체 및 교사를 주무대신의 강권발동에 의해서 제한, 금지 및 업무정지, 설립 취소시킬 수 있다는 조항이 있는데, 이에 근거하여 종교단체 및 종교인들의 종교수행은 '신민(神民)의

---

12 吉田久一, 『近現代佛敎の歷史』, 筑摩書房, 1998, p.142.
13 전쟁에 반대한 불교단체로는 세노오 기로(妹尾義郎)가 이끄는 신흥불교청년동맹이 있었으며, 적어도 만주사변 때까지는 불교계잡지에서 전쟁에 비판적인 평화주의 입장이 게재되기도 하였다. (末木文美士, 『日本宗敎史』, 岩波新書, 2006, p.210 ; 榮澤幸二, 『近代日本の佛敎家と戰爭 –共生の倫理との矛盾』, 專修大學出版部, 2002, p.300 참조.)
14 柏原祐泉, 앞의 책, p.149.

의무'가 되었고, 그를 위한 국민정신총동원추진에 동원되어야만 했다. 또한 이 법에 근거하여 1940년에는 종파합동정책이 추진되어, 13종 56파의 불교교단은 13종 28파가 되었는데,[15] 이것은 국가권력이 교단을 보다 강력하게 장악하기 위해서였다. 태평양전쟁에 돌입해서 종교계는 동맹, 연합체를 결성하다가 1944년에는 대일본 전시 종교보국회로 완전 통합되어 각 종교는 종교성을 버리고 '종교보국(宗敎報國)'이라는 이름의 전쟁협력에 더욱 매진해 갔다.

2. 정토진종의 상황

전쟁지원에 대한 불교교단적 차원의 배경과 함께, 정토진종의 상황은 어떠했는가 살펴보자. 정토진종은 가마쿠라(鎌倉)기에 신란(親鸞, 1173~1262)에 의해서 창시된 정토교의 일파로서, 아미타불의 본원에 절대 의지하는 신심과 순수 타력을 중시하며, 출가가 아닌 재가불교를 지향하니 만큼 민중과 가장 밀착된 종파였다. 정토진종에는 10파가 있는 것으로 알려져 있는데[16], 주류는 동서 양본원사를 본산으로 하는 두 개의 교파이다. 서본원사(西本願寺)를 본산으로 하는 쪽이 정토진종본원사파[일명 本派]이고 동본원사는 진종대곡파(眞宗大谷派)이다. 본원사가 동서로 분열하게 된 배경에는 근세 정치세력과의 결탁이 있었다. 즉, 막부 초기인 1602년, 도쿠가와 이에야스(德川家康)의 후원을 받은 쿄뇨(敎如)는 본원사[서본원사]에서 나와 동본원사를 창립하였다. 이와 같이 동본원사는 막부와 가까

---

15 이때, 기독교는 카톨릭 일본천주공교교단과 프로테스탄트 일본기독교의 2교단으로, 교파신도는 13파로 각각 합동되었다.
16 진종 10파(派)는 본원사파(本願寺派), 대곡파(大谷派), 불광사파(佛光寺派), 고전파(高田派), 본변파(本邊派), 홍정사파(興正寺派), 출운로파(出雲路派), 산원파(山元派), 성조사파(誠照寺派), 삼문도파(三門徒派) 등이다.(아마도시마로, 『일본인은 왜 종교가 없다고 말하는가』, 정형 옮김, 예문서원, 2001, p.63 참조)

웠으며, 반면에 서본원사는 조정의 공가(公家)와 결합을 강화해 왔다.

그런데 이처럼 동서본원사가 각기 정치세력과의 밀접한 관계를 유지하고 있었던 상황에서 이들 진종교단은 막말의 막부-조정 간의 전쟁에도 참여하였다. 먼저, 막부쪽의 동본원사는 군사비용의 조달과 승려로 이루어진 군대를 조직하는 등의 방식으로 전쟁에 대해 적극적인 지원을 행하였다. 이에 반해 서본원사는 존왕파와 시종 행동을 같이 했는데, 쵸오슈(長州) 정벌 때는 쵸오슈 번내의 각법사 승려 테츠넨(鐵然)이 말사 승려들을 이끌고 금강대(金剛隊)를 조직하여 막부군을 패주시키는데 공헌하였다. 또한 경제적으로도 조정에 적지않은 지원을 했는데, 1867년에는 조정을 위해 일만 냥의 비용을 들여 다리공사를 하기도 하였고, 막부군 토벌비로써 일만 일천여 냥을 조정에 헌금하기도 하였다.[17] 이처럼 정토진종의 동서 양본원사파는 대외침략전 이전에 막말의 내전을 지원한 경험을 공유하고 있었다. 그리고 그들의 입장은 서로 반대편에 있었지만, 그들이 전쟁을 지원한 방식은 서로 닮아 있었다.

한편, 조정이 승리하고 막부가 타도된 상황에서 동본원사는 정치적 입장이 곤란하게 되었다. 하지만 이들은 곧 신정부군에 다시 방대한 헌금을 하면서 조정에 충성을 표명하였다. 서본원사교단도 역시 메이지 신정부에 거액의 재정을 지원하면서 계속 밀접한 관계를 맺고 있었기 때문에, 유신정부는 양 본원사의 재력에 의해 뒷받침되고 있었다고 해도 과언이 아닐 정도였다.[18]

동본원사는 과거 막부와의 밀착관계에서 벗어나고 천황을 중심으로 한 신정부와의 새로운 관계를 모색하고자 하는 의도가 매우 강했다.[19] 그리하

---

17 柏原祐泉, 앞의 책, p.11.
18 아마도시마로, 앞의 책, p.100.
19 채상식, 「日本 明治年間 淨土眞宗의 추이와 그 특성 -한말 불교침탈 배경과 관련하여」, 『韓國民族文化』 16-1, 부산대학교 한국민족문화연구소, 2000, p.142.

여 메이지 신정부의 정치적 관심사에 보다 적극적으로 동참하였는데, 그 대표적인 예로 막대한 경비가 예상됨에도 불구하고 1869년 홋카이도(北海道)지역 개척사업에 지원한 것을 들 수 있다. 이 개척사업은 일본불교에 의한 해외침략의 원형이라고 평가되기도 한다.[20] 홋카이도는 당시 아이누족이 살고 있었던 곳으로서 이들에 대해서는 개척이 침략적인 의미였던 것이다. 동본원사가 이 사업에 참여했던 경험은 이후 중국과 조선에서의 활동에도 영향을 미쳤을 것으로 생각되는데, 아무튼 이러한 상황은 군국주의적 침략정책의 일환인 해외포교사업면에 있어서도 이 종파의 활동이 가장 발빠르고 왕성했던 배경이 된다.

청일전쟁 이전에 해외 포교는 거의 동본원사가 선점하였다. 즉, 1873년 오구루스 코초(小栗栖香頂, 1831~1899)에 의해 상하이에서 중국포교가

▎대곡파의 본산, 동본원사

20　菱木政晴, 『淨土眞宗の戰爭責任』, 岩波書店, 1993.7, p.52.

시작되었고, 4년 뒤인 1877년에는 부산에서 조선 포교가 시작되었는데, 이러한 해외포교의 배경 역시 동본원사와 정부당국간의 긴밀한 협조가 있었다. 먼저, 중국에 있어서는 동본원사 측에서 외무경에게 정부당국의 원조를 요청하였는데, 그가 이것을 크게 격려하면서 도왔다고 한다. 조선의 경우에는, 일본 내무경과 외무경이 함께 동본원사 관장 겐뇨(嚴如, 大谷光勝)에게 서한을 보내 조선 개교를 종용, 의뢰하였다고 한다.[21] 1881년에는 일련종이 해외포교를 시작하기도 하였지만, 다른 종파들이 본격적으로 중국, 조선에 포교를 시작한 것은 1894년 청일전쟁 이후의 일이었다.[22] 즉, 동본원사는 십수 년 동안 해외포교에 대한 독점권을 가졌던 것인데, 메이지정부에 충성과 지원을 아끼지 않았던 이 교단에 대해 정부는 특혜부여로 응답했다고 할 수 있다.

　대곡파 동본원사파와 메이지 정부의 공조관계는 특히 조선포교에서 더 잘 드러난다. 대곡파가 파견한 오쿠무라 엔싱(奧村圓心), 히라노에스이(平野惠粹)는 부산별원에서 전도활동 하다가 당시 독립당의 김옥균, 박영효 등과 교류하여 그들의 일본망명에 조력하였다. 이것은 궁극적으로 당시 일본의 조선침략노선과도 일치하는 것으로서, 이 교파의 조선포교활동이 그 첨병으로서의 역할을 하였음을 볼 수 있다.

　한편, 본원사파의 영향력 역시 메이지 정부와의 관계에 기반해 있었다. 즉, 서본원사 교단에는 초오슈출신의 승려들이 실권을 장악하고 있었는데, 이들은 메이지정부의 이토 히로부미(伊藤博文), 기도 다카요시(木戶孝允) 등 이 지역 출신의 정치세력가들과 아주 깊은 관계를 맺고 있었다. 시마지 모쿠라이(島地默雷)도 여기에 해당하였다.

　이와 같이 근대 진종교단은 정치세력과의 결탁성을 바탕으로 불교계에

21　朝鮮開敎監督部 編,『朝鮮開敎 五十年誌』, 1922년, pp.18~19.
22　청일전쟁 발발 이후 정토진종 본원사파와 정토종이 조선에 포교를 시작했으며, 진언종, 조동종, 임제종 등 다른 종파들은 러일전쟁 이후에 본격적인 진출을 시도하였다.

강한 영향력을 미쳤다. 예를 들어, '정토진종(淨土眞宗)'이라는 종명은 오랫동안 정토종의 반대로 인해 관철되지 못했었는데, 메이지 정부가 들어서면서 이를 공인해 주었던 것이다.[23] 이 밖에도 종교법안 반대운동 등에서도 진종의 영향력을 볼 수 있다.[24] 진종의 영향력의 기반으로는 이 종단의 경제력을 빼놓을 수 없다. 진종사찰은 대부분 사록(寺祿)이 없이 단가제(檀家制)에만 의존하면서 세습제로 운영되는 특징이 있는데, 1871년 정부의 사사령(社寺領)으로 인한 사찰의 토지몰수제는 천태·진언·임제·정토·시종(時宗) 등 사령이 많은 사원에 큰 타격을 입혔으나, 진종을 필두로 단가제에 의존하는 일련·조동종 등은 비교적 타격을 면하는 등,[25] 오히려 메이지정부의 정책과 관련해서는 단가제가 유리한 면으로 작용하였다. 그리고 이들 종단이 특히 근대 일본 정부에 협조적이고, 대외침략면에 있어서도 많은 영향을 미쳤던 것은 이러한 교단경제적인 측면과 연관된 것으로 생각된다.

정토진종교단의 영향력은 쇼와(昭和) 파시즘기에까지 이어지는데, 즉 앞에서도 언급한 1940년 종파합동정책에 대해서 정토진종은 강력히 반대하며 종전 그대로 10파를 유지하였다.[26] 이때 불교는 전체적으로 56파에서 28파로 합동하였는데, 이 중 10파가 진종의 교파 그대로였던 것이다.

이와 같이 근대에 있어서 진종은 불교 최대 교단으로서 단가에 기반한 운영체제, 정치지향적인 교단 지도부, 그리고 동서 본원사라는 두 유력교파의 대항관계라는 요소를 가지고서 천황제 중심의 국가신도정책에 적극

---

23 정토진종은 잇코오슈우(一向宗), 무게코오슈우(無礙光宗), 몬토슈우(門徒宗) 등으로 불려왔는데, 종조 신란(親鸞)의 『교정신증(敎行信証)』에서 보인 '정토진종(淨土眞宗)'을 종명으로 하는 것이 이 종파의 요망이었다.
24 여기에는 정토진종 중에서도 동본원사(東本願寺)가 주도적이었으며, 서본원사파(西本願寺派)는 관장의회(官長議會)에서 탈퇴하는 등 동조를 거부하는 행동을 보이기도 하였다. 柏原祐泉, 앞의 책, p.146.
25 柏原祐泉, 앞의 책, p.44.
26 吉田久一, 앞의 책, p.215.

협조해 왔다. 그런데 종단의 이해에 따라서는 영향력을 행사해 강한 저항을 보인 것을 알 수 있는데, 이러한 면은 이 종단 혹은 교파의 전쟁지원의 목적도 역시 자기존립과 확장에 있었음을 보여준다.

Ⅲ. 정토진종의 전쟁지원 양상

청일전쟁부터 태평양전쟁에 이르기까지의 대외침략전쟁에 대해서 정토진종 동본원사파와 서본원사파의 지원과 협력은 매우 적극적이고 또 조직적이었다. 그런데 이 시기에 다른 불교종단들을 포함하여 기독교나 다른 종교도 역시 전쟁에 협력하였고, 전쟁을 성화시키거나, 천황을 신성화하여 신민의 의무로서 전쟁지원을 수행하였던 그 내용과 방식 역시 대동소이하였다. 하지만 정토진종의 양 본원사파는 앞장에서 살펴본 것처럼, 최대 교단의 최대 교파로서, 또 단가제가 교단운영의 기반이 될 정도로 민중의 장례와 제의에 큰 영향력을 미쳐 왔고, 정치세력과 긴밀한 공조를 유지해 온 교단지도부를 가진 조건 하에서 수행된 전쟁지원이기 때문에, 그 영향력과 파급효과가 다른 종단의 그것과 같다고 볼 수 없다.

한편, 정토진종의 전쟁지원 양상을 살펴보는 데에 있어서, 전쟁시기별 지원내용을 광범위하게 나열하기보다 이 종단이 전쟁을 지원한 내용과 방식에 있어서 강한 영향력을 가질 수 있었던 것을 중심으로 하였다. 즉, 여기에 대해서는 죽음의 의례를 통한 전쟁지원, 법주에 의한 전쟁협력 그리고 마지막으로 교단조직을 통한 전쟁동원 등, 세 가지로 정리하여 고찰해 보고자 한다.

1. 죽음의 의례를 통한 전쟁지원

근세 사청제 및 단가제도는 일본인의 장례와 제사에 있어서 독점적인 위치를 불교에 부여해 주었다. 그런데 이러한 위상은 근대에 들어와 이 제도가 폐지되었음에도 크게 달라지지 않았는데, 그것은 일반 민중들이 여전히 불교식 장례와 제례에 강하게 집착하였기 때문이었다.[27] 정토진종이 장례와 깊은 연관성을 갖는 것은 이 종단이 무엇보다도 광범위한 단가로 운영되고 있는 것에 우선 찾을 수 있다. 또한 이 종단의 전수염불(專修念佛) 사상도 장례불교에 기여하였는데, 그것은 죽은 자의 성불을 기원할 수 있는 교리적 근거가 되었기 때문이다. 이와 같이 장례는 정토진종의 주요 대(對) 사회적 기능이라고 할 수 있다.

따라서 죽음에 직면하지 않을 수 없는 전쟁에 있어서 정토진종은 죽음의 의례를 통해서 전쟁지원을 행하였다. 먼저, 청일전쟁 당시 진종대곡파의 관보에는 다음과 같은 기사가 전해진다.

> 본 파의 문도(門徒)[28]로서 종군전사한 장교급 상당관에게 원호법명(院號法名)을, 하사 이하에게는 법명을 수여한다.
> 明治 27년 10월 9일.[29]

진종은 '무계(無戒)'를 종시(宗是)로 하기 때문에 다른 종파들처럼 신자에게 계명(戒名)을 주지 않고 법명을 주는데, 생전에 정식으로 불교도가 아니었을 경우, 장례식 때 불교도로서 추도하기 위해 법명을 주기도 하였다. 그런데 장교급의 군인에게는 법명 외에 원호(院號)를 추가로 부여한

---
27 허남린, 앞의 글, p.57.
28 문도란 정토진종의 신도(信徒)를 말한다.
29 「本山事務報告」(1894년 11월호), 菱木政晴, 『淨土眞宗の戰爭責任』, 岩波書店, 1993.7, p.35.

것을 볼 수 있는데, 원호는 본래 사원 내 고승의 개인실의 이름으로서 고승 자신의 칭호로도 사용되며, 또한 교단에 대해 공적(功績)이 있는 문도에게도 부여되었다.

따라서 원호명을 장교에게 부여한 것은 이름을 통해 일반군인과의 차별을 꾀하는 것이며 동시에 전사를 교단에 대한 공적으로 인정한다는 개념이 포함되어 있다. 즉 이 국가에 대한 공적이 교단에 대한 공적과 동일시된 것이라 할 수 있다. 또한 이 군인들의 원호명에는 충렬원(忠烈院)이라든가 진충원(盡忠院)이라고 하여, 불교와 관계가 없는 국가신도의 교의를 충실하게 반영하는 것이 많았다.[30] 한편, 원호나 법명의 수여는 실제로 고가의 돈이 요구되었으며, 일종의 교단 재원이기도 했는데, 이들에게 무상으로 원호와 법명을 수여한 것이다. 따라서 이것은 전사자들에 대한 일종의 경제적 포상이라고 할 수 있으며, 그 제공자는 대곡파 교단이었다.

이와 같이 군인에게 명호를 수여하는 일은 전쟁 때마다 중요하게 간주되어 시행되었다. 1931년 만주사변 때, 대곡파는 전쟁이 발발한 다음날부터 협력을 개시하였는데, 이때 본산은 조선의 별원에 '군인명호' 수천 부를 보냈다. 그리고 이것을 조선개교의 감독에게 휴대하게 하고, 본산대표의 위문사로서 전장에 파견하였다. 또한 동북교무소에도 군인전사자들에게 법명을 내리고 유족을 위문하도록 명령하였다.[31] 이처럼 진종의 전쟁지원에 있어서 빠지지 않았던 일은 군인의 법명을 수여하는 일이었으며, 이것은 불교식 장례를 위한 기본적인 절차였다.

이어서 진종은 전몰자추도법회도 적극적으로 시행했는데, 이것 역시 전쟁에 대한 지원이자 천황제 이데올로기의 선양의 의미가 담겨 있었다. 즉, 대곡파는 1892년에 천황의 은혜를 갚기 위한 의식으로서 수덕회(酬德會)

---

30 菱木政晴, 앞의 책, p.36.
31 大東 仁, 「眞宗大谷派名古屋敎區の戰爭協力－滿洲事變から日中全面戰爭へ－」, 『歷史評論』, 通號556, 校倉書房, 歷史科學協議會 編, 1996.08, p.39.

를 독자적으로 시작하였다. 이 의식기간 중에는 본당에 표덕기(表德記)라고 불리는 법명기(法名記)가 안치되는데, 상하 2권으로서 상권은 역대의 천황, 하권은 교단에 공적이 있는 승려, 문도의 법명이 기록되어 있다. 이 의식의 개시 2년 뒤에 청일전쟁이 일어나자, 대량의 전사자가 이 표덕기에 추가되었고, 전몰자 추도는 수덕회 의식의 가장 중요한 부분이 되어갔다. 러일전쟁 때는 전사자의 이름이 여기에 오르지 못했는데, 그것은 아마 이때 청일전쟁에 비해 엄청나게 많은 전사자가 있었기 때문인 것으로 생각된다. 그리하여 이때부터는 수덕회 외에 별도의 전몰자추도법회가 시행되었다.

그런데 여기서 한 가지 주목되는 것은 전몰자를 추도하기 위한 대곡파의 의식이 천황의 은혜에 대한 보답 의식에서 시작되었고, 그것의 연속의 의미로 시행되었다는 점이다. 즉 전몰군인 추도법회는 죽은 자를 정토로 왕생시키기 위한 순수한 종교 의식이 아니었다. 이 의식은 전쟁이 천황에 대한 보은의 길이며, 따라서 그 죽음은 국가와 교단에 대한 공덕이 된다는 것을 적극적으로 보여주는 것이었다. 또한 이러한 공덕으로 마침내 정토에 왕생할 수 있다는 종교적인 기대도 충족시켰다. 이와 같이 전몰자 추도법회는 청일전쟁 때부터 이미 천황제 이데올로기가 충실히 반영된 전쟁관의 선전 공간으로서, 법요나 의식자체가 강력한 전쟁찬미, 침략동원이었다[32]는 비판을 증명한다. 그리고 이 의식의 성격은 히시키 마사하루(菱木政晴)가 정리한 불교의 침략동원 구조와 일치한다. 그는 성전(聖戰), 영혼(靈魂), 현창(顯彰) 교의로 나누어 이것을 설명하였는데, 특히 마지막 현창 교의, 즉 모범의 계승이라는 개념이 침략동원의 목적을 달성하는 핵심이라고 지적하였다.[33] 또한 이들 교의 안에는 '야스쿠니(靖國)'와 '정토(淨土)'

---

32 菱木政晴, 「近代日本佛敎の戰爭責任」, 『日本佛敎學會年報』, 日本佛敎學會, 1996.3, Vol.61. p.217.
33 菱木政晴, 앞의 글, p.216.

가 도킹되어 있다고 분석되었는데,[34] 전쟁에서의 죽음을 천황을 위한 죽음으로 설명하고 그리고 그것이 정토로 가는 길로 연결되어 있음을 보여주는 대곡파 전몰자추모법회는 분명 이것의 가장 충실한 예가 될 것이다.

2. 법주(法主)에 의한 전쟁협력

다음으로는 법주(法主)에 의한 전쟁협력을 지적할 수 있다. 법주는 종파의 수장으로서, 진종의 법주가 세습제로 이루어지는 특징은 앞에서 언급한 바와 같으며, 동본원사와 서본원사는 분열 이후 줄곧 각각의 법주를 따로 두고 있었다. 진종의 전쟁지원에 있어서 이 법주들의 활약은 거의 결정적이었다.

먼저 본원사파의 경우를 살펴보면, 묘뇨(明如, 大谷光尊 1850~1903)를 시작으로 하여, 코즈이(光瑞, 1876~1948), 코쇼(光照, 1911~2002)로 이어지는 전쟁 시기 3대 법주는 모두 전쟁에 적극 협력하였으며, 한결같이 교단 내에 군국주의 사상을 확산시키는데 공헌하였다. 우선 청일전쟁 때는 이 시기 법주인 묘뇨가 '후세는 미타의 서원에 맡기면서 목숨을 흔쾌히 그대(천황)에게 바쳐요'라고 하는 노래를 만든 것으로 유명한데, 이것은 본원사교단의 전쟁협력에 결정적인 방향을 제시하였고 이후 진종신도들의 전쟁관 및 생사관의 표준이 되었다. 이것을 교의적으로 보면, 미타와 천황, 불법과 왕법, 내세와 현세를 이원적으로 취하고 있으며, 신심의 논리로 천황 절대주의를 뒷받침하고 있는 것을 볼 수 있다. 불교는 본래 죽음의 문제에 적극 관여하는 종교이지만, 전쟁 중의 죽음에 대해서 이렇게 설하는 불교지도자들은 대의를 위해 편안하게 죽는 군인이나 국민의 양성에 진력[35]한 것으로서, 특히 정신적인 면에서 적극적인 전쟁지원을 수행했던 것

---

[34] 吉田久一, 앞의 책, p.226.

이다.

묘뇨 즉 오타니 코손(大谷光尊)의 장남인 코즈이(光瑞)는 1903년에 본원사파 법주에 취임하였는데, 서역탐험을 행하면서 엄청난 부채를 종단에 안겨주었고 그것과 관련한 사건에 대한 책임을 지면서 1914년에 본원사 주직과 법주를 사임하였다. 그런데 오타니 코손의 제국주의 고취 활동과 전쟁지원은 오히려 법주의 지위에서 물러난 이후에 더 활발하게 이루어졌다.

그의 제국주의적인 견해가 잘 나타나 있는 글은 《중앙공론》 1917년 3월호에 발표한 「제국의 위기」라는 제목의 논설이다. 여기서 그는 당시 일본의 내우외환의 위기를 타개하기 위해서는 군국주의와 대아세아(大亞細亞)주의를 채용하는 수밖에 없다고 역설하였는데, 그가 말하는 아세아주의란, "아세아인의 평화와 복지를 증진시키고 타국이 와서 아세아를 침략 폭학을 하지 않도록 막는 것이다. 이것이 일본민족의 천직이고 사명이다"[36]라고 하여, 겉으로 보기에는 평화주의 같지만 아시아에 대한 일본의 독점적인 지배권을 위해 군사력 증진이 더 필요하다는 대외 팽창주의적 표현에 다름 아니었다. 이러한 글은 요시노 사쿠조오(吉野作造)에 의해 곧바로 비판되었는데, 즉 "정토진종 본원사파의 종주의 지위에 있었던 오타니(大谷)와 같은 이가 우국개세의 인사로서 해야 하는 일은 불교를 근본적으로 혁신하고 계몽하는 것이다. …… 군국주의의 제창은 결단코 스승의 지위와 양립되지 않는다"[37]라고 하여, 불교지도자의 위치에 있는 승려로서 군국주의를 아무 반성 없이 주장하고 있음을 비난하였다.

---

35 榮澤幸二, 앞의 책, p.305.
36 大谷光瑞, 「帝國之危機」, 『中央公論』 1917년 2월호, p.23.
37 吉野作造, 「大谷光瑞師の帝國之危機を讀む」, 《中央公論》, 1917년 4월호, pp.84~101.

┃오타니 코즈이

　그렇지만, 오타니 코즈이는 계속해서 "대반열반경에는 말세의 정법호지는 지계에 의하지 않고 도검지장(刀劍器杖)을 사용해야만 한다는 것을 유훈으로 하였다"³⁸고 하는 등 국가에 의한 무력행사를 정당화하는 논거를 불교 정법호지(正法護持)를 위한 권도(權道)의 절복이론에서 구하였다. 그리고 그는 만주사변 때에도 이런 주장을 하였다.

　　　정의를 위해서 창과 방패를 잡는 것은 곧 대자대비의 발양이다. 우리들 불교도는
　　　대성세존의 유훈에 의해 협력일치하여 정의를 위해 싸우지 않으면 안된다.³⁹

　이와 같이 그는 불교지도자로서 국가의 대외팽창주의나 성전이데올로기를 불설(佛說)로 착색하여 그 필요불가결성을 고취시키는 등, 권력의 이

38　大谷光瑞, 「無題錄」(1929년), 『大谷光瑞全集』 제7권, 大乘社, 1935년, p.401 참조.
39　大谷光瑞, 『支那事變と我國民之覺悟』, 大乘社, 1931년, p.13.

론적 대변자 내지 국민교화자로서 역할을 적극적으로 수행하였다.[40]

코즈이(光瑞)에 이어 본원사파 교단의 전쟁협력 가운데 가장 심했던 것으로는 남경대학살 시기의 법주 코쇼(光照)의 직접적인 가담이 꼽힌다.[41] 특히 그는 1936년부터 1년간 군무에 종사하기도 하였는데, 육군장교라는 현역의 군적을 가진 '군인법주'로서 코쇼는 1937년 11월부터 약 1개월 동안 전쟁이 가장 치열했던 상하이, 난징으로 황군위문의 포교를 위해 나갔다.[42] 이때 법주 일행의 실태를 기록한 「예하 상하이위문 수행기」를 보면, 그 위문은 일본군 난징진군의 수일 후에 호위를 받으며 이루어졌다 한다.[43] 즉, '법주는 각 부대 위문을 위해 일본 중국 양군의 전사자의 사체 위를 왕래한 것'으로서 난징의 대학살의 현장을 직접 목격하였을 것임에도 불구하고, 12월에 일본으로 귀국했을 때 그의 성명은 오직 '일본군의 무훈기원과 그 절대적인 노고에 대한 격려, 그리고 국민들의 분기(奮起) 염원'에 그치며, 종교인으로서 살육에 대한 한편의 우려조차 없이 오히려 저 만행을 절찬으로 진종신도들에게 전하는 등 매우 실질적인 전쟁협력을 했다. 그리고 코쇼(光照) 법주의 전국 순교는 교단의 전면적인 보국교단화 및 이를 위한 승려, 문신도의 동원에 있어서 가장 큰 영향력을 미쳤다. 이와 같은 코쇼 법주의 행동은 그의 일족인 렌시(連枝)[44]가 국책침략기업인 북지나 개발주식회사의 총재였으며, 본원사파교단 자체가 남만주철도주식회사의 대주주였던[45] 배경과 연관되는 것으로 생각된다.

한편, 대곡파 법주의 전쟁지원은 어떠했는가. 1930년대 전쟁 시기 대곡

---

40 榮澤幸二, 앞의 책, p.299.
41 毛利 悠, 「佛敎者における戰爭責任－眞宗本願寺敎團を中心として－」, 『歷史評論』, 通号 509, 校倉書房, 歷史科學協議會 編, 1992.09.
42 菱木政晴, 앞의 책, p.53.
43 赤松徹眞, 「日本ファシズム成立期の眞宗-日中戰爭との關係を中心に」, 『佛敎史學硏究』 31(2), 佛敎史學會, 1988.11, pp.153~154.
44 이름은 오타니 손유(大谷尊由)이며, 묘뇨(明如)의 4째 아들이자 光瑞의 동생인 그는 귀족원 의원까지 역임한 대곡가의 정치인이다.
45 菱木政晴, 앞의 글, p.211.

파의 법주인 센뇨(闡如) 즉, 오타니 코쵸(大谷光暢, 1903~1993)는 그의 부인과 함께 황군위문을 무수히 많이 다녔는데, 특히 그녀는 나가코(良子) 황태후의 여동생이기도 하였다.[46] 천황가와 밀접한 관계가 있었던 이러한 배경은 법주를 비롯한 대곡파교단이 전쟁에 협력하는데 더욱 영향을 미쳤을 것으로 생각된다.

대곡파 법주 코쵸(光暢)은 1936년에 드디어 신사참배를 단행하였다. 즉, 그는 먼저 메이지신궁에 참배하고 옥환을 받아들였는데, 이것에 대해서 교단은 '신궁의 참배는 종문(宗門)으로서 전례없이 기획된 것으로, 문무성을 시작으로 다방면으로부터 대단한 호평을 받았다'라고 스스로 평가하고 있다.[47] 그리고 며칠 뒤에는 야스쿠니신사에도 참배했으며, 그 다음 달에는 이세신궁에도 참배하는 등 국가신도의 주요 신사를 두루 참배하고 있다.

이와 같은 법주에 의한 신사참배의 영향은 지대하였다. 대곡파 나고야 교구의 예를 들면, 법주의 참배가 있었던 같은 달에 바로 여성신도단체인 '부인법활회'의 회원 약 100명이 이세신궁을 참배하였으며, 이 지역 승려들의 신사참배 역시 1937년에 급증하였다.[48] 이리하여 오랫동안 정토진종에서 지켜온 신기불배(神祇不拜)의 전통은 지도자 법주의 솔선으로 무너지게 되었으며, 이것으로 진종신도들을 국가신도 중심의 천황제체제로 동원하기 더욱 용이한 기반을 마련하게 되었다.

3. 교단조직을 통한 전쟁동원

정토진종교단은 조직적으로 전쟁을 지원하는 태도를 보여주었는데, 이

---

46 菱木政晴, 앞의 책, p.53.
47 《眞宗》 제423호, 1937년 1월 5일.
48 大東 仁, 앞의 글, 1996.08, p.41.

것은 비교적 초기부터 전문적인 전쟁협력기구를 설치하여 가능한 것이기도 하였다. 즉, 청일전쟁 때부터 서본원사 교단에서는 임시부(臨時部), 대곡파 동본원사는 장의국(葬儀局) 혹은 장의사무국이라는 부서를 설치하였다. 부서 명칭을 보아도 전쟁지원에 있어서 '장의'는 주요업무였음을 알 수 있다.

중앙교단에 전문기구를 설치하는 방식은 만주사변 이후에도 계속되었다. 진종대곡파의 흥아부(興亞部), 본원사파의 전시교학본부(戰時敎學本部)가 그것인데, 이 시기부터는 전쟁이 일상화되어서 상설부서화되었다.[49] 여기서는 전쟁의 사기를 고무시키기 위한 포교위문, 전·병사자를 현지에서 위로하기 위한 추도법회, 위문품 모집 및 발송, 부상병 및 출정가족 위문, 시국교화운동, 일본인 피난민의 구호, 군인귀경식, 전사자납골 등을 담당하였는데, 이를 보면 교단을 완전히 전쟁에 대한 동원기관으로 만드는데 있어서 이 전문부서가 핵심적인 역할을 한 것을 알 수 있다.

한편, 교단조직을 이용한 대중동원방식의 운동도 전개되었는데, 1937년 국민정신총동원령에 관한 본원사파교단의 운동을 예로 들어 살펴보면 다음과 같다.

우선, 서본원사교단은 이 동원령에 대해 「본파 본원사 국민정신총동원 운동제요」를 작성하여 전 교단이 모두 본 운동에 만전을 기할 것을 결정했다. 이 운동의 체계는 정신적 방면과 실천적 방면으로 나뉘는데, 정신적 방면은 신념확립(信念確立), 진충보은(盡忠報恩), 견인지구(堅忍持久), 화협일심(和協一心), 배사향공(背私向公)의 5가지 원칙을 세웠으며, 실천적 방면은 일완미(一椀米) 운동, 보국장(報國章) 운동, 린보(隣保) 운동의 세 가지를 들었다. 먼저, 일완미운동은 매달 16일을 사은일로 정하고, 그날 사원을 중심으로 신도의 각 가정에서 백미 한 그릇(또는 5전)을 모아, 그 지역

---

49 菱木政晴, 앞의 책, p.50.

출전병사 가족의 위휼(慰恤) 등에 헌납하는 운동이다. 두 번째로 보국장 운동은 휘장(徽章)을 한 개 10전에 팔아 모아서 애국의식과 보은의 열정을 환기함과 동시에 그 매상금으로는 군인병원용 침대, 황군위문금, 가족위휼금, 국방헌금 등에 충당하도록 기부하는 운동이다. 마지막 린보운동은 사원이 전통적으로 가지고 있는 사회 복지기능을 동원하여 국민의 생활보호, 육아보호, 유가족의 구휼, 위문, 인사상담, 근로봉사 등 물질적 방면까지 원조해 주는 운동이다.[50]

이러한 운동을 위해서는 진종 서본원사파 교단의 각 교구(敎區) 그리고 그 산하 각 조(組), 마지막으로 말단의 각 사(寺)라는 교단 조직이 전부 이용되었다. 이와 같이 정토진종은 본산의 전문적인 전쟁협력기구와 전국의

| 태평양 전쟁

---

[50] 赤松徹眞, 앞의 책, 1988.11, p.139.

서열적인 교단 조직망을 이용하여 전쟁지원에 대한 효율성과 집중성을 꾀하였다.

Ⅳ. 전쟁지원의 내적구조

1. 전쟁합리화 교학 : 진속이제론(眞俗二諦論)

정토진종이 전쟁을 지원한 방식에 대해서는 죽음과 관련한 제사의례, 교단 최고지도자로서 법주의 전쟁협력 그리고 교단 조직을 통한 동원구조를 중심으로 살펴보았다. 그런데 이러한 정토진종 교단의 특수한 상황과 특징들이 작용하여 전쟁에 보다 강한 영향력을 미친 것을 볼 수 있다. 따라서 여기서는 이 종단이 전쟁을 지원할 수 있었던 조건 및 내적인 구조에 대해서 좀 더 고찰해 보기로 하자.

우선, 정토진종이 전쟁지원이라는 현실문제와 전쟁을 통한 죽음이라는 종교적인 문제 모두에 적극적으로 관여하고 주도적 역할을 할 수 있었던 것에는 이 종단 특유의 교리인 진속이제론(眞俗二諦論)의 영향을 지적할 수 있다. 진속이제론이라는 것은 종조 신란의 사상과는 연관이 없음에도 불구하고, 근대 동서의 양 본원사파 모두 공인하는 진종교학이었다. 한편, 친란의 스승인 호넨(法然) 이래로 신도(神道)의 신에게 합장배례하지 않는 '신기불배(神祇不拜)'가 진종의 기본 입장이었다. 그래서 신도에 대해 특별히 거부반응을 나타내는 것이 본원사교단의 특징으로 말해지기도 했다.[51] 오직 신심만을 강조하는 정토진종불교는 역사적으로 종종 정치권력과 충돌하여 탄압의 대상이 되기도 했다. 그리하여 이에 대해 진종 교단지도자들은 현실순응의 규범을 신자들에게 가르치기 시작하였다.

진속이제 혹은 이제상의(二諦相依)라는 용어가 등장하기 시작한 것은 메이지시대에 들어와서이다. 즉, 메이지 초기에 서본원사와 동본원사의 법주들에 의해 각각 이것이 진종 독자의 종풍이라고 표명된 것이다.[52] 진속이제론은 현세에서 세속의 순응을 속제라 하고, 미래세의 문제로 넘겨진 출세간의 영역은 진제라고 하는데[53], 이것들 모두 종교적 실천양식으로 정의되기 때문에, 세속의 질서를 수용하고 현실에 참여하는 것 자체가 곧바로 진종신자들의 실천덕목으로 요구될 수 있었다.

한편, 속제는 초기부터 '왕법(王法)'이라는 용어로 설명되어 왔으며, 왕법위본(王法爲本) 즉 '왕법을 근본으로 한다'는 것이 진종의 종풍이라고 선언되었다. 불법에 대비되는 왕법은 인륜도덕, 현실세계에서의 질서와 규범 등으로 해석되기도 하였다. 하지만 왕법위본은 종단의 국가주의적인 태도를 정당화시키는 근거로 적극 활용되어 갔다. 막부 말기에 서본원사 교단은 존왕파로서 막부와의 전쟁에 참여했음을 앞에서도 언급했는데, 이때 신도들에게 내린 법주의 법어가 바로 '왕법위본・존왕양이(尊王攘夷)'였으며,[54] 청일전쟁 때 법주가 위문승을 파견하면서도, "본종 문도로서 왕

---

51 진종불교신자들은 신도(神道)의 신부(神符)를 집안에 모시는 단을 두지 않고 오직 아미타불만 모시는 불단을 설치하며, 새해의 신을 맞기 위해 집 입구에 소나무장식을 세우는 등의 신도관련 행사나 민간신앙을 행하지 않는 풍습을 가지고 있었다. 아마도시마로, 앞의 책, p.109 참조.
52 서본원사 교단은 1869년 法主 廣如에 의해서, 동본원사 교단은 1875년 법주 嚴如에 의해서 표명되었다. 松原祐善, 「眞宗の俗諦義について」, 『日本佛敎學會年報』 제35집, 日本佛敎學會, 1970년, p.173.
53 불교에서 진속이제(眞俗二諦)는 경론마다 다양한 설이 있지만, 대표적인 해석으로서 『중론(中論)』에 의하면, "우리의 언어나 사상의 세계는 세간적 진리 즉 세속제이며, 언어와 사려를 초월한 것은 출세간적 진리인 眞諦(勝義諦, 第一義諦)이다. 그리고, 진제는 속제에 의하지 않고는 설해질 수 없다"는 설명이 있다. 따라서 정토진종의 진속이제론은 불교의 전통적인 해석과는 거리가 있다.
54 柏原祐泉, 앞의 책, p.10.

법위본의 실의를 받들어 지키고 분골쇄신하여 국가에 보답하는 실제적인 공을 올릴 것"이라고 말하여,[55] 왕법위본은 진종의 전쟁지원 명분이자 내적 근거였음을 알 수 있다.

진속이제론도 국가에 대한 충성, 그의 일환인 전쟁지원을 정당화하는 주요 논거였음이 불교계 전쟁연설에서 자주 발견된다. 예를 들면, 본원사파 법주 묘뇨(明如)가 출정군인들에 대해 법문하고 이것을 오오츠 테츠넨(大洲鐵然)[56]이 설명한 내용은 다음과 같다.

> 불교는 단지 미래해탈에 대한 것만 설하는 것이 아니고 미래해탈을 기대함과 동시에 인간의 본분을 다하여 국가를 위해, 그대들을 위해 신명을 아끼지 않고 충성을 바치는 것이 즉 불교의 본뜻이며, 우리 종파의 소위 진속이제가 바로 이것이다. 그렇다면 우리 종파의 문도로서 현재 군에 몸담고 있는 자는 …… 뜻을 태산과 같이 굳게 하고 죽음을 깃털보다 가볍게 생각하여 국가를 위하여 의로운 남아로서 황운을 이롭게 하고 국위를 빛내줄 것을 기대한다.[57]

이러한 연설은 진속이제론을 전쟁합리화 교학으로 해석한 모델이 되었으며, 이후 진종교단의 종군포교사들이 '이 한 몸을 천황과 국가에 바치는 용기'를 설하고, 일본인 거류민들에게는 황민화교육을 행하는 등, 위문포교에서 가장 많이 사용하였다.

이후 15년 전쟁기 동안에도 진속이제, 왕법위본론은 전쟁지원이데올로기로 계속 활용되었다. 1937년 국민정신 총동원령 발표이후, 본원사파 집행장(執行長) 치바야스유키(千葉康之)도 "거국일치 견인불발(擧國一致 堅

---

[55] 高石 史人, 「佛敎敎團と戰爭」, 『龍谷大學佛敎文化硏究所紀要』 龍谷大學佛敎文化硏究所編, 通號 29, 1990.12, p.176.
[56] 그는 청일전쟁 때 서본원사파 본산에 설립된 전쟁협력기구 임시부(臨時部)의 부장이었으며, 그 무렵 법주의 순화행(巡化行)을 동반하고 있었다. 高石 史人, 앞의 글, p.178 참조.
[57] 佐佐木翠村, 『日淸交戰法の光』, 興敎書院, 1895년 11월, p.88.

忍不拔)의 정신으로 황운(皇運)의 융창(隆昌)을 돕는 것이 진속이제의 교지에 부응하는 것"[58]이라고 주장하였으며, 대곡파에서도 1937년 중일전면전쟁 발발과 관련하여 발표한 전쟁협력의 유시에서, "정토진종의 흐름을 참작한 왕법위본의 교지를 삼가 받아, 제국정부가 성명한 절절한 소지(素志)를 체인(體認)하여 각각 본분에 따라 남에게 솔선하고 봉공의 성의를 다 하도록"[59]이라고 하여, 양 본원사파 모두 국가 동원령에 대한 응답의 논거로서 진속이제, 왕법위본을 들고 있다.

이 밖에도, 1938년 12월 본원사파교단이 신사참배에 대해 공식적으로 인정할 때, "이것이 속제교의상 지당하다"[60]고 하였으며, 1939년 '시국봉공'에 교단의 동조화를 강화시킬 때, '왕법위본의 종풍을 강조하여 신도훈련을 높일 것'[61]이 교단지도부에 제안되는 등 진속이제론, 왕법위본을 논거로 한 전쟁지원 그리고 정토진종의 국가주의화는 지속적으로 전개되었다. 한편, 정토진종의 진속이제론에 대해서 빼놓을 수 없는 것이 기요자와 만시(淸澤滿之, 1863~1903)의 정신주의이다. 그는 진종의 속제중심적이고 왕법위주의 해석적 경향 속에서 종교적 세계[眞諦, 佛法]의 독립성을 발견하고 신증하였으며, 진속이제의 관계에 대해서는 신앙의 우위 즉, 속제의 수단화를 주장하였다. 그런데, 그의 문하 아케가라 스하야(曉鳥敏)[62], 카네코 다이에이(金子大榮) 등에 의해서는 전쟁과의 유착이 매우 심화된 전시교학을 발전시키기도 하였다. 절대적 신앙을 본령으로 한 정신주의의 계승자들은 전쟁에 대한 객관적이고, 사회적인 인식을 결여한 채, 여래의

---

58 《敎海一瀾》제848호, 1937년 10월.
59 《眞宗付錄》제431호, 1937년 7월 5일.
60 毛利 悠, 앞의 글, 1992.09, p.90.
61 《敎海一瀾》제866호, 1939년 4월.
62 아케가라 스하야(曉鳥敏)는 본래 전쟁에 대해서 비판적인 입장이거나 욕망체계 부정의 계기로서 보는 신앙중심의 견해를 견지했는데, 1920년 말 해외 여러나라를 여행하고 돌아와서는 '일본정신으로의 회귀'를 주장하기 시작하면서, 천황제국가와 전쟁을 신성화하는 등 전쟁수행체제를 능동적으로 도왔다.(福島和人, 「眞宗佛敎徒の戰爭觀 -曉鳥敏の場合-」, 『佛敎と政治・經濟』, 日本佛敎學會 編, 京都: 平樂寺書店, 1972 참조.

국가인 정토를 일본주의를 중심으로 한 전시국가로 너무 쉽게 전환시켜 버렸던 것이다.[63]

이와 같이 진속이제론은 정신주의와 같은 비판과 견제의 여지마저 사라진 채, 오직 전쟁에 대한 적극적 협력을 위한 명분과 교의로서만 기능하였다. 진속이제는 "살아서는 황국의 충량이 되고, 죽어서는 안양의 왕생을 따라야 하는 취지"[64]라고 한 것처럼, 이원적으로 나뉘어진 현실세계와 내세 이 둘에 모두 걸친 실천규범이라고 할 수 있는데, 앞에서 고찰한 것과 같은 속제 뿐 아니라, 안양 즉 정토왕생의 원리인 진제도 전쟁지원에 활용된 면이 있었다. 다음 연설에서는 정토진종 고유의 타력신앙원리가 군인들에게 죽음에 대한 두려움을 없애고 진군을 고무시키는데 활용된 것을 볼 수 있다.

> 우리 종파에서는 타력이 종지가 되기 때문에 그것(생사를 두려워하는 생각)을 단멸할 필요가 없다. 아미타불의 원력으로 이미 미래성불의 인을 모두 이루어 놓으셨기 때문에, 누구라도 아미타불의 원력에 의지하면 그 즉시 우리 미래의 성불이 이루어져서 생사에 대한 두려움이 사라진다. 그 의미를 나무아미타불이라고 말한다. 제군들이여 이 나무아미타불에 의해서 자신의 생사를 빨리 매듭짓고 의혹이나 두려운 생각을 떠나 일심불란(一心不亂)하게 국가를 위해 나가 청군을 무찌르고 국위를 빛내라.[65]

이 연설은 청일전쟁 무렵 오오츠 테츠넨(大洲鐵然)에 의한 것인데, 완전한 타력신앙을 특징으로 하는 정토진종의 교리는 군인들로 하여금 '빠르고 쉽게 생사의 두려움을 떨치게 한다'고 설명하고 있다. 그리고 생사의 두

---

63 吉田久一, 앞의 책, p.226.
64 『眞宗史料集成』 제6권, 京都: 同朋出版社, 1983, p.341.
65 佐佐木翠村, 『日淸交戰法の光』, p.90.

려움을 극복하는 목적은 국가를 위해 적을 무찌르고 전쟁에서 이기는 것이다. 이것을 보다 간단하면서도 분명하게 표현한 것이 앞에서도 언급한 '후세(後世)는 미타의 서원에 맡기면서 목숨을 흔쾌히 그대(천황)에게 바쳐요'라는 법주 묘뇨의 노래이다. 이러한 신앙원리는 군인들에게 죽음의 두려움을 빨리 극복하여 전쟁에 임할 수 있게 하는 정신적인 지원이 되었으며, 이는 다시 진종의 활발한 군인포교 및 위문활동 속에서 확산되었다.

이와 같이 정토진종이 전쟁을 보다 효과적으로 지원할 수 있었던 것에는 속제를 통한 국가주의의 순응원리와 더불어 타력을 통한 정토왕생이라는 진제적 차원도 포함되었다. 마지막으로, 진종의 전쟁지원을 가능하게 한 요소로서 교단의 권력구조를 들 수 있다.

2. 법주제도의 절대권력 구조

정토진종의 전쟁책임문제는 교단의 민주화 과제와 연관되는 것으로 지적되기도 한다.[66] 즉, 교단 내부에 있어서 법주제도는 천황제 파시즘 같다고 할 수 있을 정도로, 법주의 권력집중은 전 교단이 전쟁을 향하도록 하는 데 결정적인 구조였다.

우선, 법주는 교파의 관장으로서[67] 메이지정부 때 그 권한이 법적으로 인정되었다. 즉, 1872년에 교도직제도와 더불어 설치된 관장직은 1884년 태정관 행정명령에 의하면 '종제(宗制)·사법(寺法)·승려 및 교사(敎師)의 권한 및 그 칭호를 정하는 건, 사원의 주지임면 및 교사의 등급진퇴의

---

[66] 大江修, 앞의 글, 1976.03.
[67] 관장직은 1872년 교도직의 설치와 더불어 신설되었는데, 이때는 천태·진언·정토·선·진종·일련·시종의 7종이 각 1인의 관장을 두었다가, 여러 가지 무리가 있어서 1874년에 각파 1관장제로 개정되었다. 진종의 경우 이때까지도 동서 양본원사를 포함한 4개의 교파가 함께 1관장제를 취하였다가, 1877년에 이를 폐지하고 각파관장제로 변경하였다. 柏原祐泉, 앞의 책, pp.51~53.

건, 사원에 속하는 고문서·보물·집기류를 보존하는 건'을 위임받는 등,[68] 불교 종파의 통섭자로서의 지위가 부여되었다. 법주의 권력집중을 뒷받침하는 것은 진종의 본산중심 제도개편이었다. 정토진종은 1876년 4개의 교파가 공동으로 「종규강령(宗規綱領)」을 정해 기존 본말사제도를 변경하였는데, 여기서 특히 주목되는 것은 종래의 말사 아래 말사가 종속되는 중층적인 본말제(本末制)를 폐지하고, 모든 말사를 본사의 직말사(直末寺)로 두어, 본사·본산을 1파에 1사찰로 정하는 등, 본산 중심의 집권적 기구를 강화한 것이다.

진종교단과 천황은 세습체제에 기초하는 동질성을 공유한다. 그래서 법주를 중심으로 하는 본산의 위치가 초월적인 권한을 가지면서,[69] 교단은 법주에 대한 강한 존숭을 천황에 대한 존숭으로 이어지게 하기 쉬웠다. 반대로 천황에 대한 신성화가 강화되어 갈수록 교단 내에서는 법주의 권위가 강화될 수 있었는데, 이러한 배경에서 실제 진종 법주들은 전쟁에서의 활약이 두드러졌다고 할 수 있다. 즉 법주들의 막강한 권력을 유지하는 기반이 천황제에 있었으며 이것이 강하게 드러나는 시기가 전쟁이었던 것이다.

한편, 법주제와 함께 교단의 상위하달식의 서열체계는 전쟁에 대한 효율적인 동원을 가능하게 하였다. 이 구조는 지위를 기준으로 하면, 법주-집행장-교구장-조장-주직-문도의 순서이며, 종무기구를 중심으로 하면, 본산-교구-조(組)-사(寺)의 순서이다. 앞에서도 언급한 것처럼 전쟁지원 및 이를 위한 신앙운동 등에서 진종교단의 동원이 조직적으로 이루어졌던 것은 바로 이러한 서열구조가 확고하였기 때문이었다. 그리고

---

68 柏原祐泉, 앞의 책, p.51.
69 정토진종의 본산 및 법주의 권력집중구조는 양 본원사파의 법주들이 모두 엄청난 양의 부채를 져서 물러나게 된 사건을 야기시키기도 했다. 本派의 大谷光瑞 1914년, 大谷派의 大谷句佛 1925년, 柏原祐泉, 앞의 책, pp.205~209 참조.

동원뿐만 아니라, 전쟁을 찬미하고 군국주의 및 신민의식을 유포하는 데 있어서 이 서열구조는 법주를 비롯한 본산 지도부의 가치관을 교단전체의 것으로 통일시키기 용이한 것이었다.

진종의 서열구조는 1940년대 종교보국회체제에서도 그대로 유지되었는데, 즉, 중앙상회-지방상회-조상회-교단신도상회의 기구를 통해 최말단까지 통제하는 운동이 행해져 전쟁동원을 극대화하였다. 이와 같이 정토진종의 효과적인 전쟁지원을 가능하게 한 교단의 시스템은 강력한 권력집중과 이를 중심으로 그물망처럼 퍼진 교단조직의 위계 서열구조였다. 즉, 이것은 진종신앙자들에게 이성을 마비시키고 최상층 지배자들의 지시에만 일사분란하게 움직이게 하여, 전 교단이 전쟁을 위한 동원기관이 될 수 있게 만든 구조였다.

Ⅴ. 전쟁을 조직적으로 지원한 종단

정토진종이 근대 일본의 전쟁을 적극적으로 지원할 수 있었던 배경을 불교교단의 일반적인 상황과 진종의 특수한 상황으로 나누어서 살펴보았다. 전체적으로 불교교단은 메이지시대에 접어들면서 이루어진 불교탄압의 위기 속에서, 그리고 정부의 국가신도정책에 대한 협력으로서, 마지막으로 파시즘의 통제와 동원령 속에서, 지속적으로 불교의 호국성 강조로 응답하여 국가주의화 과정을 밟아갔다. 이러한 교단의 태도는 전쟁에 대한 불교적 인식을 중지시키고 오직 교단존립을 위해 전쟁에 적극 협력하게 한 근본적인 조건이 된다.

정토진종의 경우는 근세부터 이어져온 교단지도부의 정치결탁성과 단가제를 기반으로 한 교단의 경제력 등을 통해 메이지 이전부터 전쟁에 협력해 왔는데, 이 종단의 두 유력 교파인 동서 양 본원사파의 경쟁구도는 이들의 협력을 더욱 가중시키게 했다. 이러한 배경은 근대 대외침략전쟁에 대해 가장 적극적이고 조직적인 지원을 수행한 종단으로서의 진종을 설명해 주는데, 앞에서는 이 종단의 전쟁지원에 있어서 가장 강한 영향력을 가진 방식을 중심으로 그 양상을 살펴보았다. 즉, 단가제를 운영기반으로 하는 최대종단으로서 대사회적인 역할이 죽음의 의례 수행이라 할 수 있는데, 이것은 전쟁 속에서 천황제 이데올로기와 결부되면서 전쟁찬미의 공간이 되었다. 두 번째로 세습제와 권력집중이라는 동질성을 천황제와 공유한 진종의 법주는 이들의 적극적인 전쟁협력의 배경이자 목적이었고, 이들을 통한 전쟁지원은 죽음의 두려움을 넘게 하는 정신적인 지원으로, 또한 절대적인 천황제의 신성화로 그리고 전 교단 동원의 가능성으로 이어지게 하였다. 마지막으로 진종은 전문적인 교단기구 설치와 전체교단의 서열구조를 통해 전쟁을 지원하고 동원하였다.

진종이 전쟁을 지원했던 내적 구조는 이 교단 특유의 진속이제론이 양쪽 측면 모두 활용된 것을 볼 수 있었는데, 즉, 종교적 차원에서의 진제는 절대적인 타력신앙 원리가 전쟁의 생사관으로 활용되었으며, 속제는 이 종단 신도들에게 전쟁지원의 활동이 그대로 실천덕목이 되도록 하였다. 진속이제론은 현실정치와 종교면에 있어서 진종이 모두 강한 영향을 미치며 적극적으로 개입할 수 있었던 내적 근거였다. 교단의 권력구조에 있어서는 강력한 권력의 중심과 위계서열의 그물망이라는 시스템이 천황 제국 가구조와 공명하면서 전쟁지원의 효율성을 극대화하였다. ▮조승미

1930년대 불교사회주의 구상과 세노오 기로(妹尾義郎)

Ⅰ. 세노오 기로(妹尾義郎)의 불교사회주의, 군국주의에 저항하다

1929년에 시작된 세계 공황은, 일본의 침로(針路)에도 큰 영향을 주었다. 1931년에는 만주에 주둔하고 있던 관동군(關東軍)이 만주 사변을 일으키고, 다음 해에는 만주국을 건국했다. 또 이 해에는 육군 청년 장교에 의한 쿠데타인 5·15 사건이 일어났다. 게다가 일본은 만주국의 불승인을 계기로서 1933년에는 국제연맹을 탈퇴해, 다음 해에는 해군 군축 조약을 파기했다. 1936년에는 다시 육군 청년 장교에 의한 2·26 사건이 일어나, 이것을 계기로 해서 이후 군부의 정치 관여가 결정적으로 되었다. 1937년에는 노구교 사건(盧溝橋事件)을 계기로 중일 전쟁이 시작되어, 1941년의 태평양전쟁을 거쳐 일본은 패전에 이른다. 이와 같이 1930년대의 일본은,

대외적으로는 확장 정책, 국내적으로는 군사 우선의 풍조가 높아졌던 시기였다.

이러한 상황에 대한 불교계의 대응은 어떤 것이었을까? 기본적으로 전통적인 불교 교단은 체제에 순응해 갔다. 그러나 그것과는 달리, 석가모니에의 귀일, 전통 종파의 박멸, 자본주의 사회의 개조를 주창한 운동이 있었다. 그것이 1931년에 세노오 기로(妹尾義郎, 1889~1961)에 의해서 결성된 신흥불교청년동맹(이하, 신흥불청)이다. 신흥불청은 불과 7년간 밖에 지속되지 않았지만, 최성기에는 20곳에 가까운 지부와 2,000명을 넘는 동맹원을 획득해 활발하게 활동했다. 그리고 일본의 근대사상, 불교를 지도원리로 해서 군국주의에 대한 저항 운동으로써 이름을 남겼다.

세노오 기로 및 신흥불청에 대한 언급은 1950년대, 즉 세노오의 만년부터 존재했지만, 본격적인 연구는 세노오의 사후인 1960년대부터 시작되었다. 1965년에는 요시다 큐이치(吉田久一)가 『불교-현대 일본 사상 대계 7』 속에서 세노오를 다루었다. 1968년에는 고하시 쇼이치(孝橋正一)가 『사회과학과 현대불교』를 간행하여 그 중에서 세노오의 사상을 고찰했다. 이것이 본격적인 연구의 시작이었다. 1970년대에 들어오면, 이나가키 마사미(稲垣眞美)가 세노오의 아들과 함께 『세노오 기로 일기』(1974년)를 발간하고, 또한 『불타를 짊어지고 가두에 : 세노오 기로와 신흥불교청년동맹』(1974년)·『세노오 기로 종교 논집』(1975년)을 저술해 세노오의 실적은 널리 알려지게 되었다. 또 마츠네 다카(松根鷹)가 『세노오 기로와 신흥불교청년동맹』(1975년)을 저술했다. 또한 세노오와 함께 활동한 하야시 레이호(林靈法)가 『세노오 기로와 신흥 불교 청년 동맹 : 사회주의와 불교의 입장』(1976년)을 저술하는 것으로써 그 전모가 밝혀져 왔다.

이 글에서는 그러한 선행연구를 참고로 하면서 1933년에 세노오가 저술한 신흥불청의 기본적인 텍스트인 『사회변혁 도상(社會變革途上)』의 신흥불교』의 분석을 통해 그의 불교관, 사회주의관 그리고 양자의 관계를 고찰하는 것이다.

먼저 결론을 간단히 제시하면 다음과 같다. 세노오가 생각한 불교란, 석가모니에의 귀일이며, 교리 내용은 연기, 무아였다. 이에 대해 현실에 존재하는 전통 교단은 역사 중에서 왜곡된 것이라고 보았다. 그리고 세노오가 생각한 사회주의란 마르크스주의이고, 그는 불교의 무아관과 마르크스주의의 사유부정을 연결시켜 그 일치를 주장했다.

Ⅱ. 세노오 기로의 약전(略傳)

여기서는 세노오의 전기를 정리해 보겠다.[1] 세노오는 1889년, 히로시마(廣島)현에서 태어났다. 어려부터 우수하고 중학교를 수석으로 졸업해, 제일 고등학교(현재의 도쿄대학 교양 학부)에 입학했다. 그러나 2학년 때, 결핵과 소화기계의 병 때문에 고등학교를 퇴학해야 했다. 이후 10년간, 투병과 고뇌의 생활을 보냈다. 어느 날, 그는 두부 장수 노인, 마츠자키 규타로오(松崎久太郎)와 만났다. 마츠자키는 『법화경』의 신자이며, 그를 통해 세노오는 신앙의 눈을 열었다. 병상은 일진일퇴를 반복해, 좋아지면 초등학교의 교원대리를 하거나 했지만, 병이 재발하여 결국 고향으로 돌아왔다. 1915년 전국을 도는 국토순례 수행이 생각났다. 모친은 그에게 "부처님을 등에 짊어지고, 너의 신앙심을 지팡이로 해서 가거라"라고 격려했다. 그리

---

1 이나가키 마사미(稲垣眞美), 『佛陀を背負いて街頭へ: 妹尾義郎と新興佛教靑年同盟』, 岩波書店, 1974.
이나가키 마사미(稲垣眞美), 『近代佛教の變革者』, 大藏出版, 1993, 고무로 히로미쯔(小室裕充), 『近代佛教史硏究』, 同朋社, 1987을 참고로 했다.

고 오카야마(岡山)현의 석가모니 수양원(修養院)이라는 고아원에 가서, 주지 닛켄(日硏) 아래에서 득도(得度)했다.

1918년(30세), 건강을 회복한 세노오는, 도쿄에 가서 본격적으로 니치렌주의의 전도에 종사하고자 하였다. 당시 일련주의 단체로써 활발하게 활동하고 있던 타나카 치가쿠(田中智學)의 국주회(國柱會)에 들어가려고 했지만, 간부의 태도에 실망하여 같은 일련주의 운동을 하고 있던 혼다 닛쇼(本多日生)의 「통일각(統一閣)」에 들어가 불교 전도자로서 출발했다. 1920년(32세), 대일본 니치렌주의청년단(大日本日蓮主義靑年團)을 발족시켜 잡지 『젊은이』를 발간했다. 청년단은 '움직이는 절'을 수행하며 '불타를 짊어지고 가두에. 농어촌에'라는 슬로건 아래에서 가두로 나가고 설교를 하거나 지역의 아이들을 모은 어린이회, 진료, 인생 상담 등을 했다. 특히 농촌에서의 전도 과정에서 세노오는, 너무나 궁핍한 농촌의 현상에

┃ 세노오 기로(妹尾義郎)

놀라 관념적인 불교로는 안 된다는 것을 깨닫게 되었다. 세노오는 농촌의 소작 쟁의(小作爭議) 조정에 불려가기도 했는데, 너무 궁핍한 농촌의 현상을 알고 농민에게 유리한 조정을 하기도 했다. 세노오는 그 때부터 사회과학이나 경제학의 책을 읽게 되어, 종교만의 세계로부터 사회 기구 체제, 경제기구 등에의 과학적이고 합리적인 눈을 열게 되었다. 1920년대부터 일본의 사회주의 운동이 활발해지기 시작했다. 그리고 1922년에는 비합법적으로 일본공산당(日本共産黨)이 탄생했다. 이에 대해 정부는 1928년, 29년 두 번에 걸쳐 공산당원을 일제히 적발했다.

1930년 세노오는 농민의 고통에도 불구하고 부자는 풍요로운 생활을 하고 있는 현상에 대한 비판적인 논문을 썼다. 그러자 청년단 중에 있던 자본가들은 세노오가 '적화'되었다고 비판했다. 이에 대해 청년단 중에서 반대하는 의견도 나와 세노오가 청년단을 탈퇴하는 사태로까지 발전했다. 세노오는 니치렌 주의를 계속 표방하는 것은 보다 넓게 타종파의, 혹은 완전히 재가의 노동자나 농민 등을 규합하는데 오히려 장해가 된다고 보고 새로운 조직을 만들기로 했다.

1931년, 세노오는 신흥불교청년동맹(新興佛敎靑年同盟)을 결성해 불타의 이름에 의한 불교 통일을 목표로 하면서 유능한 젊은 불교도를 모았다. 기관지 『신흥 불교의 깃발 아래에』의 창간호에서는 1. 전 기성 교단을 부정하고 즉시 불타에 돌아가 새롭게 불타의 이름에 의한 신흥불교청년동맹을 실현할 것, 2. 불타의 사랑과 인식에 따라서 현 자본주의 경제조직을 부정하고 공산 공영의 신 사회 건설 운동에 매진할 것, 이 두 가지의 방침을 나타냈다. 동맹에서는 무료장의 실시, 농민학교, 순회전도, 농촌협동조합의 결성 등을 행하여 적극적으로 사회에 참여했다.

같은 해, 일본에 사회주의자에 의한 반(反)종교 단체가 결성되었다. 그것은 일본 전투적 무신론자 동맹(日本戰鬪的無神論者同盟)과 일본반종교

동맹(日本反宗教同盟)이었다. 이 움직임에 대해서 불교측도 위기감이 강해져, 이 해, 불교 학자인 다카쿠스 준지로(高楠順次郞)를 위원장으로하여 일본 전체에 걸친 각종 청년회의 통일 기관으로써 전일본불교청년회연맹(全日本佛敎靑年會連盟)이 조직되었다.

1932년 1월, 신흥불청의 제2회 전국 대회를 열었다. 그 곳에서는 현대 자본주의 문명의 퇴폐 현상의 폭로와 불교의 신시대적인 선양에 대해 계몽 운동을 실시해 갈 것이 결의되었다. 또 불교와 무산 운동과의 관계에 대해서는, 본래의 불교 입장에서는 노동 운동이나 조합 운동을 전개해야 하지만, 시대적으로 그것을 불교에 요구할 수 없기 때문에, 당분간은 마르크스주의와 거리를 두고 합법적이고 반동적이지 않은 무산 정당을 지지하기로 했다.

1933년 1월, 신흥불청의 제3회 전국 대회를 열었다. 거기에서는 동맹의 4대 운동방침과 25항목의 구체적인 운동 강령이 제안되어 결의되었다. 2월에는 동맹의 지도적 교정서(敎程書)로서 『사회변혁도상의 신흥불교』를 발표했다. 5월에는, 다카쿠스 준지로를 위원장으로 하는 전일본불교연맹에 대한 투쟁을 했다.

1934년 1월, 신흥불청의 제4회 전국 대회를 열었다. 전년에 결정된 25항목의 운동 강령의 정력적인 실천을 재확인해, 『신흥불교총서』의 발행 등을 실시하기로 했다. 7월에는 반 나치스, 파시스트 분쇄 동맹에, 8월에는 극동 평화 친우회에 가맹했다. 9월에는 도쿄 전철노동자의 스트라이크의 지원 연설을 실시하고, 11월에는 동북지방의 냉해에 의한 농민 지원에도 진력했다.

1935년 1월, 신흥불청의 제5회 전국 대회를 열었다. 전년 말부터 동북지방의 농촌 구원 활동을 계속했다. 세노오는 흉작 지방을 순회 위문해, 그 대책을 정부에 제출했다. 3월부터 5월에 걸쳐, 반파시스트 평화 전선의 통일을 위해서 노농 간담회가 탄생했다. 세노오는 이 자리를 통해 노동 운동의 섹트화를 막고, 통일적인 활동 범위의 확대를 염원했다. 그 다음에 노동 운동의 계몽 잡지로써 《노동잡지(勞働雜誌)》가 발행되었는데, 세노오가 책임자였다.

1936년 12월, 세노오는 돌연 경찰서에 검거되었다. 세노오가 발행인이었던 《노동 잡지》의 편집 스탭이 공산당 재건의 준비위원회에 관계하고 있었기 때문에, 세노오도 관련이 의심되어 검거된 것이다. 1937년 5월, 하야시가 대리가 되어 제7회의 전국 대회를 소집했다. 이 해의 10월, 간부 14명이 검거되었다. 이후 다음의 1938년에 걸쳐 본부, 지부 포함해 200명의 신흥불청의 관계자가 검거되었다. 여기서 약 7년간 지속된 신흥불청은 마지막을 맞이하였다.

그 후의 세노오의 활동은 다음과 같다. 그는 1945년 일본 패전 직전에 나가노(長野)현에 가서 농업생활을 시작했다. 전후에는 불교사회주의동맹(佛敎社會主義同盟)을 결성해, 사회당이나 평화추진국민회(平和推進國民會)에 가담했지만, 별로 성과는 얻을 수 없었다. 그리고 1959년에는 공산당에 입당하였고 2년 후인 1961년에 사망하였다.

이상으로 세노오의 생애를 살펴보았다. 세노오의 사상을 구성하는 요소를 정리하면 다음과 같다. 첫 번째는 일련주의이다. 이것은 그의 신앙의 기본을 이루는 것이며 특히 1920년대부터 혼다 닛쇼의 통일각에서의 활동은, 일련주의의 전도자로서의 세노오를 확립했다. 두 번째로는 사회주의 사상이다. 이것도 1920년대부터 가난한 농촌의 현상을 목격하며 사회에 대한 의문이 깊어지는 가운데 그가 배운 것이었다. 세 번째로는 원시불교 연구이다. 이것은 1920년대부터 진보적인 불교학회의 불교연구나 불교 경제의 연구에 바탕한 것이다. 이것들을 결합하여 1933년에 간행된 것이 다음에 분석할 『사회변혁도상의 신흥불청』이다.

Ⅲ. 『사회변혁도상(社會變革途上)의 신흥불청(新興佛靑)』의 내용

여기에서는 1933년 1월 31일에 발행된『사회변혁도상의 신흥불교』를 통해 불교와 사회주의의 관계를 보기로 한다. 텍스트는 요시다 큐이치 편집의『불교-현대일본사상대계 7』을 이용했다. 우선 3대 강령을 제시하여 그것을 구체화한 이론이 전개되고 있다. 3대 강령은 다음과 같다.

1. 우리는 인류가 가지는 최고 인격, 석가모니불을 찬앙(讚仰)하며 동포신애(同胞信愛)의 교강(敎綱)에 따라서 불국토(佛國土) 건설의 실현을 기(期)한다.
2. 우리는 모든 기성 교단이 불교 정신을 모독(冒瀆)한 잔해(殘骸)적 존재라고 인정하며 이것을 배격하고 불교의 신시대적 선양(宣揚)을 기한다.
3. 우리는 현 자본주의 경제조직은 불교 정신을 배반하고 대중 생활의 복리를 저해하는 것으로 인정하여 이것을 개혁하여 당래(當來)사회의 실현을 기한다.[2]

즉, 불교를 통일하는 것으로써 석가모니를 중심으로 하자고 주장하고 이 입장으로부터 기성 교단의 비판과 현대 자본주의 사회의 개혁을 호소했다.

각론은 다음과 같다. 우선 제1장「서론」에서는 사회가 시대와 함께 발전하므로 따라서 불교도 시대에 따라 개혁되어야 한다고 한다. 그리고 현대 사회가 요구하는 것으로써 다음의 6항목을 들었다.[3]

---

2 요시다 큐이치(吉田久一)編,『佛敎』,『現代日本思想大系』7, 筑摩書房, 1965. pp.289~290, 이하 본서에서 인용할 경우에는『新興仏靑』로 표기한다.
3 『新興仏靑』, pp.295~296.

(1) 현대과학은 초인간적(超人間的)인 신불(神佛)의 실재를 부정하며 무신론(無神論)을 말한다.
(2) 현대과학은 사후(死後)의 생활을 부정하며 무영혼론(無靈魂論)을 말한다.
(3) 현대인은 환상적 행복에는 만족하지 않고 실제 생활 속에서 전 행복을 누리기를 바란다.
(4) 현대 대중은 경제생활의 안정을 바라며 자본주의의 개조를 요구한다.
(5) 깨어난 인류는 국가주의를 지양(止揚)해서 국제주의를 고조(高調)한다.
(6) 진보적 불교도는 종파적 불교를 부정하며 그 통일을 열망(熱望)한다.

이하 각론을 약설한다.

1. 현대 과학은 초인간적인 신불의 실재를 부정하며 무신론을 말한다[4]

우선 현대 과학에서는 초인간적인 신불의 실재를 부정하며 무신론을 말한다고 한다. 이 현대 과학이란 사회주의 이론이다. 먼저 마르크스, 엥겔스 등의 저작에 근거해 그러한 신이 발생하는 구조를 말하며 불교의 기성 교단에서도 진종(眞宗)의 아미타여래, 일련종(日蓮宗)의 구원실성(久遠實成)의 본불, 진언종(眞言宗)의 대일여래 등 초인간적인 절대자를 실재로 하는 것을 말한다.

이에 대해 원시 불교는 달랐다고 지적한다. 즉 석가모니는 성도 후에 대범천(大梵天)이 만유를 창조했다고 하는 바라문교의 입장을 버리고 4제(諦), 12인연의 교리를 제창했던 것이다. 4제, 12인연은 인과의 이법과 이 것에 준거한 무아설의 실천에 의한 인류 해방의 교리라고 한다.

---

[4] 『新興仏青』, pp.296~302.

불타의 인식에 의하면, 우주 만유는 신의 창조에 의한 것이 아니고, 거기에는 있는 그대로 '상의상관(相依相關)'하고 부단히 유전(流轉) 추이(推移)하는 현상으로써의 존재가 있는 것에 지나지 않는다. 만약 상주(常住)하는 것을 찾으면, 그 것은 다만 '상의상관(相依相關)'의 사실 – 연기의 법 – 뿐이기 때문에, 이 실상에서 사는 인간의 해방의 근본태도는, 당연히 개아(個我)와 사유의 부정에 의한 무아, 공동의 발전적 사회생활이 아니면 안 된다. 불교에서 말하는 「삼법인」(제행무상, 제법무아, 열반적정)이라는 것은 이 도리를 말하는 것이다.

그러면 왜 이러한 불교가 유신적 종교 형태로 바뀌었을까? 그것은 석가모니 입멸 후의 교단과 사회 정세를 위해서 일어난, 과도적 변태적 과정이라고 한다. 따라서 오늘날 그 왜곡된 교학을 혁정(革正)하는 것은, 불교의 모독이 아니고, 진불교(眞佛敎)의 재흥이다. 어쨌든 본래의 불교는 무신론으로 절대로 마르크스주의가 말하는 아편적 종교가 아니었음을 말하고 있다.

2. 현대 과학은 사후의 생활을 부정하며 무영혼론을 말한다[5]

현대 과학에서는 사후의 생활은 부정되고 있지만, 불교의 기성 교단은 정토, 영산(靈山), 지옥, 극락 등 피안의 세계나 영혼의 존재를 말한다. 이것은 그러한 것을 믿는 이가 있어서 존재한다고 하면 그것으로 끝이지만, 실재를 증명해야 할 무슨 과학적 근거도 없다.

본래 원시 불교에서는, 피안주의(彼岸主義)나 영혼불멸(靈魂不滅)은 주장되지 않았다. 이것을 '현세에도 자아를 인정하지 않는다'고 기록하고 있는 『잡아함경(雜阿含經)』이나 『신역불교성전(新譯佛敎聖典)』에 인용

---

5 『新興仏靑』, pp.303~312.

된 『마지마 니카야(*Majjhima-Nikaya*)』를 기본으로 하여 밝히고 있다. 석가모니는 현세에서도 자아를 인정하지 않는데, 하물며 사후의 자아, 즉 영혼의 존재 등은 생각하지도 않았었다. 따라서 피안도 없다. 『원각경』에는 4대(大 : 육체)가 분해하면 미진도 남는 것이 없다고 한다. 마음마저도 사라져 버린다. 이와 같이 유물론적이라고도 할 수 있을 정도로 불교는 영혼의 존속도 말하지 않았다.

그럼에도 불구하고 권선징악적인 삼세인과(三世因果) 등이 불교 사상으로써 말해져 온 것은, 그것이 봉건주의나 자본주의 사회의 사상 정책에 부응한 것에 지나지 않고, 그것 자체가 기성 교단이 어용화된 증거에 다름이 아니다.

3. 현대인은 환상적 행복에는 만족하지 않고 실제 생활 속에서 전 행복을 누리기를 바란다[6]

현대인은 정신주의(精神主義) 등의 관념적인 행복을 요구하지 않고, 실제의 경제생활에서의 만족을 요구하고 있다. 그러나, 현재의 종교가의 대부분은 정신주의적인 설교만을 반복하고 있다. 나아가 1928년 6월, 도쿄에서 열린 일본종교대회(日本宗敎大會)에서, 문부대신(文部大臣) 쇼다 가즈에(勝田主計)는 불교, 크리스트교, 신도의 대표자 1,200명에게, "사회불안의 원인은, 물질 편중의 풍조에 귀착한다. 정신주의의 고조에 의해서 이 물질주의를 극복하기 위해 여러분의 분발을 바란다"고 말했다. 그러나 이러한 언급에도 불구하고, 현실의 소작쟁이나 노동쟁의 등은 악화되었다. 이것은 정신주의의 무능을 밝히고 있는 것이다. 이 점에 대해 불교 본래의 모습을 해명하였다.

---

6 『新興佛靑』, pp.313~325.

첫 번째로는 불타 및 각 종조의 교설이다. 경제에 대한 불타의 교설을 보면 『율장(律藏)』 「대품(大品)」에서는 중도가 설해진다. 중도란 무아를 의미하는데, 그것은 팔정도(八正道)의 실천으로 연결된다. 팔정도란 인생을 '있는 그대로' 올바르게 보고 생활하는 것이다. 이러한 중도 생활에서 보면, 현대의 관념적인 정신주의는 분명하게 왜곡된 불교라고 할 수 있다. 그 외 『선생경(善生經)』이나 『우바새계경(優婆塞戒經)』에서는 사회생활을 기초로 해서, 경제를 소홀히 하지 않았던 것, 물질생활을 무시할 수 없음을 명확하게 말하고 있다. 두 번째로, 불교 교단 발전의 역사적 과정을 보면, 불교는 처음부터 국왕이나 부호의 경제력에 의해서 발전한 것이 분명하다. 즉 물질적인 기반이 있어야만 정신적인 것도 발달되는 것이다.

그런데 현대의 사원 불교자가 대중에게 「마음」이나 정신주의만을 설하면서, 한편으로 막대한 희사 등을 받고 있는 현상은 '설교 도둑'이라고 말해도 어쩔 수 없을 것이다.

4. 현대 대중은 경제생활의 안정을 바라며 자본주의의 개조를 요구한다[7]

일반 대중은 경제생활의 불안정에 고뇌하고 있다. 앞에서 말한 것처럼, 제도를 바꾸지 않으면 정신도 변하지 않는다. 현재 상태로서는 현대 사회인의 9할은 일정한 재산이 없는 무산 계급이다. 그에 대해 종교가는 '열심히 일해라'라는 정신 작흥(精神作興)의 나팔을 부는데, 그처럼 불안정한 상태에 있는 민중의 현상은 자본주의 체제가 만들어 낸 필연의 결과이다. 그리고 자본주의 착취의 구조를, 상품주의, 기계주의, 임금주의에 의한 무계획적인 이기적 자유 경쟁에 의한 것으로 말한다. 그리고 자본주의 사회

---

7 『新興仏青』, pp.326~332.

는 자연스럽게 격화되는 계급투쟁 그 자신이 이야기하듯이, 사리투쟁(私利鬪爭)의 이익 사회이고 가장 비불교적이라고 말한다. 고로 얼마나 종교가가 협조나 동붕애(同朋愛)를 주장해도 이 구조가 개혁되지 않는 한, 그것이 허식(虛飾), 기만(欺瞞)일 뿐임은 당연하다. 이에 대해, 사회주의 사회는 상호부조를 실천하는 공동 사회이다. 그리고 이 공동 사회는 자본주의로부터 필연적으로 나오는 사회이기 때문에 실현의 가능성도 충분히 인정되는 사회인 것을 말한다.

한편, 불교도의 생활의 이상은 사유욕구를 청산한 승가의 생활에 있었다. 승가란 공동 사회 생활이며, 사유(私有)적 영리적 사회가 아니다. 재물도 모두 공유인 공, 상의상관의 무아설을 근본 원리로 하는 불교 본래의 생활형태가 승가이고, 사원은 원래 그 공동생활의 이상 실현을 도모하는 곳이었던 것이다.

이런 식으로 옛부터 사유를 고뇌의 근원으로써 부정하고 공동 사회의 이상을 가지는 불교도가 현대의 사회 변혁을 목표로 하는 민중과 함께 행동하지 않는 것은 이상한 것이다.

5. 깨어난 인류는 국가주의를 지양하고 국제주의를 고조한다[8]

이것은 국가주의와 국제주의의 문제이다. 국가주의란 자국의 유지 발전을 강조하기 위해서, 무력에 의한 옹호를 필요로 한다. 이에 대해 국제주의는 인류의 호혜 공존의 이상을 고조(高調)시켜 국가 또는 국가의 이해보다 중시해야 할 초국가적인 공동 이해가 있는 것을 인식하고, 제국민의 혹은 계급적인 상호 협력을 실시하는 것을 주장한다.

---

8 『新興仏青』, pp.333~340.

종래 기성 불교는 정토진종의 '왕법위본(王法爲本)', 진언종의 '진호국가(鎭護國家)', 선의 '흥선호국(興禪護國)'과 같이 국가주의를 받들어 왔다. 이에 대해 불교는 중도주의이다. 이것은 종합적 관찰에 따르는 실천이다. 그리고 역사가 국가주의로부터 국제주의로 이행하고 있는 것을 3개의 측면에서 증명하여 불교가 국제주의가 아니면 안 되는 것을 주장한다. 석가모니는 조상의 나라를 버리고 입산(入山)하여 조국의 멸망에도 관계없이 수행하였다. 그것은 조국을 무시한 것이 아니고, 오히려 진리의 국가 건설이야말로 영원의 복리가 있는 것을 확신하고 있었기 때문이라고 한다. 국제주의는 자국의 이해보다 세계 각국, 전 인류의 상호의 이익이나 공존을 존중해 군비 축소나 철폐를 목표로 하고, 인류 해방의 길로 연결되는 것이다. 메이지 이래의 일본 불교가 국가주의에 기운 것은, 불교 배척 이후 국가주의적으로 영합한 불교 어용화의 결과에 지나지 않는다. 간디는 외쳤다. "진리애(眞理愛)는 조국애보다 더욱 높게 평가되어야 한다"고.

6. 진보적 불교도는 종파적 불교를 부정하며 그 통일을 열망한다[9]

여기서는 무아애(無我愛)를 체득한 인격인 불타의 이름으로 불교 제 종파는 통일 되는 것이 당연하다고 말한다. 각 종파의 고전적이고 사변적인 종교학은, 각각 발생했던 시대의 필연적 소산이지만, 지금에 와서는 종파적 착취 도구라고 생각되는 만큼 기계화되어, 진보적 불교도에 있어서는 유해무익한 장애가 되었다. 불교학자인 시마지 다이토(島地大等)도, 그의 저서 『사상과 신앙』 중에서 "사상의 석가모니 그 자체가 즉시 불타이며, 우리 인류가 즉시 불타이며, 인간 속에서 불타를 찾아내므로 신이 인간을

---

[9] 『新興仏青』, pp.340~345.

만드는 것은 아니다"고 말했다. 대일여래도 아미타여래도 모두 역사적 석가모니로부터 추상화된 것이며, 그러한 절대불이 석가모니 이외에 실재하여 우리를 구제하는 것은 아니다. 13종 56파라고 말하는 번잡한 제 종파는, 그 입장을 청산(淸算) 지양(止揚)하고 석가모니가 깨달은 진리로 돌아가 불타의 이름 아래에서 통일되어야 한다고 주장하였다.

7. 결어[10]

결론으로써 다음과 같이 말한다.

1. 불교는 종래와 같이 유신론적이지 않고, 본질적으로는 무신론적인 것을 논증했다.
2. 불교는 사후에 남아있는 개별적인 영혼 같은 것을 인정하지 않고, 본래 무아인 것을 설명했다.
3. 불교는 종래와 같이 경제생활을 무시한 이른바 정신주의가 아니라, 본래 전 생활적(全生活的)인 것을 논명(論明)했다.
4. 구불교(舊佛敎)가 전한 피상적인 개인주의적, 환상적 안심을 비판하고, 사회주의적 생활을 주창해, 비불교적인 자본주의 경제조직과 같이 당연 신속하게 개조하여 공동 사회를 건설해야 함을 역설했다.
5. 국가주의적으로 왜곡된 구불교의 오류를 논하고, 불교가 본래 가진 국제주의적 사상을 고조하는 것이야말로 실로 인류 해방의 길이며, 그것은 동시에 각국의 복리 보장의 길인 것을 논명했다.
6. 종파 불교의 시대착오성을 논하여 불타에 의한 불교 통일의 가능성을 논증했다.
(부록) 신흥불청운동의 지도원리와 운동 방침 사안(私案)

---

10 『新興仏青』, p.345.

이상, 6가지로 요약되는 불교의 새로운 파악에 근거해서, 세노오는 신흥불청운동의 지도원리(사안)로써 삼귀의를 내걸었다.[11] 삼귀의란, 불법승의 삼보에 귀의하는 것을 나타내는 불교의 예배형식의 하나이지만, 세노오는 여기에 다음과 같은 의미를 부여했다.

우선, '귀의승(歸依僧)'의 승이란, 승가의 의미로 착취 없는 인격 평등의 공동 사회(승가)를 실현하는 것으로 연결된다. 다음, '귀의법(歸依法)'의 법이란, 불교에서 말하는 공관, 연기의 법, 즉 사유부정(私有否定), 상의상관(相依相關)의 무아설의 이법이며, 세노오는 그것을 유물 변증법(唯物弁証法)을 지양한 '불교 변증법'이라고 명명해, 거기에 따른 일로 불교 사관을 세울 생각이었던 것 같다. 그리고 마지막 '귀의불(歸依佛)'이란 승, 법이라는 이상의 체험자, 창도자로서의 불타, 즉 석가모니 그 분에 대해 깊이 우러러 사모함이며 귀의이다.

세노오는 이 삼귀의를 지도원리로 하여 사회과학적, 경제학적인 이론도 감안하고 신이상주의, 신인도주의적인 면을 수반하는 불교의 시대적 실천으로써 신흥불청운동의 기본적 방침을 밝혔다.

Ⅳ. 불교와 사회주의의 관계

여기에서는 『사회변혁도상의 신흥불청』의 내용으로부터 세노오의 불교관, 사회주의관을 고찰하며 그리고 그 결합에 대해서 배경이 된 사상에

---

11 『新興仏靑』, pp.349~353.

유의하면서 정리해 보기로 하겠다.

1. 불교관

세노오는 고찰을 시작할 때, 사회와 불교와의 관계로부터 시작하여 시대에 따라서 사상도 변화한다고 하여 불교도 시대의 변화에 적응해야 된다고 말했다.[12] 이것은 불교를 고찰하는 방법으로서는 획기적인 것이라고 생각할 수 있다. 그리고 불교를 석가모니 시대의 원시불교와 이후 발전한 일본의 종파 불교에 이르기까지를 분류하여 그 중에서 원시 불교를 이상으로 했다.

1) 석가모니에게의 귀일과 그 배경

강령의 제1조에도 있듯이, 세노오는 석가모니불에의 귀일을 말했다. 여기에서는 그 배경을 고찰한다.

첫 번째로는, 당시의 불교계의 중심 인물인 타카쿠스 준지로(1866~1945)나 시마지 다이토오(1875~1927)의 영향이며, 세노오는 그들의 말을 인용하고 있다.

불교가 무신론인 것(제2장)과 결론부(제7장)에서 타카쿠스의 '불교의 근본의'가 인용된다. 즉, "석가모니는 어디까지나 자기의 인격에 입각하여, 그 인격을 향상 발전시켜서 완전에 이르러 불타가 되었던 것이다. 아미타여래나 대일여래도 석가모니의 이상으로부터 나타난 것으로, 그것은 어

---

[12] "불교도 마찬가지다. 발전 변화의 도리 이외의 것이 아니다. 사실 하나의 석가모니에 의해서 설해진 불법이 현재 13종 56파까지로 분열해 온 2500년의 역사는, 추이하는 사회의 객관 정세에 따라서, 필연적으로 발전 변화한 것이며, 반드시 각 종조의 주관적 신앙심의 산물은 아니다"(『新興仏青』, p.294), "만약 불교 그 자신이 현대 사회에 도저히 도움이 되지 않는 의상(衣裝)이라면, 단연 폐기 해소해야 하고, 만약 다시 고쳐서 도움이 될 요소를 가지고 있다면, 모름지기 그 교학을 현대적으로 천명(闡明)해야 한다"(『新興仏青』, p.295)

디까지나 인간이 완성한 것이다"[13]고 하는 문장이다.

　이것은 타카쿠스가 1931년 3월에 요미우리 신문의 일요일 강단에 쓴 것인데 거기에서는 대승 불교의 근본의를 내면적 요소와 외면적 요소로 나누어 내면적 요소로 ① 무신주의, ② 인격주의, ③ 이지주의, ④ 이상주의를 들고, 외면적 요소로 ① 무상해(無傷害)주의, ② 대자(大慈)주의, ③ 평화주의, ④ 평등주의를 들었다. 그런데 이 논설은 크리스트교 신자 오지마 사네하루(尾島眞治)와의 사이에 논쟁을 불러일으켰다. 즉 오지마는 동년 4월에 같은 요미우리 신문에 「불교의 근본도리를 읽는다 : 타카쿠스 박사에게 묻는다」라는 논문을 투고해서, 타카쿠스의 소설을 비판했다. 이후 이 논의에 종교학자 이노우에 데츠지로(井上哲次郞, 도쿄대학 교수), 타나카 지고헤이(田中治吾平, 신도국교교장), 가토 도쓰도(加藤咄堂, 불교 포교가) 등이 참가해 활발한 논의가 전개되었다. 그 후 오지마는 이러한 신문지상의 논설을 모아 그것을 크리스트교와 불교와의 논전을 의미하는 『기불논전』(1932년)이라는 제목으로 출판했다. 세노오는 이 책도 읽었다고 생각할 수 있다.

　또, 고명한 천태종 학자인 시마지 다이토에 대한 인용은 『사상과 신앙』(1928)이라고 하는 책으로부터의 인용으로써 "석가모니라는 역사적 인격 가운데에서 석가모니 스스로 및 그 제자가 진실의 불타를 인정하고 이에 의해서 여래의 개념을 밝히고 있다. 사상의 석가모니 그 자체가 즉 불타이며, 우리 인류가 직접적으로 불타이며, 인간 중에 불타를 찾아내므로, 신이 인간을 만드는 것은 아니다"고 하는 부분이다.

　이와 같이 타카쿠스, 시마지의 말을 인용한 후, 세노오는 "아미타불이나 대일여래도 모두 역사적 석가모니로부터 추상된 이상불이었다. 결코 석가모니 이외에 실재해서 우리를 구제하는 절대불이 있지 않는 것이 분명히

---

[13] 『新興仏青』, p.343.

인식된다"¹⁴고 말해 자설의 증거로 삼고 있다.

두 번째로, 일련주의 시대의 스승인 혼다 닛쇼의 영향이다. 이에 대해 직접적인 인용은 없지만, 사상적으로 영향을 받았다고 알려지고 있다.¹⁵ 혼다는『법화경의 진수』(1917년) 중에서 "앞으로의 불교의 생존발달과 그 교화의 본래 목적을 완수하는 것부터 생각하면, 세계의 사상과 싸우지 않으면 안 된다. 그러나 적이 어디에 있는가 하면, 진종(眞宗)이나 정토종(淨土宗) 등은 아니다. 불교 내의 종파견(宗派見)에 치우쳐 좋다 나쁘다고 할 시대가 아니다. 불교는 세계의 모든 학술, 모든 윤리, 모든 종교와 싸워서 마지막 승리를 얻어 일체중생을 불타의 광명 속에서 구하지 않으면 안 된다. 불교내의 종지에 그쳐서, 불교 전체가 가치 없는 종교로 멸망하는 것을 묵시할 수는 없다. 우리가 가끔 그들의 종지를 비판하는 것은, 그들의 종지와 싸운다는 작은 생각이 아니다. 이 불타의 가르침을 세계 인류를 위해서 문명의 마지막까지 밝히려는 생각 때문에 언급해야 하는 것이다"라고 말해 불교 전체를 석가모니의 가르침 하나로 하는 것을 말하고 있다.

세 번째로, 1927년에 기즈 무안(木津無庵, 1867~1943)에 의해 편찬된 『불교성전』도 영향을 주고 있다. 기즈는 정토진종 대곡파의 승려로서 일체경을 쉬운 일본어로 읽을 수 있는 형태로 만들고 싶다는 소원을 갖고 있었다. 그리고 대곡파의 승려이자 불교 학자이기도 한 아카누마 지젠(赤沼智善, 1884~1937)과 야마베 슈가쿠(山辺習學, 1882~1944)의 협력을 얻어 불교협회를 설립해, 1920년부터 5년의 세월을 거쳐 1925년에 완성했다. 그 내용은 반 정도가 원시 불전으로 차지하고 있고 팔리어 연구에 근거한 원시불교 연구의 성과도 반영되어 있다. 세노오는 3부분을 인용하고 있는데, 내용은 모두 원시 불전이다.¹⁶

---

14 『新興仏青』, p.343.
15 나카노 쿄토쿠(中濃教篤), 「妹尾義郎」, 『講座日蓮』第4卷, 春秋社, 1972年, pp.133~134.
16 『新興仏青』, p.302에 인용된 것은 *Itivuttaka*(本事経), p.310에 인용된 것은 *Majjhima-*

2) 무아·연기설의 중시

한편, 세노오는 원시불교의 교리 내용으로써 무아·연기설을 중시했다. 그는 불교 사상은 마르크스가 『헤겔 법철학 비판』에서 말한 "인간에 대한 최고의 실재는 인간이다"는 것을 역설한 가르침이었다고 말한다. 그리고 "바라문교를 부정하여, 사제(四諦), 십이인연의 교리를 제창하며, 새로운 해탈의 길을 개척, 주창하신 분이야말로 실로 우리 석가모니 그 분이었던 것이다. …… 요컨대, 그것은 인과의 이법과 이에 준거한 무아설의 실천에 의한 인류 해방의 교리이다"[17]고 말했다. 그리고 그 내용을 다음과 같이 말한다.

> 불타의 인식에 의하면, '일체세간(一切世間)' — 즉 우주만유는 신의 창조가 아니라, 상의상관(相依相關)해서 부단히 유전 추이하는, 있는 그대로의 현상으로서의 존재이다. 따라서 항상불변(常恒不變)한 사회상도 없고, 신이라는 절대자가 실재할 리도 없다. 만약 항상의 것을 찾으면, 그것은 단지 상의상관의 사실-연기의 법-뿐이기 때문에, 이 사실 위에 생활하는 인간 해방의 근본 태도는 당연, 개아와 사유의 부정에 의한 무아·공동의 발전적 사회생활이 아니면 안 된다.[18]

또 불교가 무영혼설인 것을 말한 부분(제3장)에서는,

> 이러한 원시경전에서 보면, 불교는 현세에서도 '자아를 인정하지 않는다'고 말하고 있다. 하물며 사후의 자아-개별적 영혼의 불멸 등은 본래 석가모니는 생각하시지 않았던 것이다. 따라서 피안도 없다. 이른바 무아주의이며, 공관이며, 모든 존재는 여러 기연이 화합해서 만들어진 과정적 존재이다.[19]

Nikaya(中阿含経), Malunkya sutta, p.314에 인용된 것은 Vinaya-pitaka(律藏) Mahavagga(大品)이다.
17 『新興仏青』, p.300.
18 『新興仏青』, pp.300~301.
19 『新興仏青』, p.311.

세노오 기로의 불교관에 영향을 준 키무라 타이켄

고 말했다. 이렇게 원시불교의 교리를 무아・연기로 파악한 배경에는, 당시 불교학의 진전이 있었다. 1920년대는 불교학자인 키무라 타이켄(木村泰賢)이 『원시불교사상론』(1922년)을 저술하는 등 원시 불교 연구가 대성했던 시대였다. 게다가 키무라의 12인연의 개념에 대해서, 고명한 불교학자인 우이 하쿠주(宇井伯壽), 아카누마 지젠(赤沼智善) 등이 반대하며 논의가 일어나 이것들이 결과적으로 원시불교 연구를 촉진시켰다. 세노오는 이러한 학문을 흡수해 자신의 이론의 근저에 두었던 것이다.

3) 불교의 경제적 측면에 대한 관심

세노오는 불교에 대해, 무아・연기라는 교리 외에 경제라는 측면에서도 파악했다. 이것은 불교가 현실에서 떨어진 가르침이 아니고 현실의 생활을 소중히 하고 있었다는 것을 논증하기 위해서였다. 그것을 상징적으로 나타내고 있는 것이 『신역불교성전』에 수록된 『율장』「대품」의 인용이다.

구도자들이여, 세상에는 두 가지의 극단적인 삶의 방법이 있다. 하나는 함부로 재산을 갖고 싶어하고, 몸의 즐거움을 추구하면서, 반대로 괴로움을 부르는 길, 하나는 물질 생활을 무시해서 정신의 안정을 열망하면서 고민에 빠지는 길이다. 저는 이러한 극단을 떠나서, 물질생활을 마련하고 정신생활의 향상을 도모해서 무한한 행복에 이르는 중도를 찾아냈다.[20]

세노오는 여기서 말하는 중도를, 무아의 실천으로 보고, 그것은 팔정도의 실천이며, 팔정도의 실천이란 "인생을 있는 그대로 올바르게 보며 그 미혹을 분명하게 인식하고 있어야 할 생활을 실행하는 것이다"[21]고 해석했다. 그리고 "사견은 아견(我見), 아욕(我欲)이고, 따라서 깨달음이란 연기, 무아의 인식에 따라서 상호부조·공존공영의 사회생활을 하는 것이다"[22]고 한다. 그리고 그 입장으로부터 "이 중도 생활에서 보면, 현재와 같은 관념적인 정신주의는 명확하게 왜곡된 불교이다. 불타는 물질생활도 무시하지 않을 뿐만이 아니라, 사회생활의 기초로서 경제는 조금도 소홀하게 할 수 없다고 간절하게 설하고 있다"[23]고 말한다.

다만 여기서 주의해야 할 것은, 세노오가 인용한 『율장』「대품」의 문장은, 『신역불교성전』의 문장 그대로가 아닌 것이다. 세노오 자신이 "의역했다"고 말하고 있듯이, 이 원문에 세노오 자신의 해석이 들어 있다. 즉 『신역불교성전』 자체는 본래 다음과 같은 문장이다.

출가들이여, 여기에 출가자가 피하지 않으면 안 되는 두가지의 치우친 길이 있다. 그것은 천한 욕구에 빠지는 어리석은 쾌락생활과 쓸데없이 자신을 책망하는 어

---

20 『新興仏青』, pp.314~315.
21 『新興仏青』, pp.315.
22 『新興仏青』, p.315.
23 『新興仏青』, p.315.

리석은 고행의 생활이다. 출가자들이여, 이 두 가지의 치우친 길을 떠나서 마음의 눈을 열고 지혜를 진행시켜 적정과 성지와 정각과 열반으로 이끄는 중도를 부처님께서 깨달으셨다.[24]

이것을 앞의 세노오의 인용과 비교하면, 세노오의 인용문에서는, '재산', '물질생활', '무한의 행복' 등 세노오의 논의에 부합하는 단어로 바뀐 것을 알 수 있다.

불교와 경제의 논거로서 『우바새계경』・『선생경』・『잡아함경』을 들고 그 다음에 일본 불교의 대표적인 종조인 공해(空海), 호넨(法然), 신란(親鸞), 니치렌(日蓮)의 경제관을 들어, "각 종조의 불교는 비록 형식은 각각 다르다 해도 그 정신은 항상 대중의 고뇌에 응한 순수한 성애의 발로였던 것이다"[25]고 말하고 있다.

이와 같이, 세노오는 불타 및 일본 불교 종조의 경제관, 그 중에서도 정신에만 치우치지 않는 상식적인 경제관을 추출하고 있다. 물론 그 중에서도 중시되고 있는 것이 석가모니인 것에는 변함이 없다.

그런데 세노오가 불교를 경제라는 측면에서 파악하려고 한 배경에는 당시의 경제사 연구의 발전이 있었다. 우선 그 하나는 일본사 연구 중에서 이루어진 사원경제사(寺院經濟史)의 연구이다. 세노오가 『신흥불청』을 집필하고 있던 1931년, 1932년에는,

호소카와 가메이치(細川龜市), 『일본 상대불교의 사회경제』(1931년)
다케우치 리조우(竹內理三), 『나라시대에서의 사원경제의 연구』(1932년)
호소카와 가메이치(細川龜市), 『일본불교 경제사론고』(1932년)
다케우치 리조우(竹內理三), 『일본 상대 사원경제사의 연구』(1932년)

---

24 『新譯佛教聖典』, 佛敎協會, 1929, p.27.
25 『新興仏靑』, pp.317~318.

등 잇달아 연구 성과가 발표되었다. 세노오는 『신흥불교』 중에서는 호소카와의 『일본불교경제사론고』를 인용하고 있다.[26]

또 특히, 불교와 경제의 관계에 대해서는 토모마츠 엔타이(友松圓諦, 1895~1973) 등에 의해 연구가 시작되었다. 토모마츠는 1927년에 『불교경제학』을 출판해서 이 연구의 선구자가 되고, 게다가 1932년에 불교법정연구소를 설립해, 불교와 경제의 관계를 연구했다. 또 토모마츠는 1930년대부터 불교적 이념에 근거한 사회운동인 진리운동을 시작했지만, 세노오는 이것을 비판했다. 그것은 토모마츠가 계급의 문제에 대해 '계급은 마음의 소산'이라고 말한 것에 의한다. 이것은 계급 간의 문제를 현실 속에서 해결하려고 한 세노오와 다르기 때문에 세노오는 토모마츠를 강하게 비판한 것이다. 또 동시대에는 1933년에 불교사회학회를 설립하여 불교의 사회학적인 연구의 선구자가 된 아사노 겐신(淺野硏眞)이 있었는데, 세노오도 이 불교사회학회에 참가했다. 이와 같이 1930년대 전후는, 역사학, 불교학에서 사회과학적 연구가 활발하게 행해졌던 시대여서 세노오도 그 성과를 흡수했던 것이다.

2. 사회주의관

1) 세노오가 인용하는 사회주의 문헌

세노오가 말한 사회주의란 마르크스주의이다. 우선 마르크스주의에 대해 간단하게 확인한다. 마르크스주의를 구성하는 요소로써는 ① 철학 및 역사관, ② 경제학적 분석, ③ 계급투쟁과 혁명론을 들 수 있다.[27] ① 철학 및 역사관이란, 포이에르바하 등을 비판적으로 검토한 인간관 및 역사관은 사회의 물질적 생산력과 거기에 조응하는 생산관계를 사회의 현실적

---

26 『新興仏青』, pp.319~320
27 「마르크스주의」, 『岩波哲學思想事典』, 岩波書店, 1998. pp.1531~1532.

토대로써 파악하고, 그 위에 법률적・정치적인 상부구조를 위치시키고 사회적 의식 제형태는 거기에 조응하는 것으로 하는 유물사관이다. ② 경제학적 분석은, 생산수단의 사유화와 노동력의 상품화를 전제로 하는 자본주의사회에서는 잉여가치가 부가될 것을 밝힌다. ③ 계급투쟁과 혁명론이란, 자본주의사회에 있어서는 여러 기업은 잉여가치의 증대를 목표로 해서 생산을 하지만, 그 결과로 주기적인 공황이 일어난다. 또 노동자는 보다 열악한 환경에서 노동하게 된다. 거기로부터 노동자의 계급투쟁이 격화하며 계급의식이 일어나고, 계급으로서의 단결력을 강화된다. 이렇게 해서 자본주의 사회는, 생산력의 발전과 생산수단의 사유에 근거하는 생산관계의 모순의 결과, 붕괴하게 된다. 계급의식에 눈을 뜬 무산계급이 현존하는 정치권력을 혁명에 의해서 타도해 사회주의 사회를 건설한다.

『신흥불청』에 인용되는 사회주의 관련 문헌은, 포이에르바하(1804~1872)의 『크리스트교의 본질』, 엥겔스(1820~1895)의 『포이에르바하』, 『반뒤링론』, 마르크스(1818~1883)의 『헤겔 법철학 비판서설』, 마르크스, 엥겔스 『공산당선언』, 레닌(1870~1924) 『사회주의와 국가』 등이다.

2) 세노오의 사회주의에 관한 기술

세노오가 마르크스주의에 대해 언급하고 있는 부분은 종교의 문제를 들어 불교가 무신론인 것을 논하고 있는 부분(제2장)과 경제에 대해 말하는 부분(제5장)이다. 제2장에서는 대표적인 사회주의의 종교 비판의 이론을 말한 다음에 불교가 그러한 비판에 해당하지는 않는 것을 말하고 있다.

그리고 제5장에서는 자본주의와 사회주의와의 차이에 대해 말한다. "자본주의 착취의 장치에 대해서는 많은 사회주의 문헌에 의해서 이해되듯이, 요컨데 상품주의와 기계주의와 임금주의에 의한 무계획적인 이기적 자유경쟁의 경제 조직 때문이라고 해도 좋을 것이다"고 하면서,[28] 이 때문에 실업문제, 농촌문제가 일어난다고 한다. 그리고 그러한 자본주의사회는 "자연스럽게 격화하는 계급투쟁, 그것 자신이 이야기하듯이, 사리 투쟁의 이익 사회이고 그것이 가장 비불교적인 사회"²⁹라고 말해, 자본주의에 대한 비판과 더불어 그것이 불교적이지 않음을 말한다.

이에 대해 사회주의사회는 자유 경쟁의 이익 사회가 아니라, 상호부조를 실천하는 공동 사회이다. 거기에서는 자본주의를 가능하게 한 생산기관을 비롯해 모든 자본은 개인의 사유가 아니고 공동사회의 공유물로써 관리되어 공동적 생산에 제공된다. 그러므로 생산품은 개인이 돈을 벌어 그 사유재산을 증대하기 위한 상품이 아니라, 전 사회인의 생활보장을 위해서 계획적으로 생산된 공동의 생활품이다.

이러한 세노오의 마르크스주의 이해에 대해, 코하시 쇼이치(孝橋正一)는 "초보적이기는 하지만, 기본선을 확실히 밟고 있다"고 평가하였다.³⁰

3) 불교와 마르크스주의의 접점 : 무아와 사유재산 부정

이어서 불교와 마르크스주의와의 접점을 고찰해 보겠다. 세노오가 생각하는 불교란 석가모니의 교설인 원시불교이며, 그것은 무아, 연기의 교설이었다. 세노오는 그것을 사회주의의 사유재산의 부정과 결합시키고자 하였다. 앞에서도 인용한 아래의 문장이 그것을 잘 나타내고 있다.

> 불타의 인식에 의하면 '일체세간(一切世間)' – 즉 우주만유는 '신'의 창조가 아니라, 상의상관(相依相關)해서 부단히 유전 추이하는 있는 그대로의 현상으로서의 존재이다. 따라서 항상불변(常恒不變)한 사회상도 없고, '신'이라는 절대자가 실재할

---

28 『新興仏青』, p.329.
29 『新興仏青』, p.330.
30 孝橋正一, 『社會科學と現代仏敎 : 仏敎の社會化をめざす』, 1968, 「第二章 近代日本仏敎と仏敎社會主義」 '2 新興仏青 の仏敎社會主義, p.40.

리도 없다. 만약 항상의 것을 찾으면, 그것은 단지 상의상관의 사실 – 연기의 법 – 뿐이기 때문에, 이 사실 위에 생활하는 인간 해방의 근본 태도는 당연, 개아와 사유의 부정에 의한 무아·공동의 발전적 사회생활이 아니면 안 된다.[31]

즉, 연기를 체득한 사람의 생활 태도는 "개아와 사유의 부정에 의한 무아·공동의 발전적 사회생활"이라고 말했다. 게다가 승가 생활은 본래 공동사회인 것을 의미한다.

> 불교도의 생활 이상은 사유욕구를 청산한 승가생활이었다. 승가생활이란 공동사회생활이고, 사유적 영리사회가 아니다. 사원은 이 공동생활을 이상으로 한 곳이고, 그러므로 재물을 '사방물(四方物)' 혹은 '집물(什物)'이라고 부르는 것은 모두 공유의 의미이다. 이것들은 공, 연기, 상의상관의 무아주의를 근본원리로 하는 불교 정신의 당연한 생활형태이다.[32]

이와 같이, 세노오에서의 불교와 사회주의의 접점은 '무아'와 '사유의 부정'이 결합하는 것이었다. 그러나 한편으로, 부분적으로는 전혀 동일하지 않은 점도 말하였다.

> 다만, 사회과학에 의한 공동 사회의 인식 및 실천과, 불교에 의한 그것을 전혀 동일한 것으로 보는 것은 물론 아니다. 거기에는 비판의 여지가 있지만, 공동 사회조직을 위한 자본주의 개조라는 궁극적인 이상에 대해서는 동일하다.[33]

또 유물론과 유심론과의 관계에 대해, "나도 사유를 유물적인 모사설(模

---

31 『新興仏靑』, pp.331~332.
32 『新興仏靑』, p.332.
33 『新興仏靑』, p.332.

寫說)로만 보는 것은 비판의 여지가 있으므로 반대이다. 그렇지만 사유는 절대 독립적이지 않은 것만은 확실하다"[34]고 말해, 12인연설 안의 식과 명색과의 관계를 들어 논증하고 있다.[35]

이상, 세노오의 불교관 및 사회주의관을 검토했다. 요약하면, 세노오는 사상이 시대에 따라서 변화한다는 생각을 갖고, 불교도 사회의 요구에 응해야 한다고 생각했다. 그러한 현실 사회의 요구에 응할 수 있는 불교는, 당시 존재했던 종파불교가 아니라 원시 불교이며, 그 교리의 중심은 연기, 무아사상이었다. 그리고 그것은 자본주의 사회의 사유재산의 부정과 동일시되었다. 따라서 원시불교의 무아사상과 사회주의 사상과의 공통점을 찾아낸 것이 세노오의 불교사회주의의 사상이었다.

V. 세노오에 대한 평가

세노오의 구상은 결과적으로 실현되지는 못했다. 그러나 세노오의 사상은 많은 사람에게 영향을 주었다. 여기에서는 시대순서로 세노오에 대한 평가를 살펴보기로 하겠다.

1. 오가타 히로시(緒方浩)

먼저 신흥불교청년 동맹을 조사한 검사 오가타 히로시(緒方浩)를 들 수

---

34 『新興仏青』, p.332.
35 『新興仏青』, p.334.

있다. 오가타는 1939년에『불교의 사회운동 : 주로 신흥불교청년동맹에 대해』를 집필했다. 이것은 세노오와 동시대의 평가인데, 여기에 세노오의 구상이 좌절한 이유가 나타나 있다고 생각된다.

본서의 구성은 다음과 같다. 총론으로는 제1편 원시불교, 제2편 황도(皇道)의 본질, 제3편 일본불교의 특징, 그리고 각론에는 제1편 메이지 유신 이전 불교의 비합법사회운동, 제2편 최근에 있어 불교의 비합법사회운동, 제3편 신흥불교청년동맹 사건, 제4편 일본불교의 개혁 등이다. 여기서 주목하고 싶은 것은, 마지막 '제4편 일본불교의 개혁'이다. 여기에 오가타의 일본 불교에 대한 견해가 나타나 있다. 즉, 그는 다음과 같이 말하였다.

> 종교는 결코 단순한 관념의 문제가 아니다. 인류의 실제 생활에서의 모든 경험내용이다. 불교도 인생고를 해탈한 석가의 인식생활을 기조로 해서 그 후 추이하는 사회의 객관적 변화에 따라 시대와 함께 필연적으로 발전 진화하여 그 형체(形体)와 내용을 바꿔 온 시대고(時代苦) 구제의 교법에 지나지 않는다. 시대는 부단히 추이하여 문화가 점차 변천해 가는 것이 우주의 실상이다. 즉 제행무상인 것이다. 불교도 결코 그 예외가 아니다. 항상 시대와 함께 생성 발전해야만 불교의 미래가 있으며 발전력이 있는 것이다.[36]

이 불교관은 세노오와 공통되고 있다. 그는 계속, 일본의 불교에 대해 다음과 같이 말한다.

> 그리고 일본에서의 불교도 그 목적하는 곳은 일본인, 일본가가 아니면 안 된다. 즉 일본의 전통과 역사와 일본 정신을 망각하면 일본불교는 있을 수 없다. 그 의미

---

[36] 오가타 히로시(緒方浩),『佛敎と社會運動 : 主として新興佛敎靑年同盟に就いて』, 社會問題資料硏究會編,『社會問題資料叢書』第1輯 第5回, 思想硏究資料特輯52號. 東洋文化社, 1972. p.485.

로 불교의 구제 대상은 조국 일본이 아니면 안 된다. 불교운동도 일본정신을 발양하는 데에 일본불교의 특징이 있는 것이다.[37]

여기서 견해는 일본 중심이라 할 수 있다. 그리고 일본의 불교가 황도불교(皇道佛教)로 발달해 온 것을 설명한 후 다음과 같이 말한다.

> 그런데, 현대불교의 실정은 어떤 것일까? 반종교운동은, 민중을 마비시키는 아편이라고 해서 이것을 배척하여, 신흥불교청년동맹도 마찬가지로, 현대불교가 관념의 경계를 떠나지 않고 오직 체관인종(諦觀忍從)을 강제하는 것만으로 거기에는 어떠한 지도원리도 기력도 갖지 않는 것을 비판하고 있다. 실로 국가를 구하지 못하고, 지도원리도 갖지 않는 종교는 종교의 잔해적(殘骸的) 존재에 지나지 않는 것이다.[38]

이것은 전통불교를 비판한 것으로 세노오의 논조와 닮아 있다. 다음에 불교계가 개선해야 할 점이 많음을 말하고, 그 중심은 지도원리, 본존의 개혁이라고 하였는데, 본존을 일본의 신화 상의 조상인 아마테라스 오오미카미(天照大神)라고 하였다.

> 불교에서는 불법승이 그 진수이다. 그리고 법, 보, 응 삼신구족(三身具足)의 실재가 역사적 사실이고, 또 현실적 실상으로서는 우리나라에 아마테라스 오오카미(天照大神)가 계시는 이상, 일본불교의 귀의의 대상이 되는 본존은 반드시 아마테라스 오오미카미가 아니면 안된다. 아마테라스 오오미카미는 우주의 진리이다. 그 진리의 신화된 것이 인간으로서의 신 아마테라스 오오미카미인 것이다. 따라서 내가 말하고 싶은 결론은 현대의 종파불교는 아마테라스 오오미카미의 찬앙(鑽仰)에 귀일하여 통일해야 한다는 것이다.[39]

---

37 오가타 히로시, 앞의 책, pp.485~486.
38 오가타 히로시, 앞의 책, p.486.

즉, 일본에 존재하는 불교라는 의미는, 아마테라스 오오미카미가 존재하는 나라의 불교이기 때문에 불교는 그 아래에 종속되어야 된다는 결론이다. 이것은 오가타 개인의 견해일지도 모른다. 그러나 이러한 사고가 세노오가 활동한 당시의 일본에 존재하고, 이러한 분위기가 세노오를 탄압했던 것이라고 생각할 수 있다. 본서가 저술된 1939년은 일본의 군국주의 내셔널리즘이 고조되었던 시대이다. 다음 해인 1940년에는 신화상의 인물인 초대의 천황, 진무천황(神武天皇) 즉위 2600년 기념이 열렸다. 당시의 일본은 이러한 사상에 의해 마비되고 있었던 것이다.

2. 고오하시 쇼오이치(孝橋正一, 1968년)

일본의 패전 후, 다시 세노오의 사상이 주목받게 된 것은 1965년에 요시다 규우이치가 『현대일본사상대계』안에 「사회변혁도상의 신흥불청」을 수록하고 난 후의 일이다. 그 후 3년, 사회정책을 전공한 류코쿠대학(龍谷大學) 교수인 코하시 쇼이치는 다음과 같이 말하고 있다.

> 이 견해와 주장은 불교사회주의로서는 최초의 것이지만, 그 이론적 기조는 불교원리의 현대사회적 해석과 적용·전개이며, 게다가 거기에는 큰 오류를 볼 수 없다. 마르크스주의를 비판적으로 흡수하는 것과 동시에, 그것을 넘은 신인도주의(新人道主義)의 제창은, 불교 휴머니즘의 현대적 표현이라고도 할 수 있는 것으로, 아마 당시의 마르크스주의나 마르크스주의 사회운동이 가지는 객관적 조건 중시에 대한 보충이라고도 할 수 있다.[40]

---

[39] 오가타 히로시, 앞의 책, p.486.
[40] 孝橋正一, 『社會科學と現代仏敎 : 仏敎の社會化をめざす』, 1968, 「第二章 近代日本仏敎と仏敎社會主義」, '2 新興仏靑 の仏敎社會主義', p.40.

즉 세노오가 마르크스주의를 잘 이해하고, 불교를 부가해서 마르크스주의의 결함을 보완하는 것이라고 말해 세노오의 사상을 평가하고 있다.

3. 코무로 히로미츠(小室裕充, 1969년)

코무로 히로미츠(1931~)는 진언종의 승려이며, 전일본불교청년회(全日本佛教靑年會)의 사회국장을 맡은 인물이다. 코무로는 세노오의 활동에 대해 다음과 같이 평가하고 있다.

> 첫번째는, 근대적 불교신앙의 확립을 위한 역할과 의의이다. 戰前의 불교사상에서는 메이지의 신불교운동(新佛教運動)과 신흥불청이야말로, 근대적 신앙을 확립하기 위해서 진지하게 구도한 단체였다. 국가권력에 의해서 신교의 자유를 빼앗겨, 신도(神道)와의 타협에 의해서 겨우 자기의 신앙을 가지지 않을 수 없었던 근대불교사상에서의 의의는 크다. 민중의 불교, 사회주의와도 공투(共鬪)한 불교 운동으로서는 가마쿠라(鎌倉) 불교 이상으로 불교의 새로운 방향을 찾아내어 간, 일본불교사상사에서 큰 의의가 있는 것이었다. 두 번째로는 통일전선(統一戰線)을 위한 큰 역할과 의의이다.[41]

이것은 불교인의 사회적 운동이라는 관점에서의 평가이며, 근대적 불교신앙의 확립, 운동에서의 통일전선 수립이라는 면에서 세노오를 평가하고 있다.

---

41 小室裕充, 『近代佛教史研究』, 同朋社, 1969, pp.150~151.

4. 이치카와 하쿠겐(市川白弦, 1970년)

이어서, 하나조노(花園) 대학의 교수이며, 전전부터 마르크스주의를 연구해 왔던 이치카와 하쿠겐의 평가를 살펴 본다. 그는 『불교자의 전쟁책임』 중에서 세노오에 대해, "근대 일본의 불교사회주의의 역사에 획기적인 실적을 남겼다"[42]고 말한 후, 앞으로의 불교 사회주의의 가능성에 대해서 다음과 같이 말했다.

> 일본에서 불교사회주의(?)가 형성될 필요와 가능성이 있다고 한다면, 그 시도는 대략 다음과 같은 방향과 내용에서 불교의 전통을 창조적으로 계승하게 되지 않을까. 그것은 공(sunya)의 장소로부터, 이법, 진리, 도리를 의미하는 법(dharma)의 입장, 정신, 원리를 현대의 과제와 정신 상황 속에서, 새롭게 혈육화(血肉化)하고 구성하는 것이다. 이 경우 보살도에서의 '무주열반(깨달음의 경지에 머무르지 않는다)'의 태도가 시사하는 점이 클 것이다.[43]

이 내용은 철학적이어서 어렵지만, 공관에 기초를 둔 법의 확립의 중요성을 말하고 있다.

5. 시마네 기요시(1973년)

1970년대의 대표적 시민운동이었던 "사상의 과학"에 참가한 시마네 키요시의 평가를 본다.

> 세노오는 그렇게 유능한 조직자가 아니었다. 또 화려한 선동자도 아니었다. 따라

---

[42] 市川白弦, 「日本における仏教社會主義の問題」, 『仏教者の戰爭責任』, 1970, p.162.
[43] 市川白弦, pp.163~164.

서 세노오는 사회주의운동이나 인민전선 운동의 저명인이 되지 못했다. 그러나 세노오는 성실하게 스스로의 사상에 살았다. 이 의미에서 세노오는 사회주의 운동사에서 기억해야 할 사상가였다.

　세노오 사상의 특징은, 일본의 전통 사상을 지렛대로 일본을 넘는 세계 보편적인 급진주의 원리를 독자적으로 구축한 것이고, 게다가 그것은 일본식 특수한 형태인 일본인민전선의 상징적 사상으로써 기능할 수 있다는 것이다. 이 의미에서 세노오의 사상은 일본 전통에서의 급진주의 계보를 더듬는 현대적 원점이 될 수 있는 것과 동시에, 이론과 인간을 통일적으로 파악하는 시야를 제공하고, 게다가 급진적인 사상과 합법적인 행동과의 접점을 나타내고 있다. 이 세노오의 사상은 현재의 우리와 결코 무관하지 않을 것이다.[44]

즉, 세노오가 자기의 사상에 충실히 산 것, 일본 전통 사상에 기초를 두면서 세계 보편적인 급진주의 원리를 제공했던 것을 말한다.

6. 하야시 레이호(林靈法, 1976년)

마지막으로, 세노오와 함께 신흥불교청년동맹에서 활동한 하야시 레이호(林靈法)의 평가는 다음과 같다.

　당시, 일본에 전개된 사회주의 운동의 이데올로기는, 여러 수정은 있으면서도 원칙적으로는 마르크스주의라는 공식적인 입장을 계승하였다. 즉, 외국으로부터 전해진 이데올로기가 무비판적으로 일본에 도입되어 해방운동의 지도이념으로서 채용되었다. 그러나 거기에는 역사적 발전 법칙의 객관성만이 강조되고, 역사적 실천에 있어서의 인간 주체의 측에 둘 수 있는 윤리성 따위는 문제가 되지 않았기 때문

44　시마네 기요시, 「人民戰線―妹尾義郎と中井正一―」, 『現代の眼』 1973년 2월호, p.162.

에 그로인해 해방운동의 도상에 있어 많은 인간적인 탈선이나 비극이 나타났다. 이에 대해 신흥불청은, 무산 계급 해방운동에 참가하면서도, 이것을 불교적 세계관으로 정화해야 할 중요한 역할을 갖고 있었다.[45]

이상, 6명의 평가를 살펴보았다. 전전(戰前)의 오가타의 평가를 제외하면, 전후의 평가는 호의적이었다. 그것들은 불교와 마르크스주의를 잘 결합시켰다는 이론면의 평가, 근대적 신앙의 확립, 통일전선에 있어서의 역할 및 그의 활동 면에 대한 평가들이었다.

Ⅵ. 세노오의 불교사회주의 사상

이상, 세노오의 『사회변혁 도상의 신흥불청』을 분석하면서, 그의 불교와 사회주의와의 관계를 고찰했다. 내용을 정리하면 다음과 같다.

(1) 세노오는 사상은 시대에 따라서 변화한다는 생각 위에 불교도 사회의 요구에 응하지 않으면 안 된다고 생각했다.
(2) 현대 사회가 요구하는 항목은 종교로는 무신론이나 무영혼론(無靈魂論), 생활 문제에서는 실제의 경제생활의 안정 등이다.
(3) 그러한 현실 사회의 요구에 답할 수 있는 불교는 당시의 일본 불교가 아니라 원시 불교이며, 그 교리의 중심은 연기, 무아였다.
(4) 무아의 교리는 자본주의 사회의 사유재산의 부정과 동일시되었다.

---

45 林靈法, 『妹尾義郎と新興仏教青年同盟 : 社會主義と仏教の立場』, 百華苑, 1976. 2, 「第一部 戰う新興仏教青年同盟の全貌」, '4 新興仏教青年同盟の本質', p.61.

(5) 따라서, 원시 불교의 무아 사상과 사회주의 사상은 공통된다고 한 것이 세노오의 불교 사회주의 사상이었다.

(6) 세노오의 사상에 영향을 준 인물은, 원시불교 관련에서는 혼다 닛쇼, 다카쿠스 준지로, 우이 하쿠주 등이고, 경제적인 관점에서 불교를 파악하는 태도에 대해서는 토모마츠 엔타이, 아사노 겐신 등이었다.

(7) 세노오의 사상을 탄압한 것은, 천황을 모든 것의 중심으로 생각하는 사고였다. 그것을 상징하는 것으로써 불교에 대한 견해를 세노오와 공유하면서도, 최종적으로는 전불교를 아마테라스 오오미카미(天照大神) 아래에서 통일시키려는 오가타 히로시의 사상을 보았다.

(8) 전후가 되면서 세노오의 사상에 대해서는 불교 사회주의의 이론에 대한 호의적인 평가 그리고, 근대적 신앙의 확립자 등의 평가가 주어졌다.

세노오가 『사회변혁 도상의 신흥불청』을 저술한 지 70년 이상이 지났다. 현재에도 세노오에 대한 연구는 행해지고 있다. 그러나 그것은 학문의 대상으로 하는 것이고, 세노오의 논의를 기본으로 해서 불교 및 사회를 어떻게 변혁할까하는 관점은 존재하지 않는다. 세노오가 비판한 전통 종파는 현재에도 그대로 남아 있고, 불교인의 사회적 역할이 요구되고 있는 상황은 변함이 없다. 물론 시대는 세노오 때와는 크게 바뀌었다. 일본은 패전을 거치고, 사회 구조가 크게 바뀌어, 경제적으로도 풍부해지고, 세노오 때와 같은 노동 문제나 농촌 문제는 없어졌다. 그리고 이제 마르크스주의도 그 중심적인 사상은 아니다. 이와 같이 많은 국면이 변화했다고 해도, 세노오를 단순하게 역사 속에 매몰시키지 않고, 그로부터 무엇을 배울 수 있는지를 다시 한 번 모색하는 일이 필요하다고 생각한다.[46]

---

[46] 이 의미에서 코바시 쇼이치(孝橋正一), 『社會科學と現代佛敎』, 創元社, 1968, 「제4장 マルクス主義の宗敎批判とキリスト敎・仏敎: 社會主義と宗敎との關係」 및 이치카와 하쿠겐(市川白弦), 『佛敎者の戰爭責任』, 春秋社, 1970, 「第二部 日本における仏敎社會主義の問題」는 참고가 될 것이다.

〈자료〉 세노오 기로(妹尾義郎)·신흥불교청년동맹 관계 연표
(1920년~1939년)

西曆 (나이)	세노오 기로·신흥불청 관련사항	종교계 사항	기타 사항
1920 (42)	〈대일본일련주의청년단〉 결성		12월 오스기 사카에(大杉榮), 사카이 도시히코(堺利彦), 일본사회주의동맹결성
1921 (43)	『빛을 그리며』 간행	대본교(大本敎)탄압	11월 하라 다카시(原敬)수상, 암살됨. 다카하시 고레키요(高橋是淸)내각
1922 (44)		시이오 벤쿄(椎尾弁匡) 공생도(共生道)제창	3월 전국 수평사(水平社) 창립 4월 일본농민조합결성 6월 가토 유사부로(加藤友三郞) 내각 7월 일본공산당결성(비합법)
1923 (45)			4월 일본공산청년동맹결성.『적기(赤旗)』발간 9월 관동대진재. 제2차 야마모토 곤노효에(山本權兵衛)내각
1924 (46)	소작조정(小作調停)에 참가 「무상(無常)에서 친애(親愛)로」 이 무렵 우이 하쿠주(宇井伯壽)의 책을 읽음	『대정신수대장경』간행개시 『신역불교성전』간행 우이 하쿠주『인도철학연구』제1권간행	1월 기요라 게이고(淸浦奎吾)내각 6월 제1차 모토노 타로(加藤高明) 내각 7월 소작조정법(小作調停法)성립
1925 (47)			4월 치안유지법공포 5월 보통선거법공포 8월 제2차 모토노 타로(加藤高明) 내각
1926 (48)	11월 「입정안국(立正安國)의 현대적의의」		1월 제1차 와카쓰키 레이지로(若槻礼次郞) 내각 2월 후쿠모토 가즈오(福本和夫), 야마카와 히토시(山川均)를 비판

			3월 노동농민당결성 12월 다이쇼천황 붕어
1927 (49)		와츠지 데츠로(和辻哲郎)『원시불교의 실천원리』간행	3월 금융공황발발 4월 다나카 기이치(田中義一) 내각 5월 제1차 산동출병
1928 (50)		6월 일본종교대회 열림	3월 일본공산당원 대량검거(3·15사건) 4월 제2차 산동출병
1929 (51)	「일련주의의 시대적필연성」		4월 일본공산당원 대량검거(4·16사건) 10월 세계공황 시작됨
1930 (52)	3월, 4월에 걸쳐 〈대일본일련주의청년단〉을 일시 탈퇴	『맑시즘과 불교』간행 종교단체, 생장(生長)의 가(家), ひとのみち 발족	
1931 (53)	1월 〈대일본일련주의청년단〉 해체 4월 신흥불교청년동맹 결성『신흥불교의 제창』	일본 전투적무신론자동맹 5월 다카쓰 마사미치(高津正道) 등 일본반종교동맹 결성	4월 와카쓰키 레이지로(若槻礼次郎) 내각 9월 만주사변발발 12월 이누카이 쓰요시(犬養毅) 내각
1932 (53)	1월 제2회 전국동지대회		3월 만주국 건국선언 5월 5·15사건, 사이토 마코토(齊藤實) 내각 『일본자본주의발달사강좌』간행개시 7월 사회대중당결성
1933 (54)	1월 제3회전국동지대회 2월『사회변혁도상의신흥불교』출판 5월 전일본불교연맹 제3회전국대회		3월 국제연맹탈퇴 5월 교다이(京大)·瀧川 사건
1934 (55)	1월 제4회 전국동지대회 7월 반(反)나치·파시즘 동맹에 가맹	토모마츠 엔타이(友松圓諦)등 진리운동 시작함	7월 오카다 케이스케(岡田啓介) 내각

	9월 동경시전(東京市電) 파업 지원 10월 加藤勘十郎 등과 강연회 11월 동북 대기근의 구원 활동		
1935 (56)	1월 제5회 전국동지대회	대본교, 제2차탄압	2월 미노베 타쓰키치(美濃部達吉)의 천황기관설 공격당함 8 정부, 국체명징에 관한 성명
1936 (57)	1월 제6회 전국동지대회 2월 세노오, 검속됨 6월 세노오, 동경부회(東京府會)의원선거 입후보. 낙선 12월 세노오, 검거됨. 신흥불청당원, 검거됨		2월 2·26사건
1937 (58)	5월 제7회 전국동지대회		2월 하야시 센주로(林銑十郎) 내각 3월 문부성『국체의 본의』출판 6월 제1차 고노에 후미마로(近衛文麿) 내각 7월 로구교사건 9월 전시통제 3법공포 11월 일독이 삼국방공 협정 12월 제1차 인민전선사건.야마카와 히토시(山川均) 등 검거
1938 (59)			2월 제2차 인민전선사건. 오우치 효에(大內兵衛) 등 검거 5월 국가총동원법 공포 11월 제2차 코노에(近衛)성명(동아신질서)
1939 (60)		종교단체법 제정	1월 히라누마 기이치로(平沼騏一郎) 내각 5월 노몬한 사건 8월 독소 불가침조약. 아베 노부유키(阿部信行) 내각

┃ 사토 아츠시

쇼와(昭和)시대 전시체제의 종교탄압과 불교계의 저항

I. 군국주의에 대한 동조 혹은 저항의 불교

메이지(明治) 유신(1868) 이후, 천황제를 정점으로 하는 일본의 군국주의 노선은 서구를 모델로 한 근대입헌국가의 입장에서 법률제정을 통한 과정을 통해 이행해 왔다. 그러한 가운데 본격적인 군국주의 체제로의 전환은 먼저 쇼와(昭和, 1926~1989) 초기에 사상통제를 중심으로 하다가 이후 만주점령을 위한 일본의 전쟁도발(1931)과 중일전쟁(1937)을 계기로 전시체제라는 이름하에 일본이 항복(1945)하기까지 모든 사상과 종교는 물론 국민들의 삶을 군국주의의 완전한 통제하에 두게 되었다. 불교계 특히 불교교단의 입장에서는 이미 천황제론에 순치된 가운데 이에 동조하는 군국주의 이데올로기의 생산에 나선다[1].

---

1 이 부분에 대해서는 이 시기 일본 사상계의 동향과 더불어 보다 면밀한 연구가 요구된다. 특히 이 시기는 사상과 행동의 면에서 일본불교의 암흑기에 해당되는 부분으로, 교단 지도자들과 불교 사상가들의 왜곡된 불교교의를 통한 군국주의에 대한 지원은 일본 민중들에게 사상통제 이상으로 외부에 대한 호전성을 부여했다고 볼 수 있다. 시론격인 필자의 졸고, 「천황제 국가의 형성과 근대불교의 파행」(《불교평론》 2006년 가을·겨울호, 현대불교신문사, 2006. 12.)을 참고 바람.

이러한 와중에도 불교계 안팎에서는 이에 대해 저항하는 움직임을 보였는데 이는 대체적으로 적극적 저항과 소극적 저항으로 나눌 수 있다. 적극적 저항은 신흥불교청년동맹(新興佛敎靑年同盟)과 같은 사회주의 노선을 통한 저항이며, 소극적인 저항은 종교계 특히, 불교계에 대한 극도의 통제 속에서도 군국주의에 대한 출가(出家)·재가(在家) 민중들의 신앙적 양심에 기반한 행위와 언설을 통해서이다. 여기서는 이러한 일련의 총체적인 과정에 대해 알아보기로 한다.

Ⅱ. 천황제에 의한 군국주의의 이행 과정

먼저 천황제 국가를 기반으로 하는 사상통제는 종교에 관한 법률을 강화함으로써 서서히 천황제론에 동조하는 방향으로 이끌어감과 동시에 군국주의 이데올로기의 정점에 합류하도록 끌어올려졌다. 이러한 천황제론의 강화와 종교의 사상통제는 대체로 세 단계로 나누어 볼 수 있다.

첫 번째 단계는 이미 기존의 연구에서 보아온 대로, 명치기가 끝나는 시기인 1911년 전까지의 동향으로 이 시기는 폐불훼석, 신도주의의 정책 강화, 불교에 있어서는 관장위임제도 확립 및 7종으로 통합 관리해 나가는 가운데 국가신도체제 및 천황제에 대한 절대주의 확립을 통한 제국헌법과 교육칙어 발포 등이 이루어졌다. 국민통제를 위한 사상적 기반이 마련된 시기라고 볼 수 있다.

이러한 일련의 과정 중에 제국헌법[원래의 이름은 대일본제국헌법]과 교육칙어의 제정은 천황제국가의 성립에 가장 상징적이면서 기초적이고 실질적인 성과였다. 제국헌법은 이토오 히로부미(伊藤博文)를 중심으로 1888년에 기초안이 마련되어 추밀원(樞密院)의 심의를 거쳐 이듬해인 1889년 2월에 발포되었다. 그 내용은 천황이 통치권자로서 모든 관리의 임명, 관제의 제정, 육해공군의 총수이자 편제·병력수의 결정, 선전포고·강화조약의 체결, 긴급시의 법령발포, 내정·외교의 천황대권의 인정, 헌법개정의 발의권마저 천황이 전횡하도록 되어 있었다. 이는 일본이 패전 후 1947년 일본국헌법의 제정 및 시행 전까지 일본군국주의의 최후의 보루로써 기능했다. 제1장 천황조는 17조로 구성되어 있는데 5조까지를 보자면 다음과 같다.

> 제1조 대일본제국은 만세일계(萬世一系)의 천황이 이를 통치한다.
> 제2조 황위는 황실전범(皇室典範)이 정한 것에 의해 황남자손(皇男子孫)이 이를 계승한다.
> 제3조 천황은 신성하므로 이를 침범할 수 없다.
> 제4조 천황은 국가의 원수로서 통치권을 총람(總攬)하고, 이 헌법의 조규(條規)에 의해 이를 행한다.
> 제5조 천황은 제국의회의 협찬을 통해 입법권을 행한다.[2]

제국헌법은 위에서 보듯이 약 60년간 일본사회를 천황의 통치에 의한 천황제 국가의 실현을 위한 것으로 조문화시켰다. 실질적으로 천황의 신권(神權)을 확립함에 따라 비록 입헌군주제의 형식과 정당정치에 의한 의원내각제를 기반으로 하고 있다하더라도 최종적으로는 입법·사법·행정의 무소불위의 권력이 천황에게 주어져 있음을 알 수 있다. 그리고 이를 보

---

[2] 『大日本帝國憲法』"第一章 天皇 第一條 大日本帝國ハ萬世一系ノ天皇之ヲ統治ス 第二條 皇位ハ皇室典範ノ定ムル所ニ依リ皇男子孫之ヲ継承ス 第三條 天皇ハ神聖ニシテ侵スへからす 第四條 天皇ハ國ノ元首ニシテ統治權ヲ總攬シ此ノ憲法ノ條規ニ依リ之ヲ行フ 第五條 天皇ハ帝國議會ノ協贊ヲ以テ立法權ヲ行フ".

다 이념적으로 국민교육의 현장에서 투영시킨 것이 교육칙어임을 알 수 있다. 이는 제국헌법이 발포된 이듬해인 1890년 명치천황에 의해 선포된 것으로 「교육에 관한 칙어」를 말한다. 법률적 효력은 없으나 천황제 절대국가의 확립을 위한 국민사상의 지표로써 군국주의국가를 지향하는 이념적 역할을 충실히 수행하게 되었다.

> 내가 생각하건데, 우리 황실의 선조들이 나라를 일으킨 일이 먼 옛날로, 이를 세운 덕은 깊고 두터운 것이었습니다. 우리 신민(臣民)은 충과 효의 도를 통해 만민이 마음을 하나로 하고 세상을 살아가는 데에 그 미(美)를 이루어 왔는데 우리 국체(國體)의 영예로서 교육의 근본도 또한 그 가운데 있습니다. …(중략)… 언제나 헌법을 중시하고 법률에 따라 만약 비상사태가 나면 공을 위해 용감하게 봉사하여 이처럼 천하에 유례없는 황실의 번영을 위해 진력해야만 합니다. 이것들은 단지 여러분들이 우리의 충실하고 선량한 신민이라는 것뿐만이 아니라 여러분의 선조가 남긴 훌륭한 전통을 반영해 가는 것입니다.(이하 생략)[3]

이를 보면 천황제 국가의 연원을 『고사기(古事記)』와 『일본서기(日本書紀)』의 신화에 두고, 신국(神國)의 건설과 주체를 그 정통을 이었다고 하는 황실에 두고 있음을 알 수 있다. 이는 뒤에 논하게 될 또 하나의 군국주의 이데올로기로써 기능했던 국체(國體)를 지키기 위한 국민적 세뇌의 또 다른 방책이었다. 명치유신 후 신불습합 과정에서의 불교의 배제, 그리고 신교의 자유 위에 성립된 신도의 비종교화를 통해 명실상부한 통치 이념이 된 신도가 전국민적인 교화의 장에 뿌리내리게 되었음을 의미한다.

---

3 "朕惟フニ我カ皇室皇祖國ヲ肇ムルコト宏遠ニ德を樹ツルコト深厚ナリ我か臣民克ク忠ニ克ク孝ニ億兆心ヲ一ニシテ世世厥ノ美ヲ濟セルハ此レ國体ノ精華ニシテ教育ノ淵源(중략)常ニ國憲ヲ重ジ國法ニ遵ヒ一旦緩急アレハ義勇公ニ奉ジテ天壤無窮ノ皇運ヲ扶翼スヘシ是ノ如キハ獨リ朕力忠良ノ臣民タルノミナラス又以テ爾祖先ノ遺風ヲ顯彰スルニ足ラン(이하 생략)".

교육칙어는 선포된 그 해의 문부성령 소학교령 시행규칙에 "수신(修身)은 교육에 관한 칙어의 취지에 바탕하여 아동의 덕성을 함양하고 도덕의 실천을 지도하는 것으로써 요지(要旨)로 한다"[4] 고 하여 명치유신 이후 공교육으로부터 배제된 다른 종교교육에 대한 고려는 뒤로 한 채, 비로소 제국헌법의 기반 위에 천황제 신도국가체제 교육이 이루어지게 되었다. 일본 국민에 의해 먼저 경험된 이러한 교육의 장이 뒤에 식민지 조선에서도 똑 같이 반복됨을 경험하게 된 것은 당연한 수순이었다. 이 교육칙어 또한 패전 후 제국헌법의 폐지 이듬해인 1948년에 천황통치권의 상실을 통한 천황으로부터의 국민주권 회복을 위해 폐지되었다.

두 번째 단계로는 국가신도체제의 확립에 따른 종교의 순응과 전시체제 확립을 들 수 있다. 이 시기는 명치기의 말기와 1930년대 전반기인 쇼와 초기까지로 볼 수 있다. 타이쇼(大正) 데모크라시[5]에 의한 천황제에의 동요가 있었으나 다시 체제를 정비해 중국침략이 본격화되는 1931년 만주침략에 이르기까지 문부성하의 종교제도조사회, 내무성하의 신사제도조사회, 종교법안의 상정 등이 차례차례로 이루어져 갔다. 이에 따라 천황제에 반하는 종교교단에 대한 탄압이 본격화되었다.

세 번째 단계는 중일전쟁을 기점으로 제2차 세계대전을 거쳐 패전까지의 시기인데, 종교적인 입장에서는 종교단체법이 통과되면서 종교에 대한 강제와 탄압이 이루어지고, 전시체제를 위한 '팔굉일우(八紘一宇)', '거국일치(擧國一致)'의 깃발아래 국가총동원체제가 실시되었다. 이하의 내용은 이 두 시기를 중심적으로 연속적인 입장에서 논하고자 한다.

---

[4] "修身ハ教育ニ關スル勅語ノ旨趣ニ基キテ兒童ノ鹿德性ヲ涵養シ道德ノ實踐ヲ指導スルヲ以テ要旨トス".
[5] 러일전쟁(1904~1905) 후 국가적 이익에 순종하던 국민들에 의해 정치·사회·문화적인 면의 요구가 분출된 시기. 사회사상가들과 도시중산층에 의한 정치적 민주주의 운동을 필두로 노동 및 농민 운동, 차별철폐, 여성해방운동 등 다양한 민권, 인도주의 운동 등으로 확산되었다. 그러나 민주적인 제도의 정착으로 연결되지 못함과 동시에 보수적인 정당정치의 벽을 허물지 못해 이후 일본의 우경화와 군국주의 일변도의 정책으로 넘어갔다.

Ⅲ. 전시체제 하의 법령제정 및 불교의 협력

1. 종교단체법의 제정

군국주의의 이행과정의 시기로 본 제 1, 2단계와 더불어 3단계에서 사상과 종교탄압에 결정적인 역할을 한 법령으로는 치안경찰법과 치안유지법의 제정, 국가총동원법, 종교단체법의 제정이다. 종교단체법의 제정에 대해 알아보기 전에 이에 대한 배경으로 치안경찰법, 치안유지법과 전시하의 국가 총동원법에 대해 간략히 알아보기로 한다.

치안경찰법은 1900년에 제정된 치안입법으로 특히 노동운동 또는 농민운동과 같은 사회운동에 대한 탄압을 비롯해 광범위한 분야에 이용되었다. 집회와 결사에 대한 허가와 금지, 해산권은 물론 공무원, 종교인, 여성, 미성년자, 학생 등의 정치결사가입 금지 그리고 노동자, 소작인의 단결과 쟁의행위 금지 등 국민의 기본권 제한을 하는 역할을 하였다. 점차 폐지된 조문이 늘기는 했지만 이 법에 의해 집회, 결사의 자유는 일본의 패망 전까지 지속되었다.

치안유지법은 제2차 세계대전 전의 일본의 정치활동을 제어하는데 가장 크게 기여한 법률이다. 이 법은 1925년에 제정되어 1928년과 1941년의 2차례에 걸쳐 개정되었다. 전시체제하에서의 두 번째 개정은 전면적인 것이었다. 이 법이 제정된 계기는 대정기의 보통선거 법제정과 동시에 이루어졌는데 타이쇼기로 접어들면서 높아진 정치의식을 경찰력으로는 억제하기 어렵다는 군국주의 관료의 사고에서 나오게 되었다. 초기의 제 1항에는 "국체를 변혁하거나 또는 사유재산 제도를 부정하는 것을 목적으로 한

결사를 조직하거나 그 뜻을 알고 가입하는 자는 10년이하의 징역 또는 금고에 처한다"⁶는 조항을 설정하였다. 이는 사유재산을 옹호하는 자본주의의 발전과도 관계가 있는 것 같지만 실은 국체, 즉 천황제 국가의 부정을 위한 단체와 동조자에 대한 탄압에 의도가 있었다. 이에 따라 국체와 관련하여 사법당국의 자의적인 해석에 의해 그 적용범위가 확대되기 시작했다. 초기에는 주로 공산당 탄압에 활용되었으나 사회주의자, 종교인, 사상적인 활동가, 또는 그들의 집회, 결사로 확산되었다. 2차 개정 때에는 위의 조문에 사형 혹은 무기징역까지 처할 수 있게 되어 전시체제하에 무소불위의 법체제를 갖추고 위력을 떨치게 되었다.

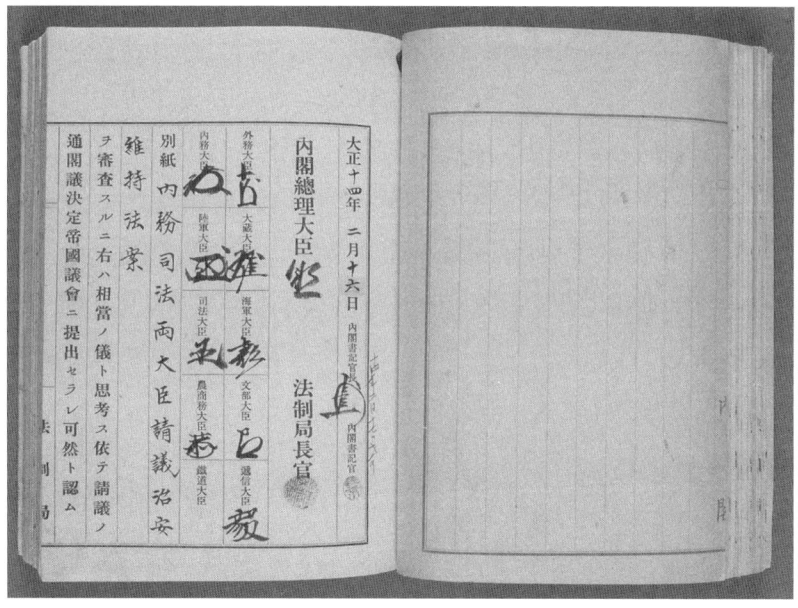

▎1925년 치안유지법 각의(閣議) 결정서

---

6 "國体ヲ変革シ又ハ私有財産制度ヲ否定スルコトヲ目的トシテ結社ヲ組織シ又ハ情ヲ知リ之ニ加入シタル者ハ十年以下ノ懲役又ハ禁錮ニ處ス".

종교단체법 제정에 있어 시대적인 가장 큰 배경은 국가총동원법의 제정이라고 볼 수 있다. 먼저 전시국가총동원의 기본법은 1938년에 제정, 공포되었는데 전시의 국민생활을 전시체제 하에 두기 위한 것으로 '국가의 전력을 가장 유효하게 발휘하도록 하기위하여 인적 및 물적 자원을 통제 운용하는 것'[7]을 목표로 국가가 국민의 모든 경제활동의 제어에서부터 전쟁에 필요한 물적 인적 동원을 가능하도록 하였다. 이에 따라 같은 해 기본법에 바탕하여 칙령이 제정, 공포되었다. 여기에는 국민징용령, 은행 등 자금운용령, 중요산업단체령, 기업정비령 등을 통해 국가가 소위 전시체제에 맞추어 무제한의 권한을 갖고 인적 물적 자원을 운영하도록 하였다. 이후 전 국민을 말단까지 조직토록 하여 전쟁수행을 위한 체재로 전환한 같은 해의 대정익찬회(大政翼贊會) 성립, 통제와 탄압을 가중시키기 위해 최고형을 사형으로 정한 1941년의 국방보호법, 1941년의 언론 출판 집회 결사 등 임시검거법, 전쟁범죄처벌특례법, 1942년의 전시형사특별법, 전시민사특별법 제정을 통해 전쟁을 수행하기 위한 극한적인 법령을 제정하였다. 마침내 패전이 짙은 전쟁의 막바지 해인 1945년에는 본토결전을 위해 결전비상조치요강, 전시긴급조치법, 의용병역법 등 전 국민을 전투원 체재로 갖추어 군국주의 전시체제의 최후 수단에까지 이르게 되었다.

이러한 일련의 과정 속에서 1939년 종교단체법[8]도 제정되어 전 종교에 대한 법적인 통제와 규제가 가능하게 되었다.

명치유신에서 종교단체법의 성립에 이르기까지의 일련의 과정을 보면, 먼저 명치 초기 국가신도체제의 정비 속에서 교부성(敎部省)과 대교원(大敎院) 체제의 확립, 3조교칙(條敎則)을 통한 신불(神佛) 합동포교가 이루어지는 가운데 불교의 제종파는 7종〔천태, 진언, 정토, 선, 진종(眞宗), 일

---

7 "國ノ全力ヲ最モ有效ニ發揮セシムル樣人的及物的資源ヲ統制運用スル".
8 금후 일제에 의해 한국의 사찰을 통제하여 식민지 체제로 전환시킨 식민지 하의 사찰령과의 비교연구를 통해 군국주의의 의도를 보다 명확히 할 필요가 있다.

련(日蓮), 시종(時宗)]으로 통합되었다. 이후 1884년에는 관장위임제의 확립을 통해 국가의 조직적인 통제를 받게 되었다. 이를 통해 신도 교파와 불교 각종에는 관장을 1인씩 두고, 각종행정의 최고 책임을 지게 하였다. 그러나 관장은 종단법, 교규, 사원에 관련된 법률 등을 실질적인 정부의 중추기관 내무성(內務省)의 장관인 내무경(內務卿)의 인가를 받지 않으면 안 되었다. 이는 종교에 대한 직접적인 관여를 피하고 관장을 통해 위임함으로써 국가의 완전한 종교통제에 한발 앞서게 된 것이다.

그러나 종교를 완전히 통제하기 위한 종교단체법의 제정, 통과는 상당한 시일이 걸리게 되었다. 1899년 제국의회에 처음으로 종교법안이 상정되었지만 불교 측에 의한 불교의 국가보호를 요구하는 불교공인운동으로 인해 부결되었다. 다음으로 1927년에도 종교단체법안이 상정되었지만 불교와 기독교의 반대로 무산되었다. 마침내 1939년 위에서 본 바와 같이 천황제 군국주의의 일방적인 강행 속에서 국민을 극도로 통제하는 가운데 종교단체법이 의회에 상정되어 통과되었다.

종단법을 보자면 제16조에는 "종교단체 혹은 교사가 행하는 종교의 교의의 선포, 혹은 의식의 집행 또는 종교상의 행사가 안녕질서를 방해하거나 신민으로서의 의무에 위반할 때는 주무대신은 이를 제한하거나 금지하고, 교사의 업무를 정지하거나 종교단체의 설립의 인가를 취소할 수 있다"[9]고 한 것을 통해 전년도 발포된 국가총동법에 이은 종교체제에 대한 국가의 규제를 강화하였다. 제국헌법의 제28조에는 "일본신민은 안녕질서를 방해하지 않거나 신민의 의무를 위반하지 않는 한 신교의 자유를 가진다"[10]라고는 했지만 15년 전시체제하 [만주침략의 해인 1931년부터 패

---

[9] "宗敎團體又ハ敎師ノ行フ宗敎ノ宣布若ハ儀式ノ執行又ハ宗敎上ノ行事ガ安寧秩序ヲ妨ゲ又ハ臣民タルノ義務二背クトキハ主務大臣ハ之ヲ制限シ若ハ禁止シ敎師ノ業務ヲ停止シ又ハ宗敎團體ノ設立ノ認可ヲ取消スコトヲ得".
[10] "日本臣民ハ安寧秩序ヲケズ妨及臣民タル義務二背カザル限二於テ信敎ノ自由ヲ有ス".

전인 1945까지를 이른다]에서는 종교의 자유가 전쟁 수행의 포로가 된 한편, 국교로서의 신도와 국체를 따르는 신민의 의무를 위반하지 않는 한 허용된다고 하는 포고와 다름없었던 것이다.

이에 따라 1941년 태평양전쟁 돌입 전해에는 불교의 56파는 13종 28파로 정리되고, 기독교는 2개교단으로, 교파신도는 13교파로 통합되었다. 이에 대해서는 전37조 가운데 제 5조 "교파, 종파, 또는 교단은 주무대신(主務大臣)의 인가를 얻어 합병, 또는 해산할 수 있다"[11]는 것에 근거해 국가의 통제 하에 두었다. 결국, 종교단체법은 전시체제하의 국민정신총동원 추진의 완성판이라고 할 수 있다.

이미 불교계에서는 황도불교화의 진행에 따른 군국주의 추종을 위한 이데올로기의 생산과 전시체제에서의 자발적인 동원체제를 갖추고 있었음은 말할 나위가 없다. 여기에 종교단체법을 통해 각종교의 전시하의 활동을 용이하게 하여 팔굉일우(八紘一宇)와 성전완수(聖戰完遂)의 기치 아래 자신의 신도들을 전쟁터로 내몰음은 물론, 불교, 기독교, 신도의 연합으로 「전시종교보국회」를 조직 국내에서는 전시종교교화지도원을 두어 전시체제에 따른 활동을, 전쟁터에서는 종교 선무반(宣撫班)을 파견하여 전쟁 활동을 수행하였다. 이는 패전에 이르기까지 지속되었음은 말할 나위가 없다.

2. 전시체제 하의 불교협력과 국체론

전시체제하의 불교의 협력활동에 대해서는 두 가지 면에서 살펴 볼 수 있다. 첫 번째는 전쟁협력이라는 입장에서 자종(自宗)의 포교와 선전을 위한 이론적이고 조직적인 활동을 말하는데 대표적인 예가 정토진종(淨土眞

---

11 "敎派宗派又ハ敎団ハ主務大臣ノ認可ヲ受ケ合併又ハ解散ヲ爲スコトヲ得".

宗)의 진속일제론(眞俗一諦論)[12]과 같이 황도불교화를 통해 자신의 신자를 군국주의에 대해 봉사하도록 신앙적으로 강요한 것과 같은 형태이다. 이 시기의 불교교단은 국교로서의 신도 하에 예속되어 있었기 때문에 적극적 저항은 곧 교단의 사활을 건 문제이기도 했지만 이미 점차로 순치되어온 교단은 그러한 능력과 입장마저 결여되어 있었다고 볼 수 있다. 물론 소극적인 입장에서 교단의 교의와 정통성을 고수하려는 움직임이 있었던 것은 사실이다. 이 문제는 다음 장에서 다루기로 한다.

두 번째는 교단 혹은 불교가들의 언설을 통해 국체론(國體論), 대동아공영권, 팔굉일우 등 전시하 전체주의 국가의 이데올로기를 자기류의 해석을 통해 확산시켜간 점이다. 이 중에서 전시체제하에서의 국체론은 한 마디로 군주로서의 천황에 의한 국가의 통치라고 하는 매우 이념화된 개념으로 지칭되었으므로 여기에서 짚고 넘어가기로 한다.

일본에서 국체라는 말은 근세에 있어서는 유학자들에 의해 일반적인 의미에서 국가의 형체 혹은 그 체면을 가르키는 것으로 쓰이다가 근세의 후기에 이르러서는 일본 전통에 바탕한 국가조직의 내부적인 또는 대외적인 독자성의 표현으로 많이 쓰였다. 즉 대외적인 위기를 극복하기 위한 통일국가의 당연한 모습이 국체라는 말로 상징되었다.[13] 이후 이는 천황제 신도국가 체제가 완비되어 감에 따라 제정일치의 국가라는 의미로써 제국헌법의 제1조가 "대일본제국은 만세일계(萬世一系)의 천황이 이를 통치한다"라고 한 것처럼 신성불가침의 영역인 국시(國是)의 근본이 되었다. 이것이 보다 분명히 드러난 것은 교육칙어의 '국체의 정화(精華)'라는 표현으로 고대신화에 바탕한 천황제의 부활과 계승을 의미하는 속에서 드러났

---

12 불교의 진속제는 용수(龍樹)의 논으로 진리를 설하는데 있어 진속의 상보관계를 의미한다. 그러나 이 시기 정토진종의 지도자들은 일본의 고래의 왕법불법론과 결합하여 왕법을 속제로 불법을 진제로 하되 불법이 왕법에 종속되는 황도불교화론을 전개하였다.
13 국사대사전편찬위원회편, 『國史大辭典』 제5권, 吉川弘文館, 1984.12. 「국체(國體)」항목 p.670.

다. 이러한 시대적인 상황에서 특히 불교사상가들은 이에 대한 언급을 피해갈 수 없게 되었다.

교토학파의 이론적인 거두로서 순수절대경험으로써의 선불교를 자신의 철학적 기반으로 삼은 니시다 키타로(西田幾多郞, 1870~1945)는,

> 우리나라의 국체는 단지 소위 전체주의는 아니다. 황실은 과거 미래를 포함하는 절대현재로써 황실이 우리들의 세계의 처음이자 끝이다. 황실을 중심으로 하나의 역사적 세계를 형성하여 온 곳에 만세일계의 우리 국체의 정화가 있는 것이다. 우리나라의 황실은 단지 하나의 국민적 국가의 중심이라고 하는 것만은 아니다. 우리나라의 황도(皇道)에는 팔굉일우의 세계형성의 원리가 포함되어 있는 것이다.[14]

라고 하였다. 니시다는 이와 같이 황실을 중심으로 일본의 국체가 형성되어 있으며, 이를 전시 하의 일본을 중심으로 세계를 통합하는 원리로써 내세우고 있는 것이다. 그는 또한 국체로써 황실이 계승되는 것에 "천지개벽, 즉 조국(肇國)으로써 역사적 세계형성의 의의가 있다. 그러므로 만세일계 천양무궁(天壤無窮)이다. 신국(神國)이라고 하는 신념이 생기는 까닭이다. 조칙(詔勅)에 내려진 아라히토 가미(現人神)로서의 신의 목소리를 들을 수 있다"[15] 고 하여 천황을 중심으로 하는 일본제국주의의 근본적 이념을 국체의 확립에서 바라보고 이를 사상적으로 지원했음을 알 수 있다. 이러한 국체론의 지지는 특히 일련종(日蓮宗) 계통의 불교사상가들에게서 목격할 수 있다.

팔굉일우의 말을 만들어 내고 일본국체를 문화적 현창을 통해 실현하고자 일본 제국주의의 전쟁을 지원한 타나카 치가쿠(田中智學, 1861~1939)

---

14 「世界新秩序の原理」, 『西田幾多郞全集』 제12권, 岩波書店, 1965. p.430.
15 「世界新秩序の原理」, 『西田幾多郞全集』, 앞의 책, p.409.

는 "일본국의 존재의의는, 아마테라스 오오미카미(天照大神) – 진무(神武) 천황–메이지(明治)천황과 더불어 조국(肇國) 이래 일관된 만방통일의 사명감을 가진 국체에 있다"¹⁶고까지 하여 전쟁에 동원된 수많은 병사들에게 군국주의 전쟁 수행에 사명감을 불러 넣어 주었다. 명치정부의 제정(祭政) 일치 정책은 안으로는 신화 상의 첫 번째 천황으로 신대(神代)와 천황대를 이었으며, 일본건국, 즉 야마토(大和) 정권의 초대 왕으로 여기고 있는 진무천황대를 모본(模本)으로 하고 있다. 국체론의 기원을 국가신도의 차원으로 끌어 올려 신도국가의 체제에 영합하고 있음을 알수 있다. 타나카는 이미 이러한 국체론을 기반으로 1880년에 법화신앙의 단체로써 연화회〔蓮花會, 1885년에 입정안국회(立正安國會)로 개칭〕와 1914년 국주회(國柱會)를 발족시켜 천황숭배와 배타적 일련교학(日蓮敎學)을 전파하는

▎키타 잇키(北一輝)

---

16 田中智學, 『世界統一の天業』, 天業民報社, 1940.

쇼와(昭和)시대 전시체제의 종교탄압과 불교계의 저항 417

데 주력했다. 이 외에도 일본 군국주의의 이론가로써 초국가주의적인 일련(日蓮)주의에 경도된 키타 잇키(北一輝, 1883~1937)의 『국체론 및 순정사회주의(國体論及び純正社會主義)』는 기존의 천황제론자들과의 이념논쟁을 제공했는데 넓은 의미에서는 그도 절대적인 천황론자로서 국체론을 따르는 사상가들에게 큰 영향을 끼쳤다.

여기서 또 하나 빼 놓을 수 없는 인물로 정토종 승려로서 공생(共生)사상을 주장하며 청일전쟁으로부터 태평양전쟁에 이르기까지 일본군국주의 전쟁을 정의의 전쟁으로 미화시킨 시이오 벤쿄(椎尾弁匡, 1876~1971)이다.

> 사회적으로 나타난 천국도 극락도 이 국체를 통해서 나타날 때 가장 분명한 영원성을 볼 수 있다. …… 극락은 여러 가지 형태인데 국체의 극락화가 가장 강한 현실성을 보여준다.[17]

시이오가 구상한 국체는 정토의 이상사회가 국체를 통해 지금의 군국주의를 통해 현실화 될 수 있음을 보이고 있다. 즉, 천황을 정점으로 한 국체정토(國體淨土)가 아미타불의 구원과 동일시되고, 이는 일본의 세계전략으로 인해 지금의 세계 속에서 실현된다는 것이다. 그는 이러한 노력의 일환으로 직접 정계에 투신하고 교육계에서 활동을 하기까지 했다. 심지어는 공생을 통한 이상사회의 건설을 위해 쇼와 유신(昭和維新)을 단행해야 한다고까지 했다. 결국 시이오는 공생사회로써의 국체의 특질이 아마테라스의 신칙(神勅)에 충실히 따르고 일군(一君)을 정점으로 하여 각자가 분에 맞춘 업무를, 적게 받고 많이 헌신하는 무사봉공(無私奉公), 말하자면 일사보국(一死報國) 또는 몸을 희생하여 인(仁)을 이루는 정신으로부터 온

---

17 椎尾弁匡, 「共生の原理及び組織」, 『椎尾弁匡選集』 제2집, 山喜房佛書林, 1973. p.486.

다고 역설한 것이다.[18] 이처럼 여기에서는 다 논할 수 없을 정도의 많은 불교 혹은 불교사상가들의 국체론은 전시기의 전후를 막론하고 일본사회를 광적인 군국주의로 몰아넣는 사상적인 기반을 형성했다.

이러한 국체론의 논의의 본질은 첫째로 천황을 최고 통치자로 하는 군국주 일본의 아시아 또는 세계에 대한 침략이 실현되는 것에 초점이 맞추어져 있다는 점, 둘째로는 각 종파의 종교인들은 적어도 이 국체론을 피하고는 자신의 안위가 보존되지 못하고 더욱이 천황제 군국주의 아래에서 교단의 영위도 불가능했음을 보여준다. 물론 두 번째의 논리가 첫 번째의 본질을 상쇄시키지는 못한다.

1937년에는 국민들로 하여금 전쟁수행의 원활을 기하기 위해『국체의 본의(國体の本義)』[19]라고 하는 책자를 문부성에서 발행, 전국의 관청을 비롯하여 학교, 사회단체에 배부하여 전시하의 교육지침이 되도록 하였다. 내용은 2부로 나뉘어져 있는데 1부는 '대일본 국체'로 서양사상에 대한 배타주의를 촉구하고 천황에 절대 순종하는 것은 의무나 힘에 의한 것이 아니고 억누를 수 없는 자연스런 마음의 발로라고 하여 유화적인 자세를 취하고 있다. 2부는 '국사(國史)에 있어서 국체의 현현(顯現)'으로 국민생활과 국민의 생활, 풍토, 문화, 정치, 경제, 군사 전반에 대해 국사를 일관하는 정신에 대해 훈화하고 있다. 이로써 이미 이 시기에 천황제 전체주의 국가로써 국체에 대한 이데올로기가 전시하 국민의 삶을 지배해가는 사상으로 정점에 이르렀음을 보여주고 있다.

---

[18] 榮澤幸二,「椎尾弁匡の共生思想」,『近代日本の仏教家と戰爭』, 專修大學出版局, 2002. 7. p.73.
[19] 文部省編纂,『國体の本義』, 內閣印刷局, 1937. 5.

Ⅳ. 불교계의 저항

1. 결사에 의한 저항

　명치, 대정, 쇼와기를 거치면서 일본의 천황제 군국주의 국가의 전개와 자본주의의 발달과정은 동시에 많은 국가사회적인 문제를 내포하게 되었다. 위에서 보아온 대로 입헌군주제의 형식을 띠면서도 국가신도의 강제 숭배, 각종 법률의 파행적인 제정과 공포, 그리고 각종 전쟁을 통한 전시체제, 이에 대한 이데올로기의 재생산 등이 이루어져 가는 동안 사회적인 삶의 기반의 파행은 고스란히 핍박받는 민중에게 전가되었다. 군국주의에 동조하는 교단불교와는 달리 불교계의 한편에서는 교단주의로부터 탈피해 새로운 종교운동을 통한 운동과 직접적인 저항운동으로 대응해 나아갔다. 15년 전시기의 초입인 30년대에 주로 도시하층, 영세경영자, 노동자, 부녀자 등을 상대로 신불교활동을 통해 포교운동을 일으킨 레유카이(靈友會)나 소카갓카이(創價學會) 등이 전자의 대표적인 사례다.
　이에 비해 직접적인 사회운동에 뛰어들어 특히 교단주의에 대한 비판과 더불어 불교에 대한 탄압에 대해 자각적이며 조직적으로 대항한 결사단체로는 세노오 기로(妹尾義郎, 1889~1961)가 세운 신흥불교청년동맹[이하 신불청으로 함]을 들 수 있다.
　세노오는 30대에 일련교단의 국가주의를 지향한 혼다 닛쇼(本多日生, 1867~1931)의 통일각에 들어가 전도사로서 활동을 하다가 1920년에 대일본일련주의 청년단을 결성하여 인간주의적인 불타 운동을 전개해 갔다. 1920년대 중반부터 농촌의 궁핍한 현상과 소작쟁의 등을 경험하고 20년대 초반부터 일기 시작한 사회주의에 의한 영향과 함께 일련교단의 한계를 느끼고 일반 민중들이 참여할 수 있는 새로운 불교운동을 전개해 갔다. 1931년에 기존의 조직을 발전적으로 해체하여 신불청을 조직하고 사회주의와 불교의 사상적 결합을 통해 젊은 불교도들을 규합하기 시작했다. 결성식에서 가결된 세 강령은 다음과 같다.

> 하나, 우리들은 인류가 지니고 있는 최고의 인격인 석가모니불을 찬앙(鑽仰)하고, 동포신애(同胞信愛)의 교강(教綱)에 따라 불국토 건설의 실현을 기한다.
> 하나, 우리들은 전 기성종단은 불교정신을 모독하는 잔해적(殘骸的) 존재임을 인정하고 이를 배격하며 불교의 신시대적 선양을 기한다.
> 하나, 우리들은 현 자본주의 경제조직은 불교정신을 위반하고 대중생활의 복리를 저해하는 것으로 알고 이를 개혁하여 당래사회(當來社會)의 실현을 기한다.[20]

세노오에 의하면 불교는 무아와 무소유를 가르치는 종교로써 불교도의 이상생활은 승가생활에 있으므로 사유재산 없는 공동생활과 자본주의와 정반대되는 사회건설이야말로 불교의 유일한 사회적 실천이라고 보았다. 이에 따라 초기에는 반종교적인 비판세력에 대한 종교의 방어에 힘쓰다가 후반기에는 노동자, 농민과의 연대의 방침을 세워 전일본불교청년동맹의 개혁, 전국수평사(水平社)의 타카마츠(高松) 차별재판 규탄투쟁 지원, 동경 시전(市電)파업 지원, 무산단체의 동북기근 구호에의 참가, 불교도의 인민전선운동참가 격려 등 사회주의 노선에 서서 활동을 펼쳤다.

불청은 매년대회를 개최하여 방침을 결정했는데 제2회때에는 아직은

---

20 妹尾義郎, 「사회변혁도상의 신흥불교(社會変革途上の新興仏教)」 (吉田久一 編纂, 『現代日本思想大系 7』, 筑摩書房, 1965. 5.

시기상조로 본 맑스주의와는 거리를 둔 상태에서 자본주의 문명의 퇴폐현상과 시대적인 불교의 계몽운동에 앞장설 것을 결정했다. 다음의 중요한 1933년 제3회 때의 실천강령을 보자면 ① 불타의 명호에 의한 불교의 통일, ② 어용화된 국가주의적 불교의 청산, ③ 국제주의 불교의 고양, ④ 개인적 관념적 복음주의로부터 사회적 해방운동, ⑤ 계급적 입장의 인식과 불교의 방향, ⑥ 기성교단에서 잃어버린 계율의 현실적 실천으로 정했다. 이에 대한 4대운동방침으로는 ① 국제주의의 세력적 고양, ② 자본주의 개조운동의 강화, ③ 반종교운동의 철저한 배격, ④ 개인의 내면생활정화의 철저라고 하는 기치를 내걸었다.

활동의 분수령이 된 제5회 대회가 끝나고 일본 동북지방의 농촌의 구원활동을 하는 등 농민운동을 펼치면서 반군국주의화의 평화전선을 구축하기 위해 일본노동조합전국평의회에 가입하여 『노동잡지』 편집발행인이 되었다. 이후 세노오는 노농무산협의회에 참가하여 직접적인 정치활동을 하였다. 그러나 1936년에 『노동잡지』 발행의 건으로 치안유지법에 의해 체포되고, 이후 37년도에는 회원과 간부가 거의 체포되어 약 7년간의 활동은 무너지고 조직은 와해되었다.

신불청의 내용이 총서의 형식으로 간행된 가운데 가장 체계화된 저서로는, 세노오의 사상이 집약된 1933에 출간된 「사회변혁도상의 신흥불교」이다. 여기에는 기존의 강령과 더불어 불교의 시대적 요청에 대해 6가지를 들고 있다.[21] 이를 신불청 운동의 중추에 선 세노오의 활동과 더불어 종합해 보자면, 첫째로는 불교근본주의라고 할 수 있는 초기교단의 석가의 정신과 사회주의 역사관에 바탕하여 불교의 근본적인 세계로의 회귀를 주장

---

21 앞의 글. ① 현대과학은 초인간적인 신불(神佛)의 실재를 부정하고 무신론을 말하고 있다. ② 현대과학은 사후의 생활을 부정하고 무영혼론을 말하고 있다. ③ 현대인은 환상적인 행복으로 만족치 않고 실재 생활속에서 모든 행복을 향수(享受)하기를 원한다. ④ 현대대중은 경제생활의 안정을 바라고 자본주의의 개조를 요구한다. ⑤ 깨어난 인류는 국가주의를 지양하고 국제주의를 고조한다. ⑥ 진보적 불교도는 종파적 불교를 부정하고 그 통일을 열망한다.

하고 있다는 점이다. 둘째는 전시 하의 군국주의의 현실타파를 위해 실천적 반파시즘을 민중론의 입장에서 전개해 갔다는 점이다. 셋째는 지난한 시대적인 고통을 통교파적이고 국제적인 연대의 정신과 자본주의 모순 타파를 통해 극복해가려고 했다는 데에 그 의미가 있다.

결론적으로 이처럼 불청의 이념과 실천의 스펙트럼은 무에 바탕한 불교사상과 계급배격의 사회주의 이상을 기반으로 군국주의를 타파하기 위한 구체적인 투쟁을 이끈 시대정신의 발로였다. 또한 신불청운동은 무신론과 같은 지식인층의 사회과학적 시점만이 아니고 운동을 이끈 지도자들에 의한 꽤나 깊은 불교연구에 바탕해 대중을 포함하는 운동이며 그러한 의미에서는 처음으로 시도된 불교사회주의 운동이라고 할 수 있다.[22]

2. 일반 불교계의 수난과 저항[23]

일반 불교계의 저항은 전시하의 강제된 교단의 입장에서 자기파멸을 무릅쓸 정도의 상황으로까지 전개시킬 수 없었으므로 소극적이라는 의미를 부여하기로 한다. 이미 전시 하의 불교의 총동원은 일반 국민의 수난과 같은 처지였으므로 여기서는 교단의 입장에서 주로 천황제 혹은 국체와 관련하여 수난을 입은 경우를 논하고[24] 다음으로 불교 일반의 출재가의 수난

---

22 吉田久一, 『近現代仏教の歷史』, 筑摩書房, 1998. 2. p.196.
23 「동북아 삼국의 근대화와 불교계의 대응」, 2006. 11. 25, 필자는 일본 불교계의 군국주의에 대한 소극적인 저항의식으로 불교 지식인을 들고 이에 대한 연구를 본 논문에 반영할 것으로 발표를 하였다. 그런데 본격적인 논문 집필에 착수하면서 두 가지 이유, 즉 불교 사상가와 활동가들의 활동 범위가 시기적으로 다양하다는 점, 그리고 당시 영향력 있었던 불교 사상가들에 대해서는 다양한 평가가 나오고 있어 이를 종합하여 발표하기에는 상당한 시간이 소요됨을 깨닫고 다음 기회에 여기에 대한 논을 전개하기로 하였다. 본 논고에서는 일반 불교계라고 하는 입장에서 불교 교단의 소극적인 대응과 일반적인 출재가들의 행위에 초점을 맞추었다.
24 여기에 대해서는 石川康明의 「日蓮遺文削除と國神勸請問題」, 信樂峻麿의 「眞宗における聖典削除問題」(中濃教篤編, 『講座日本近代と仏教 6 —戰時下の仏教』, 國書刊行會, 1977. 1)에 주로 의거하였다.

과 저항에 대해 논하고자 한다.

1930년대 군국주의의가 강화됨에 따라 일련종과 정토진종은 교전 내에 불경죄(不敬罪)에 해당되는 천황과 관련된 문자의 삭제를 요구받았다. 이에 대해 일련종은 1932년『일련성인 어유문강의(日蓮聖人御遺文講義)』,『일련성인 유문전집(日蓮聖人遺文全集)』의 일부분을 복자(伏字)로 해서 출판하였다. 1934년에도『쇼와 신수 일련성인유문전집(昭和新修日蓮聖人遺文全集)』전권에 대해서도 같은 조치를 받고 일반인에게 전파될 양 전부를 복자로 출판하였다. 이외에도 1937년의『일련성인 자서전(日蓮聖人自叙傳)』의 일부분과 1940년대에는 일련의 중요한 유문에 대해 가차없는 삭제를 종교국으로부터 명령받았다.

그런데 1942년에는『일련성인 어서(日蓮聖人御書)』를 출판하기로 했는데 여기에 대해서도 삭제와 정정 등의 처분을 받았지만 법화종(法華宗)은 이의를 제기하여 이를 모면하였고, 나머지 종파는 모두 이 처분을 받아들였다.

여기에 더해 만다라 국신권청(國神勸請)의 불경문제가 제기되었다.『본문법화종 교의강요(本門法華宗敎義綱要)』중에 나오는 만다라 본존 가운데 권청된 국신, 즉 아마테라스 오오미카미가 아미타불을 수적(垂迹)으로 하는 하치만(八幡) 대보살과 나란히 앉아 있다는 것이 천황의 조신(祖神)에 대한 불경죄라고 문제를 삼았다. 이에 이 부분에 검은 칠을 하거나 재고본은 소각하였다. 1939년에는『본문법화종 강요초안(本門法華宗綱要草案)』을 편집하였지만 마찬가지로 불경죄로 관계자들은 엄한 처벌을 받았다. 이처럼 일련종단에 대한 처벌은 다른 종단에 비해 일련의 국가관과 관련해 요주의의 대상이 되어 전시기간의 탄압이 지속되었다.

다음으로 정토진종에 있어서도 같은 상황이 전개되었다. 진종은 이미 명치초기에 종조 신란(親鸞)의 주요 저서인『교행신증(敎行信証)』에 같은 사건이 있었다. 그러나 이러한 문제로 진종은 양본원사(本願寺), 즉 서본원사파와 동본원사파 사이에 갈등이 생겼다. 즉 서본원사는 1940년에 신란의 앞의 저술과 함께『정토문류취초(淨土文類聚鈔)』,『고승화찬(高僧和讚)』,『정상말화찬(正象末和讚)』과 그 외의 진종 조사들의 어록 등에 관련해 독송금지의 부분이라든가 주의할 곳, '주상신하(主上臣下)' 등의 말을 공백으로 할 것 등을 소책자로 하여 전국의 진종관할에 배포하였다. 이에 대해 동본원사파의 일부에서는 비난과 반대가 일어났으나 오래 가지는 못했다. 이렇게 직접적으로 교단에 대한 수난을 일련종과 정토진종이 받은 것은 군국주의 체제속에서 반국가적·민중적 종교로써 국권으로부터 소원시되고 있었다는 것을 보여주는 것이다.[25]

출재가로서의 불교 일반인의 수난과 저항은 거대한 교단세력과 같은 대상이 아니고 전시하 개개인의 상황 하에서 이루어졌으므로 이를 다 드러내는 것은 거의 불가능에 가깝다. 그러나 이토 타츠노리(伊藤立敎)는 전시하에서 정치와 사상관계의 경찰업무를 맡았던 특고(特高), 즉 특별고등경찰의 기록을 뒤져 오랜 작업을 통해 이를 해명하고자 하였다.[26] 현재까지는 불교인에 대한 탄압연구가 거의 없으므로 그의 귀중한 선행 연구를 빌려 이를 여기에 정리해 보기로 한다.

이토오에 의하면 내무성경찰국편「사회운동의 상황」과「특고월보(特高月報)」를 통해 전시체제 하의 불교자에 대한 탄압의 형태를 네 가지로 분류하고 있다. 첫째는 전쟁이 죄악이며 중일전쟁을 침략전쟁이라고 하는 등의 반전언동(反戰言動)이다. 둘째는 본심을 솔직히 표현한 것으로 당시의 일반불교자들의 실제의 감각을 알 수 있는 것이다. 이를 다시 다섯으로 분류하여 적절치 못한 실언으로 엄중처벌을 받은 경우, 신사 불참배나 신앙표현

---

[25] 伯原祐泉,『日本佛敎史-近代』, 吉川弘文館, 1990. 1. p.248.
[26] 이하의 내용은 伊藤立敎의「徒の『草の根』抵抗と受難」(中濃敎篤編, 앞의 책)을 참고하였다.

등 자신의 신앙을 표면에 내놓은 경우, 천황이나 황실에 관계되는 언급을 한 경우, 유언비어를 퍼뜨린 경우, 민사적인 사건이라고도 할 수 있는 부정행위나 싸움에 관계되는 경우 등이다. 세 번째는 군형법이나 일반형벌에 저촉된 언동으로 예를 들면, '전쟁은 일부의 재벌을 위해 희생되는 것' 이라든가 '출정을 하게 되면 불벌(佛罰)을 받는다'는 등의 언설이다. 네 번째는 전사자의 공장(公葬)을 둘러싼 신불논쟁에 관한 사례들이다.

이토오는 총검거자수를 1939년 266인, 1940년 106인, 1941년 171인, 1942년 108인으로 분류하여 이러한 사례가 다른 종교인에 비해 적은 이유를 체제와 밀접한 관계를 가졌던 근대불교인의 체질과 관련이 있다고 보고 있다. 그러나 한편으론 전시 하에서 언론통제가 무소불위의 상황에서 적극적이고 의욕적인 저항이라고는 말할 수 없으나 체제에 몸을 의탁한 불교가들에 비해 만만치 않은 바른 자세를 견지한 민초의 저항이라고 보고 있다.²⁷

위에서 보이는 사례들은 이토오가 지적한 대로 전시 하의 출재가 불교도의 풀뿌리 저항과 수난을 보여준다. 이 모두는 실제로 엄한 형벌로서 탄압받은 사례들로써 일본 국민 전체가 전시 하 국가총동원령에 따라 심신이 함께 움직이지 않았음을 알 수 있다. 이에 대한 구체적인 사례들은 추후 보다 넓은 자료를 토대로 확대 연구를 요하는 것으로 소위 민초의 소리없는 저항을 대변하는 것으로 민중적 시각에서 전시체제 하의 불교의 모습을 재평가하는데 중요한 단초를 제공하고 있다. 비록 일반 불교인들이 시대와 역사에 대한 철저한 인식에 바탕하지는 않았다하더라도 다양하고도 개별적인 탄압의 경험을 통하여 반군국주의에 대한 보편적인 공감대를 형성하여 일반민중 속에 확산되어 갔을 가능성마저도 있다. 언론, 출판, 집회, 결사의 자유가 무제한으로 통제된 사회에서 이러한 언급이나 활동이

---

27 伊藤立敎, 앞의 글, p.323.

있었다는 사실이야말로 소극적 저항을 넘어선 이면에 민초의 평화에 대한 열망과 불법(佛法)의 가르침에 대한 자각이 앞서고 있는 귀중한 사례들임을 알 수 있다. 한편으로는 불교세력을 중심으로 민중을 결집시켜 전시체제에 저항하는 세력화에 성공하지 못한 한계가 있음은 앞에서 고찰한 시대적인 상황을 고려할 수밖에 없는 것으로 재론의 여지가 없을 것이다.

V. 남겨진 문제들

앞에서 본 바와 같이 명치유신 이후 폐불훼석을 거치면서 천황제 군국주의화의 과정과 전시체제의 형성, 이에 따른 불교의 동향과 수난, 저항의 과정을 짚어보았다. 천황제국가의 군국주의 과정이행에 있어서는 제국헌법과 교육칙어를 분석하였고, 전시체제의 이행에는 치안유지법, 종교단체법의 제정과 공포를 통해 논했다. 이러한 과정 속에서 불교가들의 군국주의 이념의 생산으로써 국체론에 초점을 맞추었다. 전시체제하의 불교의 수난과 저항은 적극적 저항으로써 신흥불교청년동맹을, 소극적 저항으로써는 불교교단의 정체성 방어와 일반 불교인들의 저항을 특고(特高) 탄압사를 통해 논구하였다.

이 글은 그 동안 한일 양국에서 일본불교를 연구함에 있어 일반론으로만 그치고 충분히 연구되지 못했던 천황제 군국주의로 점철된 전시 하의 근대 일본불교를 보다 객관적으로 조명하기 위한 것에 목적이 있다.

여기에서 언급해두어야 할 것은, 이 글의 논의와 더불어 불교계의 전시체제 하의 동향 가운데 불교계의 언설을 통한 협력과정의 기술(記述)이 보다 필요하다는 점이다. 그럴 경우, 위의 테마의 의미가 보다 밝게 조명될 수 있을 것으로 본다. 그리고 기성불교교단의 내적인 입장에서 독자적인 저항운동이 있었는지에 대해서는 좀 더 지속적인 연구가 필요하다는 점이다. 또한 식민지 하의 조선에 대한 일제의 종교정책이 위에서 살펴 본 대로 상호 긴밀한 연관성을 갖고 있음을 인식하고 여기에 대한 비교연구를 시야에 넣어야 할 것이다. ▌원영상

저자소개

- 중국 근대 혁명사상에 미친 불교의 영향
- 동·서학의 매개로서의 유식학 연구와 그 성행

　　　　　　　　　　　　　　김제란 ▮ 동국대 불교문화연구원 연구교수

- 지나내학원과 근대 중국불교학의 부흥

　　　　　　　　　　　　　　김진무 ▮ 동국대 불교문화연구원 부교수

- 일제의 불교정책과 친일불교　　류승주 ▮ 동국대 불교문화연구원 조교수

- 1930년대 불교사회주의 구상과 세노오 기로(妹尾義郞)

　　　　　　　　　　　　　　사토 아츠시 ▮ 일본 동양대학교 강사

- 청대의 불교정책과 거사불교　　서인범 ▮ 동국대 사학과 교수

- 승려의 입성금지 해제와 근대불교의 전개

　　　　　　　　　　서재영 ▮ 조계종 교육원 불학연구소 선임연구원

- 단가제도의 성립·정착과정과 근대 일본불교계의 양상
- 쇼와(昭和)시대 전시체제의 종교탄압과 불교계의 저항

　　　　　　　　　　　　　　원영상 ▮ 동국대 불교문화연구원 연구교수

- 폐불훼석(廢佛毁釋)과 메이지정부　윤기엽 ▮ 동국대 불교문화연구원 연구교수

- 정토진종(淨土眞宗) 교단의 전쟁지원

　　　　　　　　　　　　　　조승미 ▮ 동국대 불교문화연구원 연구교수

- 개화사상의 형성과 근대불교
- 한국 근대불교의 대중화와 석문의범

　　　　　　　　　　　　　　한상길 ▮ 동국대 불교문화연구원 연구교수

동·아·시·아
불교
연구
총서

동아시아 불교, 근대와의 만남

2008년 8월 4일 초판 1쇄 인쇄
2008년 8월 6일 초판 1쇄 발행

엮은이 동국대학교 불교문화연구원
펴낸이 오영교
펴낸곳 동국대학교출판부

주소 100-715 서울시 중구 필동 3가 26
전화 02)2260-3483~4
팩스 02)2268-7851
Home page   http://www.dgpress.co.kr
E-mail   book@dongguk.edu
출판등록 제2-163(1973. 6. 28)
인쇄처 (주)보명C&I

ISBN 978-89-7801-219-5   93220

값 17,000원

이 책의 무단 전재나 복제 행위는 저작권법 제98조에 따라 처벌받게 됩니다.